Studien und Materialien
zum Straf- und Maßregelvollzug

herausgegeben von
Friedrich Lösel, Gerhard Rehn und Michael Walter

BAND 3

Strafvollzug in den 90er Jahren

Perspektiven und Herausforderungen

Festgabe für Karl Peter Rotthaus

Heinz Müller-Dietz
Michael Walter (Hg.)

Centaurus Verlag & Media UG 1995

Die Drucklegung erfolgte mit freundlicher Unterstützung des Vereins zur Förderung der Rechtswissenschaft, Köln, sowie des Pfälzischen Vereins für Straffälligenhilfe e.V., Zweibrücken.

Die Deutsche Bibliothek – CIP-Einheitsaufnahme

Strafvollzug in den 90er Jahren : Perspektiven und
Herausforderungen ; Festgabe für Karl Peter Rotthaus / Heinz
Müller-Dietz ; Michael Walter (Hg.) – Pfaffenweiler :
Centaurus-Verl.-Ges., 1995
    (Studien und Materialien zum Straf- und Massregelvollzug ; Bd. 3)
    ISBN 978-3-8255-0029-0   ISBN 978-3-86226-475-9 (eBook)
    DOI 10.1007/978-3-86226-475-9
NE: Müller-Dietz, Heinz [Hrsg.]; Rotthaus, Karl Peter: Festschrift; GT

ISSN 0944-887X

Satz: Centaurus Verlag

Karl Peter Dobsbs

Vorwort

Der vorliegende Band enthält die schriftliche Fassung der Beiträge, die während eines Kolloquiums zu Ehren von Karl Peter Rotthaus anläßlich seines 65. Geburtstages am 16. November 1993 in der Universität zu Köln vorgetragen worden sind. Die Referate sind noch nachträglich durch weitere thematisch einschlägige Aufsätze ergänzt worden. Die zusammengestellten Texte kennzeichnen in ihrer Gesamtheit den gegenwärtigen Diskussions- und Meinungsstand zu zentralen Fragen des Strafvollzugs und werden deswegen hiermit einer breiteren Öffentlichkeit zugänglich gemacht.

Wir bedanken uns bei allen Mitwirkenden, insbesondere auch bei Frau Gisla Blankenburg und den Herren Wolfgang Schuldzinski und Thomas Brand, die die EDV-mäßige Aufbereitung der Manuskripte besorgt haben.

Danken möchten wir ebenfalls dem Kölner Verein zur Förderung der Rechtswissenschaft sowie dem Pfälzischen Verein für Straffälligenhilfe e.V., die die Drucklegung finanziell unterstützt haben.

Saarbrücken und Köln   *Heinz Müller-Dietz*
                                          Michael Walter

Inhalt

Beamter im Strafvollzug als Berufung: Karl Peter Rotthaus

KLAUS KOEPSEL

Karl Peter Rotthaus wurde am 16. November 1928 in Bielefeld geboren. Dort besuchte er von 1935 bis 1939 die Volksschule und wechselte dann in das Humanistische Gymnasium. Von 1943 bis 1945 mußte er die Schule unterbrechen und als Luftwaffenhelfer tätig sein. Kriegsbedingt konnte er erst 1949 sein Abitur machen. Das juristische Studium in Mainz und München wurde am 5. März 1953 mit dem Ersten Staatsexamen beendet. Die Referendarzeit verbrachte Karl Peter Rotthaus im Bereich des Landgerichts Bielefeld und für ein Semester an der Hochschule für Verwaltungswissenschaften in Speyer. Der juristische Vorbereitungsdienst endete am 13. Juni 1957 mit dem Zweiten Staatsexamen. Während des Studiums und auch während der Referendarzeit hat Karl Peter Rotthaus – beeinflußt durch seinen Vater, der in Bielefeld als Arzt und Psychotherapeut arbeitete – konsequent zusätzliche Kenntnisse auf dem Gebiet der Psychologie und Psychiatrie erworben, so daß sein Berufswunsch im Strafvollzug zu arbeiten eine konsequente Folge der besonderen Interessen von Karl Peter Rotthaus war. Sogleich nach dem Examen erkundigte er sich nach den Möglichkeiten der Einstellung im höheren Vollzugs- und Verwaltungsdienst. Da es in Nordrhein-Westfalen seinerzeit keine freien Stellen gab, arbeitete er von 1957 bis 1959 in der Rechtsabteilung der Arbeitsgemeinschaft Güterfernverkehr in Frankfurt mit, auch um in dieser Zeit seine Dissertation zum Thema »Redde und Schult in den Urteilen des Ingelheimer Oberhofes« fertigzustellen.

Am 3. Juni 1959 promovierte Karl Peter Rotthaus in Frankfurt zum Dr. jur.

Nach Vorgesprächen in den Justizministerien bewarb sich Karl Peter Rotthaus 1958 in Niedersachsen und Nordrhein-Westfalen um eine Einstellung in den höheren Vollzugs- und Verwaltungsdienst. Während das Land Niedersachsen mit einem Schreiben unter dem 13. August 1958 seine Einstellung ablehnte, übernahm ihn Nordrhein-Westfalen am 15. April 1959 als Assessor auf Widerruf. Er begann seinen Dienst in der Justizvollzugsanstalt Münster. Karl Peter Rotthaus war seinerzeit aus mehreren Bewerbern ausgewählt worden und zwar auch deshalb, weil der zuständige Staatssekretär, wie in dem typischen Amtsdeutsch jener Jahre unter dem 7. August 1957 vermerkt wurde, »einen durchaus günstigen Eindruck gewonnen« hatte.

Karl Peter Rotthaus war vom 15. April bis zum 31. Juli 1959 in der Justizvoll-zugs-anstalt Münster tätig, arbeitete dann vom 1. August bis 31. Oktober 1959 in der Jugendstrafanstalt Herford, mußte bereits zum 1. November 1959 in der Untersuchungshaftanstalt Düsseldorf aushelfen, wo er bis zum 31. Dezember 1959 blieb,und wurde dann mit Wirkung vom 1. Januar 1960 zum Vollzugsamt beim Generalstaatsanwalt in Düsseldorf abgeordnet. Während dieser Zeit mußte er für vier Wochen im April 1960 den Anstaltsleiter der Untersuchungshaftanstalt Düsseldorf vertreten. Überall hatte er, wie es in den Zeugnissen zu lesen ist, sich »überraschend schnell eingearbeitet und recht Erfreuliches geleistet«. Die Tätigkeit beim Generalstaatsanwalt in Düsseldorf verlängerte sich immer wieder. Eine geplante Vertretung in der Justizvollzugsanstalt Münster konnte wegen Unab-kömmlichkeit nicht stattfinden, lediglich die Vertretung des Leiters der Justizvoll-zugsanstalt Wuppertal für einen Monat mußte absolviert werden. Es war kein Wunder, daß Karl Peter Rotthaus bereits zum 1. Dezember 1960 aufgrund der von ihm gezeigten Leistungen zum Regierungsassessor ernannt wurde. Sicher wäre er im Bereich des Generalstaatsanwalts Düsseldorf geblieben, hätte weiterhin im Düsseldorfer Justizvollzugsamt arbeiten müssen, wenn nicht im Oktober 1961 beim Generalstaatsanwalt in Hamm im dortigen Vollzugsamt ein akuter Personalmangel aufgetreten wäre. Am 10. Oktober erfuhr Karl Peter Rotthaus, daß er ab 13. Oktober von Düsseldorf nach Hamm abgeordnet wird. In Hamm arbeitete der junge Vollzugsbeamte mit gleicher Gründlichkeit, Loyalität und Sachkenntnis wie im Düsseldorfer Vollzugsamt. Allerdings strebte er in den Vollzugsamtsbezirk Düsseldorf zurück und wurde, als er zum 1. Juni 1963 zum Regierungsrat ernannt worden war, Vertreter des Leiters der Justizvollzugsanstalt Remscheid. Den Dienst trat er dort jedoch zunächst nicht an, sondern wurde kommissarisch zum Leiter der Untersuchungshaftanstalt Düsseldorf ernannt.

Vom 4. September bis zum 31. Oktober 1963 wurde er zur Hilfeleistung an das Justizministerium abgeordnet, mußte dann allerdings wegen akuter Personalpro-bleme im Vollzugsamt Düsseldorf zum 1. November 1963 wieder dort arbeiten. Zum 2. Januar 1964 schließlich kam Karl Peter Rotthaus in die Justizvollzugsan-stalt Remscheid und zwar nur deshalb, weil an diese Justizvollzugsanstalt die Aus-bildungsstätte des Landes für den mittleren Dienst die Vollzugsschule angeschlos-sen war, deren Leitung er als Vertreter des Remscheider Anstaltsleiters überneh-men mußte, aber auch wollte. Diese pädagogische Aufgabe entsprach den besonde-ren Interessen von Karl Peter Rotthaus. Auch seine Familie zog alsbald nach Rem-scheid. Die Tätigkeit in Remscheid wurde allerdings zeitweilig unterbrochen und zwar durch Vertretungseinsätze als amtierender Anstaltsleiter in den Untersu-chungshaftanstalten Köln und Düsseldorf.

Für die damalige Zeit ungewöhnlich früh erfolgte zum 1. April 1967 die Beför-derung zum Oberregierungsrat, weil er ausweislich der Bekundung seiner Vorgesetzten eine »sehr wertvolle Kraft des höheren Vollzugs- und Verwaltungsdienstes« war und »eine vorzeitige Leistungsbeförderung verdient« hatte. Der gute Eindruck, den Karl Peter Rotthaus bei seinen Vorgesetzten sowohl beim Vollzugsamt in Düsseldorf als auch im Justizministerium gemacht hatte, hatte bald weitere positive Folgen. Nachdem im Zuge der Vollzugsreformen die Vollzugsschule verselbständigt wurde, wurde er zum 1. November 1968 Regierungsdirektor und gleichzeitig Leiter der Vollzugsschule.

Nicht jede Beamtenkarriere verläuft jedoch geradlinig aufwärts und so mußte Karl Peter Rotthaus in der ersten Hälfte des Jahres 1972 erfahren, daß das Justizministerium die Schulleiterstelle mit jemand anderem besetzen wollte. Sein Wunsch, darüber mit Vorgesetzten sprechen zu können, wurde mit dem knappen Hinweis beantwortet, er möge sich um die inzwischen frei gewordene Stelle des Anstaltsleiters der Justizvollzugsanstalt Remscheid bewerben. Gespräche über »Zweifelsfragen« könne er gegebenenfalls mit dem zuständigen Referenten des Ministeriums führen. Karl Peter Rotthaus bewarb sich pflichtgetreu um die Anstaltsleiterstelle, gab allerdings unmißverständlich zu den Akten, »er wolle nicht den Eindruck erwecken, sich der Schulleiterstelle nicht gewachsen zu fühlen«. Zum 15. Oktober 1972 wurde er an die Justizvollzugsanstalt Remscheid versetzt.

Schon 1973 ergab sich für Karl Peter Rotthaus die Möglichkeit, sich um einen Dienstposten zu bewerben, dem seine ganz besondere Neigung galt. Es wurde die Stelle des Leiters der sozialtherapeutischen Anstalt Gelsenkirchen geschaffen. Auch das Justizministerium wußte, daß es in Nordrhein-Westfalen keinen besseren und geeigneteren Bewerber für diese behandlungsintensive Vollzugseinrichtung gab als Karl Peter Rotthaus und so wurde er zum 1. April 1974 zum Leitenden Regierungsdirektor befördert und zum ersten Anstaltsleiter der sozialtherapeutischen Anstalt in Gelsenkirchen bestellt. Die Aufbauphase der sozialtherapeutischen Anstalt Gelsenkirchen geschah unter Berücksichtigung der in anderen entsprechenden Einrichtungen gewonnenen Erfahrungen und nach wissenschaftlicher Beratung. So kam es, daß Karl Peter Rotthaus im April 1974 die Gelegenheit hatte, die sozialtherapeutische Anstalt in Uetrecht in Holland kennenzulernen und in einer mehrwöchigen fachlich begleiteten Vorbereitungstagung mit dem vorgesehenen therapeutischen Team die Arbeit in Gelsenkirchen im Herbst 1974 konzeptionell planen konnte. Die Entwicklung eines modernen sozialtherapeutischen Vollzuges in Nordrhein-Westfalen ist mit dem Namen Karl Peter Rotthaus unauslöschlich verbunden. Bis zum 3. Mai 1981 blieb er Anstaltsleiter in Gelsenkirchen. Dort konnte er am 6. März 1979 25 Jahre Tätigkeit im Öffentlichen Dienst feiern. Durch seine Teilnahme an zahlreichen Tagungen und Kongressen und eine Vielzahl von wissenschaftlichen Veröffentlichungen konnte er sein umfangreiches Fachwissen anderen mitteilen. Auch zusätzliches Fachwissen zu gewinnen war stets sein Ziel, das er in seiner Tätigkeit in Gelsenkirchen umsetzte und den Mitarbeitern vermittelte.

Am 4. Mai 1981 wurde Karl Peter Rotthaus an das Justizministerium des Landes Nordrhein-Westfalen abgeordnet und versah dort die Tätigkeit des Personalreferenten für den höheren Vollzugs- und Verwaltungsdienst sowie für die Fachkräfte des höheren Dienstes im Bereich des Strafvollzuges. Es war sein besonders Anliegen, bei der Nachwuchsgewinnung darauf zu achten, daß den Bedürfnissen des Behandlungsstrafvollzuges bei der Nachwuchswerbung Rechnung getragen wurde. Ab 1. Januar 1984 wurden Karl Peter Rotthaus die Aufgaben des Präsidenten des Justizvollzugsamtes Rheinland in Köln übertragen. Wegen der damals schon bestehenden Besetzungssperre konnte er jedoch erst zum 1. Juli 1984 zum Präsidenten des Justizvollzugsamtes Rheinland ernannt werden. Diese Tätigkeit hat er viele Jahre ausgeübt. Auf seinen Antrag wurde er zum 30. April 1992 in den Ruhestand versetzt. Auch nach der Versetzung in den Ruhestand setzte er seine – einige Jahre zuvor in Köln begonnene – wissenschaftliche Tätigkeit an der Universität Köln im Fachbereich Rechtswissenschaften sowie seine wissenschaftliche Arbeit als Buchautor und Verfasser von Artikeln in Fachzeitschriften fort.

Das Nachzeichnen des beruflichen Lebensweges von Karl Peter Rotthaus zeigt die Karriere eines engagierten Vollzugsbeamten, der überwiegend bei Vorgesetzten und Mitarbeitern große Anerkennung fand. Es entbehrt nicht der Ironie, wenn das Absageschreiben des Niedersächsischen Justizministeriums am 13. August 1958 die Sätze enthielt: »Sie werden verstehen, daß in solch einem Fall die Kraft ausgewählt wird, die möglichst umfassende Fachkenntnisse der Hilfswissenschaften, d.h. der Kriminologie, Soziologie, Pädagogik, Psychologie und möglichst auch der Psychiatrie mitbringt«. Der zuständige Personalreferent des Niedersächsischen Ministeriums wußte offenbar nicht, wem er diese Absage zuteil werden ließ. Die zahlreichen Veröffentlichungen, die Karl Peter Rotthaus in Fachzeitschriften gerade zu kriminologischen, pädagogischen, psychologischen und auch psychiatrischen Fragestellungen getätigt hat, belegen, daß er der bestmögliche Kandidat im Bereich des deutschen Strafvollzuges gewesen wäre, wenn Niedersachsen wirklich die unter dem 13. August 1958 mitgeteilten Kriterien beachtet hätte. Es war kein Zufall, daß etliche Jahre später Karl Peter Rotthaus in Niedersachsen die Karriere hätte beginnen können, die später in Nordrhein-Westfalen als Präsident des Justizvollzugsamtes des Rheinlands auf ihn zugekommen ist.

Den beruflichen Werdegang von Karl Peter Rotthaus zu würdigen, heißt mit Hochachtung und Respekt einen Menschen beschreiben, der seinen Beruf gern und mit innerer Leidenschaft ausgeübt hat. Wer sich erinnert, daß vor der Ernennung von Karl Peter Rotthaus zum Leiter der Vollzugsschule in Remscheid die Anwärter des uniformierten Dienstes im Fach Kriminologie mit der Geschichte der mittelständischen Industrie im Bergischen Land konfrontiert wurden, weiß die Aufgabe zu würdigen, die darin bestand, daß die Justizvollzugsschule in den Jahren 1968 bis 1972 in eine moderne Ausbildungsstätte umgewandelt werden mußte und zeitgemäße Unterrichtsinhalte in die Stoffverteilungspläne für die Ausbildung der Beamten des mittleren Dienstes hinein gelangten.

Mit großer Leidenschaft und ungewöhnlich hohem Sachverstand hat Karl Peter Rotthaus beim Aufbau der sozialtherapeutischen Anstalt Gelsenkirchen gearbeitet. Jedermann weiß, daß es in erster Linie ihm zu verdanken war, daß therapeutisch unzulänglich ausgebildete Fachkräfte lernten, mit einer schwierigen Klientel im Rahmen eines ständig an die Realität anzupassenden Behandlungskonzepts so umzugehen, daß das Risiko der Rückfallkriminalität gemindert wurde. Der Sachverstand von Karl Peter Rotthaus, aber auch seine Fähigkeit in menschlichen Konfliktsituationen einen von jedermann akzeptierten Ausgleich herbeizuführen, waren die Ursachen dafür, daß konzeptionelle Streitigkeiten in der Anfangsphase der Sozialtherapie jeweils zu einem guten Ende geführt werden konnten. Karl Peter Rotthaus der nicht nur in Holland, sondern auch in den USA und anderen Ländern weitere Vollzugsformen kennenzulernen versucht hatte, konnte immer wieder befruchtend auf die Konzeption des sozialtherapeutischen Vollzuges einwirken. Und auch nach seinem Weggang von Gelsenkirchen war er es, der auf Kongressen und durch Veröffentlichungen in Fachzeitschriften auf Vorteile und Risiken des sozialtherapeutischen Vollzuges unüberhörbar aufmerksam machen konnte. Seine fachliche Autorität auf diesem Spezialgebiet ist im deutschen Strafvollzug unbestritten.

Die Tätigkeit im Justizministerium hat er pflichtgetreu absolviert. Er wußte, daß dies eine der ungeschriebenen Voraussetzungen dafür war, Leiter eines Justizvollzugsamtes werden zu können.

Die Aufgabe, den Strafvollzug als Präsident des Justizvollzugsamtes konzeptionell durchgängig im Sinne des Behandlungsvollzuges zu beeinflussen, hat ihn sicher sehr gereizt. Während seiner Amtszeit als Leiter der rheinischen Aufsichtsbehörde für 17 Vollzugsanstalten und 1 Fachschule sind durch Schaffung einer neuen offenen Anstalt und Ausbau der bestehenden Anstalten deutliche Impulse in Richtung auf den Behandlungsvollzug gesetzt worden. Es ist ein Stück echter persönlicher Tragik, daß in dem Amtsbezirk dieses, die Behandlung der Gefangenen mit Leidenschaft vertretenden Mannes 1990 im Zusammenhang mit den Meutereien in deutschen Strafanstalten nach der Wiedervereinigung größere Unruhen in den Gefängnissen auftraten.

Karl Peter Rotthaus ist in dem Bewußtsein in den Ruhestand gegangen, daß härtere Zeiten für den Vollzug in Nordrhein-Westfalen aufgezogen waren. Eine deutliche Überbelegung der Justizvollzugsanstalten, die Zunahme der gegen die

Vorgaben des Vollzuges rebellierenden Gefangenen waren für einen Mann, der sich mit Leidenschaft sein Berufsleben lang für die Kooperation mit Gefangenen eingesetzt hatte, Herausforderungen, denen er sich kurz vor Erreichen des Pensionsalters nicht mehr stellen wollte. Dennoch hat er unverdrossen und mit Engagement auf seinem Dienstposten ausgehalten. Auch nach seiner Versetzung in den Ruhestand hat er durch Aufsätze in Fachzeitschriften und andere Veröffentlichungen deutlich gemacht, daß er nach wie vor fest an die Möglichkeit glaubt, die Rückfallkriminalität durch Behandlungsangebote an Strafgefangene mindern zu können.

Die Persönlichkeit von Karl Peter Rotthaus differenziert zu schildern ist naturgemäß nicht dadurch möglich, daß sein beruflicher Werdegang nachzuzeichnen versucht wird. Er ist und war ein Mann des stillen Engagements. Aufschlußreich hinsichtlich seines Grundverhaltensmusters ist und bleibt ein Brief, den er vor Beginn seiner Tätigkeit im Strafvollzug im März 1959 an das Justizministerium Nordrhein-Westfalens richtete. In diesem Brief bat er um Aufschub hinsichtlich des von ihm eigentlich durchaus ersehnten Einstellungstermins und zwar deswegen, weil er am 30. März 1959 heiraten wollte. In dem Brief heißt es: »An sich würde ich im Anschluß an meine Hochzeit gerne eine etwa 10tägige Reise unternehmen. Es wäre mir deshalb lieber, wenn ich erst am 1. Mai 1959 meinen Dienst anzutreten brauchte. Falls Sie jedoch Bedenken haben, meinen Dienstantritt um einen vollen Monat hinauszuschieben, wäre ich auch bereit, am 15. April 1959 zu beginnen. Sollte schließlich mein Dienstantritt aus dienstlichen Gründen unbedingt geboten sein, so würde ich meine Einstellung bei Ihnen nicht an dieser Schwierigkeit scheitern lassen, wenn mir der Verzicht auf die geplante Hochzeitsreise auch nicht ganz leicht fiele«. Dieser Logik des unmißverständlichen, jedoch sehr feinsinnigen »Sowohl – als auch« ist Karl Peter Rotthaus sein ganzes Berufsleben treu geblieben. Immer hat er unter Hintanstellung persönlicher Belange den dienstlichen Erfordernissen den Vortritt gegeben und loyal auch unangenehme Entwicklungen mitgetragen. Doch niemals hat er darauf verzichtet, in vorsichtigen, jedoch durchaus unmißverständlichen Worten ihn nicht befriedigende Probleme anzusprechen. Diese seine Haltung hat bei Vorgesetzten und Kollegen die persönliche Achtung erzeugt, die Karl Peter Rotthaus auch heute noch entgegengebracht wird. Seine Grundhaltung hat ihm jedoch auch Schwierigkeiten gebracht. In Situationen, in denen ein hartes Durchgreifen klärend gewirkt hätte, hat er – oft aus Loyalität gegenüber seinen Vorgesetzten – gezögert. Gewiß hat er dann darunter gelitten, wenn dieses Zögern ihm als entscheidungsunfreudiges Verhalten ausgelegt wurde. Es ist kein Zufall, daß die Fähigkeiten von Karl Peter Rotthaus sich ganz besonders in dem Amt entfalten konnten, welches – als Leiter der sozialtherapeutischen Anstalt Gelsenkirchen – Sachverstand und friedensstiftende Konfliktstrategien verlangte.

Würdigung von Karl Peter Rotthaus[1]

I.

Einen Freund und Kollegen porträtieren zu wollen, ist im Grunde ein problematisches, wenn nicht unmögliches Unterfangen. Noch am ehesten will dies dem künstlerisch begabten, nachempfindenden Maler gelingen. Wer nur über Worte – karge, dürre, nicht selten blasse – Worte verfügt, hat da seine Schwierigkeiten. Das Bild, das er zeichnet, bleibt leicht hinter der Wirklichkeit zurück – nicht nur, weil manches unscharf gerät oder gar ausgeblendet wird, was die Persönlichkeit im einzelnen ausmacht, sondern auch und gerade, weil es hinter der lebendigen Anschauung verblaßt. Wer Karl Peter Rotthaus in der Begegnung, im Gespräch, auch im wissenschaftlichen, unmittelbar erlebt, hat eine ungleich leuchtendere, plastischere Vorstellung von ihm als derjenige, der ein Porträt entwerfen will. Persönlichkeiten und ihre Lebensläufe haben ihre eigene Struktur und Dynamik. Sie fügen sich in ihrer oft verwirrenden Fülle und Vielseitigkeit nicht den Schematismen und Kategorisierungen nachempfindender Betrachtung. Deshalb möchte ich den Versuch, Karl Peter Rotthaus zu porträtieren, gleich gar nicht erst unternehmen.

Der Wegbegleiter und Zeitgenosse, nicht zuletzt der Freund, hat es ohnehin schwer: Dem Vorzug der persönlichen Nähe und Vertrautheit, erwachsen aus vielen Begegnungen und Gemeinsamkeiten, steht die Befangenheit gegenüber, die sich leicht den Vorwurf unkritischer Apologie einhandelt. Würdigungen solcher Art sind aber unwürdig, weil sie der Persönlichkeit nicht gerecht werden. Hofberichterstattung und Freundschaft vertragen sich schlecht. Man muß schon Distanz haben und wahren, um Überblick zu gewinnen. Aus der Nähe, großer Nähe wiedergegeben wird manches überbelichtet, überzeichnet – und anderes fällt aus dem Rahmen. Und nicht selten hat man schon ein Bild, ehe es überhaupt Konturen annehmen will.

---

1   Die Vortragsfassung ist auch im Druck beibehalten.

II.

Was ich vorhabe, ist deshalb ungleich bescheidener. Es ist ein Stück Erinnerungsarbeit, die geleistet werden soll, verbunden mit einem Ausblick in die Zukunft. Zu oft haben Karl Peter Rotthaus und ich uns getroffen, haben sich unsere Wege gekreuzt, als daß dies hier ausgespart werden könnte. Zu viele Gemeinsamkeiten sind im Laufe der Jahre daraus geworden und uns geblieben, als daß man daran kommentar-, ja vielleicht sogar erinnerungslos vorübergehen könnte.

Ja, es sind Erinnerungen, eingebettet in die Zeit-, namentlich die Rechtsgeschichte, genauer: die Entwicklung von Praxis und Theorie des Strafvollzugs seit den 60er Jahren. Unsere erste Begegnung war wohl literarischer Art: Karl Peter Rotthaus schrieb über ein Thema, das ihn eigentlich immer wieder bis heute nicht losgelassen und auch mich verschiedentlich beschäftigt hat: die Ausbildung der Strafvollzugsbediensteten[2]. Es gab eine Replik von mir[3]; die Positionen, die wir jeweils einnahmen, sind aus heutiger Sicht wohl weniger wichtig als der Umstand, daß wir gerade aus diesem Anlaß miteinander korrespondierten – und wie wir es seinerzeit taten.

Das war ein erster Anfang Ende der 60er Jahre. Bald folgten persönliche Begegnungen, die vor allem zwei Entwicklungslinien folgten: der redaktionellen Tätigkeit im Rahmen der damaligen »Zeitschrift für Strafvollzug« und späteren »Zeitschrift für Strafvollzug und Straffälligenhilfe« und der Arbeit des Fachausschusses I »Strafrecht und Strafvollzug« des einstigen Bundeszusammenschlusses für Straffälligenhilfe. Das Impressum des Jahrgangs 20 von 1971/72 jener Zeitschrift verzeichnet erstmals den Namen von Regierungsdirektor Dr. Karl Peter Rotthaus[4]. Und es erscheint in der Retrospektive wohl kaum als ein Zufall, daß wir beide zur selben Zeit, damals noch zusammen mit Max Busch[5] und Wolfgang Grützner[6], die Nachfolge einer Schriftleitung antraten, an deren Spitze nahezu 20 Jahre lang Albert Krebs gestanden hatte[7]. Wie diese Zeitschrift im weiteren Zeitraum von über 20 Jahren geworden ist und was aus ihr geworden ist, ist nicht zuletzt ein Verdienst von Karl Peter Rotthaus, der stets mit Umsicht und Beharr-

---

2   Rotthaus, Die Ausbildung der Beamten des Aufsichtsdienstes, JVerwBl. 104 (1968), S. 222-228.

3   Müller-Dietz, Nochmals: Die Ausbildung der Beamten des Aufsichtsdienstes, JVerwBl. 105 (1969), S. 7-9.

4   ZfStrVo 20 (1971/72).

5   Über Max Busch vgl. Nachruf der Schriftleitung der ZfStrVo, ZfStrVo 42 (1993), H. 4.

6   Wolfgang Grützner ist inzwischen Leiter der Abteilung Strafvollzug im Justizministerium des Landes Mecklenburg-Vorpommern.

7   Albert Krebs, Die ersten 25 Jahre der Zeitschrift für Strafvollzug, ZfStrVo 26 (1977), S. 1-7; Müller-Dietz, Albert Krebs – Annäherungen an Leben und Werk –, ZfStrVo 42 (1993), S. 69-76.

lichkeit die Belange und Interessen einer keineswegs unkritischen Vollzugspraxis zu vertreten wußte.

Das zweite Standbein unserer Gemeinsamkeit bildete – gleichfalls seit den frühen 70er Jahren – jener Fachausschuß, dem nachgesagt wurde, zu den aktivsten und fruchtbarsten Gremien des Bundeszusammenschlusses[8] zu gehören, wenn er nicht sogar derjenige Arbeitskreis war, dem die organisierte Straffälligenhilfe damals auf Bundesebene die meisten Anstöße und Anregungen zu verdanken hatte. Doch hat er solches Selbstlob gar nicht nötig; die Ergebnisse seiner Arbeit sprechen für sich selbst[9].

Hervorgegangen aus einem Beraterkreis von Honoratioren begann der Ausschuß sich eben in den 70er Jahren, nicht zuletzt beflügelt von der Aufbruchstimmung, welche jene reformfreudige Ära begleitet und geleitet hatte, zu einem Team von Sachverständigen zu wandeln, das Praxis und Theorie in weiterführender Weise miteinander zu verbinden suchte. So konnte und durfte auch der Leitende Regierungsdirektor Dr. Karl Peter Rotthaus aus Remscheid-Lüttringhausen in jenem

---

8   Zum Bundeszusammenschluß für Straffälligenhilfe Aloys Schmand, Bundeszusammenschluß für Straffälligenhilfe, ZfStrVo 11 (1962), S. 53; Anneliese Baumann, Bericht über die Bundestagung des Bundeszusammenschlusses für Straffälligenhilfe, ZfStrVo 15 (1966), S. 377-381; Gerd Siekmann, Der Bundeszusammenschluß für Straffälligenhilfe – Eine Selbstdarstellung, ZfStrVo 23 (1974), S. 154-156; Bundestagung für Straffälligenhilfe, ZfStrVo 24 (1975), S. 61; Siegfried Knop, Wo stehen wir mit unserer Straffälligenhilfe?, ZfStrVo 25 (1976), S. 65-66; »Straffälligenhilfe – gestern – heute – morgen«, ZfStrVo 26 (1977), S. 182; Paul Wetterich, Die Bundestagungen der Straffälligenhilfe, ZfStrVo 27 (1978), S. 126-127; ders., Kooperation in der Straffälligenhilfe, ZfStrVo 30 (1981), S. 195; ders., Der Bundesverband der Straffälligenhilfe – ein Nachruf, ZfStrVo 41 (1992), S. 12-14; 12.Bundestagung der Straffälligenhilfe, ZfStrVo 30 (1991), S. 114; Johannes Borchert, Die 12.Bundestagung der Straffälligenhilfe vom 29.September bis 2.Oktober 1981, ZfStrVo 31 (1982), S. 108-110; Bundeszusammenschluß (am 27.11.1987) aufgelöst, ZfStrVo 37 (1988), S. 173. Vgl. ferner Wetterich, Die Schriftenreihe des Bundeszusammenschlusses für Straffälligenhilfe. In: Bundeshilfswerk für Straffällige e.V. (Hrsg.), Zwanzig Jahre Bundeshilfswerk für Straffällige e.V., Bonn 1978, S. 51-55.

9   Vgl. nur die Veröffentlichungen des Fachausschusses (der nunmehr für die Deutsche Bewährungshilfe Bundesverband e.V. tätig ist): Im Rahmen der Schriftenreihe des Bundeszusammenschlusses (dazu Wetterich, Die Schriftenreihe etc., Fn. 8) sind erschienen: Fragebogenenquête zur Lage und Reform des deutschen Strafvollzuges. Hrsg. von H. Müller-Dietz und Th. Würtenberger (Nr.7), 1969; Vorschläge zum Entwurf eines Strafvollzugsgesetzes. Hrsg. von Heike Jung und Heinz Müller-Dietz (H. 15), 1973 (H. 16), 2., erweiterte Aufl. 1974; Die Mitarbeiter des Behandlungsvollzuges. Hrsg. von Heike Jung, Hans-Georg Mey, Heinz Müller-Dietz und Karl Peter Rotthaus (H. 21), 1978; Reform der Untersuchungshaft – Vorschläge und Materialien – Hrsg. von Heike Jung und Heinz Müller-Dietz im Auftrag des Bundeszusammenschlusses (H. 31), 1983. Hrsg. vom Bundesministerium der Justiz: Schadenswiedergutmachung. Im Auftrag des Bundesministeriums der Justiz. Abschlußbericht, Bonn 1988. Vgl. ferner Stellungnahme zur lebenslangen Freiheitsstrafe, ZfStrVo 26 (1977), S. 181; Beratungen des Fachausschusses I »Strafrecht und Strafvollzug« des Bundeszusammenschlusses für Straffälligenhilfe, ZfStrVo 30 (1981), S. 238; Lange Freiheitsstrafen, ZfStrVo 38 (1989), S. 369-370; Erklärung zur sozialen Stellung der Strafgefangenen, ZfStrVo 40 (1990), S. 234.

Ausschuß – dessen Geschichte heute weitgehend vergessen ist und, wo nicht, nicht selten legendär und mythenumwoben erscheint – nicht fehlen. Die 1974 in zweiter Auflage erschienenen »Vorschläge zu einem Strafvollzugsgesetz«, Frucht langer, gründlicher und gelegentlich auch bizarrer Beratungen, verzeichneten denn auch seinen Namen als Mitautor[10].

In jene Zeit fiel wohl auch ein Besuch in Remscheid, die gastliche Aufnahme im Hause Rotthaus, der später noch weitere – etwa in Köln während der Tätigkeit des Jubilars als Präsident des Justizvollzugsamts Rheinland – folgen sollten. Auch der Gegenbesuch in Sulzburg fehlte nicht; und ich erinnere mich noch gerne des späten Frühschoppens, den wir anläßlich eines Spaziergangs nach Staufen dort in einem Weinlokal einnahmen.

Ungleich aufregender – und zuweilen abenteuerlicher – waren freilich die Sitzungen unseres Fachausschusses an wechselnden Plätzen der Republik. Die Geschichte dieses Ausschusses wurde bisher nicht geschrieben[11] – vielleicht zu seinem Vorteil, wenn man seine nicht in der Sache selbst, wohl aber in seinen Abläufen mäanderhaften Bewegungen registriert. In geistiger Bewegung jedenfalls war er stets. Auch und gerade diese Sitzungen bildeten ein Stück Gemeinsamkeit, das man in der Retrospektive nicht mehr missen möchte. Das gilt auch dann, wenn man die nötigen Abstriche an verklärenden oder nostalgischen Hypostasierungen der Vergangenheit vornimmt. Nicht alles, was einem heute in einem freundlichen – oder vielleicht auch komischen – Licht erscheint, wurde damals so positiv oder lustig aufgenommen oder empfunden. Das Erleben der Zeit selbst und ihre erinnernde Vergegenwärtigung haben nun einmal verschiedene Wirklichkeiten zum Gegenstand – vielleicht auch verschiedene Subjekte – ebenso wie Konstruktion und Rekonstruktion von Vorgängen auseinandergehen[12].

III.

Die Versuchung liegt nahe, den Weg des Jubilars als eine Karriere mehr oder minder permanenten sozialen Aufstiegs eines tüchtigen Juristen zu Führungspositionen zu skizzieren. Dies wäre schon deshalb unangemessen, weil es keineswegs in allen Phasen des beruflichen Lebens eine kontinuierliche Aufwärtsentwicklung gab[13]. Auch wird man die Ämter, die Karl Peter Rotthaus im Rahmen seiner beruflichen Laufbahn einnahm, und die Funktionen, die er jeweils wahrnahm, keineswegs als

---

10 Vgl. Vorschläge (Fn. 9).
11 Sachbezogene Detailinformationen kann man natürlich seinen Veröffentlichungen entnehmen (vgl. Fn. 9).
12 Von den Schwierigkeiten der Erinnerung – an schwierige Zeiten – handelt nicht zuletzt das eindrucksvolle Werk von Ruth Klüger, weiter leben. Eine Jugend, Göttingen 1992.
13 Hierüber Näheres bei Klaus Koepsel in diesem Bd., S. 11-16.

einfach und leicht bezeichnen können. Jedenfalls war er immer wieder an Stellen zu finden, an und von denen aus im Strafvollzug etwas zu bewegen war (in Bewegung gebracht werden konnte) – wenn denn überhaupt etwas bewegt werden konnte. Nicht daß es unbedingt Schaltstellen der Macht gewesen wären, wenn man überhaupt innerhalb der Beamtenhierarchie davon sprechen kann. Aber es waren Positionen, die viel Kreativität, Nachdenken, Umsicht und den Mut zum Risiko, zum Wagnis erforderten – auch neue Wege zu beschreiten –, und damit waren es Positionen, für die Karl Peter Rotthaus wie geschaffen schien und scheint: die Leitung der Strafvollzugsschule in Remscheid-Lüttringhausen, die juristische Leitung der sozialtherapeutischen Anstalt Gelsenkirchen und eben das Amt des Präsidenten des Justizvollzugsamts Rheinland. In diesen Funktionen war und ist nicht nur besonderer Sachverstand, insbesondere enge Vertrautheit mit den Möglichkeiten und Problemen des Strafvollzugs gefragt, sondern auch viel Einfühlungsvermögen, Sensibilität und Gespür für die Nöte derer, die in so persönlichkeitsbeanspruchenden Einrichtungen wie Vollzugsanstalten tätig sind und leben müssen: die Bediensteten und die Gefangenen.

Dabei erwies und erweist sich allemal ein Umgang, der den anderen als Partner verstand und akzeptierte, als Gradmesser für die pädagogisch-psychologische Qualität von Kommunikation und Interaktion. Das galt und gilt für das Verhältnis zu den einzelnen Mitarbeitern und Diensten der Vollzugsanstalt wie für die Beziehungen zu den Insassen. Sich auf den anderen einzulassen, ihn in seinem Sosein zu akzeptieren, ohne feste Positionen aufzugeben oder faule Kompromisse zu schließen, war sein Credo in den verschiedenen Ämtern und Tätigkeitsbereichen, die er im Laufe seiner beruflichen Entwicklung wahrnahm.

Bezeichnend dafür sind etwa zwei Vorgänge aus der Tätigkeit von Karl Peter Rotthaus in der Sozialtherapeutischen Anstalt Gelsenkirchen[14]: der Umstand, daß der juristische Anstaltsleiter die nicht eben bequeme »Konkurrenz« eines therapeutischen Leiters[15] keineswegs scheute, sondern sie vielmehr im Sinne einer

---

14 Über diese Einrichtung vgl. z.B. Sachstandsbericht der JVA Gelsenkirchen, in: Sozialtherapeutische Anstalten – Konzepte und Erfahrungen. Ein Bericht des Fachausschusses V »Sozialtherapie und sozialtherapeutische Anstalt« des Bundeszusammenschlusses für Straffälligenhilfe (Schriftenreihe des Bundeszusammenschlusses H. 19), 2.Aufl. Bonn 1977, S. 256-268; Rotthaus, Sozialtherapie in der JVA Gelsenkirchen, ZfStrVo 30 (1981), S. 323-333.

15 Der therapeutische Leiter war Günter Romkopf. Vgl. etwa Romkopf, Sozialtherapeutische Behandlung statt Abschreckung, ZfStrVo 25 (1976), S. 101-102; ders., Möglichkeiten des Behandlungsvollzugs in sozialtherapeutischen Anstalten, ZfStrVo 1976, S. 135-141; ders., Sozialtherapie in der Justizvollzugsanstalt Gelsenkirchen, in: Das erste Internationale Seminar für Vergleichende Strafrechtspflege. Hrsg. von C. und G.F. Kirchhoff, Bochum 1979, S. 232-243; ders., Zur Kasuistik der Sozialtherapie. Justizvollzugsanstalt Gelsenkirchen: Der Fall Klaus Potthoff, Sozialtherapeutische Anstalt Gelsenkirchen: Unterstützung der Wohngrup-

Erweiterung des Sachverstandes zu nutzen wußte; und die dortige Regelung und Praxis, einen Konsequenzenkatalog anstelle des strafvollzugsrechtlich vorgegebenen Spektrums von Disziplinarmaßnahmen für Verstöße gegen die Regeln des Zusammenlebens zu setzen. Möglicherweise gibt es noch passendere Beispiele aus dem persönlichen Handlungs- und Erfahrungsbereich von Karl Peter Rotthaus, die belegen, wie sich ein sinnvoller oder zumindest erträglicher Umgang mit Mitarbeitern und Insassen unter den bedrängenden Rahmenbedingungen einer Vollzugsanstalt organisieren läßt.

IV.

Für einen engagierten Vollzugspraktiker, dem stets um eine sinnvolle Lösung konkreter Fragen des Vollzugsalltags zu tun war und ist, hat Karl Peter Rotthaus eine erstaunliche Fülle einschlägiger Veröffentlichungen vorzuweisen. Läßt man diese Arbeiten, ihre Themen, Fragestellungen und inhaltlichen Aspekte Revue passieren, wird freilich recht rasch deutlich, daß das Etikett »Vollzugspraktiker« eine recht oberflächliche und ungenaue Charakterisierung darstellt. Denn Karl Peter Rotthaus hat immer schon wissenschaftliche Erörterungen zum Strafvollzug zur Kenntnis und ernstgenommen – und dies nicht nur deshalb, weil ihm stets vor Augen gestanden hat, in welchem Maße vollzugsrechtliche und pönologische Theorien Einfluß auf die Praxis zu nehmen versucht haben[16]. Wenn es ihm auch nicht – jedenfalls nicht in erster Linie – um eine Auseinandersetzung mit theoretischen Konzepten ging und geht, so hat er sie doch stets zu rechts- und vollzugspraktischen Überlegungen zu nutzen gewußt.

Das literarische Werk von Karl Peter Rotthaus wartet mit einer bestechenden Themenvielfalt und einem eminent lebenspraktischen Sinn auf. Er verstand es immer wieder, die Klippen einer um sich selbst zentrierten juristischen Dogmatik und einer Hypostasierung sozialwissenschaftlicher Theorie zu meiden. Die Aufzählung der Fragestellungen bleibt natürlich hinter den Texten zurück[17]: die Mitar-

---

penarbeit durch Fachpersonal, in: Sonderheft der ZfStrVo: Sozialtherapie und Behandlungsforschung 29 (1980), S. 38-45, 60-66; ders., Sieben Fragen an die Sozialtherapie, ZfStrVo 34 (1985), S. 155-158; ders., Die Schuld – ein Grundproblem der Sozialtherapie?, ZfStrVo 37 (1988), S. 164-165.

16   Z.B. Rotthaus, Strafvollzugskunde als wissenschaftliche Disziplin und Strafvollzugswirklichkeit, ZfStrVo 25 (1976), S. 1-8; ders., Kommentare zum StVollzG, NStZ 4 (1984), S. 109-111; ders., Die Grundfragen des heutigen Strafvollzugs aus der Sicht der Praxis, Zur gegenwärtigen Situation des Strafvollzuges, ZfStrVo 41 (1992), S. 41-45, 309.

17   Sie kann auch keineswegs Vollständigkeit für sich beanspruchen.

beiter des Vollzugs[18], deren Ausbildung und Fortbildung[19], Team- und Zusammenarbeit der verschiedenen Dienste in der Vollzugsanstalt[20], die Sozialtherapie[21], die Untersuchungshaft und ihre Praxis[22], das Verhältnis der Gesellschaft, der Öffentlichkeit zum Strafvollzug[23], die empirische Strafvollzugsforschung[24], die Evaluation von Vollzugsmaßnahmen[25], die Bedeutung des Gesetzes, ja normativer Regelungen überhaupt für die Vollzugspraxis[26], die Organisation und Gestaltung

18   Rotthaus, Zur Frage der Personalausstattung von Vollzugsanstalten, ZfStrVo 42 (1993), S. 323-326. Vgl. ferner die Mitwirkung von K.P. Rotthaus an der Denkschrift »Die Mitarbeiter des Behandlungsvollzuges« (Fn. 9).

19   Rotthaus, Die Ausbildung etc. (Fn. 2); ders., Die Ausbildung der Mitarbeiter des Strafvollzuges für den Umgang mit schwierigen Gefangenen, MSchrKrim. 53 (1978), S. 123-130; ders., Die Fortbildung von Führungskräften und Mitarbeitern im Strafvollzug, ZfStrVo 21 (1972), S. 22-24; ders., Einstellungsveränderung als Ziel der Ausbildung der Beamten des Aufsichtsdienstes, MSchrKrim.56 (1973), S. 182-185.

20   Rotthaus, Teamarbeit in der Sozialtherapie, in: Sozialtherapeutische Anstalten (Fn. 14), S. 35-42; vgl. ferner Fn. 18.

21   Rotthaus, Sozialtherapeutische Anstalten aus der Sicht des Juristen, in: Strafvollzug in der Praxis. Hrsg. von Hans-Dieter Schwind und Günter Blau, Berlin/New York 1976, S. 70-77; 2.Aufl. 1988, S. 87-95; ders., Therapeutische Behandlung im Strafvollzug – eine Utopie?, in: Kriminalität heute – Ursachen und Bekämpfung. Red. bearb. von Harald Petri und Hans-Dieter Schwind, Bochum 1977, S. 116-128; ders., Teamarbeit in der Sozialtherapie, in: Sozialtherapeutische Anstalten (Fn. 20), S. 35-42; ders., Die Zusammenarbeit zwischen Oberbehörde und Sozialtherapeutischer Anstalt, in: Sonderheft der ZfStrVo (Fn. 15), S. 13-18; ders., Erfahrungen in der praktischen Sozialtherapie – Stellungnahme des Juristen, in: Sozialtherapie. Grenzfragen bei der Beurteilung psychischer Auffälligkeiten im Strafrecht. Hrsg. von Hans Göppinger und Paul H. Bresser (Kriminolog. Gegenwartsfragen 15), Stuttgart 1982, S. 79-92; ders., Sozialtherapie: Wie soll es weitergehen?, ZfStrVo 35 (19786), S. 79-80. Über ausländische Erfahrungen in der Sozialtherapie Rotthaus, Sozialtherapie in der Dr.-van-der-Hoeven-Klinik in Utrecht, MSchrKrim.58 (1975), S. 83-94; ders., Die neue Dr.-van-der-Hoeven-Klinik in Utrecht, MSchrKrim.61 (1978), S. 126-134; ders., Das dänische Staatsgefängnis Ringe – ein Gegenmodell zur Sozialtherapeutischen Anstalt, in: Sonderheft der ZfStrVo (Fn. 15), S. 99-102.

22   Rotthaus, Unzulänglichkeiten der heutigen Regelung der Untersuchungshaft, NJW 26 (1973), S. 2269-2273; ders., Die Reform der inhaltlich-vollzuglichen Gestaltung der Untersuchungshaft, in: Festschrift für Kurt Rebmann zum 65.Geburtstag, München 1989, S. 401-418.

23   Rotthaus, Was ist die Gesellschaft dem Rechtsbrecher schuldig?, ZfStrVo 24 (1975), S. 24-26; ders., Partner im sozialen Umfeld des Vollzuges, in: Helmut Kury (Hrsg.), Strafvollzug und Öffentlichkeit, Freiburg i.Br. 1980, S. 155-178.

24   Rotthaus, Gegen einen Rückzug der Forschung aus dem Strafvollzug, KrimJ 5 (1973), S. 67-69; ders., Kriminologische Forschung und Praxis, in: Jörg-Martin Jehle/Rudolf Egg (Hrsg.), Anwendungsbezogene Kriminologie zwischen Grundlagenforschung und Praxis, Wiesbaden 1986, S. 105-113.

25   Rotthaus, Erfolg und Mißerfolg des Erwachsenenvollzugs, ZfStrVo 23 (1974), S. 110-114; ders., Strafvollzug und Rückfälligkeit, ZfStrVo 27 (1978), S. 1-6.

26   Rotthaus, Grenzen normativer Regelung im Strafvollzug. Zehn Jahre Dienst- und Vollzugsordnung, JVerwBl. 107 (1971), S. 241-247; ders., Die Bedeutung des Strafvollzugsgesetzes für die Reform des Strafvollzugs, NStZ 7 (1987), S. 1-5.

von Dienst- und Fachaufsicht[27], Probleme des ausländischen – etwa des englischen[28] und niederländischen[29] – Strafvollzugs, Fragen des Rechtsschutzes in Strafvollzugssachen[30], die Praxis des Maßregelvollzugs[31], die Situation und (Rechts-)Stellung der Gefangenen[32].

Früh schon haben Karl Peter Rotthaus bis heute aktuell gebliebene oder gegenwärtig wieder aktuell gewordene Probleme beschäftigt: die Belastung Gefangener mit Gerichtskosten[33], die Behandlung ausländischer Gefangener[34], der Umgang mit älteren Gefangenen[35]. Die Liste der Themen ist lang; sie ließe sich mühelos verlängern[36] – und wäre dennoch nicht aussagekräftig genug, weil es eigentlich ja

27 Rotthaus, Aufgaben und Arbeitsweise der Justizvollzugsämter im Lande Nordrhein-West-
    falen, in: Gedächtnisschrift für Hilde Kaufmann, Berlin/New York 1986, S. 623-635.
28 Rotthaus, Die Ausbildung und Fortbildung der Strafvollzugsbediensteten in England, ZfStrVo
    15 (1966), S. 180-191; ders., Vollzugsbeamte und Betreuungskräfte im englischen Strafvoll-
    zug, Blätter für Strafvollzugskunde. Beilage zum Vollzugsdienst 13 (1966), H. 3, S. 9-11;
    ders., Organisation und Arbeitsweise der Mittelbehörde im Strafvollzug von England und
    Wales, ZfStrVo 38 (1989), S. 355-361; ders., Die Gefängnisunruhen in England, April 1990,
    ZfStrVo 40 (1991), S. 195-202.
29 Rotthaus, Die Rechtsstellung des niederländischen Strafgefangenen, ZfStrVo 13 (1964),
    S. 139-144.
30 Rotthaus, Zur Bearbeitung der Gefangenenbeschwerden, ZfStrVo 10 (1961), S. 201-214;
    ders., Erfahrungen mit dem Rechtsweg in Strafvollzugssachen, NJW 19 (1966), S. 1351-1352;
    ders., Zum Rechtsschutz der Strafgefangenen, MSchrKrim.60 (1977), S. 186-189; ders.,
    Totale Institutionen und Rechtsschutz, ZfStrVo 41 (1992), S. 362; ders., Rechtsschutz und
    Mediation im Strafvollzug, KrimJ 25 (1993), S. 56-61.
31 Rotthaus, Der psychisch kranke Straftäter und seine Zukunft, ZfStrVo 41 (1992), S. 311-312;
    ders., So nahe und doch getrennt: Forensische Psychiatrie und Sozialtherapie im Strafvollzug,
    in: Zentrum Maßregelvollzug. Entwicklungen in der Forensischen Psychiatrie. Festschrift
    Vera Schumann. Hrsg. von W.M. van den Bergh, Lippstadt 1992, S. 153-158.
32 Rotthaus, Das neue Jugendstrafrecht der Gefangenen, ZfStrVo 12 (1963), S. 348-358; ders., Men-
    schenwürde und Strafvollzug, MDR 22 (1968), S. 102-103; ders., Die Rechtsberatung der
    Gefangenen im Justizvollzug, NStZ 10 (1990), S. 164-170. Vgl. ferner Fn. 16, 23, 30.
33 Rotthaus, Justizforderungen und Resozialisierung der Strafentlassenen, MSchrKrim.48
    (1965), S. 138.
34 Rotthaus, Erfahrungen mit dem Strafvollzug bei ausländischen Verurteilten und der Behand-
    lung ausländischer Untersuchungsgefangener, ZfStrVo 17 (1968), S. 353-367.
35 Rotthaus, Der alternde Gefangene, MSchrKrim.54 (1971), S. 338-344.
36 Vgl. z.B. Rotthaus, Sinnvoller Beginn des Strafvollzugs, in: Straffälligenhilfe im Dienste
    eines geordneten Gemeinschaftslebens. 7.Bundestagung der Straffälligenhilfe 12.-16.Oktober
    1966. Hrsg. vom Bundeszusammenschluß für Straffälligenhilfe. Bad Godesberg 1966, S. 64-
    69; ders., Der Schriftverkehr der Gefangenen mit Gerichten und Behörden, JVerwBl. 103
    (1967), S. 97-99; ders., Die Aufgaben einer besonderen Vollzugsanstalt für schwierige und
    psychisch abnorme Gefangene, MSchrKrim.50 (1967), S. 344-352; ders., Ist eine besondere
    gesetzliche Grundlage für die Vorführung der Strafgefangenen bei Gericht erforderlich?,
    JVerwBl.106 (1970), S. 100-104; ders., Zur Frage des Schußwaffengebrauchs gegenüber
    Strafgefangenen, MDR 23 (1970), S. 4-6; ders., Zusammenarbeit zwischen JVA und Straf-
    vollstreckungskammer, in: Festschrift für Günter Blau zum 70.Geburtstag, Berlin/New York

darauf ankäme, die Inhalte und Ziele dieser Veröffentlichungen zu präsentieren – ebenso wie nicht verschwiegen werden dürfte, in welchem Maße der Jubilar für praktische wie wissenschaftliche Teamarbeit aufgeschlossen ist[37].

V.

Ein solcher Bericht, der eher Erinnerungsfragmenten gleicht, wäre arg unvollständig, würde er die Tätigkeit von Karl Peter Rotthaus als Referent und Diskutant anläßlich zahlreicher Strafvollzugstagungen aussparen, an denen er seit den 60er Jahren teilgenommen hat. Ich selber wäre wohl überfragt, wenn ich auch nur diejenigen Veranstaltungen nennen sollte, an denen wir beide beteiligt waren[38]. Erst recht fehlt mir ein Überblick über die vielen einschlägigen Tagungen im In- und Ausland, an denen Karl Peter Rotthaus mitgewirkt hat. Ich bin mir auch keineswegs sicher, daß er es selber weiß. Vonnöten wäre ja eine überaus penible »Buchführung«, die ziemlich lückenlos Auskunft über ein ganzes Menschenalter geben könnte. Und die gibt es allenfalls in den Akten der Gauck-Behörde, die für unser Thema gewiß nichts hergeben.

Daß sich die Aktivitäten, die Karl Peter Rotthaus im Rahmen von Tagungen entfaltet hat, nicht ausreichend in Publikationslisten niederschlagen, braucht nicht eigens hervorgehoben zu werden. Manches von dem, was als Referat oder Diskussionsbeitrag in die Welt tritt, wird gar nicht erst schriftlich fixiert oder bleibt bloße, unveröffentlichte Notiz. Darüber hinaus ergeht es Karl Peter Rotthaus nicht anders als jedem schriftstellerisch tätigen Theoretiker oder Praktiker: Nicht alles, was so zu Papier gebracht wird, erblickt das Licht der Öffentlichkeit. Und gerade wer, wie Karl Peter Rotthaus, über ein ausgesprochenes Qualitätsbewußtsein verfügt, wendet seine Texte lieber mehrmals hin und her, ehe er sie dem Druck anvertraut. Er

---

1985, S. 327-339; ders., Kriminalpolitik für Menschen, ZfStrVo 42 (1993), S. 9-11; ders., Sanktionensysteme und Menschenrechte, ZfStrVo 1993, S. 296-298.

37 Hervorzuheben sind an dieser Stelle – neben der schon erwähnten Mitwirkung im Fachausschuß »Strafrecht und Strafvollzug« (Fn. 9) – vor allem seine Kommentierung der §§ 8-9, 123-138, 154-156 und 159-165 im Gemeinschaftskommentar zum StVollzG, hrsg. von Hans-Dieter Schwind u. Alexander Böhm, 2.Aufl. Berlin/New York 1991, seine Mitarbeit an der Denkschrift der Evangelischen Kirche zum Strafvollzug »Strafe: Tor zur Versöhnung?«, Gütersloh 1990, seine inhaltliche Mitgestaltung des Bandes »Bruchstücke. Strafvollzugsprobleme aus der Sicht der Beteiligten«, hrsg. und kommentiert von Michael Walter, Karl Peter Rotthaus und Helmut Geiter, Pfaffenweiler 1992, sowie – nicht zuletzt – seine Tätigkeit als Mitherausgeber der »Neuen Zeitschrift für Strafrecht«.

38 Nur ein Beispiel für viele: die internationale Fachtagung des »Arbeitskreises Sonnenberg« vom 24. bis 30.Juni 1979 bei St. Andreasberg/Harz über das Thema »Strafvollzug und Öffentlichkeit« (Helmut Kury, Die Bedeutung der Öffentlichkeit für die Resozialisierung Straffälliger, ZfStrVo 29 (1980), S. 196-198). Aus ihr ist der Sammelband »Strafvollzug und Öffentlichkeit« (vgl. Fn. 23) hervorgegangen.

sucht dabei gerne auch den Rat des Freundes und Kollegen – ebenso wie er diesem
selbst mit Empfehlungen und Vorschlägen behilflich ist.

Zu berichten wäre über zwei Jahrzehnte enger Kommunikation, von der zahlrei-
che Gespräche und nicht zuletzt eine umfangreiche Korrespondenz zeugen. Die
Ordner füllen sich, doch das Gedächtnis vermag schon längst nicht mehr die Fülle
der Vorgänge und Gedanken zu speichern. Zu berichten wäre über einen intensiven
Erfahrungsaustausch über Manuskripte, Strafvollzugsprobleme, Fragen der
Gestaltung einer Zeitschrift, die im Laufe ihrer Entwicklung manche Metamorpho-
sen erlebt hat[39]. Zu berichten wäre über vielfältige fruchtbare Anregungen und
Vorschläge zu Form und Inhalt der Redaktionsarbeit. Wollte jemand eines Tages
die Geschichte der »Zeitschrift für Strafvollzug und Straffälligenhilfe« dokumentieren und analysieren, würde er in unserem Briefwechsel reichhaltiges Material
finden. Er würde entdecken, daß dieses Periodikum – anders als in der Ära von Albert Krebs[40] – nicht mehr das Werk eines einzigen Schriftleiters war, sondern im
Grunde auf vier Augen ruhte.

Und es darf an dieser Stelle keineswegs verschwiegen werden, daß es in zunehmendem Maße gerade die problematischen, schwierigen Manuskripte und Fragen
waren und sind, derer sich Karl Peter Rotthaus annahm und annimmt. Nicht nur
aus Gründen persönlicher Betroffenheit hätte ich Schwierigkeiten zu entscheiden,
wie groß unser beider Anteil an der Zeitschrift ist. Doch darüber mögen andere befinden. Jedenfalls hat es Pannen im Redaktionsbetrieb hauptsächlich dann gegeben,
wenn der stets vielbeschäftigte Schriftleiter Entscheidungen nicht genügend durchdacht – oder aber den Rat eines treuen und umsichtigen Freundes nicht eingeholt
hat[41].

Es gibt auch Gemeinsamkeiten in bezug auf Zuschreibungsprozesse. Ebenso wie
ich – früher jedenfalls – wiederholt mit dem Berliner Osteuropa-Mediziner Heinz
Müller-Dietz verwechselt wurde[42], wird Karl Peter Rotthaus gelegentlich mit seinem Bruder, dem Klinikchef Wilhelm Rotthaus, vertauscht. Auf diese Weise kann
es geschehen, daß ihm das Wort »Vom Strafvollzug verstehe ich nichts« in den

---

39 Vgl. etwa A. Krebs, Die ersten 25 Jahre etc. (Fn. 7).
40 Vgl. Müller-Dietz, Albert Krebs etc. (Fn. 7).
41 Exemplarisch in diesem Sinne der kommentarlose Abdruck des – umstrittenen – Beitrags von
    Walter T. Haesler, Südafrikanischer Strafvollzug. Eindrücke einer Studienreise im Septem-
    ber/Oktober 1984, ZfStrVo 35 (1986), S. 11-17, der – mit Recht – kritische Reaktionen, eine
    Entschuldigung der Schriftleitung, will heißen des Referenten (ZfStrVo 1986, S. 76) und eine
    korrigierende Gegenäußerung von Dirk van Zyl Smit, Nochmals: Südafrikanischer Straf-
    vollzg. Kritische Anmerkungen zu dem Beitrag von W.T. Haesler, ZfStrVo 1986, S. 11 ff.,
    ZfStrVo 1986, S. 280-285, ausgelöst hat.
42 Dokumentiert in der Glosse »Das Identitätsproblem«: Müller-Dietz, ALLES WAS RECHT
    IST. Aphorismen und Glossen zu Recht, Staat und Gesellschaft, Heidelberg 1983, S. 85 f.
    Vgl. ferner Heinz Mudrich, Professoren-Doppel. Heinz Müller-Dietz und die Kümmernisse
    der Namensgleichheit, Saarbrücker Zeitung Nr.210 vom 12.9.1975.

Mund gelegt wird[43], obwohl eine solche Aussage eine geradezu groteske Irreführung der Öffentlichkeit wäre – von Schlimmerem abgesehen. Aber auch das ist ein Beitrag zum Thema wissenschaftlicher Schnellebigkeit unserer Zeit, in der leicht zitiert wird, was man gar nicht gelesen hat – und im Extremfall auch das, was so oder überhaupt nicht erschienen ist.

VI.

Ein solcher Erinnerungs-Bericht kann und will kein Ende nehmen – und muß am Ende doch zu Ende kommen. Vieles – oder jedenfalls doch manches – blieb ungesagt, will gleichsam zwischen den Zeilen gelesen, aus den Sätzen herausgehört werden. Die feinen Untertöne liegen denn auch dem Jubilar – nicht das grobe Strickmuster. Er mag und wird sich dann aus den Worten heraussuchen, was besonders zu ihm paßt. Dem Freund und Kollegen, dem unsere herzlichen Grüße und Wünsche gelten, rufe ich zum Schluß zu: Ad multos annos!

---

43 Wilhelm Rotthaus, Organisation und Kooperation in einer Vollzugsanstalt, KrimPäd 18 (1990), H. 30, S. 30-35 (30). Dieser Beitrag wird in dem Werk von Günther Kaiser, Hans-Jürgen Kerner und Heinz Schöch, Strafvollzug. Ein Lehrbuch, 4.Aufl. Heidelberg 1992, S. 629, Karl Peter Rotthaus zugeschrieben.

I.
Perspektiven
einer Behandlung Gefangener

Vollzugsaufgaben und Allgemeiner Vollzugsdienst

»Menschen. Nicht Maßregeln.« So überschreibt Krohne in seinem Lehrbuch der Gefängniskunde den Abschnitt, in dem er sich den im Strafvollzug tätigen Bediensteten zuwendet[1]. Nicht das papierene Regelwerk, das den Strafvollzug ordnet, ist, das besagt dieser Ausspruch, entscheidend, sondern die Menschen, die es handhaben (oder – möchte man hinzufügen – zum Nutzen der Sache gerade nicht handhaben). Hundert Jahre später formuliert Müller-Dietz, der Strafvollzug sei »personen- und persönlichkeitsintensiv.«[2]

Daß ich mich heute mit diesem Bereich beschäftigen will, hat aber nicht nur den Grund darin, daß ich den eben zitierten Aussagen zustimme und meine, es sei richtig, sich den Problemen des Vollzuges und den Möglichkeiten, ihn zu verbessern, über die Mitarbeiterfrage zu nähern[3], vielmehr hängt die Themenwahl mit dem Anlaß des heutigen Kolloquiums zusammen.

---

1   Krohne, Lehrbuch der Gefängniskunde, 1889, 518. Das volle Zitat lautet: »Menschen. Nicht Maßregeln. Dieser Satz hat für die Gefängnisverwaltung eine ganz besondere Bedeutung. Die besten Systeme, die vollkommensten Reglements werden wenig ausrichten bei einem mittelmäßigen Beamtenpersonal; die Mängel der Systeme und der Reglements verschwinden bei einem guten Personal.
    Die Aufgaben des Strafvollzuges mit den mannigfachen, zu ihrer Lösung erforderlichen Arbeiten können nur bewältigt werden durch eine tüchtige, für ihren Dienst wohlgeschulte Beamtenschaft. Es ist eine Torheit, sich um Strafvollzugssysteme zu streiten und ihre Durchführung Beamten aufzutragen, die sie nicht verstehen; es ist verlorene Mühe, die bündigsten Gesetze und ausführlichsten Bestimmungen auszuarbeiten und sie in die Hand von Beamten zu legen, die kaum den Wortlaut, geschweige denn den Geist derselben begreifen; es ist sinnlose Verschwendung, Millionen auf Millionen in den Neubau von Gefängnissen zu stecken und Beamte darin wirtschaften zu lassen, die den Aufgaben des Strafvollzuges nicht gewachsen sind. Eine tüchtige Beamtenschaft zu gewinnen, zu erziehen und freudig in ihrem Berufe zu erhalten, ist die Hauptaufgabe der Gefängnisverwaltung, ebenso wichtig wie die Abfassung von Gesetzen und Reglements, aber schwerer zu lösen.«
2   Müller-Dietz, Probleme des modernen Strafvollzuges, 1974, 97.
3   Böhm, Strafvollzug, 2. Aufl. 1986, 74; Böhm, Zur gegenwärtigen und künftigen Situation des Aufsichtsdienstes, ZfStrVo 1975, 10 ff., 13.

I.

Wir sind uns, lieber Herr Rotthaus, zwar schon vorher begegnet, und es gibt mancherlei Berührungspunkte in unseren Biographien, aber die gute fachliche und persönliche Verbundenheit hat mit dem Treffen der Leiter der Vollzugsbeamtenausbildung in Rockenberg ihren Anfang genommen. Damals war es noch nicht üblich, daß Vollzugsleute unterhalb der Ebene der Abteilungsleiter in den Ministerien fachlich über die Ländergrenzen hinaus miteinander kommunizierten[4]. Wenn ich es recht erinnere, waren Sie der einzige unter uns, der eine selbständige Vollzugsschule in Remscheid-Lüttinghausen leitete. Herr Essmayer in Wittlich, Herr Grützner in Wolfenbüttel und ich in Rockenberg[5] leiteten die Schulen im Nebenamt und waren im Hauptamt Anstaltsleiter. In den anderen Bundesländern gab es Ausbildungsleiter, die mal an der einen, mal an der anderen Anstalt Kurse organisierten. Im Gegensatz zu den Schulleitern waren sie meist nicht dauerhaft mit Ausbildungsfragen befaßt[6]. Bei unserem ersten Treffen war aus Nordrhein-Westfalen auch Herr Dertinger gekommen, der neben seiner Tätigkeit als Anstaltsleiter für die Inspektorenausbildung zuständig war. Denn auch die Laufbahnausbildung des gehobenen Dienstes erfolgte bis in die Mitte der 70er Jahre »selbstgestrickt«, zunächst etwa auch am H.B. Wagnitz-Seminar in Rockenberg. Etwa die Hälfte der Inspektorenanwärter waren damals Aufstiegsbeamte, kamen also aus dem Kreis der Regierungssekretäre und der Beamten des allgemeinen Vollzugsdienstes und waren dem Schulleiter oft schon als die Lehrgangsbesten aus den Kursen für den mittleren Dienst bekannt.

Als wir uns in Rockenberg trafen, waren Stephan Quensel, Edelgart Quensel,[7] Tilman Moser[8] und andere junge Wissenschaftler von der Universität Gießen, dort von Frau Prof. Brauneck beraten, mit sozialer Gruppenarbeit an jungen Gefangenen, dem group-counselling, befaßt. Stephan Quensel vertrat die Ansicht, diese Gruppenarbeit müsse in ein Wohngruppenkonzept eingebettet sein und die Beamten des allgemeinen Vollzugsdienstes müßten in die Aufgabe verantwortlich, auch als Trainer und Co-Trainer, einbezogen werden[9] . Ein Tag unseres Treffens galt der

---

4   Rotthaus, Die Ausbildung der Beamten des Aufsichtsdienstes, Justizverwaltungsblatt 1968, 222, 223.

5   Hierzu: Böhm, Entwicklung der Ausbildung der Justizvollzugsbediensteten in Hessen seit 1945, ZfStrVo 1990, 67 ff.

6   Im Gegensatz zu den Schulleitern sah man fast keinen auf der jeweils folgenden Tagung wieder.

7   St. Quensel/E. Quensel, Gruppendynamische Behandlungsmethoden im Jugendstrafvollzug, in: Praxis der Jugend- und Kinderpsychologie und Kinderpsychiatrie 1975, 64.

8   T. Moser, Gespräche mit Eingeschlossenen, Suhrkamp 1969, mit einem Vorwort von Künzel.

9   St. Quensel, Der Strafvollzugsbeamte in der Gruppenarbeit. In: Kriminalistik Verlag (Hrsg.), Aktuelle Kriminologie, 1969, 247 ff.; St. Quensel, Group-Counseling und therapeutisches Milieu - Überlegungen zu einem Experiment -, in: Deutsche Vereinigung für Jugendgerichte

Auseinandersetzung mit diesem Modell und der Frage, welche Konsequenzen eine derartige Veränderung der Aufgabenstellung der Vollzugsbeamten für die Laufbahnausbildung haben könnte[10]. Die Erfahrungen und Vorstellungen von Quensel sind im Alternativentwurf eines Strafvollzugsgesetzes[11] berücksichtigt worden, der auf die Entwicklung der Praxis nicht ohne Einfluß geblieben ist. Das Wohngruppenkonzept kann man als ein Standbein der sozialtherapeutischen Anstalten benennen[12]. Es hat sich im Jugendstrafvollzug durchgesetzt,[13] obwohl das Jugendstrafvollzugsgesetz auf der Grundlage der Arbeiten der Jugendstrafvollzugskommission, die das Wohngruppenkonzept festschreibt,[14] noch immer nicht verabschiedet ist, ja gegenwärtig nicht einmal als Referentenentwurf des Bundesjustizministeriums existiert. Selbst im normalen Strafvollzug hat das Wohngruppenkonzept an einigen Stellen Fuß gefaßt[15]. Zu seiner Verwirklichung bedarf es zwar auch räumlicher und organisatorischer Voraussetzungen, sein Rückgrat ist aber die Struktur des Arbeitsplatzes der Beamten des allgemeinen Vollzugsdienstes, ihres Dienstplans, ihrer Entscheidungs- und Handlungskompetenzen, ihrer Zusammenarbeit mit anderen Bediensteten, ihrer Aus- und Weiterbildung und ihrer Supervision[16]. Von den drei Vollzugsbeamten, mit denen Stephan Quensel in Rockenberg gearbeitet hat, ist einer, der über diese neue Dimension des Einsatzes von Vollzugsbeamten in der ZfStrVo geschrieben hat,[17] verstorben, die beiden anderen sind als

und Jugendgerichtshilfen (Hrsg.), Die Jugendkriminalrechtspflege im Lichte der Kriminologischen Forschung, 1969, 97 ff.

10 Vgl. Rotthaus, Fn. 4, 222 ff., 224.

11 Baumann u.a., AE-Strafvollzugsgesetz, C.B. Mohr 1973. Frau Brauneck gehört zu den Mitverfassern. Vgl. auch St. Quensel, Der Alternativ-Entwurf zum Strafvollzugsgesetz – ein kleiner Schritt vorwärts, in: Baumann (Hrsg.), Die Reform des Strafvollzuges, Goldmann 1973, 21 ff.

12 Rotthaus, Sozialtherapie in der Justizvollzugsanstalt Gelsenkirchen, ZfStrVo 1981, 323 ff.; Michelitsch-Traeger, Sozialtherapeutisch ausgerichteter Wohngruppenvollzug – oder: Was man wissen muß, wenn man eine Wohngruppe implementieren will, ZfStrVo 1991, 282 ff.

13 Bulczak, Jugendanstalten, in Schwind/Blau, Strafvollzug in der Praxis, 2. Aufl., 1988, 70 ff., 74 f.; Caesar, Die neue Jugendstrafanstalt Schifferstadt, ZfStrVo 1991, 266f.; Kirchner, Entwicklungen in der Jugendstrafanstalt Wiesbaden in der Zeit von 1980 bis 1988, in: Regionalgruppe Hessen der Deutschen Vereinigung für Jugendgerichte und Jugendgerichtshilfen e.V. (Hrsg.), 25 Jahre Jugendvollzug in der Justizvollzugsanstalt Wiesbaden, 1989..

14 Bundesminister der Justiz (Hrsg.), Schlußbericht der Jugendstrafvollzugskommission, 1980, 23 f. Vgl. auch § 20 des Entwurfes eines Jugendstrafvollzugsgesetzes der Arbeitsgemeinschaft der Leiter der Jugendstrafanstalten und der besonderen Vollstreckungsleiter in der Deutschen Vereinigung für Jugendgerichte und Jugendgerichtshilfen (Bulczak, Fleck, Jöcks, Kreutzer, Scheschonka), Bonn 1988.

15 Etwa in der JVA Schwerte: vgl. Stäwen; Lorch, Schulte-Altedorneburg, Stäwen; Schulz, Behandlungswohngruppe im Regelvollzug, ZfStrVo 1989, 259 ff.

16 Michelitsch-Traeger, Fn. 12.

17 Lukas, Zur Mitwirkung von Aufsichtsbediensteten bei der Gruppenarbeit im Jugendstrafvollzug, ZfStrVo 1969, 95 f.

Lehrkräfte in die hessische Strafvollzugsschule gewechselt[18]. Das Land Hessen hat (meines Wissens auch Baden-Württemberg) die kriminologische Forschung im Strafvollzug (§ 166 StVollzG) der Strafvollzugsschule zugewiesen. Zu den Veranstaltungen unseres Doktorandenseminars laden Herr Kollege Bock und ich neben den wissenschaftlichen Mitarbeitern der Kriminologischen Zentralstelle in Wiesbaden auch regelmäßig die Lehrkräfte des nach Wiesbaden verlegten H.B.-Wagnitz-Seminars ein, was einen lehrreichen Gedankenaustausch ermöglicht.

II.

Für mein Empfinden ist die wichtigste Veränderung des Strafvollzugs, die wir in den vergangenen dreißig Jahren erlebt haben, die Neubestimmung der Rolle der Beamten des allgemeinen Vollzugsdienstes. Als Herr Rotthaus und ich als Assessoren im Vollzugsdienst anfingen, galt vorwiegend noch die alte Doktrin von der äußeren und moralischen Besserung, die schon H.B-Wagnitz formuliert hatte.[19] Damals war der Vollzugsbeamte für die äußere Anpassung des Gefangenen zuständig, der (gewaltige) Prediger leistete die moralische Besserung des Insassen. Der anderen Bediensteten bedurfte es dabei eigentlich gar nicht, sie erfüllten ihre Pflicht schon, wenn sie ihm nicht in die Quere kamen. An die Stelle der Pfarrer (oder wenigstens an ihre Seite) waren zwar inzwischen die Fachdienste getreten, die Sozialarbeiter, die Lehrer und die Psychologen. Aber die Aufgabe des allgemeinen Vollzugsdienstes hatte sich kaum verändert. Sicherheit und Ordnung hatten seine Angehörigen zu gewährleisten, zu den Gefangenen sollten sie Distanz wahren[20], ja weithin galt es als richtig, sie häufig von Station zu Station wechseln zu lassen, damit sie mit den Gefangenen nicht zu »warm« werden. Die Vorgesetzten in den Aufsichtsbehörden und in den Anstalten bekundeten den Uniformierten zwar ihre allgemeine Achtung und Sympathie, standen ihnen aber sehr fern. Die Kommunikation verlief in altertümlich militärischen Formen: Befehl – Gehorsam, Meldung – Anordnung und obendrein oft indirekt über den Leiter des Aufsichtsdienstes, den Ersten Hauptwachtmeister oder – später – den Oberverwalter[21].

---

18 Seit Mitte der 60er Jahre unternehmen wir alljährlich, mitunter von anderen Interessenten begleitet, eine ganztägige Radtour.

19 Krebs, H.B. Wagnitz zur Ausbildung der Strafvollzugsbediensteten, in: Bockelmann/Gallas (Hrsg.), Festschrift für Eberhard Schmidt zum 70. Geburtstag, 1961, 70 ff.; Böhm, Fn. 5, 67 ff.

20 Hierzu eindrucksvoll: Rotthaus, Grenzen normativer Regelungen im Strafvollzug, Justizverwaltungsblatt 1971, 241 ff., 245, 246.

21 Rotthaus, Fn. 20, 246 »Allerdings ist zuzugeben, daß die unter der Überschrift « Verhalten der Bediensteten« geregelten Verhaltensweisen nicht der schrankenlosen Entscheidungsfreiheit des einzelnen Mitarbeiters überlassen bleiben dürfen. Für viele der sich häufig wiederholenden Situationen lassen sich allgemeine Regeln entwickeln. Von den Regeln aber gibt es

Insoweit hat sich ein grundlegender Wandel vollzogen. Hierzu beigetragen haben die veränderte Aus- und Fortbildung. Die Vollzugsbediensteten haben zunehmend für sich eine neue Aufgabe in der Vollzugsarbeit als erstrebenswert erkannt, aber auch die Vorgesetzten sehen diese Mitarbeiter anders und dabei hatten wieder die Schul- und Ausbildungsleiter eine Vorreiterrolle, weil sie besonders engen Kontakt zu den Kollegen des allgemeinen Vollzugsdienstes haben. Hier mag Herr Rotthaus als Beispiel dienen: Als Schulleiter erkennt er die Chance, die für den Vollzug in einer Neubestimmung der Aufgaben der Vollzugsbediensteten liegt und wirbt dafür[22]. Als Leiter einer Sozialtherapeutischen Anstalt macht er mit der Verwirklichung des Wohngruppenkonzept die Probe aufs Exempel[23], als Vollzugsamtspräsident, als stellvertretender Schriftleiter der Zeitschrift für Strafvollzug und in Fachkommissionen arbeitet er für die Verallgemeinerung dieses Weges[24]. Auch anderen Schulleitern ist der »Marsch durch die Institutionen« gelungen, was für die erwähnte Veränderung des Vollzuges durch die Neubestimmung der Aufgaben des allgemeinen Vollzugsdienstes nicht ohne Bedeutung gewesen ist. Die drei in Deutschland bestehenden Vollzugsämter in Celle, Hamm und Köln sind später von Mitgliedern unseres ersten Rockenberger Treffens geleitet worden[25], die Vollzugsabteilungen in den Justizministerien der neuen Bundesländer Brandenburg, Sach-

---

zahlreiche Ausnahmen. Der Mitarbeiter im Vollzug muß die Grundregeln beherrschen, muß aber Ausnahmesituationen erkennen und wissen, wo er selbst entscheiden kann und wo er den Rat und die Entscheidung von Kollegen und Vorgesetzten einholen muß. Ich bezweifle, daß Vorschriften zur Lösung der Schwierigkeiten beitragen können. Die bekannte Problematik muß im Rahmen der Ausbildung der Beamten durchgespielt und diskutiert werden. Die sich in der Praxis ergebenden nicht voraus zu sehenden Schwierigkeiten sollten in den Dienstbesprechungen behandelt werden. Ähnlich wie bei der Erörterung der Vorschriften für das Verhalten der Gefangenen drängt sich auch hier der Verdacht auf, als ob die Vorschriften über die Pflichten der Mitarbeiter ein Ersatz für den manchmal unzulänglichen Kontakt zwischen den leitenden Anstaltsbeamten und ihren Mitarbeitern wäre.«

22 Rotthaus, Fn. 4; Rotthaus, Die Ausbildung der Mitarbeiter des Strafvollzuges für den Umgang mit schwierigen Gefangenen, MschrKrim 1970, 123 ff.; Rotthaus, Die Ausbildung und Fortbildung der Strafvollzugsbediensteten in England, ZfStrVo 1966, 180 f.

23 Rotthaus, Fn. 12; Rotthaus, Die Sozialtherapeutische Anstalt, in: Schwind/Blau, Strafvollzug in der Praxis, 2. Aufl. 1988, 87 f; Rotthaus, in Schwind/Böhm, Strafvollzugsgesetz, 2. Aufl. 1991, Kommentierung der §§ 9, 123 – 126.

24 So im Fachausschuß I »Strafrecht und Strafvollzug« des Bundeszusammenschlusses für Straffälligenhilfe: Jung, Mey, Müller-Dietz, Rotthaus (Hrsg.), Die Mitarbeiter des Behandlungsvollzuges, 1978 und zuletzt etwa in: Kirchenamt im Auftrage des Rates der Evangelischen Kirche in Deutschland (Hrsg.), Strafe: Tor zur Versöhnung? Eine Denkschrift der Evangelischen Kirche in Deutschland zum Strafvollzug, 1990, 36, 113, an der Rotthaus mitgewirkt hat. Vgl. auch Rotthaus, Organisation und Arbeitsweise der Mittelbehörde im Strafvollzug von England und Wales, ZfStrVo 1989, 355 ff., 358, 359; Rotthaus, Die Grundfragen des heutigen Strafvollzugs aus der Sicht der Praxis, ZfStrVo 1992, 41 ff., 44, 45.

25 Celle: Wolfgang Grützner; Hamm: Christian Dertinger; Köln: Karl Peter Rotthaus und jetzt Klaus Koepsel.

sen und Sachsen-Anhalt befinden sich in der Hand ehemaliger Schulleiter[26], von
den 15 Verfassern unseres sogenannten Praktikerkommentars zum Strafvollzugsgesetz sind 5, ein Drittel, ehemalige oder gegenwärtige Leiter von Strafvollzugs-
schulen[27].

Die Inkraftsetzung des Strafvollzugsgesetzes indessen, die heute in der Literatur[28] aber auch im Bewußtsein vieler Vollzugsleute als die entscheidende Wende
im deutschen Gefängniswesen begriffen wird, hat auf die Position und den Einsatz
der Vollzugsbediensteten keinen nennenswerten Einfluß ausgeübt. Die Regelungen
über den inneren Aufbau der Vollzugsbehörden und über die Vollzugsbediensteten
sind, um es milde zu formulieren, dünn[29]. Ich bewundere Herrn Müller-Dietz um
seine Fähigkeit, aus diesem armseligen Material in seiner Kommentierung ein ganz
ansehnliches Strafvollzugshaus zu zimmern[30] , nehme aber an, daß der Gesetzgeber eher erschrickt, wenn er diese Interpretationsmöglichkeit zur Kenntnis nimmt.
Ich halte es da eher mit dem Zweizeiler, den der langjährige Leiter des Fliedner-
Hauses Groß-Gerau, Lothar Groß[31], dem Strafvollzugsgesetz gewidmet hat.
Wenige Tage vor seinem Tod hat Max Busch ihn zitiert, als wir den 65. Geburtstag
von Herrn Groß und seinen Abschied nach 28 Jahren Vollzugsdienst feierten: »
Infolge Schwäche und Geschwätz entstand das Strafvollzugsgesetz« – Schwäche,
das dürfte die wesentlichen Elemente des Gesetzes bezeichnen, deren Inkrafttreten
einer ungewissen Zukunft überlassen bleibt[32] , Geschwätz sind für Herrn Groß die
vollmundigen Grundsätze etwa in §§ 3 und 23, die in den Detailregelungen nicht
durchgehalten werden können. Sieht man mit Krohne, daß der Mensch – hier also
der Vollzugsbedienstete – für die Gestaltung der Aufgabe im Mittelpunkt steht,
müßte man das Gesetz für unrichtig konzipiert ansehen. Allerdings hat der Bundes-

---

26 Brandenburg: Dertinger; Sachsen-Anhalt: Grützner; Sachsen: Rudolf Schmuck, früher Leiter
der bayerischen Justizvollzugsschule in Straubing, der kürzlich über seine Arbeit berichtet hat:
Schmuck, Probleme des Justizvollzuges in den neuen Ländern am Beispiel Sachsens, in: Kai-
ser/Jehle, Politisch-gesellschaftlicher Umbruch, Kriminalität, Strafrechtspflege, 1993, 117
ff. Zur bayerischen Strafvollzugsschule: Schmuck, Auswahl, Ausbildung und berufliche
Weiterbildung der bayerischen Justizvollzugsbediensteten seit 1970, ZfStrVo 1987, 52 ff.

27 Böhm, Ittel, Koepsel, Müller und Rotthaus: vgl. Schwind/Böhm (Hrsg.), Strafvollzugsgesetz,
2. Aufl., 1991, VII – IX.

28 Kaiser, § 2 Rdn. 52, § 3 Rdn. 40 – 46, 48 ff. in: Kaiser/Kerner/Schöch, Strafvollzug, 4. Aufl.,
1992; Calliess, Strafvollzugsrecht, 3. Aufl., 1992, durchgängig, vgl. etwa 17; als Stimme aus
der Praxis: Preusker, Erfahrungen der Praxis mit dem Strafvollzugsgesetz, ZfStrVo 1987, 11.

29 Rotthaus, Die Bedeutung des Strafvollzugsgesetzes für die Reform des Strafvollzugs, NStZ
1987, 1 ff., 4; Böhm, Fn. 3, S. 55, 56.

30 Calliess/Müller-Dietz, Strafvollzugsgesetz, 5. Aufl., 1993, § 154 Rdn. 1 – 3.

31 Zu seiner Arbeit: Groß, Sozialtherapeutische Versuche im Jugendstrafvollzug, in: Deutsche
Vereinigung für Jugendgerichte und Jugendgerichtshilfen (Hrsg.), Jugendgerichtsbarkeit und
Sozialarbeit, 1975, 153 ff.; vgl. auch Schalt, Der Freigang im Jugendstrafvollzug, 1977.

32 Müller-Dietz, Fn. 2, 9; Müller-Dietz, Über das Inkrafttreten von Vorschriften, die nicht in
Kraft treten, JZ 1973, 564.

gesetzgeber verfassungsrechtliche Schwierigkeiten. Den Strafvollzug darf er – konkurrierende Gesetzzuständigkeit – regeln. Die Bedienstetenfragen sind Länderkompetenz, hier sind dem Bundesgesetzgeber nur vorsichtige Andeutungen gestattet.[33]

III.

Dem Betrachter des heutigen Vollzugs scheint neben positiven Entwicklungen (Neubauten, Verbesserung der Ausbildungsstätten, vermehrte Vollzugslockerungen, mehr Personal vor allem bei den Fachdiensten) doch auch manches problematisch. Es sieht so aus, als ob sich die Insassenschaft der Anstalten schneller und grundlegender veränderte, als das früher der Fall war.[34] Man könnte dies an dem hohen Ausländeranteil festmachen. Aber schon die Bezeichnung ist falsch; denn es geht nicht um Staatsangehörigkeit sondern um Mentalität und Verständigung. In der Jugendstrafanstalt Rockenberg ist es üblich, daß der Leiter der Aufnahmeabteilung, ein Psychologe, mit den Zugängen einer Woche gemeinsam ißt und ein gemeinschaftliches Gespräch führt. Dieser Tage mußte er die Gefangenen auf die Hafträume schicken, keiner verstand deutsch. Die engagierte Ausländerberaterin schaffte es, diesen Zugängen ein beglückendes Gemeinschaftserlebnis zu verschaffen, in dem man gemeinsam vertraute afrikanische Rythmen auf Stühle und Tische klopfte. Aber auch mit den deutschen oder doch den deutsch sprechenden Insassen scheint es vermehrt Probleme zu geben, viele wirken »sprachlos«, erschließen sich erst langsam für ein Gespräch. Es sind praktisch Analphabeten und haben beim Rechnen Mühe, wenn es einmal über die Zahl 10 hinausgeht, können aber ihre Unkenntnis erstaunlich gut verbergen und erkennen auch angesichts ihrer gut ausgeprägten praktischen Fähigkeiten, in ihrer Subkultur zu überleben, keine Notwendigkeit, die Bildungsangebote der Anstalt zu nützen. Das ist nun alles nicht neu. Von Krohne stammt der Satz, die Gefangenen seien »Kinder an Wissen und Erwachsenen an Erfahrung«.[35] Der Anteil derer, die für keinerlei Tätigkeit, Ausbildung, Therapie oder Freizeitbeschäftigung zu gewinnen sind, scheint jedenfalls zu wachsen. Endlich stehen anspruchsvolle Ausbildungsplätze, Sporthallen und Handballfelder, Bastelräume, Übungs- und Kursleiter zur Verfügung[36]. Und niemand geht hin. Nur in den Kraftsporträumen trainieren Gewaltverbrecher ohne jeden sozialen Kontakt untereinander schwitzend ihre Muskeln.

---

33 Vgl. etwa Rotthaus, ZfStrVo 1992, 41 ff., 45 – Fn. 24.
34 Koepsel in: Schwind/Böhm, Fn. 27, § 152 Rdn. 15. Die Situation hat sich inzwischen weiter verschärft: Koepsel, Vollzugspolitik – eine spannende Aufgabe, ZfStrVo 1992, 310.
35 Krohne, Fn. 1, 475.
36 Braukmann u.a., Die Krise des Unterrichts – eine Chance für die Pädagogik, ZfStrVo 1993, 274 hinsichtlich schulischer und beruflicher Maßnahmen; Kruse, Sport im Bremer Jugendvollzug, Centaurus 1995 (im Druck), hinsichtlich der Beteiligung an sportlichen Aktivitäten.

1) Da fragt es sich doch, ob eine sorgfältige Laufbahnausbildung für ein Voll-
zugsleben ausreicht. Fort- und Weiterbildung, intensive interne Diskussion,
zunehmend wohl auch Supervisionsangebote werden unausweichlich.[37] Hier muß
der Bedienstete Schwierigkeiten, Ängste und Schwächen (auch dienstliche Fehler)
offen und furchtlos äußern dürfen, die Maßnahmen eignen sich nicht für Beurtei-
lungen und Noten. Trainer und Ausbilder werden nicht (oder doch nur teilweise)
aus der eigenen Anstalt genommen werden können, die Orte , an denen solche
Veranstaltungen angeboten werden, sind sorgfältig zu wählen. Nicht alles wird an
den Vollzugsschulen stattfinden können. Der Fortbildungsbedarf muß aber vor
allem, ebenso wie ja schon selbstverständlich der Erholungsbedarf, in die Dienst-
zeit eingebaut werden[38], etwa: pro Monat ein Ausbildungstag. Bei 100 Bediensteten in einer Anstalt fehlen dann 1.200 Arbeitstage im Jahr, zu deren Abdeckung
man 6 weitere Stellen benötigt. Aber so ist das eben, wenn akzeptiert wird, daß der
Dienst »persönlichkeitsintensiv« ist. Auf den ersten Blick erscheint es ausgeschlossen, solche Forderungen bei den (entscheidenden) Instanzen durchzusetzen, die die
Arbeitslosigkeit durch Senkung der Staatsausgaben bekämpfen und dies durch
Stellenabbau im öffentlichen Dienst erreichen wollen. Gleichwohl gibt es gewisse
Chancen für ein solches Fortbildungskonzept. Die Rechnungshöfe haben – reichlich spät, aber immerhin – bemerkt, daß vor allem im Justizvollzugsdienst immer
weniger Bedienstete bis zur Pensionierung arbeiten. Immer mehr scheiden vorzeitig als dienstunfähig aus. In Hessen waren dies 70 % der Pensionsfälle im allgemeinen Vollzugsdienst im Jahr 1990 im Gegensatz zu 20 % in der allgemeinen
Landesverwaltung.[39] Als Abhilfemöglichkeit prüft man, ob die Vollzugsdienstun-
fähigen vielleicht an anderer Stelle noch dienstfähig wären, an Schreibtischen, in
Bibliotheken oder in Archiven. Derartiges ist sicher diskutabel, obwohl der Verwirklichung auch Hemmnisse gegenüberstehen: die Seiteneinsteiger besetzen die
Beförderungsstellen, sie sind für die neue Arbeit nicht optimal ausgebildet und
gewiß nicht immer ausreichend motiviert. Die beamtenrechtlichen Probleme will
ich gar nicht erst ansprechen. Wenn es nun stattdessen möglich wäre, die Mitarbeiter dienstfähig und dienstbereit zu halten, wenn man ihnen die nötigen Hilfen
zur Bewältigung ihrer dienstlichen Aufgaben zur Verfügung stellte, dann schlüge

---

37   Wydra, Auswahl sowie Aus- und Fortbildung der Bediensteten im Jugendstrafvollzug, 1993
     (Nr. 56 der Schriftenreihe des Fliedner-Vereins Rockenberg).
38   Mindestens 10 Arbeitstage im Jahr für Fortbildung aller Bediensteten im Jugendstrafvollzug
     forderte die Jugendstrafvollzugskommission bereits 1980, Schlußbericht, Fn. 14, 58. In dem
     Entwurf eines Jugendstrafvollzugsgesetzes der Arbeitsgemeinschaft der Leiter der Jugend-
     strafanstalten, Fn. 14, heißt es »Alle Bediensteten sind regelmäßig fort- und weiterzubilden«
     (§ 105 Abs. 4).
39   Neuland, Zur Situation des allgemeinen Vollzugsdienstes aus psychologischer Sicht, 1992, 2,
     3 (Nr. 56 der Schriftenreihe des Fliedner-Vereins Rockenberg).

man ja zwei Fliegen mit einer Klappe, die Qualität des Vollzuges würde verbessert, und die Mitarbeiter würden nicht vorzeitig dienstunfähig und dienstunlustig. 12 Fortbildungstage in 30 Dienstjahren machen 360 Arbeitstage, weniger als 2 Dienstjahre, das würde sich, wie man neudeutsch sagt, wahrscheinlich »rechnen«.

2) Weiterbildung und Supervision sind aber nur ein Teil der Sachlage, eine Seite der Medaille. Ein weiteres Element ist der Dienstplan. Der Strafvollstreckungsplan und der Vollzugsplan sind unverzichtbare und wichtige Steuerungselemente im Vollzug (oder könnten es sein – ich will das mißliche Thema nicht vertiefen), aber der Dienstplan ist vermutlich wichtiger[40], weshalb sich die Vollzugselite (und erst recht die Wissenschaft) damit auch nicht befaßt. Zu dem Wohngruppenkonzept gehört ein dauerhaft zugewiesener Bedienstetenstamm, der an der Erstellung des Dienstplans beteiligt werden sollte. Wer seinen Arbeits- und Stundenplan mitgestaltet, ist stärker daran interessiert und höher motiviert, ihn auch einzuhalten. Wer gemeinsam in einem Team arbeitet, respektiert den Kollegen mit seinen Freizeit- und Urlaubsplänen stärker und »feiert« nicht krank. In der von Rotthaus geleiteten Sozialtherapeutischen Anstalt in Gelsenkirchen hat man damit gute Erfahrungen gemacht,[41] andere haben das Modell übernommen.[42] Bleibt die Einteilung indessen – wie es die Regel ist – anonym, dann sagt sich der, der mal zuhause bleiben will, ihn werde schon »irgendeiner« vertreten. Daß diese Haltung heute häufiger anzutreffen ist als früher, hängt auch mit den Lebensgewohnheiten zusammen. Früher wohnten die Bediensteten in der Beamtensiedlung rund um die Anstalt. Der Kollege war auch der Nachbar, die soziale Kontrolle war stark. Heute ist das Privatleben vom dienstlichen Kontakt stärker als früher getrennt. Die Familien lernen sich bestenfalls auf dem Betriebsausflug oder dem Gemeinschaftsabend kennen – deswegen sind solche Veranstaltungen so wichtig und die Einsparung einer Unterstützung derselben im Etat des Justizministeriums so töricht.[43] Die Bediensteten reisen zu Dienstbeginn von weit her mit dem PKW an. Wenn sie etwas verschlafen haben und sich ausrechnen können, daß sie einschließlich der Parkplatzsuche zu spät sein werden, sparen sie sich viel Ärger, wenn sie ihre Frau anrufen lassen, sie fühlten sich nicht wohl und könnten zwei Tage nicht zum Dienst kommen, anstatt ihre

---

40 Vgl. hierzu Heiderhoff, Aufgaben und Erfahrungen eines Leiters des allgemeinen Vollzugs-dienstes, ZfStrVo 1990, 73 f – die Anstalt, aus der der Verfasser berichtet, hat Rotthaus eine zeitlang geleitet.

41 Quack, Eine andere Art der Diensteinteilung, ZfStrVo 1976, 91.

42 Wieder, Die neue Justizvollzugsanstalt Frankenthal, ZfStrVo 1976, 98, 99. Die veränderte Dienstplangestaltung führte in der JVA Frankenthal zu einem beinahe dramatischen Rückgang der Krankentage. Sie ist in die im Lande Rheinland-Pfalz geltenden Grundsätze der Organisa-tion der Justizvollzugsanstalten vom 15. November 1982 (JBl. S. 258) weitgehend übernom-men worden (2.4 und 2.5).

43 Bis etwa 1970 gab es in Hessen einen Zuschuß zu den jährlichen Betriebsausflügen bzw. Gemeinschaftsabenden, der dann einer »Sparmaßnahme« zum Opfer fiel.

Verspätung zu erklären.[44] Das Fehlen von Dienstwohnungen um die Anstalt hat auch die Aussensicherheit verschlechtert und zu abenteuerlichem Aufblähen der Nachtdienste geführt[45], die einen nicht unerheblichen Teil des anspruchsvoll ausgebildeten Personals verschlingen. Man hätte dem mit einem attraktiven Ausbau der Dienstwohnungen entgegenwirken können. Auch hier: Sparsamkeit am falschen Platz. Was übrigens diese Nachtdienste angeht, die wegen des sich verändernden Lebensrhytmus von manchen Bediensteten nur schwer verkraftet werden und bei älteren Kollegen oft zu ärztlichen Attesten, man möge sie von den Nachtdiensten befreien, führen, so stört, daß, sie zu umgehen, viele Vollzugsbedienstete irgendwelche Sonderposten einnehmen, auf denen sie – angeblich – unabkömmlich sind: Pforte, Zentrale, Abteilungsdienstleiter, Kammer, Fahrdienst, Hofkolonne usw. mit der Folge, daß der Kreis der Nachtdienstfähigen schrumpft, die ihm angehörenden immer öfter Nachtdienst leisten müssen und deswegen in den Wohngruppen und auf den Stationen ein immer häufigerer Wechsel stattfindet, was dann wieder die Einbeziehung des festen Stationsbeamten in die Resozialisierungsarbeit verhindert. Und wir wissen doch – auch und gerade von Rotthaus –, daß bei Einräumung der Möglichkeit regelmäßiger Arbeit mit einem überschaubaren Kreis von Gefangenen der Vollzugsbeamte von selbst dazu übergeht, den Gefangenen partnerschaftlich statt autoritär zu begegnen[46], daß durch den »Wechseldienst« die notwendige Zusammenarbeit mit den ehrenamtlichen Betreuern (Vollzugshelfern) gestört wird.[47] Deshalb ist es besser, den Nachtdienst auf möglichst alle Beamten des allgemeinen Vollzugsdienstes aufzuteilen. In Rheinland-Pfalz werden die Bediensteten, denen der Nachtdienst mit zunehmendem Alter besonders schwerfällt, stattdessen zu Diensten an Sonn- und Feiertagen eingeteilt, von denen so wieder die Mitarbeiter stärker verschont werden, die häufig Nachtdienst leisten müssen. Denkbar wäre natürlich auch, die Sicherheitsdienste – und hier eben den Nachtdienst –, bei denen kaum Kontakt zu Gefangenen besteht, durch weniger qualifizierte Kräfte durchführen zu lassen, womit man an eine alte Vollzugstradition anschließen würde: im vorigen Jahrhundert fand die Außensicherung der Anstalten durch Militär statt. Daß auch diese Regelung Probleme aufwirft und genau durchdacht werden müßte, darf freilich nicht verschwiegen werden.

3) Früher lebten der Anstaltsleiter und seine Familie in nächster Nähe der Anstalt, die Kinder waren in das Geschehen einbezogen. Mein Peter war vielleicht drei Jahre alt, als ich ihn mal fragte, welche unter den Lebewesen ein Gegenstück zum

---

44 Die Ordnung, die so unsinnige Resultate provoziert, müßte geändert werden.
45 Bei eher geringerer Belegung sind die Nachtdienste in den Anstalten, in denen ich vor 20-30 Jahren tätig war, verdoppelt worden.
46 Rotthaus, MSchrKrim 1970, 123, 125.
47 Rotthaus, Partner im sozialen Umfeld des Vollzuges – Möglichkeiten und Grenzen der Zusammenarbeit, in: Kury (Hrsg.), Strafvollzug und Öffentlichkeit, 1980, 155 ff., 160.

Menschen seien. Peter sagte »die blauen Buben« – also die jungen Gefangenen. Ich war erschrocken und belehrte das Kind sofort, daß die Gefangenen natürlich ebenso Menschen sind wie alle anderen auch. Er solle sich eine bessere Antwort überlegen. »Die grünen Beamten« meinte er. – Im Grunde hat es das Kind ganz richtig erfaßt: einheitliche Gefangenenkleidung und Uniformierung gliedern aus, polarisieren, lassen Individualität hinter Gruppenzuordnung zurücktreten. Der Uniformierte wird zum austauschbaren Rollenträger, dem man die üblichen Vorurteile bequem anhängen kann. Das bestätigen die Aussagen von Gefangenen bei Befragungen, die die Aufsichtsbeamten als Gruppe oft heftig ablehnen, »ihrem« Stationsbeamten aber gute Noten erteilen[48]. Rotthaus berichtet, daß sich weniger an Ordnung und Sauberkeit interessierte Vollzugsbeamte mitunter besonders gut bei der Behandlung schwieriger Gefangener bewähren und sich oft für sie hingebungsvoll einsetzen. Ihre Abneigung gegen die autoritäre Rolle zeige sich auch daran, daß sie gern ihren Uniformrock ablegten, weil er ihnen zu warm oder unbequem werde[49]. Angeblich hängen die Vollzugsbediensteten und ihre Berufsverbände aber an der Uniform. Das dürfte nicht richtig sein. 1970 führte ich mit dem Personalrat in Rockenberg eine Befragung der »Uniformierten« durch, ob sie ihren Dienst in Uniform oder in Zivil leisten wollten. 90 % wollten Zivil tragen[50]. Das hiervon verständigte Ministerium reagierte entrüstet. Was ich tun wolle, wenn die Beamten in »Räuberzivil« zum Dienst kämen. Hier zeigte sich auch, was die Herren in den Ministerien von diesen Mitarbeitern dachten. Auch für sie stellen diese eine Art Gegenbild unter den Lebewesen dar, sie sind keine so richtig zivilisierten und zivilen Menschen. Das Uniformtragen macht man den Bediensteten über den Kleidergeldzuschuß schmackhaft, der ihnen gestrichen werde, wenn sie keine Uniform mehr tragen wollten[51].

4) Ein weiterer Störungsfaktor ist die Praxis bei der Leistungsbeförderung. Daß jemand, der seine Aufgabe besonders gut erledigt, dafür belohnt wird, leuchtet zunächst unmittelbar ein. Weniger leuchtet ein, daß in der Regel mit der belohnenden Beförderung die Übertragung einer neuen Aufgabe einhergeht. Dies Prinzip betrifft nun nicht nur den Strafvollzug, was aber noch kein Beweis für seine Rich-

---

48 Wagner, Dienst hinter Gittern – Plädoyer für einen Berufsstand, ZfStrVo 1990, 131.
49 Rotthaus, Fn. 4, 130. Das kenne ich aus Rockenberg ebenso.
50 Bei ihren Befragungen hat die Jugendstrafvollzugskommission vergleichbare Einstellungen auch bei den Bediensteten anderer Jugendstrafanstalten ausgemacht: Böcherer, Thesen zur Ausbildung und Weiterbildung, Personalausstattung, Dienstplanung und Dienstplangestaltung im Bereich des Allgemeinen Vollzugsdienstes, in: Bundesministerium der Justiz (Hrsg.), VIII. Band der Tagungsberichte der Jugendstrafvollzugskommission, 211 ff., 216; Herkert, Ergebnisse über Gespräche mit Vertretern des Allgemeinen Vollzugsdienstes bei Anstaltsbesuchen, ebenda, 217 ff., 218 (1979).
51 Vgl. Böhm, ZfStrVo 1975, 10ff.; 13, Fn. 3.

tigkeit ist. Die wirklich guten hessischen Jugendrichter und Jugendstaatsanwälte
z.b., die Stützen der Regionalgruppe Hessen in der Deutschen Vereinigung für
Jugendgerichte und Jugendgerichtshilfen, die die Fortbildungsveranstaltungen
besuchen, Diversionsprogramme eingerichtet haben, regelmäßig lokale Treffen mit
den Jugendgerichtshelfern und freien Trägern organisieren, werden, weil sie es
verdient haben, befördert. Einer nach dem anderen wird Direktor des Amtsgerichts,
Oberstaatsanwalt beim »General« oder sonst was schönes. Damit ist ihre jugend-
richterliche Tätigkeit beendet. Einer von ihnen, Landgerichtspräsident geworden,
sagte mir bei einem Wiedersehen, seine glücklichste Zeit sei die als Jugendrichter
gewesen. Nun, er hätte sich ja nicht um eine »bessere« Stelle bewerben müssen.
Aber ist das die richtige Antwort, ist das in einem System, in dem der am meisten
gilt, der vorankommt, zumutbar? Nein, natürlich ist das System falsch: die Belohnung darf nicht notwendigerweise mit einem Tätigkeitswechsel verbunden sein.
Das System ist auch teuer. Alle diese Beförderungspöstchen, die da mühsam
erfunden werden, damit man A 9, A 10 oder sonstwas begründen kann, ver-
schlechtern den Vollzug und stören das Betriebsklima. Letzteres deshalb, weil sie
zu einer Hierarchisierung und Bürokratisierung führen[52]. »Verwaltung« und
»Leitung« sind nämlich Aufgaben, die eine Beförderungsstelle rechtfertigen. Will
man also solche Stellen haben, muß man entsprechende Strukturen schaffen. In
einer Vollzugsanstalt mit 5 Psychologen muß einer die anderen »leiten«, sonst gibt
es keine A 15, oder er muß stellvertretender Anstaltsleiter werden und statt der
erlernten Psychologie die nicht erlernte Verwaltungsarbeit ausüben. Und das ist im
allgemeinen Vollzugsdienst nicht anders. Vorzügliche Wohngruppenbeamte sind
mitunter ungeeignete und überforderte Bedienstete, wenn ihnen nach der verdien-
ten Beförderung eine Stelle übertragen wird, in der sie Leitungsfunktionen übernehmen müssen. Mir steht der Leidensweg unseres Vollzugsdienstleiters, der eine
solche Karriere gemacht hat, noch deutlich vor Augen – bis zu dem Herzinfarkt,
der seine vorzeitige Dienstunfähigkeit verursachte. Die Durchbrechung dieses
Beförderungssystems würde vermutlich zur Verwaltungsvereinfachung beitragen,
Personal sparen, Effizienz steigern und größere Berufszufriedenheit schaffen. Eigentlich weiß das auch jeder[53]. Aber die Beharrungskräfte sind eben stark. Gleichwohl könnte der Druck der Verhältnisse – die Notwendigkeit von Rationalisierung

---

52 Böhm, Das Berufsbild des Strafvollzugsbediensteten im Wandel der Zeit, ZfStrVo 1992, 275
    ff., 279; Dolde, Die Arbeitszufriedenheit des allgemeinen Vollzugsdienstes und Werkdienstes
    im Langstrafenvollzug – ein Problem für die Vollzugsorganisation, ZfStrVo 1990, 350 ff.,
    353. Vgl. auch das von Koepsel, ZfStrVo 1992, 311, Fn. 34, erwähnte Mißverhältnis von
    »Häuptlingen« zu »Indianern«.
53 Daß das »Peter-Prinzip« (Peter/Hull, Das Peter-Prinzip oder die Hierarchie der Unfähigen,
    rororo 6793, 1972) stimmt, und daß an »Parkinsons Gesetz« (Parkinson, Parkinsons Gesetz,
    1957 und Parkinsons neues Gesetz, rororo 7848, 1982) vieles richtig ist, belegt die tägliche
    Erfahrung in vielen Bereichen.

und Erhöhung der Effektivität, Überlegungen die man in den »fetten Jahren« beiseite lassen konnte – die Dinge in Bewegung bringen.

IV.

Dieser Tage fand ich zufällig einen Zeitungsartikel, in dem Vorfälle in der Vollzugsanstalt eines Bundeslandes beschrieben werden, aus dem, wie ich sehe, sich niemand in dieser Runde befindet. Ein Vollzugsbeamter wird zitiert. Er sagt, die Arbeitsbedingungen seien schlecht, zu viele auszubildende Gefangene kämen auf einen Werkbediensteten, die Häuser und Wohngruppen seien mit zuwenig Bediensteten besetzt,[54] die Psychologen und Sozialarbeiter nähmen die Vorschläge der Vollzugsbediensteten nicht ernst und setzten mit dem Anstaltsleiter ihre Vorstellungen durch. Die Beamten des allgemeinen Vollzugsdienstes fühlten sich zu Schließern degradiert. Rückendeckung von oben gebe es nicht. Von dort komme nur Tadel nie Lob. Die Vollzugsbediensteten fühlten sich schlechter behandelt als die Gefangenen. Die meisten schwiegen aus Angst, nicht befördert zu werden. All das führe zu verstärkten Krankmeldungen und frühzeitigen Pensionierungen. Der hierzu von dem Zeitungsreporter befragte Abteilungsleiter im Ministerium erklärte: Die Justiz leide allgemein darunter, daß viele Beamten in den Vorruhestand treten. Auch der Krankenstand sei immer groß. Differenzen zwischen Justizvollzugsbeamten, Psychologen und Sozialarbeitern seien üblich.[55] Ein klarer Führungsstil führe eben zu Querelen. Was der Ministerialbeamte erklärt, gemahnt an überwunden geglaubte Vollzugskonzepte. Es schimmern Elemente der militärischen Befehlsstruktur aber auch der Trennung in äußere und moralische – den Fachdiensten vorbehaltene – Besserung durch. Was der Vollzugsbeamte der Zeitung gesagt hat, entspricht dem, was Befragungen in Hessen[56] und Baden-Württemberg[57] ergeben haben. Daß er – wie viele andere Beamte des allgemeinen Vollzugsdienstes – die Sachverhalte so deutlich benennt, halte ich für einen Fortschritt

---

54 Für die Wohngruppen gilt angesichts der veränderten und schwieriger gewordenen Klientel allgemein, jedenfalls im Jugendstrafvollzug und im geschlossenen Vollzug, was Rotthaus für die Wohngruppen in der Sozialtherapeutischen Anstalt eindrucksvoll formuliert, in: Schwind/Böhm, Fn. 27, § 9 Rdn. 3. »Besonders die Arbeit auf den kleinen Wohngruppen, die durchschnittlich nicht mehr als 10 Mitglieder haben dürfen, ist sehr personalintensiv. Bei der schwierigen und kriminell stark gefährdeten Klientel muß das Wohngruppenleben, solange die Haftraumtüren offen stehen, vom Personal gewißermaßen durchtränkt werden. Anders würde sich eine negative Subkultur bilden, die zur Unterdrückung schwächerer Gruppenmitglieder führt und die kriminelle Ansteckung begünstigt«.

55 Zu diesem billigen Vorurteil vgl. die differenzierten und klugen Darlegungen von Rieger, Probleme der Zusammenarbeit im Jugendstrafvollzug, ZfStrVo 1990, 34, 35.

56 Neuland, Fn. 39.

57 Dolde, Fn. 52.

und wohl auch für einen Erfolg der Aus- und Fortbildung. Zeigt doch gerade die von ihm geäußerte Kritik den richtigen und den Reformvorstellungen entsprechenden Weg auf – durchaus im Sinne Krohnes: »Menschen. Nicht Maßregeln«.

Motivationsprobleme der Strafvollzugsbediensteten
»Sisyphus«-Arbeit oder Erfolgserlebnisse?

GABRIELE DOLDE

In den letzten Jahren ist vermehrt zu hören, daß viele Mitarbeiter im Vollzug mit ihrer Arbeit unzufrieden seien. Damit seien Demotivierungsprozesse verbunden, die das Engagement des Personals für die Arbeit im Vollzug beeinträchtigen. Indikatoren hierfür sind u.a. häufige Krankmeldungen und Anträge auf Versetzung in den vorzeitigen Ruhestand sowie die mangelnde Bereitschaft, Überstunden zu leisten.

Derartige Vermutungen veranlaßten den Kriminologischen Dienst von Baden-Württemberg, im Februar 1989 eine *anonyme Befragung des allgemeinen Vollzugsdienstes und Werkdienstes zum Thema »Arbeitszufriedenheit«* in vier größeren Justizvollzugsanstalten des Landes durchzuführen[1]. Die Organisationsstruktur aller vier Anstalten ist dadurch geprägt, daß hier männliche Strafgefangene primär im geschlossenen Vollzug lange Freiheitsstrafen verbüßen. In kleineren, offenen Vollzugseinrichtungen würde das Personal die Arbeitssituation möglicherweise anders bewerten, darüber liegen keine Informationen vor.

Mangelnde Arbeitszufriedenheit des allgemeinen Vollzugsdienstes

Fassen wir die Umfage zusammen, so zeigt sie, daß die Bediensteten mit ihrer Arbeitssituation ziemlich unzufrieden sind. Nur ein Fünftel des allgemeinen Vollzugsdienstes würde – heute noch einmal vor die Entscheidung der Berufswahl gestellt – wieder in den Vollzug gehen. 9o% der Befragten meinten, die Arbeitszufriedenheit habe sich in den letzten Jahren verschlechtert.

Was macht die Bediensteten so unzufrieden?

Wie erwartet, zeigen die Bediensteten große Unzufriedenheit mit dem *Stellenkegel* und fühlen sich in ihrem Arbeitsbereich auch zahlenmäßig unterbesetzt. Inwieweit die allgemeine Höherstufung des Justizvollzugsdienstes im Jahr 1992 die Unzufriedenheit auf diesem Sektor reduziert hat, muß offen bleiben. Das Problem einer leistungsbezogenen Beförderung wurde dadurch jedenfalls nicht gelöst.

---

1   S. hierzu ausführlicher Dolde: Die Arbeitszufriedenheit des allgemeinen Vollzugsdienstes und Werkdienstes im Langstrafenvollzug – ein Problem für die Vollzugsorganisation. ZfStrVo 6/90, S. 350 – 355.

Die Bediensteten kritisieren vor allem die *Beförderungspraxis* als ungerecht. Die Beförderungen werden nur zum geringen Teil als leistungsbezogen empfunden, vielmehr sei »Radfahren« und »Kriechen« für die Beförderung wichtiger. Eine derart als leistungsunabhängig empfundene Beförderung ist natürlich dem Engagement im Beruf nicht förderlich, sät Mißtrauen unter den Kollegen und behindert die Zusammenarbeit.

Die Arbeit mit dem Gefangenen allein macht die Bediensteten lt. Umfrage nicht in so hohem Maße unzufrieden. Hier sehen sie sogar teilweise Erfolge.

Eher fehlt den Bediensteten die *soziale Anerkennung* durch die Anstaltsleitung und den unmittelbaren Vorgesetzten, auch fühlt sich ein Großteil bei der Arbeit im Verhältnis zu seiner Ausdildung und seinen Fähigkeiten unterfordert. Dabei sieht der Werkdienst seine Arbeit etwas positiver als der allgemeine Vollzugsdienst. Insbesondere der allgemeine Vollzugsdienst würde gern *mehr Verantwortung* übernehmen.

Viele Bedienstete fühlen sich nicht ausreichend über aktuelle Ereignisse in der Anstalt informiert, sehen bei Dienstbesprechungen und Anstaltskonferenzen keine Gelegenheiten für Fragen und Argumente. Sie glauben auch nicht, daß sie überhaupt ausreichende Möglichkeiten haben, um ihre Anliegen gegenüber der Verwaltung und der Anstaltsleitung vorzubringen. Auch von ihren unmittelbaren Vorgesetzten fühlen sie sich *nicht ausreichend in den Entscheidungsprozeß eingebunden.*

In ihrem Verhältnis zu den Gefangenen glauben die Bediensteten, zu wenige Druckmittel zu haben und fühlen sich von der Anstaltsleitung zuwenig unterstützt; z.B. werden Disziplinarmeldungen zu weich oder schleppend beantwortet, bei der Eröffnung negativer Entscheidungen fühlen sich die Bediensteten allein gelassen.

Vergleicht man die vier Anstalten untereinander, so gleichen sich die Ergebnisse in hohem Maße. Im wesentlichen scheinen die hier aufgeführten Probleme in allen vier Langstrafenanstalten empfunden zu werden. Das spricht dafür, daß die überwiegend negative Einschätzung der Arbeitssituation nur zum geringen Teil oder zumindest nicht ausschließlich einzelnen Personen oder dem spezifischen Anstaltsklima zuzurechnen ist. Auch zeigen Diskussionen in anderen (alten) Bundesländern, daß die Ergebnisse keineswegs nur für Baden-Württemberg typisch sind; vielmehr würde ein ähnliches Bild der relativen Unzufriedenheit auch in anderen Bundesländern bei entsprechender Befragung gezeichnet werden[2].

---

2   Vgl. auch das Stimmungsbild unter Beamten des allgemeinen Vollzugsdienstes in Hessen, Böhm: »Das Berufsbild des Strafvollzugsbediensteten im Wandel der Zeit«. Blätter für Strafvollzugskunde, Nr. 6, Nov. 1991, S. 3.

Organisationsentwicklung im Strafvollzug

Die für die Vollzugsorganisation Verantwortlichen mag die Erkenntnis entlasten, daß auch in anderen Institutionen die Mitarbeiter mit ihrer Arbeitssituation relativ unzufrieden sind[3].

Wer aber die Arbeit des Vollzugspersonals als Dienstleistung für die Gefangenen und für die Gesellschaft ernstnimmt, muß ein Interesse daran haben, den Strafvollzug so zu gestalten, daß das Engagement des Personals nicht ab- sondern eher zunimmt. Hierfür sind vor allem zwei Ansätze von Bedeutung, die sich im Wege einer modernen Organisationsentwicklung[4] ergänzen sollten.

Erstens sind die *Struktur* des Strafvollzugs sowie seine *Ziele, Konzepte* und *Leitbilder* zu analysieren und weiterzuentwickeln, um anschließend Angebots-, Anforderungs- und Leistungsprofile für die verschiedenen Arbeitsbereiche im Vollzug zu entwickeln. Diese geben dann den *Maßstab für erfolgreiches Handeln* und machen auch Erfolge erlebbar.

Der zweite Ansatz baut auf dem ersten auf und betrifft die *Personalauswahl* auf allen Ebenen, verbunden mit speziellen Aus- und Fortbildungsmöglichkeiten und -anforderungen. Dabei ist davon auszugehen, daß der Strafvollzug nicht nur als Rollenspiel zu verstehen ist, in dem jeder nach Belieben oder auf Anweisung eine Rolle übernehmen kann. Positive mitmenschliche Grundeinstellung, Kompetenz und soziales Verhalten sollten zusammenpassen, um im Beziehungsgefüge auch Echtheit zu vermitteln.

Ich will mich im folgenden auf den ersten Ansatz konzentrieren, weil aufgrund der Gleichmäßigkeit der Befragungsergebnisse *strukturelle Gegebenheiten* in der Organisation des Strafvollzugs zu vermuten sind, die zumindest einen Teil der mangelnden Zufriedenheit mit der Arbeitssituation bedingen und letztendlich auch demotivierend wirken. Dabei ist allerdings zu berücksichtigen, daß die Arbeit nicht denselben Stellenwert im Leben eines jeden Menschen einnimmt, oder daß jeder Mitarbeiter in der Organisation dieselben Bedürfnisse durch seine tägliche Arbeit erfüllt haben möchte. Auch variieren Bedeutung und Sinn der Arbeit für jeden Bediensteten[5]. Dennoch gibt es strukturelle Bedingungen, die eine Erhöhung der Arbeitszufriedenheit und -motivation mit hoher Wahrscheinlichkeit erwarten lassen.

---

3   Vgl. z.B. die Mitarbeiterbefragung bei der Kriminalpolizei in Frankfurt/M., Mai 1990 durch den Bund Deutscher Kriminalbeamter, der Kriminalist – 12/90, S. 507 – 510.

4   Zur Organisationsentwicklung im Bereich des Sozialmanagements s. B. Maelicke: Innovation durch Organisation. Neue Kriminalpolitik 1/1992, S. 35 ff.

5   Weinert: Lehrbuch der Organisationspsychologie. München-Weinheim, 2. Aufl. 1987, S. 285 ff., bes. S. 296 f.

Ziele, Konzepte, Leitbilder

Die Aufgaben des Strafvollzugs sind in den letzten 2o Jahren deutlich komplexer und vielschichter geworden als früher[6]. Ende der 7oer bis Anfang der 8oer Jahre betonte man den Ziel*wandel* vom alten Verwahrvollzug (mit dem Ziel der Sicherheit und Ordnung) hin zum modernen Behandlungsvollzug mit dem Ziel der (Re)sozialisierung des Gefangenen. Bei Lichte betrachtet handelt es sich nicht um einen Zielwandel, sondern um eine *Erweiterung von Aufgaben unter Inkaufnahme von Widersprüchen*[7]. Beispielhaft sei hierfür die Diskussion über das Verhältnis von Strafzwecken und Vollzugszielen erwähnt[8]. An den allgemeinen Vollzugsdienst werden verschiedene Erwartungen herangetragen, die von Güte und Zuwendung bis hin zu Distanz und Mißtrauen im Umgang mit den Gefangenen reichen[9]. Es wird oft bemängelt, daß klare politische Leitlinien und konkrete Orientierungshilfen durch den Anstaltsleiter und die Aufsichtsbehörden fehlen. In diesem Zusammenhang gehört auch die *»permanente normative Überforderung des Strafvollzugs«*[10] mit verschiedenen Programmen. Wenn beispielsweise »soziales Training«, »Täter-Opfer-Ausgleich«, »Schuldenregulierung« und vieles mehr gefordert wird, ohne daß hierfür die strukturellen Bedingungen bzw. personellen und finanziellen Möglichkeiten vorhanden sind, stoßen die Mitarbeiter beim Versuch der Umsetzung dieser Forderungen leicht auf so viele Widerstände, daß der Erfolg ausbleiben muß. Die Bediensteten befinden sich dann in einer »Normenfalle«, verursacht durch widersprüchliche oder realitätsferne Forderungen. Der Mißerfolg ist vorprogrammiert, weil die Erwartungen gar nicht erfüllt werden können.

Verunsicherungen treten auch dadurch ein, daß die *Sinnhaftigkeit der Behandlung* im Strafvollzug durch die These des »nothing works« – von R. Martinson 1974 erstmals formuliert – in den 8oer und 9oer Jahren immer wieder in Frage gestellt wird. Dankbar greifen manche Kriminalpolitiker und Praktiker die in der Wissenschaft formulierte These über das Ausbleiben eines Behandlungs*erfolgs* auf, um

---

6   S. dazu Böhm: Das Berufsbild des Strafvollzugsbediensteten im Wandel der Zeit (Fn. 2).
7   Vgl. als ersten Überblick die Beiträge in Schwind/Steinhilper/Böhm (Hrsg.): 10 Jahre Strafvollzugsgesetz – Resozialisierung als alleiniges Vollzugsziel? Heidelberg 1988. Köhler: 10 Jahre Strafvollzugsgesetz – Mißerfolg oder Widerspruch in sich? ZRP 1988, S. 213 f. Müller-Dietz: 10 Jahre Strafvollzug – Bilanz und Perspektiven – BewH 1986, S. 331 ff. Rotthaus: Die Bedeutung des Strafvollzugsgesetzes für die Reform des Strafvollzugs, NStZ 1987, S. 1 ff.
8   Meyer: 10 Jahre Strafvollzugsgesetz – Das Gesetz im Rückblick – ZfStrVo 1987, S. 4 ff. bes. S. 9. Böhm: Strafzwecke und Vollzugsziele, in: Busch/Krämer (Hrsg.): Strafvollzug und Schuldproblematik, Pfaffenweiler 1988, S. 129 ff.
9   Preusker: Erfahrungen der Praxis mit dem Strafvollzugsgesetz, ZfStrVo 1987, S. 1 ff., bes. S. 13 »Zwischen allen Stühlen: Die Vollzugsbediensteten«.
10 Müller-Dietz: Strafvollzug im Rahmen der heutigen Kriminalpolitik. In: Schwind/Steinhilper/Böhm (Hrsg.) 10 Jahre Strafvollzugsgesetz . . . (s. Fn. 7), S. 105 ff., bes. S. 113 f.

der Sicherheit im Vollzug den höchsten Stellenwert beizumessen. Es wäre an der Zeit, auch neue differenziertere Ergebnisse der Evaluierung psychosozialer Interventionen im Strafvollzug[11], die unter bestimmten Bedingungen auch Erfolge feststellen, mit gleichem Nachdruck zur Kenntnis zu nehmen und daraus konstruktive Schlußfolgerungen zu ziehen. D.h. es müssen die Bedingungen geschaffen werden, die tatsächlich (Re)sozialsierungserfolge ermöglichen. Wie kann man sonst noch ehrlich die Resozialisierung als Vollzugsziel vertreten, wenn dieses Ziel nicht einmal ansatzweise erreichbar erscheint?

Ziele müssen so kontrollfähig und selbstkritisch formuliert werden, daß sie in den einzelnen Institutionen tatsächlich erreichbar sind. Ansonsten besteht die Gefahr, daß wegen überhöhten Behandlungsansprüchen oder auch wegen völlig unrealistischer Sicherheitsanforderungen Mißerfolge und Versagenserlebnisse dominieren.

Dabei können die Ziele und Konzepte der einzelnen Anstalten aufgrund ihrer Erfahrungen im Umgang mit den Gefangenen durchaus unterschiedlich sein. Man denke beispielsweise an die Unterschiede zwischen sozialtherapeutischen Anstalten und dem Regelvollzug. Auch bei lezterem sind wiederum Differenzierungen sinnvoll, die vor allem mit dem Profil der Gefangenen, der Größe der Anstalt und der Binnenstruktur zusammenhängen. Es muß also für jede einzelne Anstalt *Klarheit und Konsenz über Ziele und Aufgaben* bestehen, damit ein spezifisches Leistungsprofil und eine professionelle Identität entwickelt werden kann. Daraus ergeben sich schließlich die Maßstäbe für erfolgreiches Handeln.

Erfolgserlebnisse im Vollzug

Jeder Mensch braucht bei seiner Arbeit Erfolgserlebnisse, damit er die Arbeit als *sinnvoll* ansieht. Sonst fühlt sich der Mitarbeiter als Sisyphus, muß eine Arbeit machen, die sich ständig wiederholt, ohne einen Erfolg zu zeigen, bei der am Ende also nichts herauskommt.

Was wird im Vollzug als *Erfolg* angesehen?

• Wenn niemand ausbricht und die Sicherheit perfekt organisiert ist?

• Wenn die Haftäume und das sonstige Haus in ordentlichem Zustand sind?

• Wenn der Beamte bei der Haftraumkontrolle verbotene Gegenstände findet?

• Wenn Gefangene nicht rebellieren und keine wesentlichen Probleme machen?

---

11 Lösel: »Evaluation psychosocial interventions in prison and other penal contexts«. Bericht für den Europarat, Strasbourg 1993.

Wenn die Gefangenen nach ihrer Entlassung aus der Haft nicht mehr rückfäl-
lig werden?

Letzteres ist für die Bediensteten im Strafvollzug kaum feststellbar, da es im allgemeinen an katamnestischen Untersuchungen mangelt. Vielmehr sieht der einzelne Bedienstete nur diejenigen, die aufgrund erneuter Straffälligkeit wieder in die
Anstalt zurückkehren. Diese »Vollzugsperspektive« führt häufig dazu, daß von den
Vollzugsbediensteten die Rückfallquote deutlich überschätzt wird. Daraus folgt
leicht die resignative Haltung, Resozialisierungsversuche seien sinnlos.

Die erlebte *Sinnhaftigkeit* gilt allgemein als wichtiger, nicht materieller Motivationsfaktor für die tägliche Arbeit. In anderen Organisationen ist die Sinnhaftigkeit
der Arbeit weniger problematisch als im Vollzug. Produktionsbetriebe hoffen am
Ende des Jahres auf wirtschaftlichen Erfolg, Krankenhäuser lindern das Leiden und
haben zum Teil dankbare Patienten. Aber sind die Strafgefangenen dafür dankbar,
daß sie eingesperrt werden und Vollzugsbedienstete sich um ihre Resozialisierung
bemühen? Sicher gibt es auch einzelne Gefangene, die für eine faire und humane
Behandlung dankbar sind, indem sie sich auch selbst fair verhalten. Aber werden
derartige Verhaltensweisen überhaupt als Erfolge im Vollzug wahrgenommen?
Wenn der Bedienstete keine besonderen Vorkommnisse meldet, dann gilt das
als normal, nicht erwähnenswert und wird auch nicht belohnt. Aufmerksamkeit
erregen primär besondere Vorkommnisse, rebellisches Verhalten der Gefangenen,
Ausbruchsversuche, unerlaubtes Einschmuggeln verbotener Dinge (z.B. Drogen),
Gewalttätigkeiten o.ä. Wenn durch besondere soziale und kommunikative Kompe-
tenzen des Bediensteten derartige Verhaltensweisen vermieden werden, erfolgt im
allgemeinen keine Reaktion, auch keine Belohnung. Aufmerksamkeit erringt der
Bedienstete vor allem durch einen negativen Leistungsnachweis, z.B. wenn Drogen
eingeschmuggelt werden konnten, Gewalttätigkeiten ausbrechen, Ausbruchsversuche oder Entweichungen gelingen. Dann wird der Bedienstete gefragt, ob er diese
Ereignisse nicht hätte verhindern können. Er wird also getadelt, wenn im Sicher-
heits- und Ordnungsbereich etwas passiert, aber nicht gelobt, wenn durch positive
Gesprächsführung der Gefangene motiviert wird, sich mit seiner Vergangenheit
kritisch auseinanderzusetzen und eine positive Lebensperspektive zu entwickeln.
Unter diesem Aspekt ist es verständlich, daß der allgemeine Vollzugsdienst in
unserer Befragung sich eher auf die Schließerrolle degradiert fühlt und eine Belohnung für das Engagement im Behandlungsbereich nicht erlebt.

Be- und Entlohnungssystem für die Arbeitsleistung

Das Be- und Entlohnungssystem einer Organisation, dient wesentlich der Kompensation für geleistete Arbeit. Dabei ist zwischen primär materieller und eher immaterieller Belohnung zu unterscheiden, wobei es hier besonders auf die subjektive Wahrnehmung der Belohnung durch die Betroffenen ankommt. Bekanntermaßen bildet die »*angemessene*« *Bezahlung* die Basis für die Arbeitsmotivation, ist aber keineswegs der einzige Anreizfaktor für die Arbeit[12]. Was vom Betroffenen als »angemessenen« empfunden wird, hängt von seiner Selbsteinschätzung und dem Vergleich seiner Tätigkeit mit anderen Berufsfeldern ab (z.b. »in der Wirtschaft würde ich viel mehr verdienen«).

Der Vollzug hat ein relativ *starres*, extern vorgegebenes *Entlohnungssystem*, das weitgehend laufbahnrechtlich vorbestimmt ist: Der höhere, gehobene und mittlere Dienst fängt mit einer bestimmten Gehaltsstufe an, unabhängig von den individuellen Unterschieden hinsichtlich Qualifikation, Kompetenz und Einsatzbereitschaft.

In der Wirtschaft sagt man, die Bezahlung muß *leistungsgerecht* sein und hat z.T. ein ausgefeiltes Prämien- und Belohnungssystem für gute Leistungen und systemverbessernde Vorschläge, also für innovatives Handeln. Im öffentlichen Dienst tut man sich mit leistungsbezogener Vergütung oder Beförderung schwer. Die Laufbahnstruktur der verschiedenen Dienste läßt wenig Spielraum zu. Die daraus folgende Erkenntnis, daß sich die Leistung nicht auszahlt, wirkt demotivierend. Die in unserer Befragung herausgestellte Meinung des allgemeinen Vollzugsdienstes, daß er primär nach Beziehungen oder »Radfahren« und am wenigsten nach Leistung befördert wird, muß zu denken geben. Auch wird die für das Beamtentum weitgehend typische Beförderung nach Dienstalter in der subjektiven Wahrnehmung nicht verwirklicht. Wenn die Beförderung primär als ungerecht empfunden wird, kann sie kein Anreiz für berufliches Engagement sein.

Es müssen also Kriterien gesucht werden, die eine individuelle *Beurteilung* der Leistung und des Engagements für die Vollzugsziele erlauben. Bei *unklaren Zielvorgaben* und z.T. widersprüchlichen Rollenanforderungen verschwimmen *Anforderungs-* und *Leistungsprofile*; es fehlt also der Maßstab, an dem das Handeln des Mitarbeiters gemessen werden kann.

In Nordrhein-Westfalen hat Molitor[13] die *Rollenkonflikte* des Personals im Strafvollzug untersucht. Ausgangspunkt war die Fragestellung, ob sich die schwer miteinander zu vereinbarenden Vollzugsziele Resozialisierung und Sicherheit in für das Strafvollzugspersonal wahrnehmbaren Rollenspannungen niederschlagen.

---

12 Affemann: Was motiviert zur Arbeit? Motivationstechnik oder anderes? Institut Mensch und Arbeitswelt, Baden-Baden 1/1986, S. 2 ff.

13 Molitor: Rollenkonflikte des Personals im Strafvollzug. Eine organisationspsychologische Untersuchung. Heidelberg 1989.

Dabei wurden Rollenkonflikte als Erwartungen an den Arbeitsplatz erhoben. Molitor befragte Anstaltsleiter, Sozialdienst und allg. Vollzugsdienst nach den wichtigsten Aufgaben des allg. Vollzugsdienstes. Die Befragung der Vollzugsbediensteten in drei Anstalten des geschlossenen Strafvollzugs kann nachweisen, daß die Rollenanforderungen widersprüchlich wahrgenommen werden. Während die Beamten des allgemeinen Vollzugsdienstes ihre Aufgabe gleichrangig sowohl in der Betreuung der Gefangenen als auch in der Aufrechterhaltung der Sicherheit und Ordnung sahen, nahmen sie von den Kollegen und den Anstaltsleitern an, diese würden eher die Erfüllung der Sicherheitsaufgaben von ihnen verlangen. Tatsächlich forderten die Anstaltsleiter von ihnen eher ein Eintreten für die Betreuung als für die Sicherheit. Bei den Sozialarbeitern vermuteten die Beamten des allgemeinen Vollzugsdienstes, sie würden von ihnen die eindeutige Ausrichtung auf die Behandlung der Gefangenen erwarten; daraufhin befragt, verlangten die Sozialarbeiter aber kein so starkes Betonen des Betreuungsbereichs. Diese hier dargestellten Unterschiede in der Selbst- und Fremdeinschätzung der Rolle des allgemeinen Vollzugsdienstes erschwert ganz wesentlich die sachgerechte Beurteilung der eigenen Leistung und die der anderen. Die Untersuchung zeigte auch, daß, wer verstärkt unter Rollenkonflikten litt, eine geringere Arbeitszufriedenheit und schlechtere soziale Beziehungen zu Kollegen und Vorgesetzten aufwies.

Die materielle Entlohnung ist wichtig, oft aber nicht ausschlaggebend für die Arbeitszufriedenheit und Leistungsbereitschaft. Mindestens ebenso wichtig ist, ob man *Freude an der Arbeit* hat. Das ist dann der Fall, wenn die Arbeit als sinnvoll betrachtet wird, wenn sie Eigeninitiative und Selbstverwirklichung erlaubt, wenn das Verhältnis zu den Kollegen und zum Vorgesetzten stimmt, wenn der Einzelne im System soziale Anerkennung findet und wenn er Erfolgserlebnisse hat. Das sind Faktoren, die wesentlich vom beruflichen Status abhängen, aber auch durch eine ernstzunehmende Beteiligung an den Entscheidungen auf den verschiedenen Ebenen der Hierarchie zu verwirklichen sind. Voraussetzung hierfür sind Kommunikationswege und -möglichkeiten, die einen Informationsaustausch nach allen Seiten sicherstellen.

Zwei wesentliche Elemente des immateriellen Lohns für die Arbeit und das persönliche Engagement sind *Lob* und *Anerkennung*. Dabei bezieht sich Lob auf die einzelne Tätigkeit/Handlungsweise; Anerkennung meint die Wertschätzung des ganzen Menschen. Laut unserer Befragung scheint es an der subjektiven Wahrnehmung der Anerkennung zu mangeln. Wie soll der Beamte bei relativ geringer Bezahlung sich zur Leistung motivieren, wenn er noch nicht einmal von seinem Vorgesetzten Anerkennung erfährt?

Eine besondere Art der Belohnung, die i.d.R. stark motivierend wirkt, ist die *Übertragung von Verantwortung*. Die meisten Mitarbeiter möchten Verantwortung übernehmen, allerdings nur dann, wenn ihnen hierfür vom Vorgesetzten auch der Rücken gestärkt wird. Der allgemeine Vollzugsdienst hat in der Befragung geäußert, daß er sich in seinen Entscheidungen gegenüber den Gefangenen häufig alleingelassen fühlt, er also von seinem Vorgesetzten zu wenig positive Unterstützung erfährt.

Mit der Übertragung von Verantwortung erhält der Beamte des allgemeinen Vollzugsdienstes auch einen erheblichen *Ermessensspielraum*, der einerseits die Arbeit interessant macht, aber andererseits auch die Gefahr des »Hereinfallens« birgt, wenn der Beamte Entscheidungen fällt, die sich nachträglich als »falsch« herausstellen. Im Vergleich zu anderen Organisationen (z.B. Wirtschaftsunternehmen) ist die *Fehlertoleranz* im Strafvollzug besonders gering. Das führt zu einer geringeren Risikobereitschaft und lähmt auch die Initiative zum Handeln nach dem Motto: »Mache ich nichts, mache ich nichts falsch!« Resignation und abnehmendes Engagement sind die Folge.

Fehlende soziale Anerkennung in der Gesellschaft

Oft klagen die Vollzugsbeamten über die mangelnde soziale Anerkennung durch die Gesellschaft.

Die Gesellschaft hat ein fast »schizophrenes« Verhältnis zum Strafvollzug. Einerseits werden bei Straftaten, die als besonders bedrohlich angesehen werden, besonders lange und harte Freiheitsstrafen gefordert. Der Strafvollzug übernimmt also hier eine wichtige Funktion für die Sicherheit und das Strafbedürfnis der Gesellschaft. Andererseits wird die Meinung vertreten, daß der Strafvollzug die Menschen nicht bessere, sondern eher noch gefährlicher mache. Will der Strafvollzug dann durch die Gewährung von Lockerungen die schädlichen Einflüsse des Vollzugs minimieren, protestiert die Gesellschaft wiederum gegen »leichtfertige« Lockerungen.

Die Gesellschaft gesteht den Mitarbeitern der Vollzugsanstalt kaum Erfolgserlebnisse zu.

In der veröffentlichten Meinung der Medien gibt es einen Aufschrei, wenn bei Geiselnahmen im Vollzug Bedienstete oder gar Außenstehende bedroht werden, wenn Gefangene während der Vollzugslockerungen außerhalb der Vollzugsanstalt Straftaten begehen und ähnliches mehr. Wenn nichts passiert, wird das als »normal« in der Öffentlichkeit angesehen, dann interessiert sich kein Journalist dafür. Die »Normalität« bleibt unerwähnt, was dazu führt, daß die Mißbrauchsfälle bei Lockerungen zahlenmäßig weit überschätzt werden[14]. Die Vollzugsanstalt wird in der veröffentlichten Meinung also vorwiegend mit einem *negativen Leistungsnachweis* erwähnt, nämlich bei sog. besonderen Vorkommnissen. Dann sucht man nach Fehlern und prangert die vermeintlich Verantwortlichen an.

Oft wird in der Öffentlichkeit die Sinnhaftigkeit des Handelns im Vollzug in Zweifel gezogen. Das *negative Image des Vollzugs* in der öffentlichen Meinung steht einer Identifizierung des Beamten mit seiner Organisation entgegen. Die berufliche Arbeit kann kaum als Teil seiner Selbstverwirklichung gesehen werden; damit entfällt ein wichtiger Motivationsfaktor. Eine positive Öffentlichkeitsarbeit könnte vielleicht helfen, das Image des Strafvollzugs zu verbessern. Dann können die Mitarbeiter im Vollzug auch eher das Gefühl der sozialen Achtung und positiven Selbstwertschätzung durch ihre Leistung erfahren.

Ausblick

Die Organisation des Strafvollzugs und seine Außendarstellung sind so weiterzuentwickeln, daß alle im Vollzug Tätigen als Team sich einem gemeinsamen Leitbild und Konzept verpflichtet fühlen. Es muß die Überzeugung aller Mitarbeiter gestärkt werden, daß sie – trotz alltäglicher Widerwärtigkeiten – eine sinnvolle und keine Sisyphusarbeit leisten. Für jeden Mitarbeiter sollten in seinem Bereich Erfolge erlebbar werden, sind diese auch noch so klein. Erfolgserlebnisse fördern die Arbeitszufriedenheit und wirken motivierend auf das Personal. Ein motivierter Vollzugsstab hilft, positive Lebensperspektiven für die Gefangenen mit ihren Angehörigen zu entwickeln, trägt damit wesentlich zur Erreichung des Vollzugszieles (§ 2 StVollzG) bei und ermöglicht der Gesellschaft, den Strafvollzug nicht nur als Institution der Ausgrenzung, sondern auch der Integration zu sehen.

---

14 Dolde: Vollzugslockerungen im Spannungsfeld zwischen Resozialisierungsversuch und Risiko für die Allgemeinheit. In: Busch/Edel/Müller-Dietz (Hrsg.) Gefängnis und Gesellschaft. Gedächtnisschrift für Albert Krebs. Pfaffenweiler 1994, S. 109 ff.

Der Streitfall Sozialtherapie
Praxis und Ergebnisse behandlungsorienter Einrichtungen des Justizvollzuges

RUDOLF EGG

Die Entwicklung der sozialtherapeutischen Anstalten

Die Geschichte der sozialtherapeutischen Anstalten des Justizvollzuges beginnt im Jahre 1966. Damals wurde in dem sog. »Alternativ-Entwurf eines Strafgesetzbuches« für bestimmte Tätergruppen die »Einweisung in die sozialtherapeutische Anstalt« vorgeschlagen (siehe Baumann et al., 1966, S. 126 ff.). Dieser Vorschlag mündete schließlich in § 65 StGB, der im Juli 1969 mit den Stimmen aller Fraktionen des Deutschen Bundestages beschlossen wurde. Als Zeitpunkt des Inkrafttretens dieser Maßregel der Besserung und Sicherung war zunächst der 1.10.1973 vorgesehen, der aber später auf den 1.1.1978 und dann nochmalig auf den 1.1.1985 verschoben wurde.

§ 65 StGB sah für vier verschiedene Tätergruppen die »Unterbringung in einer sozialtherapeutischen Anstalt« vor:

1. Rückfalltäter (mind. 2 vorherige Freiheitsstrafen) mit einer schweren Persönlichkeitsstörung,
2. Sexualtäter mit ungünstiger Kriminalprognose,
3. jungerwachsene Hangtäter: unter 27 Jahre, 2 Vorverurteilungen,
4. schuldunfähige/vermindert schuldfähige Täter, bei denen die Unterbringung in einer sozialtherapeutischen Anstalt günstiger ist als die Unterbringung in einem psychiatrischen Krankenhaus gem. § 63 StGB.

Sozialtherapie war somit konzipiert für besonders auffällige, schwierige Straftäter, bei denen Resozialisierungserfolge naturgemäß weniger wahrscheinlich waren als etwa bei jungen Ersttätern. Vorbild dieser neuen, behandlungsorientierten Anstalten waren mehrere ausländische Einrichtungen, insbesondere die bereits 1935 eröffnete Anstalt in Herstedvester, Dänemark (Stürup, 1968) sowie die holländische Van-der-Hoeven-Klinik in Utrecht (siehe Egg, 1984, S. 5 – 22).

Im Rahmen der Vorbereitung des Inkrafttretens von § 65 StGB wurden in mehreren Bundesländern Modell- oder Erprobungsanstalten eingerichtet, in die Strafgefangene allerdings nicht auf richterliche Anordnung, sondern nach freiwilliger Meldung aufgenommen wurden. Für Nordrhein-Westfalen waren langfristig insgesamt sechs große sozialtherapeutische Anstalten vorgesehen. Zur Entwicklung und

Erprobung von Behandlungsmethoden sowie zur Ausbildung von Personal wurde im April 1971 zunächst die Modellanstalt Düren eröffnet (vgl. Neuberger, 1971, Rasch, 1974, 1977); im Januar 1975 nahm die zweite Modelleinrichtung des Landes in Gelsenkirchen den Betrieb auf (Rotthaus, 1981).

Sozialtherapeutische Anstalten/Abteilungen in Deutschland (Stand: 1993/94)

Sozialtherapeutische Anstalt/Abteilung	Eröff- nung	Haft- plätze	Klientel (Alter, Gechlecht, Besonderheiten)
Baden-Württemberg a) Asperg	1969	66	männliche Gefangene, 20-40 Jahre
Baden-Württemberg b) Crailsheim	1982	24	drogen- und/oder medikamentenabhängige Jugendstrafgefangene bis 24 Jahre
Bad Gandersheim + Teilanstalt Alfeld	1973 1994	24 11	männl. erwachsene Gefangene bis 35 J., seit Januar 1994 Teilanstalt für Frauen
Berlin a) JVA für Frauen	1988	15	weibliche Gefangene, Alter je nach Einzelfallentscheidung
Berlin b) Tegel	1970	160	männliche erwachsene Gef. bis 45 Jahre
Düren + Übergangshaus Köln	1971	32 22	männliche Gefangene, 21-35 Jahre (Ausnahmen in Einzelfällen möglich)
Erlangen	1972	41	männliche Gefangene, 21-50 Jahre
Gelsenkirchen	1974	54	männliche Gefangene, 21-35 Jahre
Hamburg a) Altengamme	1984	60	erwachsene Männer und Frauen (koedukativ), keine Altersbegrenzung
Hamburg b) Bergedorf	1969	31	männliche Gefangene ohne Altersbegrenzung
Kassel + Freigängerhaus	1980	140 25	männliche Gefangene, 21-45 Jahre (für ältere Gef. Ausnahmen möglich)
Ludwigshafen	1972	68	männliche Gefangene, 14-52 Jahre
Lübeck	1974	35	erwachsene Männer und Frauen bis 40 J. (für ältere Gef. Ausnahmen möglich)
München	1972	23	männliche Sexualstraftäter, 17-35 Jahre
Summe der Haftplätze:		831	

Quelle: Umfrage der KrimZ (siehe Egg, 1993)

Bezüglich des sozialtherapeutischen Konzepts gab es neben optimistischen Stimmen und vorsichtiger Skepsis von Anfang an erwartungsgemäß auch Kritik, zunächst primär von Vertretern konservativer kriminalpolitischer Vorstellungen. Dazu kamen in den 70er Jahren verstärkt Einwände von kriminalpolitisch quasi entgegengesetzter, sozialkritischer Seite (vgl. im einzelnen Egg, 1984, S. 49 ff.). So wurde beispielsweise die Gefahr einer einseitigen Individualisierung sozialer Probleme sowie die vermeintliche Unangemessenheit eines medizinischen Modells der Behandlung beklagt. Andere Einwände bezogen sich auf die Schwierigkeiten einer Therapie zu sozialer Verantwortung im Rahmen der Unfreiheit. Diese sehr grundsätzlich geführte rechtspolitische Argumentation wurde verschiedentlich untermauert durch meist stark verkürzt und einseitig dargestellte Befunde US-amerikanischer empirischer Studien, die die Erfolglosigkeit therapeutischer Bemühungen im Strafvollzug zu belegen schienen (v.a.: Martinson, 1974; dagegen ausführlicher und differenzierter: Lipton, Martinson & Wilks, 1975).

Für die weitere Entwicklung der Sozialtherapie waren jedoch vor allem ökonomische Gründe ausschlaggebend. Anders als in den 60er Jahren, in denen es einen deutlichen wirtschaftlichen Aufschwung gegeben hatte, waren die 70er und 80er Jahre von starker Rezession gekennzeichnet. Dadurch wurden auch die finanziellen Mittel der Bundesländer zunehmend knapper, und die teilweise bereits sehr detailliert entwickelten Pläne für den Neubau sozialtherapeutischer Anstalten (z.B. in Köln und Bochum, vgl. Padberg, 1971) wurden schnell und ersatzlos gestrichen. Im Vordergrund der allgemeinen kriminalpolitischen Diskussion standen zudem auch andere Themen wie Terrorismus, Drogenkriminalität und Gewalt.

Für ein Festhalten an der Maßregellösung der Sozialtherapie im Vollzug blieb deshalb aus mehreren Gründen offenbar kein Raum mehr. Im Herbst 1984 wurde schließlich § 65 StGB wieder aus dem Strafgesetzbuch gestrichen, ohne daß er je geltendes Recht geworden war. Übrig blieb die sogenannte Vollzugslösung der Sozialtherapie: Nach § 9 des 1977 in Kraft getretenen Strafvollzugsgesetzes (StVollzG) kann ein Gefangener in eine sozialtherapeutische Anstalt verlegt werden, »wenn die besonderen therapeutischen Mittel und sozialen Hilfen einer solchen Anstalt zu seiner Resozialisierung angezeigt sind«. Ein Anspruch auf eine solche Behandlung besteht freilich nicht, auch bleibt es den Ländern überlassen, derartige Anstalten einzurichten, auszubauen oder auch nicht vorzusehen.

Das Scheitern der Maßregellösung der Sozialtherapie bedeutete freilich nicht das Ende der sozialtherapeutischen Anstalten. Diese bestehen vielmehr fort und wurden seither – wenngleich insgesamt nur zaghaft – weiter ausgebaut. Derzeit sind in Deutschland insgesamt 14 sozialtherapeutische Anstalten und Abteilungen mit einer Gesamtkapazität von über 800 Haftplätzen eingerichtet (Einzelheiten siehe Tabelle). Insgesamt läßt sich bezüglich der verfügbaren Plätze in sozialthera-

peutischen Anstalten für die letzten 10 bis 15 Jahre von einer Konsolidierung sprechen, allerdings auf niedrigem Niveau.

Praxis der Sozialtherapie: das Beispiel Gelsenkirchen

Alle bestehenden sozialtherapeutischen Einrichtungen haben eine Reihe von
Gemeinsamkeiten. Dies betrifft z.b. die rechtlichen Rahmenbedingungen, die
Freiwilligkeit der Aufnahme, die Möglichkeit der Rückverlegung sowie die stufenweise Überleitung in die Freiheit. In allen Einrichtungen finden sich neben psy-
chologisch-therapeutischen Angeboten in Einzel- und Gruppenform auch pädagogische Programme, Möglichkeiten der schulischen und beruflichen Fortbildung
sowie ein im Vergleich zum Regelvollzug erweitertes System an Lockerungen.
Jede Einrichtung weist aber auch bestimmte Besonderheiten auf, die sie von den
anderen unterscheidet; eine detaillierte Übersicht hierzu bieten die seit 1973 insgesamt viermal erstellten »Synopsen« (Bundeszusammenschluß für Straffälligenhilfe,
1973, 1977, 1981, Egg, 1993).
  Nachfolgend soll beispielhaft auf einige besondere Merkmale der JVA Gelsenkirchen eingegangen werden. Diese Anstalt zählt zwar nicht – wie etwa Bergedorf,
Berlin-Tegel und Hohenasperg – zu den Modelleinrichtungen der »ersten Stunde«,
sie kann aber inzwischen auch auf eine knapp zwanzigjährige Geschichte zurückblicken, die auch durch viele Arbeiten gut dokumentiert wurde (z.B. Romkopf,
1980a, b, c, Rotthaus, 1981). Bemerkenswert ist, daß das Arbeitskonzept der
Anstalt, abgesehen von Verbesserungen im Detail, im wesentlichen beibehalten
wurde, obwohl in der Leitung und im Mitarbeiterstab teilweise mehrere personelle
Wechsel stattfanden. Diese hohe Kontiuität des Gelsenkirchener Konzepts ist ein
Hinweis auf die Qualität des Ansatzes, der seinerzeit nicht einfach von oben ver-
ordnet, sondern in einer dreimonatigen Vorbereitungsphase gemeinsam erarbeitet
wurde.
  Der damalige Leiter der JVA Gelsenkirchen, K. P. Rotthaus, und seine Mitar-
beiter hatten rechtzeitig erkannt, daß die Effektivität einer sozialtherapeutischen
Anstalt wesentlich davon abhängt, daß es gelingt, den inhaltlichen Anspruch der
Sozialtherapie im Sinne einer problemlösenden Gemeinschaft durch geeignete
Organisations- und Arbeitsstrukturen umzusetzen. Diese konkreten strukturellen
Bedingungen sind im Zweifel wichtiger als allgemein gehaltene, wenig verbindliche inhaltliche Aussagen. So imponiert in Gelsenkirchen zunächst die juristisch-
therapeutische *Doppelspitze*. Dabei handelt es sich allerdings – anders als bei der
erst 1980 eröffneten Anstalt in Kassel – nicht um eine echte doppelte Anstaltsleitung mit gegenseitiger Vertretung, sondern um eine interne Aufgabenteilung, die
die Position des (juristischen) Anstaltsleiters unberührt läßt.

Noch ungewöhnlicher ist die Aufteilung der über 40 Beamten* des allgemeinen Vollzugsdienstes (AVD) auf acht *Funktionsgruppen*, die ihre Diensteinteilung einschließlich der unbeliebten Tätigkeiten im Nacht- und Wochenenddienst sowie ihre Urlaubszeiten weitgehend autonom regeln (Quack, 1976). Diese Funktionsgruppen umfassen die drei Wohnabteilungen, den Werkdienst, die Pforte, Kammer und Küche, den Sanitätsdienst sowie den Freizeit- und Sportbereich. Die selbständige Arbeitsweise dieser Gruppen fördert das Selbstbewußtsein und die Verantwortungsbereitschaft der Beamten und reduziert gleichzeitig die soziale Distanz zu den Fachdiensten. Letzteres wird auch dadurch gefördert, daß in Gelsenkirchen die Fachdienstmitarbeiter regelmäßig auch am Spätdienst bis Mitternacht und am Wochenenddienst beteiligt sind und dabei auch Sicherungsaufgaben (Einschluß, Kontrolle zurückkehrender Urlauber etc.) zu übernehmen haben.

Die *Konferenzstruktur* der Anstalt ist zwar auf den ersten Blick etwas verwirrend, sie lockert jedoch die ansonsten starre Anstaltshierarchie auf sinnvolle Weise auf und fördert die Dezentralisierung von Entscheidungen. Neben den »großen« Personal- und Behandlungskonferenzen gibt es auch spezielle Mitarbeiterkonferenzen (für Psychologen, Sozialarbeiter, AVD), Leitungsbesprechungen und Sitzungen der Auswahlkommission sowie ein sog. Arbeits-Unterrichts-Treffen (Einzelheiten siehe Egg, 1993, S. 146). Von entscheidender Bedeutung für die Arbeit mit den Klienten (die in Gelsenkirchen »Bewohner« heißen) ist die Einrichtung sog. *Ausschüsse* und *Unterausschüsse*. Im Behandlungs-Unterausschuß, der bei den Wohngruppen gebildet wird und der für jeden Gefangenen wöchentlich oder vierzehntägig tagt, werden gemeinsam mit dem Insassen die wesentlichen Behandlungsfragen (Lockerungen, einzelne Maßnahmen, Ausgestaltung des Vollzugs) besprochen und anstehende Entscheidungen vorbereitet. Dem Unterausschuß gehören neben dem Wohngruppenleiter (Sozialarbeiter) und einem Mitarbeiter des AVD je nach Bedarf ein Psychologe, ein Pädagoge oder auch ein Ausbilder an. Die Ergebnisse dieses Unterausschusses werden anschließend im übergeordneten Behandlungsausschuß (Mitglieder: beide Anstaltsleiter, der Leiter des AVD, Wohngruppenmitarbeiter) beraten und verabschiedet. Die Beschlüsse dieses Gremiums werden von der noch etwas größer zusammengesezten Behandlungskonferenz zumeist ohne Einwände übernommen.

Sofern bei solchen Entscheidungen Psychologen oder Psychotherapeuten mitwirken, gilt in Gelsenkirchen die strikte Unterscheidung zwischen aktenführenden und therapeutischen Funktionen, d.h., daß ein Psychologe stets nur für solche Bewohner in den Ausschüssen tätig wird, für die er nicht gleichzeitig als Therapeut zuständig ist. Dadurch bleibt das Therapiegeheimnis stets gewahrt. Insassen sollte

---

* Der Einfachheit halber erfolgen Berufs- und Dienstbezeichnungen ausschließlich in der männlichen Schreibweise. Tatsächlich besteht das Personal der JVA Gelsenkirchen aus Männern und Frauen.

es somit möglich sein, individuelle Probleme auch dann in der Therapie anzusprechen, wenn diese ein Risiko bei anstehenden Lockerungen bilden könnten. Der Stellenwert der *psychotherapeutischen Maßnahmen* im engeren Sinne hat sich in Gelsenkirchen im Laufe der Jahre verändert. Rotthaus schrieb dazu bereits 1981 (S. 330):

>»Anfänglich schien vielen Mitarbeitern unserer Anstalt die Psychotherapie der wichtigste Teil sozialtherapeutischer Maßnahmen zu sein. Heute hat sich bei allen die Überzeugung durchgesetzt, daß die Wohngruppenarbeit, die berufliche und schulische Ausbildung, die schrittweise Heranführung an das Leben in Freiheit durch eine differenzierte Lockerungspraxis und schließlich eine sorgfältige Entlassungsvorbereitung ebenso wesentlich zum Behandlungserfolg beitragen.«

Diese Einschätzung dürfte nach wie vor gültig sein und kennzeichnet auch die Situation in mehreren anderen sozialtherapeutischen Anstalten. Besonders hervorzuheben ist für Gelsenkirchen der auch in dem obigen Zitat erwähnte Bereich der *beruflichen Ausbildung*. Diese erfolgt in einem stufenweisen Kleingruppenunterricht und wird vom Berufsfortbildungswerk des DGB getragen. Einem gemeinsamen Grundlehrgang und zwei möglichen Lehrgängen (Industriemechaniker und Energieelektroniker) geht regelmäßig ein dreimonatiger arbeitstherapeutisch ausgestalteter Berufsfindungskurs voraus. Dort können sich die Insassen durch kreatives Arbeiten mit unterschiedlichen Materialien (Ton, Holz, Metall) mit verschiedenen Arbeitsfeldern vertraut machen und sich später leichter für eine konkrete Ausbildung entscheiden. Gleichzeitig ist es möglich, ihnen auf lockere Weise wichtige Erfolgserlebnisse für die spätere Arbeit zu vermitteln (vgl. Tettweiler, 1977).

Weitere wichtige Elemente des Gelsenkirchener Programms, die hier nur aufgezählt werden können, sind die allgemeinen *pädagogischen Maßnahmen*, die sowohl in Form von Einzelunterricht wie auch in Kleingruppen durchgeführt werden und über Rollenspiele und hilfreiche Gespräche bei aktuellen Schwierigkeiten einen alltagsnahen Zugang zu vielfältigen Problemen der Insassen ermöglichen. Vergleichsweise differenziert ist auch das Angebot an *Freizeitgruppen*: als Übungsleiter ausgebildete Vollzugsbedienstete machen hier auch am Wochenende mehrere Angebote in der Anstalt oder organisieren den Besuch von externen Freizeitveranstaltungen. Der *Außenbezug* wird durch täglich bis zu zwei Stunden Besuch (nach drei Monaten unüberwacht), durch Kontaktgruppen und ehrenamtliche Helfer, durch die Kooperation mit Sportvereinen sowie durch die gestuften Lockerungsmöglichkeiten realisiert. Nahezu alle Bewohner arbeiten die letzten drei bis neun Monate vor ihrer Entlassung als Freigänger außerhalb der Anstalt.

Selbstverständlich gab und gibt es in Gelsenkirchen neben den genannten positiven, teilweise modellhaften Aspekten auch einige *problematische Punkte*. So vermittelt die Anstalt, die früher als Gerichtsgefängnis diente, äußerlich noch immer den Eindruck einer klassischen Strafanstalt, und die wenig übersichtlichen, verwinkelten Bauten unterstützen das günstige Klima der Wohngruppen nur wenig. Ein weiteres Problem, das sich ebenfalls aus den Baulichkeiten sowie aus der relativ geringen Größe der Anstalt (maximal 54 Plätze) ergibt, ist die mangelnde Möglichkeit einer Binnendifferenzierung, insbesondere nach verschiedenen Lockerungsstufen. Für Freigänger steht zwar grundsätzlich das an die sozialtherapeutische Anstalt in Düren angegliederte Übergangshaus in Köln zur Verfügung, doch bedeutet dies wegen der großen Distanz regelmäßig einen Abbruch der Betreuung durch die Mitarbeiter von Gelsenkirchen. Eine weitere Konsequenz der geringen Differenzierungsmöglichkeit ist, daß bei massiveren Problemen einzelner Bewohner keine interne Verlegung, sondern lediglich eine Rückverlegung in Frage kommt. Davon wird in Gelsenkirchen wie auch in anderen Anstalten relativ häufig, nämlich bei rd. 41% der zunächst aufgenommenen Insassen Gebrauch gemacht (vgl. Egg & Schmitt, 1993, S. 123).

Besonders nachteilig ist schließlich, daß der Anstalt keinerlei personelle oder finanzielle Mittel für eine nachgehende Betreuung Entlassener zur Verfügung stehen. Dieser Mangel steht in krassem Widerspruch zu den Intentionen des § 126 StVollzG und beendet die sozialtherapeutischen Hilfsmöglichkeiten gerade ab jenem Zeitpunkt, wo nach allen vorliegenden Erfahrungen durch den Übergang in die Freiheit besondere Konflikte und Bewährungsproben entstehen. Auch anderen sozialtherapeutischen Einrichtungen geht es in dieser Hinsicht übrigens nicht besser (vgl. Egg, 1993, S. 180 f.), so daß die mangelnden Nachsorgemöglichkeiten ohne Übertreibung als eine allgemeine »Achillesferse« der Sozialtherapie im Justizvollzug angesehen werden können.

Ergebnisse der Sozialtherapie

Der ursprüngliche Erprobungs- und Modellcharakter der sozialtherapeutischen Anstalten brachte es mit sich, daß die Frage des Erfolges dieser Spezialeinrichtungen von Beginn an lebhaft diskutiert wurde. Bedauerlicherweise wurden jedoch, von Ausnahmen abgesehen, nur geringe oder gar keine Mittel für Begleitforschungsprojekte zur Verfügung gestellt, weshalb die wissenschaftliche Untersuchung der sozialtherapeutischen Modelleinrichtungen weitgehend dem Engagement einzelner Forscher überlassen blieb. Dennoch gab es in der Vergangenheit mehrere qualitative und quantitative Analysen zur Behandlungsforschung in sozialtherapeutischen Anstalten des Justizvollzuges. Die umfangreicheren dieser Studien wurden im Rahmen einer 1987 veröffentlichten Meta-Evaluation von F. Lösel und Mitarbeitern gründlich analysiert und bewertet. Die dort zusammengetragenen Ergebnisse bezüglich der Frage der Wirksamkeit der Sozialtherapie sind, wie die Autoren feststellen,»zwar erwartungsgemäß nicht einheitlich, aber doch bemerkenswert konsi-

stent« (Lösel et al., 1987, S. 263). Es wurde ein moderater Haupteffekt der Sozialtherapie festgestellt, der bei den Probanden aus sozialtherapeutischen Anstalten im
Durchschnitt um 8 – 14 % häufiger positive Veränderungen (z.b. kein Rückfall)
erwarten läßt als bei den Probanden des »Normalvollzuges« (a.a.O.).

Die dort berücksichtigten Legalbewährungsstudien von Dolde (1981, 1982),
Dünkel (1980), Rasch und Kühl (1977, 1978) sowie Rehn (1979) beziehen sich
ausschließlich auf Behandlungszeiträume zwischen 1970 und 1974, fallen also in
die Anfangszeit der Modellversuche; die Follow-up-Zeiträume schwanken in der
Regel zwischen drei und vier Jahren bis maximal sechs Jahren. Zwei neuere Evaluationsstudien zur Sozialtherapie konnten erstmals auch längerfristige Effekte dieser Behandlungsmaßnahmen analysieren:

So fanden Dünkel & Geng (1994) für einen durchschnittlichen Bewährungszeit-
raum von 10 Jahren bei ehemaligen Klienten der sozialtherapeutischen Anstalt in
Berlin-Tegel im Vergleich zu Entlassenen des Regelvollzugs deutlich günstigere
Rückfallquoten, insbesondere weniger Rückkehrer in den Strafvollzug (47 % zu
70%, Gesamt-N = 510). Egg (1990) stellte bei einer Gruppe ehemaliger Klienten
der Erlanger Sozialtherapie ähnliche Quoten für einen erneuten Aufenthalt im
Strafvollzug fest (46,4%), allerdings war dabei am Ende des Follow-up-Zeitraums
von acht Jahren kein signifikanter Unterschied zu einer Vergleichsstichprobe des
Regelvollzuges (50,7%, Gesamt-N = 101) feststellbar. Betrachtet man dagegen den
Zeitpunkt der erneuten Straffälligkeit anhand des im Bundeszentralregister einge-
tragenen Datums der letzten Tat, so ergeben sich auch hier für die behandelte
Gruppe in den ersten Jahren nach der Entlassung günstigere Rückfallquoten als für
die Vergleichsgruppe. Erst nach etwa vier Jahren gleichen sich die Werte beider
Gruppen allmählich an.

In einer aktuellen Veröffentlichung integrierte Lösel diese neueren Befunde in
die von ihm 1987 vorgenommene Meta-Analyse und kam dabei zu einer nur wenig
veränderten Gesamteffekt-Schätzung von r = .11 (Lösel, 1994, S. 15-20). Auch
mehrere ausländische Meta-Analysen jüngeren Datums (z.B. Lipsey, 1992) belegen tendenziell positive Effekte sozialtherapeutischer Maßnahmen bei Straffälligen. Lösel (1994, S. 20 ff.) ermittelte für insgesamt 449 Evaluationsstudien aus
dem anglo-amerikanischen Sprachraum zur Behandlung von jugendlichen und
erwachsenen Delinquenten eine zwar nicht sehr hohe, aber relativ konstante mittlere Effektstärke von r = .10. Dies bedeutet, daß die behandelten Straftäter im
Durchschnitt um etwa 10% günstigere Werte (insbesondere geringere Rückfälligkeit) erreichten als Vergleichspersonen ohne Behandlung. Diese Forschungsergeb-
nisse zeigen, daß von sozialtherapeutischen Ansätzen im Strafvollzug zwar keine
Wunder erwartet werden dürfen, daß es sich aber lohnt, auf diesem Wege weiterzumachen (vgl. Müller-Luckmann, 1994).

Vor kurzem legte Ortmann (1994, vgl. dazu auch Arnold, 1994, sowie den Beitrag von Ortmann in diesem Band) erste Ergebnisse einer experimentellen Längsschnittstudie zur Sozialtherapie in Nordrhein-Westfalen vor. Er kommt dabei im Gegensatz zu allen anderen bislang in Deutschland durchgeführten Evaluationsstudien zu dem Schluß, daß »die Aussage ›nothing works‹ im wesentlichen aufrecht erhalten werden« muß (a.a.O, S. 819). Ironischerweise finden sich selbst im Ausland heute nur noch wenige Forscher, die an dieser harten Position festhalten möchten, und sogar der geistige Urheber dieses Schlagworts, R. Martinson, revidierte bereits 1979 seine wenige Jahre zuvor geäußerte Ansicht, indem er nach der Analyse weiterer Studien feststellte: »some treatment programs do have an appreciable effect on recidivism« (Martinson, 1979, p. 244). Die Schlußfolgerung von Ortmann knüpft daher an frühere, skeptische Ansichten an und ist auf den ersten Blick überraschend.

Bei näherer Betrachtung der Ortmann-Studie beeindruckt zunächst die Gründlichkeit des experimentellen Designs (zufällige Zuordnung von je 114 Probanden zu Experimental- und Kontrollgruppe, vier Meßzeitpunkte von 1982 bis 1990, umfangreiche Erhebungsverfahren); danach sind an sich hinreichend gut kontrollierte Ergebnisse zu erwarten. Zur Bewertung der Sozialtherapie verwendet Ortmann Kriterien aus vier verschiedenen Inhaltsbereichen:

1. *Angewandte Maßnahmen* (z.B. Gespräche, Urlaub, konkrete Hilfen bei Beschaffung von Arbeit und Wohnung sowie bei der Schuldenregulierung): Hier zeigen sich deutliche Unterschiede zugunsten der Sozialtherapie.
2. *Persönlichkeit der Probanden* (primär erfaßt durch das Freiburger Persönlichkeitsinventar, FPI): Hier findet Ortmann »weder gegen Haftende noch zwei Jahre nach der Entlassung nennenswerte Effekte der Sozialtherapie« (a.a.O., S. 817).
3. *Soziale Situation nach der Entlassung* (z.B. Arbeitsplatz, Wohnsitz, Schulden, Benachteiligungen): Ehemalige Klienten der Sozialtherapie weisen hier in der Summe günstigere Ergebnisse auf als Entlassene des Regelvollzugs (a.a.O., S. 808 ff.).
4. *Legalbewährung*: Bei diesem zweifellos sehr wichtigen Kriterium »liegt der Effekt der sozialtherapeutischen Maßnahmen . . . bei null« (a.a.O., S. 801).

Ortmann begründet seine kritische Haltung vor allem mit dem letztgenannten Ergebnis. Allerdings wurde dabei lediglich ein Intervall von zwei Jahren nach der Haftentlassung zugrunde gelegt. Als Kriterien der Legalbewährung dienten einerseits die mit rd. 19% vergleichsweise sehr niedrige Wiederinhaftierung der Entlassenen, andererseits das wenig zuverlässige und nicht näher (nach Häufigkeit und Schwere) abgestufte Datum der selbstberichteten Delinquenz mit positiven Angaben bei durchschnittlich 27% aller Probanden. Diese insgesamt eher geringen

Quoten für erneute Straffälligkeit sind im Vergleich zu ähnlichen Erhebungen
ungewöhnlich; immerhin handelt es sich bei Klienten der Sozialtherapie um
Gefangene mit besonderer Rückfallgefährdung. Die von Ortmann ermittelten
Werte legen daher die Möglichkeit von Verzerrungen bei der Stichprobe bzw. bei
der Datenerhebung nahe. Berücksichtigt man ferner, daß bei dem letzten Meßzeitpunkt nur noch weniger als drei Viertel der ursprünglichen Untersuchungsteilnehmer erreicht werden konnten (a.a.O., S. 793), so erscheint es zweifelhaft, ob die
jetzt vorgelegten Daten für eine grundlegende Bewertung des Bewährungserfolges
der beiden sozialtherapeutischen Anstalten in Nordrhein-Westfalen hinreichend
geeignet sind. Das von Ortmann gezogene Fazit »nothing works« ist zumindest als
voreilig zu qualifizieren.

Es bleibt daher abzuwarten, ob sich bei Berücksichtigung längerer Beobach-
tungszeiträume für möglichst alle Probanden sowie für »härtere«, differenziertere
Daten der Legalbewährung ähnliche Befunde ergeben werden. Selbst dann wäre zu
diskutieren, weshalb frühere Evaluationsstudien zur Sozialtherapie zu tendenziell
anderen Ergebnissen führten. Der pauschale Hinweis auf die Stärke des experimentellen Ansatzes der Ortmann-Studie ist dafür allein sicher nicht ausreichend,
weil sich einerseits auch dabei Probleme ergeben und Fehler auftreten können
sowie andererseits auch nicht-experimentelle Studien über Kontrollmöglichkeiten
verfügen.

Somit darf weiterhin nach allen vorliegenden wissenschaftlichen Arbeiten und
nicht zuletzt nach den vielfältigen Erfahrungen in Einzelfällen bezüglich der
Bewertung der Sozialtherapie von einem vorsichtigen Optimismus ausgegangen
werden. Freilich besteht auch kein Anlaß zu einem trotzigen »Weiter so!«, stattdessen ist zu prüfen, wie bestehende Schwachpunkte und Problembereiche der sozialtherapeutischen Einrichtungen bearbeitet und verbessert werden können. Dafür
sollen im letzten Abschnitt einige Hinweise gegeben werden.

Zukunft der Sozialtherapie

Sozialtherapeutische Einrichtungen im Justizvollzug sind längst den »Kinderschuhen entwachsen« (Rehn, 1976). Sie können inzwischen auf umfangreiche Erfahrungen zurückblicken, müssen sich aber auch heute, knapp 25 Jahre nach der
Eröffnung der ersten Modellanstalten, mit vielfältigen Problemen ausein-
andersetzen (vgl. im einzelnen Egg, 1994, S. 190-198). Dies gilt etwa für Fragen
des therapeutischen Konzepts, insbesondere für den Stellenwert der Psychotherapie, ebenso für klientenbzogene Probleme (Aufnahmeregelung, Zurückverlegung,
Alters- und Deliktsgruppen) und für den oben erwähnten vielerorts sehr schwierigen Bereich der Überleitung und Nachbetreuung. Weitere verbesserungsbedürftige

Punkte betreffen das Personal der Anstalten (Auswahl, Qualifizierung, Funktionen, Supervision), die Arbeit und Ausbildung der Klienten sowie zumindest an einigen Orten die Alltagsgestaltung (Organisation der Wohngruppen, Freizeitangebote, Einbeziehung der Außenwelt etc.).

Obwohl die rechtliche Ausgestaltung der Sozialtherapie seit 1985 – bis auf weiteres – im Sinne der Vollzugslösung gem. § 9 StVollzG entschieden wurde, hat es oft den Anschein, als sei man in wichtigen anderen Fragen in den vergangenen Jahren kaum einen Schritt weitergekommen. Gelegentlich entsteht sogar der Eindruck, als werde schon Erreichtes stufenweise wieder zurückgenommen – so insbesondere bei der Diskussion um die Einführung von sozialtherapeutischen Abteilungen (vgl. Rehn, 1990).

Dem ließe sich entgegenhalten, daß die Sozialtherapie ihren seit der Entwicklungsphase erreichten Stand gehalten und sogar geringfügig ausgebaut hat (vgl. die aktuelle »Synopse« in Egg, 1993) und daß es verschiedentlich, insbesondere in Niedersachsen, Planungen für eine (mäßige) Fortentwicklung gibt (vgl. Specht, 1990a). Eine 1992 durchgeführte Umfrage unter allen Landesjustizverwaltungen (siehe Egg, 1993) zeigt außerdem, daß sämtliche für den Justizvollzug verantwortlichen Ministerien bzw. Senatsverwaltungen sozialtherapeutische Einrichtungen weiterhin grundsätzlich für notwendig und wünschenswert erachten; von einer kriminalpolitischen Wende kann somit diesbezüglich keine Rede sein kann. Dies gilt im Prinzip auch für die neuen Bundesländer, wenngleich bisher lediglich in Sachsen und Thüringen konkretere (Vor)Planungen für die Einrichtung sozialtherapeutischer Abteilungen zu bestehen scheinen (Egg, 1993, S. 111).

Trotz zahlreicher positiver Ansätze und insgesamt ermutigender Ergebnisse mangelt es den sozialtherapeutischen Einrichtungen nach dem Eindruck des Verfassers an einheitlichen, klaren und aufeinander abgestimmten Konzepten sowie an der hinreichenden Bewältigung vieler Details. Die Zukunftsperspektiven der Sozialtherapie sind deshalb nicht ohne weiteres abzusehen. Notwendig erscheint vor allem eine anstalts- und länderübergreifende Gesamtdiskussion mit dem Ziel der Erstellung eines verbindlichen sozialtherapeutischen Rahmenkonzeptes. Dafür bräuchte man freilich nicht bei Null anfangen, sondern könnte auf schon vorhandene Vorlagen zurückgreifen. So legte beispielsweise der »Arbeitskreis Sozialtherapeutische Anstalten im Justizvollzug« bereits vor einiger Zeit einen Katalog von »Mindestanforderungen an Sozialtherapeutische Einrichtungen« vor (Specht, 1990b). Auch die von der zwischen 1980 und 1982 am Zentrum für interdisziplinäre Forschung (ZiF) der Universität Bielefeld eingesetzten Forschungsgruppe vorgelegten Empfehlungen (Driebold et al., 1984) wurden in der Vergangenheit nur sehr beschränkt diskutiert oder gar umgesetzt.

Die hier angeregten Überlegungen sollen im Ergebnis selbstverständlich nicht zu einer sozialtherapeutischen Einheitsanstalt führen, sondern sollen ein vielfältiges, gut aufeinander abgestimmtes Angebot gewährleisten. Dieses hätte jedoch gegenüber der gegenwärtigen Situation den Vorteil, nicht Resultat einer eher zufälligen Entwicklung zu sein, sondern würde einem fachlich begründeten Gesamtkonzept folgen. Damit ließe sich auch eine Evaluation und eine darauf aufbauende, konsequente Fortentwicklung leichter in Angriff nehmen als dies derzeit möglich ist.

Literatur

Arnold, H. (1994). Bericht über die Kolloquiumsdiskussion »Zur Evaluation der Sozialtherapie – Ergebnisse einer experimentellen Längsschnittstudie zu Justizvollzugsanstalten in Nordrhein-Westfalen«. Zeitschrift für die gesamte Strafrechtswissenschaft, 106, 890-905.

Baumann, J., Brauneck, A.-E., Hanack, E.-W., Kaufmann, A., Klug, U., Lampe, E.-J., Lenckner, T., Maihofer, W., Noll, P., Roxin, C., Schmitt, R., Schultz, H., Stratenwerth, G. und Stree, W. (1966). Alternativ- Entwurf eines Strafgesetzbuches. Allgemeiner Teil. Tübingen: Mohr.

Bundeszusammenschluß für Straffälligenhilfe (Hrsg.) (1973). Sozialtherapie und Sozialtherapeutische Anstalt. Ein Bericht des Fachausschusses V. Schriftenreihe des Bundeszusammenschlusses (Heft 14). Bonn-Bad Godesberg: Selbstverlag.

Bundeszusammenschluß für Straffälligenhilfe (Hrsg.) (1977). Sozialtherapeutische Anstalten. Konzepte und Erfahrungen. Ein Bericht des Fachausschusses V. Schriftenreihe des Bundeszusammenschlusses (Heft 19). Bonn-Bad Godesberg: Selbstverlag.

Bundeszusammenschluß für Straffälligenhilfe (Hrsg.) (1981). Sozialtherapie als kriminalpolitische Aufgabe. Empfehlungen zur zukünftigen rechtlichen und tatsächlichen Ausgestaltung der Sozialtherapie im Justizvollzug, erarbeitet vom Fachausschuß V. Schriftenreihe des Bundeszusammenschlusses (Heft 26). Bonn-Bad Godesberg: Selbstverlag.

Dolde, G. (1981). Untersuchungen zur Sozialtherapie und Wirksamkeit der Behandlung in der Sozialtherapeutischen Anstalt Ludwigsburg, Sitz Hohenasperg. In Bundeszusammenschluß für Straffälligenhilfe (Hrsg.), Sozialtherapie als kriminalpolitische Aufgabe (S. 96-110). Schriftenreihe des Bundeszusammenschlusses (Heft 26). Bonn-Bad Godesberg: Selbstverlag.

Dolde, G. (1982). Effizienzkontrolle sozialtherapeutischer Behandlung im Vollzug. In H. Göppinger & P. H. Bresser (Hrsg.), Sozialtherapie. Grenzfragen bei der Beurteilung psychischer Auffälligkeiten im Strafrecht (S. 47-64). Stuttgart: Enke. (Kriminologische Gegenwartsfragen, Band 15).

Driebold, R., Egg, R., Nellessen, L., Quensel, S. und Schmitt, G. (1984). Die sozialtherapeutische Anstalt. Modell und Empfehlungen für den Justizvollzug. Göttingen: Verlag für Medizinische Psychologie.

Dünkel, F. (1980). Legalbewährung nach sozialtherapeutischer Behandlung. Eine empirische vergleichende Untersuchung anhand der Strafregisterauszüge von 1503 in den Jahren 1971-74 entlassenen Strafgefangenen in Berlin-Tegel. Berlin: Duncker & Humblot.

Dünkel, F. & Geng, B. (1994). Rückfall und Bewährung von Karrieretätern nach Entlassung aus dem sozialtherapeutischen Behandlungsvollzug und aus dem Regelvollzug. In Steller, M.,

Dahle, K.-P. und Basqué, M. (Hrsg.), Straftäterbehandlung (S. 35-59). Paffenweiler: Centaurus.

Egg, R. (1984). Straffälligkeit und Sozialtherapie: Konzepte, Erfahrungen, Entwicklungsmöglichkeiten. Köln: Heymann.

Egg, R. (1990). Sozialtherapeutische Behandlung und Rückfälligkeit im längerfristigen Vergleich. Monatsschrift für Kriminologie und Strafrechtsreform, 73, 358-368.

Egg, R. (Hrsg.) (1993). Sozialtherapie in den 90er Jahren. Gegenwärtiger Stand und aktuelle Entwicklung im Justizvollzug. Wiesbaden: Eigenverlag der Kriminologischen Zentralstelle.

Egg, R. (Hrsg.) (1994). Sozialtherapeutische Einrichtungen im Strafvollzug – Konzeptionelle und strukturelle Probleme. In Steller, M., Dahle, K.-P. und Basqué, M. (Hrsg.), Straftäterbehandlung (S. 186-200). Paffenweiler: Centaurus.

Egg, R. & Schmitt, G. (1993). Sozialtherapie im Justizvollzug. Vorbemerkungen zur Synopse 1992. In R. Egg (Hrsg.), Sozialtherapie in den 90er Jahren. Gegenwärtiger Stand und aktuelle Entwicklung im Justizvollzug (S. 113-125). Wiesbaden: Eigenverlag der Kriminologischen Zentralstelle.

Lipton, D., Martinson, R. und Wilks, J. (1975). The effectiveness of correctional treatment. A survey of treatment evaluation studies. New York, Washington, London: Praeger Publishers.

Lipsey, M.W. (1992). The effect of treatment on juvenile delinquents: Results from meta-analysis. In F. Lösel, D. Bender & T. Bliesener (Eds.), Psychology and law. International perspectives (pp. 131-143). Berlin: de Gruyter.

Lösel, F. (1994). Meta-analytische Beiträge zur wiederbelebten Diskussion des Behandlungsgedankens. In Steller, M., Dahle, K.-P. und Basqué, M. (Hrsg.), Straftäterbehandlung (S. 13-34). Paffenweiler: Centaurus.

Lösel, F., Köferl, P. und Weber, F. (1987). Meta-Evaluation der Sozialtherapie. Qualitatitve und quantitative Analysen zur Behandlungsforschung in sozialtherapeutischen Anstalten des Justizvollzuges. Stuttgart: Enke.

Martinson, R. (1974). What works? Questions and answers about prison reform. The Public Interest, 35, 22-45.

Martinson, R. (1979). New findings, new views: A note of caution regarding sentencing reform. Hofstra Law Review, 7, 243-258.

Müller-Luckmann, E. (1994). Es lohnt sich, weiterzumachen. In Steller, M., Dahle, K.-P. und Basqué, M. (Hrsg.), Straftäterbehandlung (S. 264-265). Paffenweiler: Centaurus.

Neuberger, J. (1971). Die kriminalpolitische Bedeutung der sozialtherapeutischen Anstalten. Justizverwaltungsblatt Nordrhein-Westfalen, 108, 121-122.

Ortmann, R. (1994). Zur Evaluation der Sozialtherapie. Ergebnisse einer experimentellen Längsschnittstudie zu Justizvollzugsanstalten des Landes Nordrhein-Westfalen. Zeitschrift für die gesamte Strafrechtswissenschaft, 106, 782-821.

Padberg, A. (1971). Entwicklung und Planung von sozialtherapeutischen Anstalten in Nordrhein-Westfalen. Justizverwaltungsblatt Nordrhein-Westfalen, 108, 122-124.

Quack, J. (1976). Eine andere Art der Diensteinteilung. Dienstplangestaltung in der Sozialtherapeutischen Modellanstalt Gelsenkirchen. Zeitschrift für Strafvollzug und Straffälligenhilfe, 25, 91-92.

Rasch, W. (1974). Formaler Aufbau und organisatorisches Grundkonzept der Modellanstalt Düren. Monatsschrift für Kriminologie und Strafrechtsreform, 57, 27-41.

Rasch, W. (Hrsg.) (1977). Forensische Sozialtherapie. Erfahrungen in Düren. Karlsruhe, Heidelberg: C. F. Müller.

Rasch, W. & Kühl, K.-P. (1977). Psychologische Kriterien für die Unterbringung in einer sozialtherapeutischen Anstalt. In W. Rasch (Hrsg.), Forensische Sozialtherapie. Karlsruhe, Heidelberg: C. F. Müller.

Rasch, W. & Kühl, K.-P. (1978). Psychologische Befunde und Rückfälligkeit nach Aufenthalt in der sozialtherapeutischen Modellanstalt Düren. Bewährungshilfe, 25, 44-57.

Rehn, G. (1976).»Den Kinderschuhen entwachsen?« Bericht über das erste Treffen der »Arbeitsgemeinschaft Sozialtherapeutische Anstalten im Justizvollzug« in Bielefeld. Monatsschrift für Kriminologie und Strafrechtsreform, 59, 148-153.

Rehn, G. (1979). Behandlung im Strafvollzug. Ergebnisse einer vergleichenden Untersuchung der Rückfallquote bei entlassenen Strafgefangenen. Weinheim, Basel: Beltz.

Rehn, G. (1990). Sozialtherapie: Strafvollzug plus Behandlung? Kriminalpädagogische Praxis, 18, (30), 7-13.

Romkopf, G. (1980a). Zur heutigen Behandlungssituation in der Sozialtherapeutischen Anstalt Gelsenkirchen. In W. Schulz & M. Hautzinger (Hrsg.), Klinische Psychologie und Psychotherapie (S. 195-203). Tübingen, Köln: DGVT, GwG, (Kongreßbericht Berlin 1980, Bd. 5).

Romkopf, G. (1980b). Zur Kasuistik der Sozialtherapie. Justizvollzugsanstalt Gelsenkirchen: Der Fall Klaus Potthoff. Sonderheft der Zeitschrift für Strafvollzug und Straffälligenhilfe, 29, 38-45.

Romkopf, G. (1980c). Sozialtherapeutische Anstalt Gelsenkirchen: Unterstützung der Wohngruppenarbeit durch Fachpersonal. Sonderheft der Zeitschrift für Strafvollzug und Straffälligenhilfe, 29, 60-66.

Rotthaus, K. P. (1981). Sozialtherapie in der Justizvollzugsanstalt Gelsenkirchen. Zeitschrift für Strafvollzug und Straffälligenhilfe, 30, 323-333.

Specht, F. (1990a). Die Zukunft sozialtherapeutischer Einrichtungen im niedersächsischen Justizvollzug. Entwicklung 1990-1994. Manuskript. Niedersächsisches Justizministerium.

Specht, F. (1990b). Anforderungen an Sozialtherapeutische Einrichtungen. Kriminalpädagogische Praxis, 18, (30), 14-17.

Stürup, G. K. (1968). Treating the Untreatable: Chronic Criminals at Herstedvester/Denmark. Copenhagen: Munksgaard.

Tettweiler, H. (1977). Arbeits- und Beschäftigungstherapie bei sozialtherapeutischen Justizvollzugseinrichtungen. Zeitschrift für Strafvollzug und Straffälligenhilfe, 26, 212-216.

Behandlung im Strafvollzug: unzeitgemäß?

GERHARD REHN

I.

Die Frage, ob Behandlung im Strafvollzug sinnvoll, möglich und mit Aussicht auf Erfolg praktizierbar sei, ist dauerhaft ebenso unzeitgemäß wie zeitgemäß. Das kommt auf die Perspektive an. Unzeitgemäß ist Behandlung seit jeher für alle, die nach der Devise »Lump bleibt Lump« unreflektiert auf nichts weiter als auf Strafe fixiert waren und sind und von der Warte einer rigiden Moral aus selbstgerecht bereit sind, gegebenenfalls durch die Anwendung der Todesstrafe auch über Leichen zu gehen.

Unzeitgemäß ist die Hilfe für Straffällige auch für jene, die bis heute hin mehr oder minder modifiziert absoluten Straftheorien anhängen, von denen her das Strafübel nichts weiter als ein gerechter Tatschuldausgleich ist. Die konkrete Vollzugsorganisation oder gar die auf Besserung gerichtete Beeinflussung des Täters, der Täter als Person, interessieren in diesen hochabstrakten Theorien nicht (vgl. Walter 1991, S. 28). Auch reine Abschreckungstheoretiker halten nichts von einer helfenden Zuwendung zum Täter, viel dagegen von einer Vollzugsorganisation, die den theoretischen Zielsetzungen durch repressive Gestaltung des Strafvollzugsalltags – vermeintlich – zur Wirksamkeit verhelfen.

Diesen Ansätzen ist eine gleichgültige oder feindselige und menschenverachtende Einstellung zum Täter – zumindest im Ergebnis, bestenfalls als unerwünschte Nebenfolge – gemeinsam, dies auch und gerade dort, wo weit entfernt von schlichten Alltagstheorien und den Mühsalen der Praxis in der kultivierten Welt der Wissenschaftler Ungeheuerlichkeiten in feinzisilierten und hochallgemeinen Theorien und Philosophien zum Gebrauch aufbereitet wurden und werden.

Unzeitgemäß ist Behandlung im Strafvollzug aber auch vor den prüfenden Blikken der kritischen Kriminologie, vor den Augen derer also, die sich von eher linken und fortschrittlichen Positionen aus mit gesellschaftlichen und staatlichen Reaktionen auf Straffälligkeit befassen. Dies mag zu der Polemik verführen, reaktionäre, manche konservative, einem Manchester-Liberalismus verpflichtete liberale und kritische Positionen in einen Topf zu werfen und sich – wenngleich mit Bedauern – dem noch schwieriger gewordenen alltäglichen Umgang mit Straffälligen wieder zuzuwenden. Unterstützung mag bei denen gefunden werden, die seit jeher versucht haben, gegen alle konkreten und theoretischen Widerstände Hilfen für Benachteiligte aus einer unmittelbar humanen Einstellung heraus durchzusetzen.

Dabei ist in Kauf zu nehmen, daß von einem so konkret und realitätsnahe auf Verbesserungen und Hilfe gerichteten Handeln wenig theoretischer Glanz und damit
kaum Faszination auf viele junge Wissenschaftler ausgeht, die immer noch glauben, der schnelle Wechsel wissenschaftlicher Paradigmen oder Perspektiven sei ein
Ausdruck von Fortschritt. Mir dagegen scheint er eher ein Zeichen dafür für sein,
daß die inhumane Atemlosigkeit der Wegwerfgesellschaft vor nichts halt macht,
auch nicht vor dem Wissenschaftsbetrieb.

Mit Interesse habe ich daher die Anregung gelesen (Kreissl 1989, S. 250), statt
des Suchens nach immer neuen Perspektiven zur Erhellung eines »prädiskursiven
Objekts der Kriminologie ... von so etwas ... wie einem Raum (zu sprechen), in
dem diskursive Objekte durch diskursive Praktiken konstituiert werden.« Man fühlt
sich eingeladen. Aber langsam: Die Einladung erfolgt nicht ohne Vorbedingung:
Zunächst müßte man wohl neuerlich einer »Perspektive« beitreten, denn die in
Umrissen entworfene »reflexive kritische Kriminologie« will mit Reform etc.
nichts zu tun haben. Vielmehr nähert sie sich der Praxis allein in »de(kon)struktiver
Absicht«, es »sollte auf die wesensmäßige Irrationalität jeder – auch der kunstvoll-
sten – Kontrollpraxis verwiesen werden.«

Damit wird, was vorgeblich Programm sein soll, der »Diskurs«, zum Gerede im
Kreise derer, die seine vorab definierten Grenzen akzeptieren. So gewichtige
Begriffe wie »Dekonstruktion«, »Konstruktion« und auch »Diskurs« werden nicht
universell, sondern interessegeleitet verwandt. Sie sind zwar abstrakt, aber nicht
theoretisch, weil sie nicht zur Erklärung der Wirklichkeit, sondern zur Konstruktion (!) einer Wirklichkeit benutzt werden. Zu fragen wäre nach der Befindlichkeit
in einer Position, die so sehr die Komplexität des gesellschaftlichen Lebens zu
reduzieren vermag und dabei glaubt, den richtigen Hebel in der Hand zu haben.

Mit Interesse habe ich auch gelesen, daß sich der abolitionistische Ansatz
wesentlich auf prinzipielle und ethische Argumente stützt (Scheerer 1991, S. 288).
Dafür habe ich Sympathie; erneut fühle ich mich angesprochen: Immer sicherer bin
ich darin, daß die Arbeit mit Straffälligen ethisch fundiert sein muß, damit u.a. die
technologischen Aspekte nicht nur von Sicherheit und Ordnung, sondern auch jene
des pädagogischen und psychologischen Umgangs wenigstens erkannt und relati-
vierend, Schäden minimierend eingeordnet und thematisiert werden können.
Jedoch fürchte ich, daß aus der Sicht manches Abolitionisten meine auch täterori-
ente Ethik, das Beharren z.B. auf der Verantwortung nicht nur der Vertreter von
Kontrollinstanzen, sondern auch auf jener der Straffälligen, wohl etwas Minderes,
Ideologieverdächtiges ist. Aber was wäre das für eine Ethik, der (vielleicht unge-
wollt) derartige Abgrenzungsbedarfe immanent sind? Später im Text gefällt mit der
Hinweis auf die Gefahr des Wertrigorismus (S. 299).

Erneut fühle ich mich angeregt und eingeladen, wenn es heißt, eine kritische
und dialektische kriminologische Theorie solle »mikro-, meso- und makroper-

spektivische Fragen gleichermaßen« berücksichtigen (Scheerer 1991, S. 298). Die Hoffnung wäre, daß unter den anschließend genannten Bereichen auch der Strafvollzug und die Straffälligen mit ihrer je individuellen Geschichte, ihrem Handeln und in ihren Bezügen auftauchen. Denn die Art meiner Tätigkeit rückt mikro- und mesoperspektivische Fragen notwendig in den Mittelpunkt. Jedoch werden die genannten Themen ausgespart. Dabei müßten sie auch für Abolitionisten, deren Ziel es ist, »die Enteignung von Konflikten« durch das Strafrecht aufzuheben und die, so Scheerer, die Berechtigung von Kategorien wie Schuld und Verantwortung, Unrecht und Strafe nicht leugnen, von hohem Rang sein. Diejenigen nämlich, die zur »autonomen Regelung« von Konflikten in Nachbarschaften sodann aufgerufen sind, werden Handreichungen um so mehr benötigen, je paradoxer das kommunikative Verhalten derer ist, die das Zusammenleben nachhaltig stören. Man stelle sich die hereinnehmende Arbeit mit gestörten und zerstörten Menschen einerseits und die Belastbarkeit von Nachbarschaften andererseits nicht zu einfach vor.

Das sei hier abgebrochen, später komme ich auf die Kategorie der Sozialisation ausführlicher zurück.

Trotz der hier nur kurz angerissenen Fragen und Probleme wäre Resignation gegenüber der kritischen Kriminologie vorschnell. Denn die Versuche, sich einer menschenfreundlicheren Praxis zu nähern, brauchen Verbündete. Sie sind gerade auf eine kritische Begleitung und auf theoretische Reflexionen zur Vermeidung distanzloser Praxelei angewiesen. Zudem ist »die« kritische Kriminologie so wenig wie »die« Praxis des Strafvollzuges ein jeweils in sich widerspruchsfreier, monolithischer Block. Es gibt viele Beispiele dafür, daß sich kritische Kriminologen nicht nur in verändernder Absicht in Praxis einmischen, sondern auch viele Äußerungen, die auf Gefahren hinweisen, die sich aus der kaum noch vermittelbaren Diskrepanz zwischen einer hochfahrenden Theorie einerseits und der komplexen gesellschaftlichen Wirklichkeit andererseits für die weitere Entwicklung der kritischen Kriminologie ergeben könnten. So analysiert Quensel im Mai 1990 in der Monatsschrift Veröffentlichungen bekannter Vertreter insbesondere des Abolitionismus und fragt, seinen Eindruck zusammenfassend, ob hier »Theoretiker mühsam erste Pfade in das Dickicht der den Alltag beherrschenden Kriminalpolitik« schlagen? Und einen Beitrag von S. Scheerer über das Aufbau- und Kontaktstudium Kriminologie in Hamburg (KrimJ 4/1990) lese und deute ich so, als ob da einer an den Gittern eines Gedankengefängnisses rüttelt. Zwar formuliert er zunächst ganz im alten Stil, wenn er sagt, daß die kritische Kriminologie von der Auseinandersetzung mit der traditionellen, administrativen lebe und daß sie, »auch wo sie die positiven Reformen nicht gerade ablehnt«, sich doch nicht zu deren Protagonisten machen wolle. Diese selbst auferlegte und vor Jahren vielleicht sinnvolle Selbstbeschränkung in der Definition des wissenschaftlichen Gegenstands, die die peinliche Vermeidung traditioneller Fragen impliziert und damit ja doch nicht wirklich frei, uneingeschränkt neugierig sein kann, hebt Scheerer, jedenfalls grundsätzlich und in meiner Interpretation, auf ansprechende Weise in einigen Schlußbemerkungen auf. So wenn er schreibt, daß das Ziel aller kritischen Kriminologie der selbständige kritische Gebrauch von Verstand und Vernunft sein sollte, wenn er darauf hinweist, daß an die Stelle der alten Hierarchie der Glaubwürdigkeit eine neue getreten sei, und wenn er schließlich dazu auffordert, »auch die theoretischen und methodischen Neuerungen der kritischen Generation einer ständigen Überprüfung zu unterziehen«, denn der »Fetisch eines anti-positivistischen Stils« habe »auf seine Weise ebenso zwanghafte und konventionelle Züge angenommen wie der ätiologische Stil, den er vor zwei Jahrzehnten verdrängt hat.«

Ist die Vermutung erlaubt, daß mit diesen und ähnlichen Differenzierungen und kritischen Zweifeln Fragen nach einem komplexeren, vielleicht dialektischen Verhältnis zwischen positiven und negativen Reformen, zwischen Konstruktion und Dekonstruktion, zwischen gesellschaftlicher Bedingtheit von Kriminalität und der konkreten Verfaßtheit von Gesellschaftsmitgliedern ans Licht treten wollen? Ferner vielleicht auch Fragen nach einem dimensionalen Theorie-Verständnis in Soziologie und Kriminologie, das bei sozialen Aggregaten, Institutionen und Instanzen nicht halt macht, sondern hineinreicht bis in die Befindlichkeit, die Erfahrungen und Verhaltensweisen der gesellschaftlichen Subjekte? Und dies dann so, daß nicht nur bestimmte gesellschaftliche Subjekte, etwa Angehörige der Polizei, der Staatsanwaltschaften oder der Richterschaft, sondern alle in den Blick geraten, also auch, möglichst vorurteilsfrei, die Straftäter. Bei allem sei nicht unterschlagen, daß auch nach der Abkehr vom Behandlungsgedanken Wissenschaftler unterschiedlicher Fachrichtungen unbeeindruckt von modischen Tends dieses Feld weiterhin beharrlich beackerten; in jüngster Zeit wird von einer »Wende der Wende« gesprochen: Weg von einer Abkehr, hin zu einer differenzierten und nüchternen Belebung der Behandlungsorientierung (Steller et al. 1994).

II.

Im folgenden will ich kurz skizzieren, von welchem Erfahrungshintergrund aus dieser Text formuliert wurde: Ich war zehn Jahre Leiter einer Sozialtherapeutischen Anstalt für straffällige Männer und Frauen. In dieser Zeit habe ich 365 Gefangene, darunter 35 Frauen, z.T. recht intensiv kennengelernt. Meine Kenntnisse und Erfahrungen mit straffälligen Menschen in Justizvollzugsanstalten verdanke ich im wesentlichen dieser Gruppe. Ich möchte sie mit einigen Daten vor allem hinsichtlich ihrer Belastung mit Straftaten und Verbüßungszeiten kurz umreißen:

Rund 19% der Straffälligen wurden wegen Mord oder Totschlag (einschl. Versuch und Mithilfe), 48% wegen sonstiger Delikte – z.T. mehrfach – gegen Leib und

Leben, darunter Sexualdelinquenz, verurteilt. Das bedeutet, daß bei rund zwei Dritteln der Gefangenen Übergriffe gegen andere Menschen Inhalt oder Begleitumstand des Hauptdeliktes sind. Das restliche Drittel entfällt auf i.d.r. schweren Diebstahl, auf Betrug, Unterschlagung, Hehlerei und auf Verstöße gegen das BtMG (ca 7%). Auch auch bei den »leichten« Fällen kommen in Vorverurteilungen nicht selten Delikte gegen Personen, z.t. auch mit Waffen, vor.

Bei den wegen Mord oder Totschlag Verurteilten sind einmalige Beziehungsstraftaten eher selten. Von 78 Fällen (einschließlich Versuch und Beihilfe und unter Einschluß von fünf Verurteilungen wegen Körperverletzung mit Todesfolge) waren 18 durch Beziehungskonflikte motiviert. I.d.R. handelte es sich um Verlustängste in Verbindung mit narzistischen Kränkungen. Lediglich sechs der 18 Fälle wiesen keine Vorstrafen auf. In einem Fall fand auch in der Vorgeschichte ein Totschlag im familiären Nahbereich statt, in einem weiteren Fall waren eine Körperverletzung mit Todesfolge und ein versuchter Mord – neben weiteren Delikten – zu verzeichnen. In weiteren sechs Fällen waren, neben diversen sonstigen Delikten, Vorstrafen wegen Körperverletzung vorhanden. Insgesamt fanden sich bei den 18 »Beziehungsstraftätern« 54 Eintragungen in den Registerauszügen.

In 27 Fällen stand Mord oder Totschlag mit Raub- oder anderen Bereicherungsdelikten und in acht Fällen mit sexuellen Motiven in Zusammenhang. In der Regel waren diese Taten Kulminationspunkte einer erheblichen kriminellen Karriere.

In 23 Fällen handelte es sich um Aggressionsstraftaten, oft in Verbindung mit Alkohol, in drei Fällen als Ausdruck von Fremdenhaß. Auch bei dieser Tätergruppe liegt in der Regel eine lange kriminelle Karriere vor.

Bei zwei weiblichen Gefangenen führte Kindestötung durch Vernachlässigung zur Verurteilung.

Über bisher 160 Gefangene, die seit Eröffnung der Anstalt 1984 bis zum Dezember 1991 entlassen worden sind, liegen detaillierte Angaben über Vorstrafen und Verbüßungszeiten vor: Sie weisen im Durchschnitt 7,3 Eintragungen im Strafregisterauszug auf, davon im Durchschnitt 5 Verurteilungen zu Jugend- und Freiheitsstrafen. Die Männer liegen etwas höher, die Frauen mit durchschnittlich 3,5 Freiheitsstrafen pro Person deutlich niedriger.

Die Summe aller Freiheitsstrafen ergibt bei Verteilung auf die 160 Personen eine durchschnittliche Strafhöhe aller Jugend- und Freiheitsstrafen von 10,4 Jahren; davon wurden im Durchschnitt 8 Jahre verbüßt. In dieser Zahl sind auch Verbüßungszeiten in Sicherungsverwahrung enthalten.

Das mag als Hinweis darauf genügen, daß es sich bei den Straftätern, von denen ich hier spreche, überwiegend um Menschen handelt, die durch schwere und zumeist wiederholte Straftaten erheblich vorbelastet und zum Teil in Zusammenhang mit der Tatausführung gefährlich sind. Es kommt hinzu, daß sie durch insgesamt lange Aufenthaltszeiten in Justizvollzugsanstalten geprägt und in ihrer Fähig-

keit, ein Leben in stabilen Beziehungen, in relativer und ausreichender Zufriedenheit mit sich selbst und in wirtschaftlich geordneten Verhältnissen zu führen, kaum
gefördert worden sind. Die Tatsache, daß wir zunehmend Gefangene kennenlernen,
die aus einer früheren Verbüßung über einen sinnvoll strukturierten Übergangs-
vollzug in stabile Zusammenhänge entlassen worden sind, widerspricht dieser Feststellung nicht grundsätzlich, zeigt aber einmal mehr die Kompliziertheit der Probleme und stützt die Aussage, daß in vielen Fällen nicht nur die soziale, sondern
auch die psychische Lage der Betroffenen berücksichtigt werden muß. So kann es
nicht nur um die Verbesserung von Lebenschancen gehen, sondern auch um die
Fähigkeit, diese Chancen wahrnehmen zu können. Es sind, mit anderen Worten,
individuelle Verhaltensstile zu konstatieren, die mehr oder minder reflexhaft auf
bestimmte Auslöser zu immer wieder falschen, für andere und den Betreffenden
selbst schädlichen und strafrechtlich relevanten Handlungen führen. Es ist zu hoffen, daß sich die kritische Kriminologie unter Einbeziehung aufgeklärter psychologischer und psychiatrischer Positionen auch dieser Probleme künftig annimmt. Nur
so ist zu verhindern, daß – ich greife einen Hinweis von Frehsee auf Popitz auf –
die kritische Kriminologie um ideologisch begründeter Positionen willen einer
ganz unwissenschaftlichen Strategie der »Präventivwirkung des Nichtwissens«
aufsitzt (Frehsee 1991, S. 41).

III.

Der soeben erwähnte kritische Kriminologe Frehsee kommt allerdings, in einem
sonst interessanten Aufsatz über die Abweichung der Angepaßten, womit u.a.
Steuer-, Versicherungs- und Krankenkassenbetrügereien, Verstöße gegen Straßen-
verkehrsregeln sowie die Wirtschafts- und Umweltkriminalität gemeint sind, zu
entgegengesetzten Folgerungen, wenn er schreibt, daß »die strafrechtlich für so
bedeutsam erklärte Kategorie der Sozialisiertheit oder Sozialisation« ratlos läßt,
»wenn auch eine wie immer zu definierende gute Sozialisation die Befähigung zum
Normbruch nicht ausschließt ...« Kriminalität sei »offensichtlich in erster Linie
kultur-, situations- und gelegenheitsbedingt«. Dieses Ineinssetzen der verbreiteten,
wenn auch nicht gleich verteilten Abweichung der »Angepaßten« mit der strafrechtlich relevanten Delinquenz der anhaltend und mit schweren Delikten Auffälligen unterläßt notwendige Differenzierungen und ist im wahren Wortsinn nicht kritisch, was ja unterscheiden bedeutet. Ich vermag keinen Sinn darin zu sehen, den
widerständigen Kern der gewöhnlichen Kriminalität unter Hinweis auf den größeren Schaden etwa der Umweltstraftäter zu relativieren. Es geht um unterschiedliche, jeweils für sich berechtigte Fragestellungen. Auch in der kritischen Kriminologie gebräuchliche und grundsätzlich ja richtige Argumentationsfiguren wie z.B.

Hinweise auf die »sozialhygienische Funktion« eines Abdrängens der Kriminalität in gesellschaftliche Randbereiche, auf die »Pathologisierung« der Randständigen als probate Ausstoßungstechnik und darauf, daß gerade den ohnehin Benachteiligten »die Last im Dienst der normativen Stabilisierung der Gesellschaft aufgebürdet wird«, dürfen doch nicht daran hindern, diejenigen als Subjekte mit eigener Geschichte ins Auge zu fassen, ernst zu nehmen und auf sie sinnvoll zu reagieren, die mit schwerer Delinquenz in die Lebens- und Freiheitsrechte anderer konkret eingreifen.

Und selbst wenn Frehsee und andere dies so nicht sehen wollen: Die überwiegende Zahl der Straftäter, von denen ich hier spreche, macht durch ihre Handlungen, durch Raubüberfälle, Brandstiftungen, Körperverletzungen, Tötungsdelikte, Einbrüche in Wohnungen, Vergewaltigungen und dergleichen selbst auf sich aufmerksam und fordert Reaktionen heraus. Die mögen hilflos und z.T. auch überzogen sein. Und die Einsperrung, zunehmend ultima ratio in unserem System, ist i.d.R. denkbar schlecht geeignet, zur Befriedung beizutragen. Dennoch ist auf absehbare Zeit keine Alternative in Sicht, mag auch – wie zu hoffen ist – durch eine noch behutsamere Anwendung der Freiheitsstrafen und evtl. auch durch die Herausnahme von Bagatellstraftaten aus dem Strafrecht sowie durch eine sinnvolle Ausweitung ambulanter Sanktionen die Zahl der in Justizvollzugsanstalten einsitzenden Personen langfristig weiter sinken. Zu warnen ist allerdings, dies beiläufig, vor einem undifferenzierten Gebrauch der Begriffs Bagatelldelinquenz. Verlaufsanalysen zeigen, daß sich im Rahmen krimineller Karrieren schwere und leichte Delikte mit entsprechend unterschiedlichen Sanktionen abwechseln, und daß gerade Täter mit häufiger Delinquenz Delikte in unterschiedlichen Bereichen, die auch unterschiedlich mit Strafe bewehrt sind, begehen.

Ich möchte mich nun den folgenden drei Fragen zuwenden: Besteht, erstens, bei den im Vollzug einsitzenden Behandlungsbedarf? Ist, zweitens, Behandlung unter den im Strafvollzug gegebenen Bedingungen möglich? Und drittens: Welche besseren Bedingungen für eine intensive Wiedereingliederungsarbeit müssen geschaffen werden?

IV.

Die Behandlung der Straffälligen ist in der Mehrheit der Fälle erforderlich; in vielen Fällen besteht auch Bereitschaft dazu.

Im Falle einer zu verbüßenden Freiheitsstrafe gehe ich durchweg von dem breiten, unspezifischen Behandlungsbegriff des Strafvollzugsgesetzes aus, der das menschlich korrekte, vorbildhafte Verhalten des Allgemeinen Vollzugsdienstes und der Abteilungsleiter ebenso einschließt wie Anregungen zur Freizeitgestaltung, berufliche Bildungsangebote, Beratung in lebenspraktischen Fragen (zum Beispiel Schuldenregulierung), die umfassende medizinische und zahnmedizinische Behandlung, Maßnahmen der Überleitung in Freiheit, besonders die Integration ins Berufsleben, und schließlich auch Psychotherapien im engeren Sinne. Dabei ist nicht alles bei jedem Gefangenen erforderlich. In der Regel unerläßlich ist eine vernünftige Überleitung in Freiheit. Behandlung ist erforderlich, weil insbesondere im Falle mehr oder minder dissozialer Entwicklungen psychische Stabilität und eine verbesserte soziale Lage ohne Hilfe kaum zu erwarten sind. Viele Gefangene in Vollzugsanstalten können in Anlehnung an Rauchfleich als Dissoziale bezeichnet werden, als »Persönlichkeiten, die durch ein fortgesetztes und allgemeines Sozialversagen« auffallen, und bei denen ein »depressiv-narzißtischer Kernkonflikt ... mit starken Externalisierungstendenzen« vorliegt (Rauchfleich 1981, S. 16, 19).

Ich müßte meine Wahrnehmung verleugnen und den Straffälligen ihre Verantwortung nehmen, um nicht zu sehen, daß sie ihre Lage mindestens mit-»verursachen«. Wesentliche Bedingungen ihres Verhaltens liegen in der Summe ihrer Erfahrungen und damit eben auch in ihrer Sozialisation. Es wird für die Besserung gesellschaftlicher und ihrer eigenen Verhältnisse nichts gewonnen, wenn sie mit ihren Problemen allein gelassen werden. Straffällige können nicht erwarten, daß sich die Gesellschaft in der ihnen bemessenen Zeit an ihre Erwartungen anpaßt. Vielmehr müssen sie sich trotz aller ihnen widerfahrenen Deprivationen darum bemühen, einen Platz in der Gesellschaft, in dem doch relativ breiten Bereich von Lebensmöglichkeiten zu finden, in dem – alles in allem – Straftaten unüblich sind und der ihren Erwartungen und Fähigkeiten soweit wie möglich entspricht. Jedoch geht das oft nicht ohne Hilfe.

Es wäre, sofern diese Hilfe nachgefragt wird, ein Kunstfehler, die entwicklungsbedingten Erfahrungshintergründe und die psychostrukturellen Zusammenhänge nicht aufzuhellen und im Beratungs- und Behandlungsverlauf zum Thema zu machen.

Was sagt vor dem Hintergrund individualgeschichtlicher, komplex falsch gepolter Entwicklungen ein Satz wie der von Frehsee, wonach Kriminalität »offensichtlich in erster Linie kultur-, situations- und glegenheitsbedingt« sei (Frehsee 1991, S. 40)? Er sagt, daß konkrete Menschen, die ja doch Bestandteile von Situationen und Gelegenheiten sind und diese auf ihre spezifische Weise nutzen (oder auch nicht) letztlich, »offensichtlich«, relativ unwichtig sind. Sie sind Marionetten, Funktionen von Umständen. Überdies sind sie, da die Kategorie der Sozialisation – wie er sagt – »ratlos läßt« gänzlich außengesteuert, da »die Befähigung zur kriminellen Aktivität« (logischerweise dann wohl auch zu anderen Aktivitäten) »offenbar nicht von psychosozialen ... Persönlichkeitsdimensionen abhängt« (Frehsee 1991, S. 40).

Ich sehe und erlebe, daß viele Menschen z.b. gekränkt auf Beziehungsabbrüche reagieren, aber nur wenige zerstören die Objekte ihrer Liebe, ihres Hasses; viele Menschen zünden Kamine, Grill- und andere Gartenfeuer an, aber nur wenige notorisch Häuser; viele Menschen haben Vorurteile gegen Ausländer, aber nur wenige verletzen und zerstören als fremd empfundenes Leben; viele Menschen haben Probleme mit sich und folglich auch mit ihren Kindern, und so viel Schlimmes in der Kindererziehung geschehen mag: Nur wenige foltern ihren Nachwuchs, lassen ihn verhungern und verdursten oder schlagen ihn tot; viele Menschen haben Probleme mit Tabletten, Alkohol und illegalen Drogen, nur wenige finanzieren ihren Konsum dadurch, daß sie andere Menschen angreifen und berauben (was immer sonst an schädigenden Finanzierungsprozeduren vorkommen mag); viele Menschen haben größere Wünsche, als der Geldbeutel erlaubt, aber insgesamt nur wenige brechen immer wieder in Häuser ein, berauben Banken und Tankstellen, führen dabei nicht selten Waffen mit sich und nehmen die Verletzung anderer Menschen in kauf; viele Menschen verstoßen im Laufe ihres Lebens gegen Regeln des Straßenverkehrs, aber nur relativ wenige fallen immer wieder mit einem durchgängig unverantwortlichen Verhalten auf und ziehen wiederholt Sanktionen z.B. wegen Trunkenheit, Körperverletzung, Unfallflucht auf sich; usw. usw.

Das alles soll überwiegend situations- und gelegenheitsbedingt sein? Wenn ja, dann doch nur so, daß hier quasi privatsprachliche Definitionen von Situationen vorliegen, die den Täter, jedenfalls im Zeithorizont der Tat, Kränkungen. Verletzungen, Ungerechtigkeiten, Bedrohungen usw. in einem Maße signalisieren, daß sie mehr oder minder reflexhaft und mehr oder minder als Opfer eigener Projektionen überschießend, eben abweichend vom üblichen, reagieren.

Kultur, Situation und Gelegenheit sind natürlich wichtige Schlüsselworte für alle sozialen Zusammenhänge. Jede Betrachtung aber, die den vierten Faktor: die handelnde Person und überdies noch ihre Geschichte, ihre Sozialisation, leugnet, gerät in die Gefahr nichtssagender Abstrahierung und macht aus betroffenen und handelnden Subjekten Objekte ideologischer. Voreingenommenheit. Betrachtet man die individuellen Geschichten des »harten« Kerns herkömmlicher Kriminalität, dann trifft vielfach zu, was allgemein bekannt und oft beschrieben wurde: Die ihm zugehörenden Menschen haben deutlich schlechtere Chancen von Beginn an, weil sie in Familien hineingeboren werden, die sie sich nicht so annehmen und fördern können, wie es erforderlich wäre, um in einer komplexen Gesellschaft relativ angepaßt zu leben und jedenfalls nicht mehr abweichendes Verhalten zu produzieren als die Mehrheit der Angepaßten um sie herum. Sie sind überdurchschnittlich oft selbst Opfer von Mißhandlungen, Vernachlässigungen und wechselnden Erziehungsmilieus; überdurchschnittlich häufig kommen suizidale Handlungen und Selbstbeschädigungen vor; sie sind Schulversager, haben Schwierigkeiten im Umgang mit anderen Menschen, sie sind alkohol- und drogengefährdet und haben im Grunde kaum eine Lektion in ihrem Leben richtig gelernt: Selbst ihr straffälliges Verhalten ist überwiegend nur wenig rational gesteuert und unter professionellen Gesichtspunkten ganz überwiegend erfolglos.

Straftaten, so verheerend sie im Einzelfall sein mögen, sind in dieser Betrachtung Hinweise auf komplexere Probleme, die im Verlauf der Sozialisation weite Persönlichkeitsbereiche erfaßt und die Ausdifferenzierung kognitiver, psychischer und sozialer Möglichkeiten verhindert haben. Damit ist keineswegs gesagt, daß kriminelles Verhalten voraussetzungsfrei etwas an sich Seiendes, eine quasi vorsoziale Wesenheit sei, die sich im Sinne der alten Psychiatrie als stabiles psychopathisches Charaktermerkmal fassen lasse. Vielmehr entspricht es meiner eigenen Erfahrung, daß hier Interaktions- und Rückkoppelungsprozesse im Sinne Quensels (1970) zu konstatieren sind, die auf jeder Stufe der Entwicklung beeinflußt werden können, deren Beeinflußbarkeit aber natürlich in dem Maße schwieriger wird, in dem sich die Summe negativer Erfahrungen, Wahrnehmungen und stereotyper Handlungen im psychosozialen Gesamthaushalt einer Person zu Quasi-Charaktermerkmalen verdichtet.

Dies festzustellen und darauf mehr als bisher so zu reagieren, daß Konflikte und Probleme möglichst gelöst und nicht verschlimmert werden, bedeutet in diesem Ansatz weder Ausgrenzung noch Pathologisierung, weder Normstabilisierung zu Lasten der Schwächsten noch positivistische Einrichtung mit dem Gegebenen und – jedenfalls als vorrangige Zielsetzung – seine Zementierung. Und selbst wenn die besser als bisher gelingende Eingliederung der Straftäter in die Gesellschaft zu deren Stabilisierung, zur Stabilisierung auch von Reformansätzen im Strafvollzug beitrüge, – dann wäre dies erstens nach meiner Auffassung nicht falsch, sondern zu begrüßen, und zweitens, wenn es denn aus einer anderen ideologischen Orientierung heraus falsch wäre, müßte die Frage nach der Verantwortlichkeit einer Position gestellt werden, die mit dem Unglück anderer Politik oder »Wissenschaft« zu machen bereit ist. Zu bedenken ist auch, daß der hier betrachtete Personenkreis seinerseits Beziehungen aufnimmt, Familien, oft mehrfach, gründet, und daß in diesen Familien an Partnerinnen/Partner und Kinder häufig weitergegeben wird, was selbst erlitten wurde. Diese Kreisläufe »sozialer Vererbung« zu durchbrechen ist sicher zuerst eine gesellschafts-, sozial- und wirtschaftspolitische Aufgabe; jedoch reicht dies nicht, wenn Grundfähigkeiten zur Nutzung gegebener Chancen nicht vorhanden sind. Konkrete Hilfen sozialpsychologischer Art müssen hinzutreten. Der Strafvollzug spielt dabei nur sehr am Rande eine Rolle. Diese muß er aber ernst nehmen und so gut wie möglich, jedenfalls weit besser als heute, erfüllen, sobald er damit konfrontiert wird.

V.

Ist Behandlung im umfassenden Sinne des Strafvollzugsgesetzes unter den im Strafvollzug allgemein gegebenen Bedingungen möglich? Zunächst spricht alles dagegen. Anspruch und Wirklichkeit klaffen weit auseinander. Der Strafvollzug sieht sich vor dem paradoxen Auftrag, Straftäter durch den Ausschluß von der Gesellschaft zur geachteten Teilnahme am gesellschaftlichen Leben hinführen zu sollen. Bei Betrachtung der strafvollzuglichen Wirklichkeit führt dies zu einer Reihe weiterer Paradoxien:

Im Strafvollzug befinden sich Menschen, die – wie dargestellt – grundlegende Fähigkeiten psychischer, sozialer, ethischer und kognitiver Art häufig nicht oder nur unzulänglich und lückenhaft gelernt haben. Sie sollen nun in einem Milieu gefördert werden, das psychische und emotionale Persönlichkeitsdimensionen nicht zu Wachstum und Ausdifferenzierung anregt, sondern bestehende psychische Probleme stabilisiert und vertieft, das soziale Kapazitäten zur Regelung der eigenen Verhältnisse, zur Kontaktaufnahme und Kontaktbeständigkeit vielfach nicht stärkt oder überhaupt erst anregt, sondern im totalen Milieu der Anstalt und unter dem Einfluß negativer Wirkungen subkultureller Werte und Normen ins Pseudo-, Anti- oder Asoziale verkehrt. Schließlich sollen bessere Orientierungen sittlicher und moralischer Art in einer Umwelt vermittelt werden, die – genau und streng besehen – ethischen Postulaten über den Umgang zwischen Menschen zutiefst widerspricht. Grundlegende Voraussetzung für Behandlung jedweder Art ist Vertrauen. Wie soll aber Vertrauen in einer Welt wachsen, die durch institutionalisiertes Mißtrauen gekennzeichnet ist? Die Summe der baulichen, personalen und organisatorischen Vorkehrungen und Maßnahmen des Strafvollzuges, der Schlüssel, die Gitter, Uniformen, Scheinwerfer, die schweren Türen, die Mauern, Einschluß und Aufschluß, Stacheldraht, Zuführungen, Handschellen, Besuchsüberwachung usw., bestätigt dem Inhaftierten oft über viele Jahre hinweg immer wieder neu sein Anderssein, und trägt dazu bei, daß manche überhaupt erst zu dem werden, wogegen der Sicherheits- und Ordnungsapparat des Strafvollzuges steht. Die Menge dieser sichernden und ordnenden Maßnahmen teilt Gefangenen mit, daß sie gefährlich, verantwortungslos und unkontrolliert, bösartig, böswillig und unverbesserlich sind. Sie werden auf die Merkmale der typischen Gefangenenrolle reduziert. Mehr noch: Die in Beton, Stahl und Organisationsschemata geronnenen kommunikativen Erwartungen werden, um so mehr, je länger Gefangene dieser Welt ausgesetzt sind, internalisiert; sie werden zu einem Teil der eigenen Person.

Nicht weniger werden – andererseits – auch Mitarbeiter durch den, um im Jargon zu sprechen, »Knast« sozialisiert. Die Menge der strukturell vorgegebenen und im persönlichen Kontakt mit Gefangenen erlebten negativen Erfahrungen prägt Einstellungen und Verhalten. In der Interaktion zwischen den Gruppen der Gefangenen und der Mitarbeiter bewirkt dies eine distanzierende Fixierung auf negative Merkmale, die von wechselseitigem Mißtrauen und von Verachtung angetrieben wird. In dem Maße, in dem sich Mitarbeiter insbesondere des Allgemeinen Vollzugsdienstes und Gefangene gegenseitig auf Rollen festlegen, entfernen sie sich voneinander als Menschen. Wie soll Behandlung, die das Gegenteil davon anstreben muß, dies aufbrechen?

Ein weiteres Paradoxon besteht darin, daß von Gefangenen erwartet wird, daß sie sich ihrer Schuld stellen, sie bearbeiten und verarbeiten und Schaden gutmachen. Soweit es um materielle Schäden gegenüber Opfern, aber auch gegenüber Familienangehörigen, die mittelbar ebenfalls Opfer sind, geht, ist dies nahezu vollständig schon deswegen ausgeschlossen, weil Mittel nicht vorhanden sind und während der Verbüßung auch nicht in einem nennenswerten Umfang erworben werden können. Gefangene haben einen mittleren Tageslohn von ca. 10,– DM (1994). Schuldverarbeitung darüber hinaus kann ja nur den Sinn haben, daß der Betroffene seine Schuld annimmt und als zu seinem Leben gehörig begreift, daß er sich einfühlen kann in Opfer, daß er fähig wird, über seinen Anteil und die Konstellationen, in denen er zum Täter wurde, zu reflektieren und zu trauern. Zugleich soll er aber nicht in Zerknirschung und Depressionen verharren, sondern als »Geläuterter« sein Leben künftig tatkräftig besser gestalten. Wie aber das in einem Kontext, der von der Verhaftung bis zur Verbüßung durchgängig keineswegs so strukturiert ist, daß dieser außerordentlich komplexe Vorgang gefördert wird? Wenn ich es richtig sehe, dann geht es im gesamten Verlauf der Dinge primär parteilich zu; alle mit dem Straftäter befaßten Berufsgruppen sind darauf fixiert, ihre je spezifischen Interessen optimal zur Geltung zu bringen. Zu Recht auch der Straftäter selbst. Und selbst wenn er den Impuls spüren sollte, mit einer strikt an Werten wie Schuld und Reue orientierten, ihn selbst nicht schonenden Offenheit zu handeln, dann wird spätestens der Verteidiger ihn eines besseren belehren und mit ihm beraten, welche Informationen aus der Gesamtmenge aller Ereignisse wie dargeboten werden sollen. Normalmenschliche, einer eher privaten Sphäre entstammende Denk- und Handlungsmuster werden, sofern vorhanden, durch hoch formalisierte Verhaltensstrategien und Definitionsvorgänge überlagert und ersetzt. Vorherrschend ist die Auffassung, daß sich geschickt verhält, wer sich dem angepaßt hat und die Klaviatur des Systems der Wahrheits- und Rechtsfindung zu bedienen weiß.

Nicht weniger eklatant schief ist das Verhältnis zwischen Anspruch und Wirklichkeit im Untersuchungshaft- und Strafvollzug. Die bürokratische, auf die öffentlichkeitswirksame Vermeidung von Fehlern gerichtete Zielsetzung, den Freiheitsentzug störungsfrei zu gewährleisten, führt dazu, daß das vollzugliche Leben mit einer Vielzahl ordnender und sichernder Maßnahmen überzogen wird. Von den davon Betroffenen wird das daraus entstehende große Maß an Repression vor allem als persönliche Schikane empfunden, auf die je nach Temperament und aktueller Befindlichkeit mit resignativem Leid oder mit Ärger, Wut und Haß reagiert wird. Die so erzeugte aktuelle Befindlichkeit und das behandlungsfeindliche Klima der Anstalt überhaupt relativieren die eigene, vergangene Schuld. Alle Energie wird auf den Kleinkrieg des Alltags und das Überleben in der Subkultur gerichtet und dort verbraucht.

Ich will das nicht weiter vertiefen und auch die weitere Aufzählung von Paradoxien, die dem Strafvollzug immanent und die durchaus ja auch bekannt sind, abbrechen Das Thema und mein eigenes Interesse verlangen ja nicht nur Nachdenken über die Grenzen, sondern auch über die Möglichkeiten von Behandlung im Strafvollzug.

VI.

Wie soll ein Ausweg aus der pessimistischen, durch viele Tatsachen und kluge Beschreibungen belegten Analyse gefunden werden? An unterschiedlich begründeten, oft vorschnell und einseitig formulierten Bilanzen, Schuldzuweisungen, Rezepten und Forderungen fehlt es nicht. Die Betrachtung der gegebenen Praxis und das Reden und Schreiben über sie zeigt, daß der Einsatz für Behandlung im Strafvollzug unter den gegebenen Verhältnissen einem Kampf gegen Windmühlenflügel zu gleichen scheint und daß jene, die an diesen Zielen festhalten, oftmals mitleidig belächelt werden, weil sie an der Paradoxie festhalten, sie könnten aus einer Position der Schwäche heraus ihre ethischen und therapeutischen, am ganzen Menschen orientierten Ansätze gegen eine partikularistische, an restriktiven Rollen und der Idee einer formalistischen Gleichbehandlung orientierten, traditions- und entscheidungsmächtigen Vollzugswirklichkeit durchsetzen.

Und dennoch: Behandlung im Strafvollzug ist notwendig und auch möglich. In einem grundsätzlichen Sinne ist sie deshalb möglich und in vielfältigen Formen und Abstufungen auch existent, weil der Menschennatur nicht nur eigen ist, Verhältnisse zu begrenzen, um Überschaubarkeit und Eindeutigkeit zu gewinnen, sondern auch die Fähigkeit, mit mehrdeutigen und komplexen Situationen umzugehen und sich insbesondere im sozialen Nahbereich gewissermaßen subversiv gegenüber Rollenzwängen zu verhalten. Behandlung im Strafvollzug ist möglich, weil eine Ahnung davon bewahrt bleibt, wie sehr soziale Tatsachen uns zu reduzieren vermögen und wie befreiend es sein kann, wenigstens partiell an allgemeinmenschlichen Werten orientiert zu denken und zu handeln. Dabei kann das Strafvollzugsgesetz mit seinen allgemeinen, insgesamt eher positiven Zielsetzungen hilfreich sein. Das, was unter den Bedingungen des Strafvollzuges menschlich ist und die Verhältnisse erträglich macht, tritt natürlich keineswegs im hehren Gewand großer

Begriffe auf; es kann aber an vielen Beobachtungen festgemacht werden: So z.B.
daran, daß nahezu jeder Gefangene wenigstens einen Beamten (oft auch einen
Richter, vielleicht sogar einen Staatsanwalt) kennt, der ihm menschlich und hilfs-
bereit begegnet ist, daß andererseits auch nahezu alle Bediensteten Gefangene
benennen können, deren Weg sie mit Interesse und Anteilnahme verfolgt, die ihre
Anerkennung, ihr Mitleid und ihre Sympathie gefunden haben. Es kann auch festgestellt werden, daß menschlich und fachlich aufgeschlossene und fähige Vollzugsbeamte, Sozialpädagogen und Psychologen zu Kristallisationspunkten in einer
sonst oft trostlosen Umwelt werden, weil sie allein durch ihre Art die guten Seiten
bei Gefangenen und Mitarbeitern aktivieren. Günstige Eindrücke werden häufig
auch aus ordentlich geführten und mit sinnvollen Tätigkeiten versehenen Werk-
betrieben und aus schulischen und beruflichen Ausbildungsangeboten berichtet.
Über den Sachbezug zur Arbeit und zur Ausbildung treten die lebensfremden
Aspekte des Vollzuges zurück, der Umgang miteinander entkrampft sich und
nähert sich normalen Formen. Ähnliches gilt für den Freizeitbereich, insbesondere
für Sport- und diverse Gesprächs- und Interessengruppen. Auch regelmäßige
Beratungs- und Therapiegespräche öffnen einen psychosozialen Raum, in dem die
Unsäglichkeiten des Vollzuges zugunsten persönlichkeitsnaher Erkundungen, Ein-
drücke und Erfahrungen zurücktreten können.

Vertrauen, das für derartige Vorgänge konstituierend ist, kann – wie geschildert
– unter vollzuglichen Bedingungen nur schwer gedeihen. Aber es ist nicht unmöglich; denn die Sehnsucht danach, Vertrauen gerade in der deklassierenden Situation
der Gefangenschaft in einen anderen Menschen setzen zu können, seine Anteilnahme zu gewinnen, ist, wenngleich verschüttet und verklausuliert, vorhanden und
oft groß. Außerdem gelingt es erfreulicherweise kaum einem Menschen, stets korrekt rollenbetont, mißtrauisch, feindselig und abgeschirmt gegen andere zu existieren. Zu sehen ist auch, daß Gefangene ebenso unterschiedlich sind, wie alle anderen Menschen. So leben neben- und miteinander erstmals und mehrfach Einsit-
zende, Konflikt-, Eigentums- und Sexualstraftäter, solche, die wegen widriger
Umstände etwa mit einem Tötungsdelikt erstmals vor dem Richter standen, ansonsten aber auf eine relativ normale Entwicklung zurückblicken können, neben Neu-
rotikern, Verwahrlosten und Grenzgängern zur Psychose, Intelligente neben Debi-
len, Fleißige neben Faulen, Menschen mit insgesamt stabilen Kontakten zu Angehörigen neben Einsamen usw. Bei näherer Betrachtung gliedert sich die von außen
so monolithische und scheinbar festgefügt-eindeutige Vollzugswirklichkeit in eine
Vielzahl differenzierter Sozialbezüge auf. Dies um so mehr, je mehr sich der Vollzug nach innen und außen normalisiert und öffnet. Aus der Summe der unterschiedlichen Bedürfnisse, Voraussetzungen und Erfahrungen ergeben sich vielfältige Ansatzpunkte, die aber insgesamt bei weitem nicht ausreichend genutzt werden.

VII.

Mit diesem Plädoyer für die Förderung und – soweit vorhanden – die Aufrechterhaltung eingliederungstauglicher und behandlungsorientierter Ansätze im Strafvollzug sollen weder die ihm eigenen Widersprüche verkleinert, noch die da und dort vorhandenen Bemühungen glorifiziert werden. Denn, so E. Schorsch mit Blick auf das System der Strafverfolgung und des Strafvollzuges: »Die Barbarei in diesem Bereich wirkt fort, Schwerstgestörte zu hauf hinter Gittern. Die Fortschritte der Aufklärung, sofern sie schreitet, sind winzig« (Schorsch 1991, S. 10).

Dennoch ist das weitere Nachdenken über den Strafvollzug mit dem Ziel, ihn für Betroffene sinnvoller zu gestalten, aus drei Gründen unerläßlich: Wir werden – erstens – nach Lage der Dinge auf absehbare Zeit mit ihm leben müssen. Das scheint mir angesichts der Hilflosigkeit auch gutwilliger Teile der Gesellschaft im Umgang mit den hartnäckig in die Rechte anderer Menschen eingreifenden Straftätern so evident, daß Spekulationen über die gänzliche Abschaffung des Strafvollzuges müßig sind. Sinnvoller scheint mir dagegen der schwierige Weg zu sein, die Anstalten so auszugestalten, daß sie einen Beitrag zur Aussöhnung der Straftäter mit sich und der Gesellschaft liefern können. Das setzt aber voraus, daß die Betroffenen selbst fähig und bereit sind, das anzunehmen (und das werden bei weitem nicht oder noch nicht alle sein), daß die für den Strafvollzug in den Ländern Verantwortlichen sich dieser im tieferen Sinne friedenstiftenden Aufgabe verpflichtet fühlen und die mit diesem Weg verbundenen Konflikte auf sich nehmen, und daß schließlich die große Mehrheit der Gesellschaft und die veröffentlichte Meinung dies mehr als heute akzeptieren.

Ein sinnvoll organisierter und dem Behandlungsgedanken soweit wie möglich verpflichteter Strafvollzug ist – zweitens – erforderlich, um die Zeit der Einsperrung besser als heute zu nutzen. Das ergibt sich aus der sozialstaatlichen Verantwortung denen gegenüber, deren vorübergehende Herausnahme aus ihren Lebensbezügen erforderlich ist oder für erforderlich gehalten wird. Das ergäbe sich bei besserer Einsicht aber auch aus dem wohlverstandenen Interesse der Gesellschaft, der daran liegen müßte, daß sich Gefährdungspotentiale als Folge der Verbüßung »im Namen des Volkes« nicht, wie heute überwiegend, erhöhen.

Schließlich ist – drittens – die beharrliche Arbeit an der Verbesserung der Strafvollzugsverhältnisse geboten, weil, wie bekannt, die Mängel groß sind. Die Größe und Traditionsmächtigkeit der Probleme soll aber hier so wenig wie in anderen schwierigen und verbesserungsbedürftigen gesellschaftlichen Bereichen zur Aufgabe der Bemühungen, zu Resignation oder bloßer Anklage führen.

Die Orientierungspunkte zur Fortentwicklung des Strafvollzuges sind bekannt; einige seien hier genannt:

1. Alle Bemühungen zur Entwicklung des Strafvollzuges müssen unter der strengen Prämisse stehen, daß die (vorübergehende) Einsperrung letztes Mittel zur Abwehr eines nicht hinnehmbaren Verhaltens ist.

2. Die Bestimmungen des § 3 StVollzG, der Angleichungs-, Gegenwirkungs- und Eingliederungsgrundsatz, sind so ernst zu nehmen, daß der Strafvollzug durchweg eine andere, humanere Qualität erhält.

3. Es sind räumliche Voraussetzungen zur Differenzierung zwischen den Gefangenen, die unbehelligt ihre Strafe verbüßen wollen, und denen, die die Zeit zur beruflichen, schulischen, sozialen und psychischen Fortentwicklung nutzen möchten, zu ermöglichen. Hierzu zählt auch der weitere Ausbau sozialtherapeutischer Einrichtungen, der nicht nur in den neuen Ländern dringend geboten ist (vgl. u.a. Egg 1993). Dabei ist es unerläßlich, daß Durchlässigkeit zwischen den differenzierten vollzuglichen Einheiten gewahrt bleibt, um veränderten Bedingungen in Einstellungen und im Verhalten der Gefangenen gerecht werden zu können.

4. In vielen Fällen müssen bestehende Anstalten baulich überhaupt erst hergerichtet werden, um einen differenzierten und menschenwürdigen Vollzug zu ermöglichen. Wünschenswert wären kleine, dezentralisierte Einheiten.

5. In den Anstalten muß die Fachlichkeit der beratenden und behandelnden Arbeit dadurch erhöht werden, daß geeignetes Personal eingestellt, gefördert und mit Entscheidungsbefugnissen versehen wird. Außerdem müssen durch organisatorische Maßnahmen (überschaubare Zuständigkeitsbereiche für indisziplinäre Mitarbeiterteams) und durch Aus- und Fortbildung alte Vollzugstraditionen zugunsten professionell anspruchsvollerer und menschenfreundlicherer Orientierungen zurückgedrängt und aufgelöst werden.

6. Schließlich sind die Anstalten zur Gesellschaft hin durch konsequente Nutzung der gesetzlichen Vorrangstellung des offenen Vollzuges, durch einen intensiveren und würdigeren Besuchsverkehr, durch die dem Eingliederungsgedanken angemesse Gewährung von Vollzugslockerungen sowie durch die alsbaldige und nachdrückliche Nutzung von Beratungs-, Behandlungs-, Ausbildungs-, Umschulungs- und Arbeitsmöglichkeiten außerhalb des Vollzuges stärker zu öffnen.
Die forcierte Öffnung nach außen schließt aber ein konsequentes Angebot nach innen nicht aus. Das wäre, im Gegenteil, für nahezu alle Gefangenen wünschenswert, um die Annäherung an die Außenwelt durch eine zumindest ich-stärkende Arbeit vorzubereiten und sodann die allmählichen und oft konfliktreichen Integrationsbemühungen durch eine stützende Begleitung abzusichern. Für diejenigen Gefangenen, die sich auf eigenen Antrag z.B. in den sozialtherapeutischen Vollzug begeben haben, haben sich die auf Eingliederung gerichteten Behandlungskonzepte – alles in allem – beispielhaft bewährt.

Literatur

Egg, Rudolf: Behandlung hinter Gittern – ein Irrweg? Probleme sozialtherapeutischer Einrichtungen im Strafvollzug, in BewHi 4/1993, S. 373 – 388

Frehsee, Detlev: Zur Abweichung der Angepaßten, KrimJ 1/1991, S. 25 – 45

Kreissl, Reinhard: Neue Perspektiven kritischer Kriminologie, KrimJ 4/1989, S. 249 – 259

Quensel, Stephan: Gefängnisse abschaffen – eine abolitionistische Perspektive? MschrKrim 5/1990, S. 336 – 343

Quensel, Stephan: Wie wird man kriminell? Kritische Justiz 4/1970, S. 375 – 382

Rauchfleisch, Udo: Dissozial, Entwicklung, Struktur und Psychodynamik dissozialer Persönlichkeiten, Göttingen: Vandenhoeck und Ruprecht 1981

Scheerer, Sebastian: Abolitionismus, in: Sievert, R. u. Schneider, H.J. (Hrsg.): Handwörterbuch der Kriminologie, Berlin, New York: Walter de Gruyter 1991, S. 287 – 301

Scheerer, Sebastian: Kritische Kriminologie im Aufbau- und Kontaktstudium Kriminologie der Universität Hamburg, KrimJ 4/1990, S. 255 – 265

Schorsch, Eberhard: Kurzer Prozeß: Ein Sexualstraftäter vor Gericht, Hamburg: Klein Verlag 1991

Steller, Max et al.: Straftäterbehandlung. Argumente für eine Revitalisierung in Forschung und Praxis. Studien und Materialien zum Straf- und Maßregelvollzug, Bd. 2, Pfaffenweiler: Centaurus 1994

Walter, Michael: Strafvollzug: Lehrbuch, Stuttgart, München, Hannover: Boorberg 1991

Zum Resozialisierungseffekt der Sozialtherapie anhand einer experimentellen Längsschnittstudie zu Justizvollzugsanstalten des Landes Nordrhein-Westfalen

Empirische Ergebnisse und theoretische Analysen

RÜDIGER ORTMANN

1. Einleitung

International, aber auch hier in der Bundesrepublik, wird seit Ende der 70er Jahre bis in die unmittelbare Gegenwart hinein kontrovers diskutiert, was an Erfolgen sozialtherapeutischer Behandlung bisher tatsächlich belegt wurde. Die Antworten reichen von der kritischen Position des »nicht viel« bis zur optimistischen Position des »sehr viel«, wobei »sehr viel« heißt, daß sozialtherapeutische Behandlung zu einer Reduzierung der Rückfallquote um zehn bis 15 Prozentpunkte im Vergleich zu einer unbehandelten Kontrollgruppe geführt hat.

Ich selbst glaube nicht, daß für den nationalen Bereich bisher überhaupt etwas an Resozialisierungserfolgen der Sozialtherapie belegt wurde, und ich denke, daß man Arbeit für Arbeit Schritt für Schritt zeigen kann, daß und warum Unterschiede, die als Wirkung der Sozialtherapie ausgegeben werden, dies nicht sind, sondern Scheineffekte, die aus anderen Quellen stammen.

Grundpositionen wie diese sind aber die eine Sache und Forschung zum Detail ist die andere, wenn man freilich auch gut beraten ist, seine Grundpositionen auf Forschung zu stützen.

In dieser Arbeit, die ich aus Gründen, die gleich ersichtlich werden, mit viel Vergnügen für den Jubilar, Dr. Karl Peter Rotthaus, schreibe, geht es um Forschung. Ich möchte anhand von Ergebnissen und Analysen, die sich auf die eigene Nordrhein-Westfalen-Studie zur Evaluation der Sozialtherapie beziehen, dem Erfolg und seiner Größe so nachspüren, daß Leserin und Leser den Sachverhalt und die neuralgischen Punkte der Evaluation des Erfolgs selbst einschätzen können.

Bei der Planung und Durchführung der Studie – beides zusammen hat etwa zehn Jahre gedauert, davon allein acht Jahre für die Datenerhebung, das ist eine lange, lange Zeit, die mancherlei Risiken zum Scheitern des Projekts enthält –, war Dr. Rotthaus zentral, dauerhaft und engagiert beteiligt.

Nun könnte man vielleicht meinen, daß die unterschiedlichen beruflichen Rollen – Vertreter des Landes und seiner Strafvollzugseinrichtungen, Vertreter der Forschung – es letztlich nicht zuließen, einen gemeinsamen Nenner für die Anlage einer Untersuchung zu finden, bei dem die der Sozialtherapie geltenden Erwartungen, Hoffnungen und Wünsche ausgeklammert werden.

Dem war aber ganz und gar nicht so. Ein Herzstück des Untersuchungsplans, das experimentelle Design, nach dem die Probanden nach einem Zufallsverfahren ausgesucht werden, wurde – obwohl bei anderen Vertretern des Landes starke, lang anhaltende Widerstände gegen das experimentelle Design zu überwinden waren – von Dr. Rotthaus von Anfang an aus Überzeugung mitgetragen. Dabei war zugleich klar, daß eigentlich nur mit diesem Design eine realistische, den Erfolg der Sozialtherapie nicht systematisch überschätzende Beurteilung möglich ist.

Bringt man diese Maxime auf den Punkt, so könnte sie lauten: »Im Zweifel für die Wissenschaft«[1].

Im theoretischen Kontext der Studie sind drei Leitfragen verankert[2]:

1)   Wie hoch ist der sozialtherapeutische Erfolg in einer experimentellen Studie? Wie gut ist die Aussage begründet, es habe sich viel Erfolg, wenig Erfolg oder kein Erfolg gezeigt?

2)   Können wir aufgrund der Logik der Studie und ihrer Ergebnisse grob abschätzen, was Sozialtherapie im Strafvollzug im theoretischen Idealfall überhaupt an Erfolg bringen kann?

3)   Ist der Einfluß, den Haft als negativer Sozialisationsprozeß auf das zukünftige Legalverhalten hat, kleiner, gleich oder größer als der positive Einfluß, der von sozialtherapeutischen Programmen im Strafvollzug ausgeht? Ist die Net-

---

1   Ich denke, daß man diese Auffassung auch in folgenden, den Gefängnisunruhen in England vom April 1990 geltenden Ausführungen erspüren kann, die zugleich ein zentrales, wenn auch hier nicht diskutierbares Thema dieser Studie betreffen: 6) *Verbesserung der Lebensbedingungen der Gefangenen.* Die Untersuchung plädiert an zahlreichen Stellen für eine Verbesserung der Lebensbedingungen der Gefangenen. Die Vorschläge für die Reform sind umfassend und enthalten all das, was auch in unserem Lande gefordert wird. Am Ende dieses Abschnitts kehrt der Untersuchungsbericht wieder zu seinem zentralen Thema zurück: Stand am Anfang die Feststellung, daß die unzulänglichen Lebensbedingungen Gefangene, die an sich friedlich gesonnen waren, dazu veranlaßten, die Anführer der Meutereien zu stützen, so heißt es in der Schlußzusammenfassung dieses Absatzes: »Unsere Vorschläge richten sich auf eines der Themen, das diesen Bericht ständig begleitet hat, das Thema von Gerechtigkeit im Gefängnis, gesichert durch die Gewährleistung von Verantwortlichkeit und Respekt. Gelingt es, Gerechtigkeit herzustellen, so werden sich Sicherheit (nach außen) und Kontrolle (der Gefangenen in der Anstalt) von selbst verbessern« (Rotthaus, 1991, S. 201). Es ist, glaube ich, sicher kein Zufall, daß dieses Zitat der Schlußabsatz der Arbeit zu den Gefängnisunruhen ist.

2   Die Beschreibung der Untersuchung muß aus Platzgründen knapp gehalten werden. Der theoretische Kontext der Studie, ihre Ziele, wichtigsten Fragestellungen sowie die Anlage und Durchführung der Studie sind – in unterschiedlichen Schwerpunkten – beschrieben bei Kahlau & Denig, 1987; Kahlau & Otten, 1988; Kahlau & Otten, 1991; Ortmann, 1992b, 1994.

tobilanz des Strafvollzugs unter Resozialisierungsgesichtspunkten womöglich negativ[3]?

2. Plan und Durchführung der Untersuchung

Das erste Hauptmerkmal der Studie ist das experimentelle Design, die Bildung der Untersuchungsgruppen nach dem *Zufallsprinzip* (s. Schaubild 1). Die sozialtherapeutischen Anstalten haben jeweils ein Paar von Insassen zusammengestellt, deren zwei Paarlinge sich um sozialtherapeutische Behandlung beworben hatten und die ferner von den Sozialtherapeuten auch als geeignet betrachtet wurden. Nach dem Zufallsprinzip wurde in Freiburg entschieden, welcher Paarling als Experimentalproband in die Sozialtherapie aufgenommen wird und welcher als Kontrollproband im Regelvollzug verbleibt[4].

Schaubild 1: Untersuchungsplan – Experimentelle Längsschnittstudie mit 4 Wellen

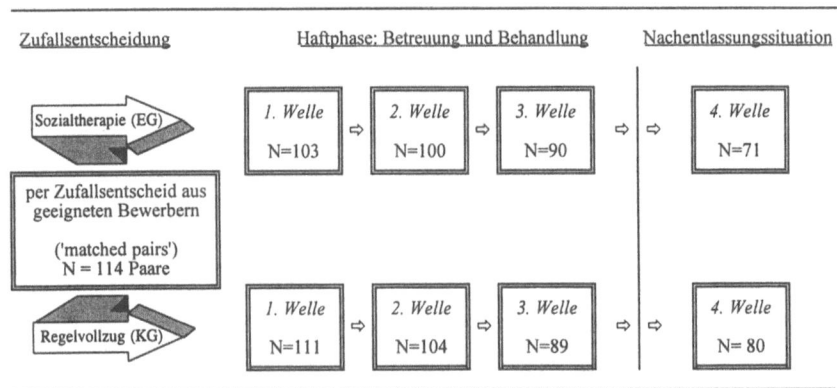

Den zweiten Schwerpunkt bildet das *Längsschnittdesign*. Es enthält vier Meßzeit-punkte bzw. Wellen, die im Mittel der Probanden zeitlich grob wie folgt liegen: Welle 1: zu Beginn der Sozialtherapie bei den Experimentalprobanden; Welle 2: ungefähr in der Mitte der sozialtherapeutischen Behandlung der Experimentalpro-

---

3   Ich denke, daß bei Evaluationen des tatsächlichen oder auch des erwartbaren Erfolgs einer Resozialisierung im Strafvollzug fast ausnahmslos folgendes übersehen wird: »Sämtliche Resozialisierungsmaßnahmen im Vollzug erfolgen unter den Rahmenbedingungen der Unfreiheit« (Walter, 1991, S. 202).

4   Außerdem gibt es Sondergruppen, die aber nicht in die Ergebnisdarstellung eingehen.

banden; Welle 3: kurz vor Entlassung aus der Haft; Welle 4: zwei Jahre nach der Entlassung.

Untersucht wurden die sozialtherapeutischen Anstalten Düren und Gelsenkirchen mit 32 bzw. 54 Plätzen und mehr als zehn Regelvollzugsanstalten des Landes. Die Studie hat insgesamt N=250 Probanden. Davon gehören 114 zur Experimental- und weitere 114 zur Kontrollgruppe. Die Zahl der Ausfälle betrug bis zum dritten Meßzeitpunkt lediglich N=40, das sind 16%. In der vierten Welle, zwei Jahre nach der Entlassung aus der Haft, wurden noch 183 Probanden, das entspricht 73% aller 250 Untersuchungsteilnehmer, erreicht. Die vierte Welle wurde in den beiden letzten Jahren der Untersuchung, 1989 und 1990, erhoben.

Die erfaßten Merkmalsgruppen sind Kriterien (des sozialtherapeutischen Erfolgs, abhängige Variablen) und Einflußgrößen (unabhängige Variablen des Erfolgs).

• *Hauptkriterium* ist das Legalverhalten nach der Entlassung (Wiederinhaftierung, selbstberichtete Delinquenz, offiziell registrierte Rückfälligkeit (noch nicht erfaßt)).

• Die *Zwischenkriterien* des Erfolgs liegen zum Teil schon während der Inhaftierung vor. Sie betreffen die Persönlichkeit des Täters, seine soziale Situation und die Haftsituation als negativen Sozialisationsprozeß (»Prisonisierung«).

• *Einflußgrößen* sind die Eignung der Insassen für Sozialtherapie (Einstufung durch Fachdienste der Anstalten, Fragebogen zu den Motiven der Bewerbung um Aufnahme in eine sozialtherapeutische Anstalt), das zentrale Thema der Maßnahmen[5] und Aspekte der Prisonisierung. Bezogen auf das Hauptkriterium sind auch die Zwischenkriterien Einflußgrößen, unabhängige Variablen. Denn nach der Logik der Sozialtherapie sollten die Maßnahmen die Zwischenkriterien beeinflussen und diese die Legalkriterien, so daß das Legalverhalten durch die Maßnahmen nur indirekt über die Station der Zwischenkriterien verändert werden kann.

3. Zusammenfassung der bisherigen Evaluationsergebnisse

Tabelle 1 faßt den bisherigen Ergebnisstand zur Frage des Effektes der Sozialtherapie zusammen[6]. Die Ergebnisse beziehen sich auf die Merkmalsbereiche der Maßnahmen, der Legalkriterien (Wiederinhaftierung und selbstberichtete Delinquenz) und der Zwischenkriterien (Persönlichkeit, soziale Situation).

---

5   Was ist Sozialtherapie eigentlich, was machen sozialtherapeutische Anstalten anders, besser als Regelvollzugsanstalten?

6   S. Ortmann, 1994.

Tabelle 1: *Evaluation: Zusammenfassung für alle fünf Kriterienbereiche und den Maßnahmenbereich*

		EG/KG		VdS/KG	
		netto	pos	netto	pos
Maßnahmen		.07	.15	.13	.18
Kriterien:	Wiederinhaftierung	-.01	-.01	.01	.01
	selbstberichtete Delinquenz	.00	.00	.04	.04
	Persönlichkeit/Nachentl.	-.01	.04	.04	.07
	Persönlichkeit/Haftende	-.01	.04	.02	.06
	soziale Situation	.05	.12	.09	.15

netto: mittlerer Nettoeffekt; pos: mittlerer positiver Effekt[7].

Im ersten Gruppenvergleich – EG/KG – werden Experimental- und Kontrollprobanden verglichen, im zweiten Vergleich die Vollteilnehmer der Sozialtherapie (VdS) mit den Kontrollprobanden. Vollteilnehmer sind diejenigen Experimentalprobanden, die in die sozialtherapeutische Anstalt aufgenommen und nicht vorzeitig in den Regelvollzug rückverlegt wurden (Rückverlegte, Abbrecher der Sozialtherapie (AdS)).

Die Koeffizienten der Tabelle sind sogenannte Effektstärken. Sie zeigen an, ob und in welchem Grad die sozialtherapeutische Behandlung den Merkmalsbereich günstiger (»positiver Effekt«) oder ungünstiger beeinflußt (»negativer Effekt«) als das, was im Regelvollzug geschieht.

Die Effektstärken sind Korrelationskoeffizienten zwischen dem Merkmal (Beispiel: selbstberichtete Delinquenz) und der Gruppenvariable (Beispiel: EG/KG). Effektstärken können bei alternativen Merkmalen mit ausreichender Genauigkeit als Differenz in Prozentpunkten interpretiert werden[8].

Bei den Maßnahmen, den Persönlichkeitsmerkmalen und den Merkmalen der sozialen Situation sind die Tabellenwerte Durchschnittswerte der Effektstärken aus jeweils vielen Einzelmerkmalen. In der Spalte »netto« wurde die Differenz zwischen den Beträgen der positiven und negativen Effektstärken des Merkmalsbereichs gebildet und durch die Zahl der Merkmale dividiert[9]. In der Spalte »pos«

---

7   Aus Platzgründen werden die Erläuterungen der in den Tabellen verwendeten Abkürzungen und Begriffe jeweils in der Legende derjenigen Tabelle eingeführt, in der sie zum ersten Mal erscheinen, sofern noch keine Definition im Text vorliegt. Die Erläuterungen gelten für alle folgenden Tabellen.

8   Beispielsweise geben in der Nachbefragung, zwei Jahre nach der Entlassung aus der Haft, 28% der Kontrollprobanden an, wieder ein Delikt begangen zu haben, aber nur 24% der Vollteilnehmer. Die Differenz von vier Punkten manifestiert sich im Vergleich VdS/KG als Effektstärke bzw. Korrelationskoeffizient von .04.

9   Dies ergibt, wie ich meine, eine ausgewogene Betrachtung des Effektes der Sozialtherapie.

wurde die Summe aller positiven Effekte der Sozialtherapie gebildet und durch die Zahl der Merkmale mit positiven Effekten dividiert (»positiver Blick«)[10].

Der Vergleich »Vollteilnehmer gegen Kontrollprobanden« (VdS/KG) begünstigt die Sozialtherapie, weil die Rückverlegten oft ungünstiger abschneiden als selbst die Kontrollprobanden. Dieser Vergleich markiert insoweit die oberste Grenze des sozialtherapeutischen Erfolgs und der Vergleich EG/KG eine untere Grenze.

Alles in allem ist der Effekt der Sozialtherapie ausweislich des bisher vorliegenden Auswertungsstandes gering bis sehr gering. Zudem passen die Ergebnisse zu den verschiedenen Merkmalsbereichen recht gut zusammen. Bei den Legalkriterien ergibt selbst die denkbar günstigste Perspektive (selbstberichtete Delinquenz, VdS/KG, pos) lediglich vier Prozentpunkte zugunsten der Sozialtherapie und auch im solidesten Vergleich – EG/KG – läßt sich weder für die Wiederinhaftierung noch für die selbstberichtete Delinquenz auch nur der Hauch einer Tendenz zugunsten der Sozialtherapie erkennen.

Nicht viel anders ist das Bild bei den Persönlichkeitskriterien (Skalen des Freiburger Persönlichkeitsinventars FPI[11]). Relativ günstig präsentieren sich dagegen die Kriterien der sozialen Situation (fünf bis 15 Effektpunkte), die etwa zwei Jahre nach der Entlassung erfaßt wurden. Jedoch läßt zur Zeit nichts darauf schließen, daß dieser Effekt einen Effekt auf die Legalkriterien hat. Ähnliches gilt für den Bereich der Maßnahmen.

Alles in allem: Die sichtbaren Effekte der Sozialtherapie sind nach dem bisherigen Auswertungsstand allenfalls gering.

Ich denke, daß beim gegenwärtigen Auswertungsstand[12] zwei Ziele Vorrang haben:

* *die Ergebnisse zur Kriterienseite (»Erfolg«?) nach Breite und Tiefe auszubauen*
  - differenziertere Auswertung des Kriteriums »Legalverhalten«; breitere Grundlage bei den Persönlichkeitskriterien durch Einbeziehen eines weiteren Verfahrens (Gießen-Test)
  - Untersuchung der Entwicklung der Effektstärken im Persönlichkeitsbereich im Längsschnitt der vier Wellen
* *und theoretische Grundlagen zur Einstufung und Integration einzelner Evaluationsergebnisse zu diskutieren.* Hier sind v.a. zwei Fragen offen:

---

10 Der Begriff »positiver Effekt« im Sinne der Effektstärkenberechnung bedeutet, daß der Korrelationskoeffizient einen Zusammenhang in der im Falle eines sozialtherapeutischen Erfolgs erwarteten Richtung aufweist. Zeigt sich der Zusammenhang in der entgegengesetzten Richtung, wird von einem »negativen Effekt« gesprochen. Demnach können – je nach Polung der Merkmale – sowohl Koeffizienten mit positivem als auch negativem Vorzeichen einen positiven bzw. negativen Effekt dokumentieren.

11 Fahrenberg u.a., 1984.

12 In der Substanz zur Effizienz der Sozialtherapie hält dieser schon jetzt einem Vergleich mit dem dickleibigen Abschlußbericht meiner Studie zu Berlin-Tegel (Ortmann, 1987) stand.

- Welche Gruppenvergleiche werden wie für die Evaluation gewichtet?
- Welcher Zusammenhang besteht zwischen Änderungen (Effekten) im Persönlichkeitsbereich und Änderungen im Legalverhalten?

4. Evaluationsergebnisse im Querschnitt

4.1 Zur selbstberichteten Delinquenz (4. Welle, zwei Jahre nach Entlassung)

Die Differenzierung nach Prävalenzen und Inzidenzen sowie die Berücksichtigung der Kategorie der Bagatelldelikte (s. Tabelle 2) ändert das bisherige Ergebnisbild[13] für den Vergleich EG/KG nicht: Es wird allenfalls ein sehr, sehr schwacher negativer Effekt der Sozialtherapie sichtbar. Beim Vergleich der Vollteilnehmer mit den Kontrollprobanden erscheint jedoch mit .15 – also etwa 15 Prozentpunkten – für die Inzidenz aller Delikte ein recht starker und zudem signifikanter ($p \leq .05$) Effekt zugunsten der Sozialtherapie. Ihm steht aber im Vergleich Therapieabbrecher/Kontrollgruppe (AdS/KG) ein mit -.20 sehr starker negativer Effekt der Sozialtherapie gegenüber.

Tabelle 2: *Evaluation: Selbstberichtete Delinquenz (SRD) bis zur vierten Welle – Effektgrößen (Korrelationen) –*

	EG/KG N=70/80		VdS/KG N=46/80		AdS/KG N=24/80	
	r_m	p	r_m	p	r_m	p
Häufigkeit der Personen (alle Delikte)[p]	.00	.48	.04	.33	-.05	.29
Häufigkeit der Personen (ohne Bagatelldelikte)[p]	.01	.44	.01	.46	.02	.44
Häufigkeit der Delikte (alle Delikte)[i]	-.03	.35	.15	.05	-.20	.02
Häufigkeit der Delikte (ohne Bagatelldelikte)[i]	-.04	.30	.09	.16	-.17	.04
Mittelwerte der Korrelationen	-.02		.07		-.10	

SRD = self-reported delinquency; selbstberichtete Delinquenz; [p] = Prävalenzen; [i] = Inzidenzen; r_m = Effektgröße; Produkt-Moment-Korrelation; p = Irrtumswahrscheinlichkeit; Polung der Gruppenvergleiche: 1. Gruppe - niedriger Wert / 2. Gruppe - hoher Wert; Polung der Merkmale: nein - niedriger Wert / ja - hoher Wert.

Dies zusammen läßt, wie ich meine, darauf schließen, daß der Vergleich VdS/KG in diesem Fall ein viel zu positives Bild der Sozialtherapie zeichnet.

---

13 Nur die erste Ergebniszeile der Tabelle 2 zur selbstberichteten Delinquenz (etwa zwei Jahre nach der Entlassung) ging in die zusammenfassende Tabelle 1 des letzten Abschnitts ein.

4.2 Zur Persönlichkeit (Gießen-Test, 3. Welle, kurz vor Entlassung)

Die Aussagen zu den Effektstärken im Persönlichkeitsbereich stützten sich bisher nur auf das Freiburger Persönlichkeitsinventar FPI. Ergibt ein anderes Verfahren – der Gießen-Test[14] – ein anderes oder das gleiche Bild?

Egg (1979a, 1979b) hat für seine Evaluationsstudie zur Sozialtherapie gleichfalls das FPI und den Gießen-Test gewählt. Die höchsten Effektstärken im FPI entfallen bei ihm auf FPI-1 (»Nervosität«) mit .19 und auf FPI-3 (»Depressivität«) mit .18[15]. Die höchste Effektstärke im Gießen-Test liegt dagegen bei .31 (Skala 1 »soziale Resonanz«).

Tabelle 3:   Evaluation: Effektstärken im Gießen-Test (3. Welle)

	α	R	Vor	EG/KG N=90/89 r_m	p	VdS/KG N=55/89 r_m	p	AdS/KG N=35/89 r_m	p
GTS-1: soziale Resonanz	.67	.52	-	-.11	.07	-.23	.00	.05	.29
GTS-2: Dominanz	.33	.49	-	.14	.04	.16	.03	.08	.18
GTS-3: Kontrolle	.34	.28	+	.01	.45	-.04	.31	.09	.17
GTS-4: Grundstimmung	.45	.62	+	.06	.22	.12	.08	-.04	.32
GTS-5: Durchlässigkeit	.69	.62	+	.07	.18	.11	.09	.00	.50
GTS-6: soziale Potenz	.48	.56	+	.01	.44	.04	.32	-.03	.38
mittlerer positiver Effekt				.05		.13		.05	
mittlerer negativer Effekt				.14		.10		.05	
mittlerer Nettoeffekt			+	.02		.05		-.02	

α = interne Konsistenz, Cronbach-Alpha; R = Multiple Korrelation ($R_{(adjusted)}$) mit den FPI-Skalen der 3. Welle; Vor = erwartetes Vorzeichen für den Gruppenvergleich (EG/KG), falls Sozialtherapie einen positiven Effekt hat; schattiert: Werte in erwarteter Richtung mit einem Betrag von .10 oder höher; fett: Werte entgegen der erwarteten Richtung mit einem Betrag von .10 oder höher.

Nach der ersten Ergebnisspalte (α) der Tabelle 3 ist die Meßgenauigkeit der sechs Skalen im Drittest, kurz vor Entlassung, für vier Skalen (2, 3, 4, 6) völlig unzureichend[16]. Dennoch gibt es beträchtliche Gemeinsamkeiten mit dem FPI[17].

---

14 Von Beckmann, D., Brähler, E. & Richter, H.-E. (1983).
15 Die für Egg genannten Effektstärken stammen von Lösel u.a. (1987, S. 169).
16 Schon in meiner Berliner Studie war der Gießen-Test testmethodisch unzureichend. Er wurde deshalb auch nicht inhaltlich ausgewertet (s. Ortmann, 1987). Egg teilt allerdings zufriedenstellende Konsistenzkoeffizienten mit (Egg, 1979a, S. 387). Jede Gießen-Test-Skala hat lediglich sechs Items. Nach meiner Erfahrung ist es außerordentlich schwierig, mit so wenigen Items für nicht leicht zu fassende Konstrukte (z.B. »Dominanz«) stabil-gute testmethodische Resultate zu erreichen.
17 Multiple Korrelation jeder Gießen-Test-Skala mit den FPI-Skalen 1 bis 9.

Im wichtigsten Vergleich – EG/KG – dominieren ein positiver Effekt (-.11, Skala 1 »soziale Resonanz«) und ein negativer Effekt (.14, Skala 2 »Dominanz«), der zudem der einzige statistisch bedeutsame ist, während der mittlere Nettoeffekt, für den die negativen Effekte von den positiven subtrahiert werden, bei .02, also bei zwei Prozentpunkten liegt. Effektstärken, die in der Nähe des von Egg berichteten liegen, sind nicht vorhanden. Für den Vergleich VdS/KG liegt der mittlere Nettoeffekt bei fünf Punkten. Das ändert das durch das FPI vorgegebene Bild überhaupt nicht.

Wegen der geringen internen Konsistenz, der Gemeinsamkeit zum FPI und der unveränderten Ergebnislage liegt die Entscheidung nahe, den Gießen-Test für die Evaluation nicht weiter zu berücksichtigen.

5. Exkurs zur Zusammenfassung von Einzelergebnissen der Evaluation

5.1 Legalverhalten und Persönlichkeit: Woher nimmt man die Kriterien zur Beurteilung einer »erfolgreichen« Persönlichkeitsveränderung?

Im letzten Abschnitt wurden zum Persönlichkeitsbereich Effektstärken von .14 (eigene Studie) bis .31 (Studie von Egg, 1979a, 1979b) genannt. In der Zusammenfassung der Tabelle 1 erscheinen für die Zwischenkriterien (Persönlichkeit, soziale Situation) Koeffizienten bis .15. Ist das nun viel, ist das nun wenig? Woher könnte man die Kriterien zur Beurteilung nehmen?

Nach der Logik des sozialtherapeutischen Prozesses, dem die Logik der Evaluationsforschung folgen muß, sollen mit sozialtherapeutischen Maßnahmen Merkmale an oder im Umfeld des Inhaftierten (»Zwischenkriterien«) verändert werden, die sein Legalverhalten nach der Entlassung beeinflussen (s. Schaubild 2).

Schaubild 2: Logik der Evaluationsforschung

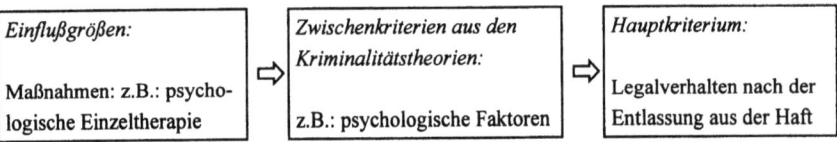

Danach bemißt sich der Erfolg letztlich am veränderten Legalverhalten. Deshalb müssen, wie ich meine, die Änderungen in den Zwischenkriterien – z.B. der Persönlichkeit – anhand der Änderungen »geeicht« werden, die sie im Legalverhalten bewirken. Die wichtigste Frage lautet hier, wieviele Effektpunkte bei den Zwischenkriterien benötigt werden, um beispielsweise ein verbessertes Legalverhalten von zehn Effekt- bzw. Prozentpunkten zu erreichen. Dabei darf – einen guten Untersuchungsplan vorausgesetzt – angenommen werden, daß alle Verbesserungen im Legalbereich »irgendwie« durch Sozialtherapie erreicht wurden und sich »irgendwo« auch in Zwischenkriterien niederschlagen.

Hat nun eine Studie z.b. zehn Effektpunkte bei den Zwischenkriterien (etwas kurz: »Persönlichkeitspunkte«), kann man dann schließen, daß diese zehn »Persönlichkeitspunkte« auch zehn »Legalpunkte« bewirken, also ein »Legalpunkt« einen »Persönlichkeitspunkt« benötigt?

Nein, es werden wesentlich weniger sein, denn

• nicht jedes erfaßte Zwischenkriterium (Persönlichkeitsmerkmal) hat einen Kausaleinfluß auf das Legalverhalten

• bei weitem nicht alle theoretisch relevanten Zwischenkriterien werden in einer Studie erfaßt

• jede Messung ist fehlerbehaftet, z.T. sogar beträchtlich (s. letzter Abschnitt). Aber auch die Fehler ergeben Effektpunkte.

Daraus folgt:

• Die zehn »Legalpunkte« sind die Folge einer größeren, vermutlich wesentlich größeren Zahl von »Persönlichkeitspunkten« als sie tatsächlich in der Studie ausgewiesen werden.

• Demnach müssen die ausgewiesenen »Persönlichkeitspunkte« durch eine Zahl, die größer ist als 1, dividiert werden (Korrektur-, Umrechnungsfaktor), bevor sie anzeigen, wieviele »Legalpunkte« man nunmehr erwarten kann, wieviel Legalverhalten in ihnen enthalten ist.

Wie groß wird der Umrechnungsfaktor etwa sein? Hier sind nur grobe Schätzungen möglich, aber es gibt Anhaltspunkte:

• Mehr als die Hälfte des theoretisch Relevanten wird man wahrscheinlich bei den Zwischenkriterien kaum erfassen können.

• In der eigenen Studie liegen die multiplen Korrelationen zwischen den Zwischenkriterien (als unabhängige Variablen) und der selbstberichteten Delinquenz etwa zwischen .30 und .40[18].

• In der Meta-Analyse von Lipsey (1992), in der für 397 Studien – davon 294 (74%!) mit einem experimentellen Design[19]- Effektstärken berechnet wurden, liegen die Effektstärken bei den »psychological measures« bei .135, bei den »delinquency measures« aber nur bei .05. Das entspricht einem Verhältnis von 2.7:1[20].

---

18 S. Ortmann, 1994.
19 A.a.O., S. 135.
20 A.a.O., S. 140. Für andere Kategorien ist das Verhältnis aber niedriger, wenn auch – mit einer Ausnahme – größer als 1. Jedoch tragen – natürlich – auch die anderen Kategorien zum Legalverhalten bei.

Ich schätze deshalb, daß der Korrekturfaktor zwischen zwei und vier liegen könnte, so daß etwa zwei bis vier »Persönlichkeitspunkte« einen »Legalpunkt« ergeben könnten[21]. Für ein um zehn Punkte verbessertes Legalverhalten würde man demnach 20 bis 40 Punkte bei den Zwischenkriterien benötigen.

5.2 Auf welche Gruppenvergleiche sollte sich die Einschätzung des Erfolgs sozialtherapeutischer Behandlung stützen?

Ich möchte nun die Frage erörtern, wie die Ergebnisse der Vollteilnehmer bei der Evaluation gewichtet werden könnten. In etwas allgemeinerer Form lautet die Frage, welche Gruppenvergleiche für die zusammenfassende Evaluation des Effektes der Sozialtherapie durchgeführt werden sollten und mit welchem Gewicht die Ergebnisse der Einzelvergleiche in das zusammenfassende Ergebnis eingehen. Das zusammenfassende Ergebnis ist wichtig, weil man nach der Beschäftigung mit Einzelergebnissen schon wissen möchte, was die Sozialtherapie eigentlich insgesamt gebracht hat. Dazu habe ich mich bisher nur insoweit verbindlich geäußert, daß der Vergleich der Experimental- mit den Kontrollprobanden die untere Grenze und der Vergleich der Vollteilnehmer mit den Kontrollprobanden die obere Grenze des Erfolgs markiert. Dabei zeigen die Ergebnisse, daß die Spannweite, die durch diese beiden Grenzpunkte bestimmt wird, so groß sein kann, daß sie von »kein Erfolg, Mißerfolg« bis »Erfolg« reicht. Das ist natürlich eine unbefriedigende Situation.

Klar ist, wie ich meine, daß der Vergleich aller Experimentalprobanden mit den Kontrollprobanden – EG/KG – unverzichtbar ist. Er beschreibt die faktische Situation der Sozialtherapie, nach der alle Experimentalprobanden durch die aufnehmenden sozialtherapeutischen Anstalten als geeignet eingestuft wurden und auch Sozialtherapie erhalten, wenn auch in unterschiedlicher Intensität: Die Vollteilnehmer erhalten das volle Programm der Sozialtherapie und die Therapieabbrecher, die Rückverlegten, nicht.

Verständlich ist bei diesem Sachverhalt auch, daß viele den Vergleich der Vollteilnehmer mit den Kontrollprobanden – VdS/KG – für unverzichtbar halten, denn

---

21   In der Meta-Evaluation von Lösel u.a. (1987) werden die Effektstärken der Studien mit Persönlichkeitskriterien und Legalkriterien einfach ohne jede Umrechnung addiert, ein Punkt, den ich in meiner Kritik an der Meta-Evaluation behandelt habe. Das eine sind Äpfel, das andere sind Birnen. Lösel u.a. (1987) präsentieren 10,6 ›Legalpunkte‹ und 11,5 ›Persönlichkeitspunkte‹ (a.a.O., S. 222 f.) (Lösel, 1994, S. 19: 12 Legal-, acht Persönlichkeitspunkte). Daraus folgt, wie ich denke: Entweder wird hier der Effekt durch die Legalbewährungsstudien drastisch überschätzt oder durch die Persönlichkeitsstudien drastisch unterschätzt. Zur Kritik der Meta-Evaluation von Lösel u.a. (1987) siehe Ortmann, 1992a, 1992b.

die Vollteilnehmer haben ja mehr Sozialtherapie erhalten als die Abbrecher. Ich teile diese Auffassung. Dennoch muß man sich entscheiden, wie man den Vergleich im Detail durchführt und wie man ihn für die zusammenfassende Evaluation gewichtet. Dabei sehe ich zwei Probleme:

Das erste Problem entsteht bei der Frage, ob man seine zusammenfassende Auffassung zum belegten Erfolg der Sozialtherapie nur auf den Vergleich der Vollteilnehmer mit den Kontrollprobanden stützen darf, den Vergleich EG/KG und damit auch den Vergleich AdS/KG also gar nicht berücksichtigt. Für diese Position könnte man das Argument vorbringen, daß das sozialtherapeutische Programm erst wirkt, wenn es voll zur Anwendung kommt. Die hier zugrundeliegende Annahme ist, daß erstens ein Schwellenwert an Maßnahmen erreicht werden muß, der zweitens erst durch das volle Programm erreicht werden kann und daß drittens das Nichterreichen dieses Schwellenwertes überhaupt nichts bewirkt.

Das ist nicht meine Auffassung. Ich stelle mir die Beziehung zwischen dem Behandlungserfolg und der Intensität der Maßnahmen stetig vor, wobei aber durchaus Schwellen oder Sprungstellen vorhanden sein können, nur eben nicht nach einem einzigen Alles-Oder-Nichts-Prinzip. Aber selbst wenn diese Vorstellung falsch sein sollte, selbst wenn Sozialtherapie sozusagen theoretisch nur bei den Vollteilnehmern wirken kann, würde ich fordern, daß sich dies auch im Vergleich EG/KG niederschlägt, denn von der Experimentalgruppe sind ja im Regelfall mindestens die Hälfte der Probanden Vollteilnehmer.

Von dieser Forderung kann man nach meiner Einschätzung nur abrücken, wenn man annimmt, daß Sozialtherapie einerseits nur bei den Vollteilnehmern wirkt und anderseits, auf welchem Weg auch immer, bei den Abbrechern schadet. In diesem Falle würde der Erfolg bei den Vollteilnehmern im Vergleich EG/KG versteckt bleiben können. Versteckt der Vergleich EG/KG jedoch dieserart den Erfolg, dann hat man ja auch einen Mißerfolg bzw. einen direkten Schaden der Sozialtherapie und ich denke, daß auch der in einer zusammenfassenden Evaluation gewichtet werden muß. Deshalb wäre der Vergleich EG/KG auch bei Gültigkeit dieser Annahmen durchaus aussagekräftig und unverzichtbar.

Auch halte ich es für falsch, eine zusammenfassende Aussage zum Erfolg der Sozialtherapie nur auf den Vergleich der Vollteilnehmer mit den Kontrollprobanden zu stützen oder präziser: auf den Vergleich VdS/KG. Meine Bedenken gelten einerseits der Ausklammerung des weniger Positiven, das im Vergleich der Abbrecher gegen die Kontrollgruppe sichtbar wird, anderseits aber auch der Validität, die der Kennwert VdS/KG zur Einschätzung des Erfolgs bei den Vollteilnehmern hat. Ich möchte damit sagen, daß der Vergleich VdS/KG zur Einschätzung des sozialtherapeutischen Erfolgs, der bei den Vollteilnehmern erreicht wurde, ungeeignet ist.

Denn das zweite Problem ist, daß die Gruppe der Vollteilnehmer entsteht, indem aus der Gruppe der Experimentalprobanden Probanden nicht zufällig, sondern – vermutlich systematisch – durch Rückverlegung ausgeschieden werden. Deshalb ist die Annahme, die vorhandene Kontrollgruppe sei auch im Vergleich mit den Vollteilnehmern nach wie vor als Kontrollgruppe geeignet, nicht haltbar. Haltbar wäre sie nur dann, falls man belegen könnte, daß sich Vollteilnehmer und Kontrollgruppe nicht schon vor Aufnahme der sozialtherapeutischen Behandlung für die Vollteilnehmer systematisch unterscheiden. Rückverlegungen geschehen jedoch systematisch. Das belegt auch die Tabelle 4.

Tabelle 4: *Persönlichkeitskriterien (FPI) zur ersten Welle und Rückverlegung nach der ersten Welle – Korrelationen –*

	FPI-1	FPI-2	FPI-3	FPI-4	FPI-5	FPI-6	FPI-7	FPI-8	FPI-9	FPI-N
Vor	+	+	+	+	-	-	+	+	+	+
r_m	.11	.12	-.03	.10	.04	-.17	.17	-.07	-.05	.01
p	.15	.11	.39	.15	.35	.04	.04	.23	.32	.46

$N_{(nicht\ rückverlegt)}$ = 59; $N_{(rückverlegt)}$ = 44; *mittlerer positiver Effekt* = .11; *mittlerer negativer Effekt* = .05; *mittlerer Nettoeffekt* = .05

Hier werden Experimentalprobanden, die *nach* Erhebung der ersten Welle (etwa zwei Monate nach Aufnahme der Experimentalprobanden in die sozialtherapeutische Anstalt) rückverlegt wurden (N=44) hinsichtlich von Persönlichkeitsmerkmalen der ersten Welle mit Experimentalprobanden verglichen, die nicht rückverlegt wurden, also Vollteilnehmer sind. Die Koeffizienten sind Effektstärken (Korrelationskoeffizienten). Betrag und Vorzeichen der Koeffizienten belegen, daß die Rückverlegung bevorzugt Probanden betrifft, die bereits vor der Rückverlegung in denjenigen Merkmalen die relativ ungünstigeren Ausprägungen haben, die als Kriterien des Erfolgs sozialtherapeutischer Behandlung dienen. Wäre die geprüfte Einflußgröße hier nicht die Rückverlegung (versus nicht rückverlegt), sondern die sozialtherapeutische Behandlung (versus im Regelvollzug verblieben), würde man anhand der Effektstärken einen »Erfolg« der Sozialtherapie diagnostizieren.

Es gibt also ziemlich deutliche Belege, daß der Vergleich »Vollteilnehmer gegen Kontrollgruppe« (präziser: VdS/KG), den Erfolg der Sozialtherapie – z.T. recht beträchtlich – überschätzen kann. Das heißt nun, daß man die Frage, welche Wirkung Sozialtherapie bei den Vollteilnehmern hat, nicht anhand des Vergleichs VdS/KG beantworten kann. Dies gilt, wie ich meine, auch für diejenigen Kolleginnen und Kollegen, die meiner Auffassung nicht folgen und den Erfolg der Sozialtherapie allein mit der Teilgruppe der Vollteilnehmer beurteilen möchten. Was benötigt wird, ist ein korrigierter Wert für die Vollteilnehmer, aus dem der Effekt der Rückverlegung soweit wie möglich beseitigt wurde, so daß das bessere Abschneiden der Vollteilnehmer gegenüber den Kontrollprobanden auch als mutmaßliche Wirkung der sozialtherapeutischen Intervention bei den Vollteilnehmern interpretiert werden kann.

In der Praxis der Evaluationsforschung werden verschiedene Wege beschritten, den Erfolg der Sozialtherapie zusammenfassend zu evaluieren. Rasch & Kühl (1978), die die erste und bisher einzige der veröffentlichten Studien zum Effekt der Sozialtherapie mit einem experimentellen Design haben, stützen sich nur auf den Vergleich EG/KG, bei dem die Rückverlegten in der Untersuchungsgruppe bleiben. Genauso verfährt Rehn (1979a) bei seinen »matched-pairs-Analysen«. Egg (1979a, 1979b) hat dagegen die Rückverlegten in der Wiederholungsuntersuchung nicht erfaßt. Seine zusammenfassenden Ergebnisse zum Erfolg der Sozialtherapie beruhen also auf dem Vergleich VdS/KG[22]. Auch Waxweiler (1980) berechnet, bedingt durch den Plan seiner Untersuchung, nur den Vergleich VdS/KG.

Mich wundert es deshalb nicht, daß nach der Meta-Evaluation von Lösel u .a. (1987), in der der Erfolg der Sozialtherapie für die bis dahin vorliegenden Studien anhand der Effektstärken ermittelt wird, die »... besten drei Einzelergebnisse« (a.a.O., S. 220) gerade in den Arbeiten von Egg (.36) und Waxweiler (.31) erscheinen.

Lösel u.a. (1987) selbst berechnen die durchschnittliche Effektstärke für eine Arbeit aus den Vergleichen EG/KG und VdS/KG, wobei die zwei Einzelergebnisse gemittelt werden. Meines Erachtens führt das, wie ich in der veröffentlichten Kritik begründet habe, zu einer deutlichen Überschätzung des Erfolgs der Sozialtherapie. Im Ergebnis heißt das auch, daß der Vergleich VdS/KG zweifach in das Gesamtergebnis eingeht, denn er ist ja auch schon Teil des Vergleichs EG/KG[23].

---

22 Egg hat in der Erstbefragung 140 Probanden (52 EG und 88 KG) und in der Zweitbefragung 98 (37 EG und 61 KG) (s. Egg, 1979a, S. 249). Rückverlegt wurden elf Probanden. Ausgewertet wurden alle Fragebögen mit verwertbaren Erst- und Zweittest. Das sind 91 Probanden (35 EG und 56 KG), so daß 35% der Probanden unberücksichtigt bleiben (a.a.O., S. 362). Diese hohe Ausfallquote in relativ kurzer Zeit (Zweittest neun Monate nach Ersttest) ist bedenklich, zumal nicht geprüft wird, ob und wie sich die 49 unberücksichtigten Probanden von den berücksichtigten im Ersttest unterscheiden (die mitgeteilten Statistiken beziehen sich nur auf die 91 Probanden) und auch keine sonstigen statistischen Berechnungen zur Eindämmung des Effektes der Ausgangsunterschiede durchgeführt werden, was beim nichtexperimentellen Untersuchungsplan der Studie zu völlig unüberschaubaren Fehldeutungen führen kann.

23 Ein weiterer Punkt meiner veröffentlichen Kritik an der Meta-Evaluation besagt, daß eine Untersuchung mit einer einzigen Kontrollgruppe auch dann eine einzige Untersuchung bleibt, wenn die Auswertung sinnvoll nach Teilgruppen differenziert. Zum Beispiel hat Dünkel (1980) die Sozialtherapie der JVA-Berlin-Tegel nach den drei verschiedenen sozialtherapeutischen Modellen, die in Berlin praktiziert werden, ausgewertet. Diese Differenzierung ist natürlich sinnvoll. In der Meta-Evaluation von Lösel u.a. (1987) geht die Untersuchung von Dünkel in das Gesamtergebnis jedoch mit drei Studien ein, je eine für jedes Behandlungsmo-

Ich komme nun zu dem Versuch, für den Erfolg der Vollteilnehmer eine gute Schätzung zu finden[24]:
Zur Veranschaulichung wird an dieser Stelle die Ergebniszeile 3 der Tabelle 2 mit den Effektstärken für die Häufigkeit aller Delikte noch einmal dargestellt.

	EG/KG		VdS/KG		AdS/KG	
	r_m	p	r_m	p	r_m	p
Häufigkeit der Delikte (alle Delikte)	-.03	.35	.15	.05	-.20	.02

Für den Vergleich AdS/KG ergibt sich die Effektstärke -.20, so daß die Therapieabbrecher etwa um 20 Punkte schlechter abschneiden als die Kontrollprobanden. Warum ist das so?

Fall 1: Die Therapie hat bei den Abbrechern überhaupt nichts verändert (keine positiven, keine negativen Effekte). In diesem Fall hat der Unterschied in gleicher Größe schon vor Aufnahme der Sozialtherapie bestanden.

Fall 2: Die Therapie hat bei den Abbrechern geschadet (negative Effekte), wobei man nicht weiß, ob dies den Gesamtbetrag von -.20 betrifft. In diesem Fall ist der Gesamtbetrag von -.20 eine Kombination aus Rückverlegungs- und (negativem) Behandlungseffekt.

---

dell. Ähnlich wird bei Waxweiler (1980) (drei Studien) und Rehn (1979a, 1979b) bzw. Rehn & Jürgensen (1983) (vier Studien) verfahren. Das erhöht die Zahl der Studien ganz gewaltig und erweckt den Eindruck, es lägen 16 unabhängige Arbeiten vor, während es tatsächlich nur acht sind. Und außerdem haben, wie es der Zufall so will, die Autoren mit »mehreren Studien« auch noch überdurchschnittlich hohe Effektstärken, so daß der Gesamteffekt aller Studien durch differenzierte Mehrfachgewichtung einzelner Studien in die Höhe getrieben wird.
Offenbar hat meine Kritik an diesem Verfahren Lösel überzeugt, denn in seiner neuesten mir bekannten Arbeit zu dem Thema (Lösel, 1994) tauchen Dünkel, Waxweiler und Rehn bzw. Rehn und Jürgensen in der entscheidenden Zusammenfassung nur mit je einer Arbeit auf (die »Studien« eines Autors werden vor der Addition über die Autoren gemittelt).
Überträgt man nun dieses (korrekte) Verfahren von Lösel (1994) auf die Legalbewährungsstudien in Lösel u.a. (1987), so hat man zunächst nicht mehr neun Studien, sondern lediglich vier Untersuchungen. Für die ›Untersuchung‹ von Rehn (1979) bzw, Rehn & Jürgensen (1983) ergibt sich die Effektstärke von 12.0%, für Dünkel (1980) 13.6%, für Dolde (1981/82) 4.9% und für Rasch & Kühl (1978) 3.2%. Das ist natürlich ein sehr inkonsistentes Ergebnis und die Behauptung des sozialtherapeutischen Erfolgs wird von gerade zwei Autoren getragen. Die zusammenfassende Effektstärke – das ungewichtete Mittel der vier Werte – sollte von 10.6% auf 8.4% sinken. Interessanterweise steigt sie aber nach dem Verfahren von Lösel (1994) auf 12.7%, weil Lösel (1994) noch andere Änderungen eingeführt hat, die den Verlust an Effektstärke, der aus der Berücksichtigung meines Kritikpunktes folgt, mehr als ausgleichen. Die neuen Verfahrensschritte, die zur Anhebung der Effektstärke für die Legalbewährungsstudien in Lösel u.a. (1987) von 8.4% auf 12.7% führen, bewirken also eine Erhöhung der Effektstärke um 51%!

24 Das vorgeschlagene Korrekturverfahren ging aus Diskussionen mit Dr. Grundies hervor.

Fall 3: Therapie hat auch bei den Abbrechern positive Effekte. In diesem Fall unterscheiden sich die Abbrecher *vor* Aufnahme der Behandlung von der Kontrollgruppe noch stärker negativ als zu -.20.

Nimmt man nun für alle drei Fälle an, daß der Negativeffekt von -.20 aus dem Vergleich AdS/KG so oder stärker schon vor Aufnahme der Sozialtherapie vorhanden war, macht man in den Fällen 1 und 3 keinen Fehler. Im Fall 2 jedoch überschätzt der Vergleich den Ausgangsunterschied (vor Beginn Sozialtherapie) um so stärker, je kräftiger die negative Wirkung der Sozialtherapie bei den Abbrechern ist. Im Extremfall ist der Gesamtbetrag von -.20 ein Negativeffekt der Sozialtherapie, indem es gar keine Ausgangsunterschiede zwischen den betrachteten Gruppen gab. In diesem Fall 2, der mir allerdings eher unwahrscheinlich zu sein scheint, ist der Vergleich EG/KG durchaus korrekt und eigentlich sogar unverzichtbar. Allerdings ist im genannten Extremfall auch der Vergleich VdS/KG korrekt, weil er nicht durch einen Rückverlegungseffekt begünstigt wurde. Anderseits soll die Korrektur ja überhaupt nur eingeführt werden, um valide Aussagen zum Erfolg bei den Vollteilnehmern machen zu können. Aus Gründen der Symmetrie möchte man eigentlich wünschen, daß in gleicher Weise Aussagen zum Erfolg bei den Abbrechern gemacht werden, der nun gerade beim Fall 2 besonders kritisch, nämlich negativ, ausfällt. Insofern kann man argumentieren, daß die Korrektur den Behandlungserfolg der Vollteilnehmer im Fall 2 zwar unterschätzt, dies aber eben deshalb tut, weil bei den Abbrechern negative Effekte vorhanden sind, so daß ich – alles in allem – meine, daß die Korrektur trotz der Bedenken im Fall 2 gemacht werden sollte.

Um die Aufnahme für die nun folgende Korrekturlogik zu vereinfachen, reduziere ich die Fallanalyse zur folgenden Annahme: Durch den Aufenthalt in der sozialtherapeutischen Anstalt wurde bei den Therapieabbrechern (AdS) überhaupt nichts verändert. Sie sind deshalb das geblieben, was sie waren: Eine Teilgruppe einer Kontrollgruppe.

Bei diesen Annahmen gibt es in der Kontrollgruppe eine Teilgruppe AdS_{KG}, die sich von der Kontrollgruppe so unterscheidet wie sich die Therapieabbrecher von der Kontrollgruppe unterscheiden. Von dieser Teilgruppe AdS_{KG} kann man annehmen, daß sie für den Fall, daß ihre Mitglieder Experimentalprobanden geworden wären, ebenfalls rückverlegt worden wären und gegenüber der Kontrollgruppe den Effekt -.20 hätten. Das heißt:

(1) Effektstärke(AdS_{KG}/KG)=Effektstärke(AdS/KG).

Das Komplement zu AdS_{KG} ist nun jene Teilgruppe VdS_{KG} der Kontrollgruppe, die als Experimentalprobanden Vollteilnehmer geworden wären. Diese Teilgruppe unterscheidet sich von der Kontrollgruppe so, daß der Unterschied – ausgedrückt als Effektstärke – den Unterschied aufhebt, der zwischen AdS_{KG} und Kontrollgruppe besteht, denn VdS_{KG} und AdS_{KG} ergeben zusammen die Kontrollgruppe, die sich natürlich nicht von sich selbst unterscheidet, also in diesem Vergleich mit sich selbst die Effektstärke null hat. Damit erhält man:

(2) a(Effektstärke(VdS_{KG}/KG))+(1-a)(Effektstärke(AdS_{KG}/KG))=0,

wobei a der Anteil der Vollteilnehmer an den Experimentalprobanden und (1-a) der entsprechende Anteil der Abbrecher ist (gewichtetes Mittel). Wir setzen (1) in (2) ein und erhalten:

(3) a(Effektstärke(VdS_{KG}/KG))+(1-a)(Effektstärke(AdS/KG))=0.

Für das Beispiel ist a=.66 (Anteil Vollteilnehmer) und (1-a)=.34 (Anteil Abbrecher, bei 46 Vollteilnehmern und 24 Abbrechern[25]) und Effektstärke(AdS/KG)=-.20. Das ergibt:

(4) (.66)(Effektstärke(VdS_{KG}/KG))+(.34)(-.20)=0.

Aufgelöst nach »Effektstärke« ergibt das:

(5) (Effektstärke(VdS_{KG}/KG))=0.103

Das heißt: Die Probanden der Kontrollgruppe, die, falls sie Experimentalproband *und* Vollteilnehmer geworden wären, schneiden um 10.3 Punkte besser ab als die gesamte Kontrollgruppe. Der geschätzte Korrekturwert beträgt demnach 10.3 Prozentpunkte.

Der Vergleich VdS/KG ergibt im Beispiel .15, also 15 Punkte. Er ist das Ergebnis eines Rückverlegungseffektes und eines Behandlungseffektes. Somit erhalten wir als korrigierte Schätzung für den Behandlungseffekt bei den Vollteilnehmern

(6) (VdS/KG)$_{korr}$ =(Effektstärke(VdS/KG))-(Effektstärke(VdS_{KG}/KG))
=.15-.103=0.047, also 4.7 Punkte[26].

Das ist deutlich weniger als die 15 Punkte im Vergleich VdS/KG und das belegt, daß dieser Vergleich den Effekt der Sozialtherapie bis hin zum Maßlosen überschätzen kann. Es ist aber auch deutlich mehr als im Vergleich EG/KG (-.03) und das nun belegt, was man auch erwarten möchte: das günstigere Abschneiden der Vollteilnehmer gegenüber allen Experimentalprobanden ist, sofern es auch nach durchgeführter Korrektur erscheint, vermutlich ein Therapie - und kein Selektionseffekt.

Ich frage mich nun, ob es klug ist, den Gesamteffekt der Sozialtherapie im Hinblick auf ein Merkmal aus den Ergebnissen von EG/KG und VdS/KG (korrigiert) zu ermitteln, international üblich ist es sowieso nicht. Angemessener wäre es, den Gesamteffekt nur durch den Vergleich EG/KG zu ermitteln.

Denn als zweiten, separaten Kennwert mit anderer Funktion könnte man ja das Ergebnis zum Vergleich VdS/KG (korrigiert) wählen. Mit diesem Kennwert würde

---

25 Ein Abbrecher der 71 Experimentalprobanden der vierten Welle nahm nicht mehr an der Befragung zur selbstberichteten Delinquenz teil.

26 Das Korrekturverfahren geht davon aus, daß das Verhältnis der Gruppenvarianz zu der Anzahl der Teilnehmer in der Gruppe für alle Gruppen etwa gleich ist. Kontrollen bei den Gruppen EG, VdS und AdS ergaben, daß dies in etwa anzunehmen ist und maximal ein Fehler von 3 Effektpunkten zu erwarten ist.

man allerdings nicht die faktische Effizienz der Sozialtherapie für die Teilgruppe der Vollteilnehmer beschreiben, sondern vielleicht ihr Potential und zwar unter der Voraussetzung, daß es ihr gelingt, den Anteil der Rückverlegungen drastisch zu reduzieren, indem durch verbesserte Auswahlverfahren nur Vollteilnehmer gefunden werden. Auch halte ich es für durchaus vertretbar, die Ergebnisse zu diesem zweiten Kennwert als Erfolg bei den Vollteilnehmern zu präsentieren. Gibt man ihn jedoch als Erfolg der Sozialtherapie aus, so würde ich fragen wollen, warum der Vergleich der Therapieabbrecher mit den Kontrollprobanden (AdS/KG) bei der Einschätzung des Erfolgs der Sozialtherapie unerwähnt bleibt.

Für das gleichfalls nach den Ergebnissen aussichtsreich erscheinende Merkmal »Häufigkeit der Delikte/ohne Bagatelldelikte«, das im Vergleich VdS/KG neun Punkte hat, ergibt die Korrektur

(7) $(.66)x+(.34)(-.17)=0$,

und $x=.088$ als Lösung. Der Vergleich dieses Wertes mit der Effektstärke von .09 für VdS/KG zeigt aber, daß nach der Korrektur auch bei den Vollteilnehmern kein Effekt übrig bleibt.

Damit haben wir an zwei Beispielen zwei verschiedene Wirkungen der Korrektur gesehen: (1) Auch nach der Korrektur bleibt bei den Vollteilnehmern ein Behandlungserfolg sichtbar, der zudem erkennbar größer ist als die Effektstärke zum Vergleich EG/KG und (2) nach der Korrektur ist kein Erfolg mehr vorhanden.

Am konkreten Ergebnisbild zum Kriterium der selbstberichteten Delinquenz ändern diese Betrachtungen insgesamt nicht so viel. Etwas anders sieht das aber für den korrigierten Vergleich Vollteilnehmer/Kontrollgruppe für die Inzidenzen/alle Delikte aus. Hier ergaben sich für die Vollteilnehmer 4.7 Punkte zugunsten der Sozialtherapie, während der Vergleich EG/KG noch einen negativen Effekt ergibt (-.03). Für die schwereren Delikte der Zeile 4 der Tabelle 2 (Inzidenzen ohne Bagatelldelikte) ergibt auch der korrigierte Wert für die Vollteilnehmer den Effekt null.

Für mich machen die Ergebnisse Sinn, auch wenn sie nur als Tendenz sichtbar werden. Angesichts der Ergebnisse macht es für mich auch Sinn, für die sorgfältige Trennung der Effekte zu Vergleichen EG/KG und VdS/KG$_{korr}$ zu plädieren. Sie haben, wie ich meine, beide in der Evaluation eine sinnvolle Funktion, aber eben eine verschiedene.

6. Persönlichkeitsänderungen (FPI) im Längsschnitt von vier Wellen

Die bisher zum Persönlichkeitsbereich beschriebenen Hauptergebnisse nach der zusammenfassenden Tabelle 1 beziehen sich auf die Effektstärken (»Erfolg«) in der dritten und vierten Welle (kurz vor Entlassung bzw. zwei Jahre nach der Entlassung). Es sind Gruppenvergleiche im Sinne von Querschnittsanalysen für jeweils einen Meßzeitpunkt, in denen die Testwerte vollkommen unbehandelt als »Rohwerte« – so wie sie vorliegen – verrechnet und die Ergebnisse unter der begründeten Annahme kausal interpretiert wurden, daß das experimentelle Design dies trägt.

Die Auswertung in diesem Abschnitt geht – wenn auch in konzentrierter Form – deutlich darüber hinaus.

6.1 Mittelwerte und Standardabweichungen

Tabelle 5 beschreibt anhand der Mittelwerte die Entwicklung für jede relevante FPI-Skala von der ersten bis zur vierten Welle, getrennt für die Kontroll- (KG) und Experimentalprobanden (EG) sowie die Vollteilnehmer (VdS) und die Therapieabbrecher (AdS).

Zur Eichung des Blicks für Mittelwertsunterschiede seien die folgenden Effektstärken für den Vergleich EG/KG (s. Tabelle 6) in der dritten Welle berichtet: FPI-6 (Gelassenheit), negativer Effekt von .13; FPI-5 (Geselligkeit), positiver Effekt von -.08; FPI-3 (Depressivität), positiver Effekt von .03.

Man erkennt eine starke, relativ stetig verlaufende und (mehr oder weniger) alle Gruppen betreffende Abnahme der Mittelwerte für FPI-1, -2, -3, -4, -8 und -N. Die Häftlinge werden demnach mit der Haftzeit weniger nervös, weniger aggressiv, weniger depressiv, weniger erregbar, weniger gehemmt und emotional stabiler. Den umgekehrten Trend erkennt man bei FPI-5 (Geselligkeit): Man wird mit der Haftzeit geselliger[27].

Dieser allgemeine Trend geht in die gleiche Richtung, die ein Therapieerfolg hätte, so daß sich die beiden Trends überlagern und zur Einschätzung des Therapieerfolgs getrennt werden müssen, sofern man sich dafür auf die Entwicklung im

---

27 Ein sehr ähnlicher »Zeiteffekt« hatte sich schon in meiner Studie zu Berlin-Tegel gezeigt: »Im Strafvollzug ... wird man als Insasse mit der Zeit weniger spontan aggressiv, weniger depressiv, man wird geselliger, gelassener, weniger gehemmt und emotional stabiler« (Ortmann 1984, S. 814). Einen sehr ähnlichen Trend findet man in den Mittelwerten von Rasch & Kühl (1978) für FPI-3 (Depressivität), -4 (Erregbarkeit), -7 (Dominanzstreben), -8 (Gehemmtheit) und -N (emotionale Labilität) mit besonders starker Tendenz bei FPI-3, -4 und -8 (a.a.O., S. 52). Bei Egg (1979a) gibt es schwache Tendenzen (für FPI-5, -6, -8 und -N). Die starke Ähnlichkeit des Trends in den Studien von Rasch & Kühl (1978) und mir könnte über den experimentellen Untersuchungsplan bedingt sein. Woher kommt der Trend? Möglichkeit 1: Es ist ein Gewöhnungseffekt an die Testsituation; Möglichkeit 2: Es ist ein Resozialisierungseffekt des Strafvollzugs. Ich glaube an Möglichkeit 3: Der Schock der Inhaftierung löst massive Gleichgewichtsstörungen aus, die mit der Zeit auf ein neues Gleichgewicht einschwingen. Dadurch ergeben sich besonders zu Haftbeginn sehr starke negative Effekte bei den Persönlichkeitskriterien, die mit der Haftzeit langsam abklingen, ohne das (relativ) niedrige Niveau kurz vor der Inhaftierung zu erreichen. Die Kurve könnte etwa so aussehen wie die Alters-Kriminalitätskurve (s. Ortmann, 1993).

Tabelle 5:   *FPI-Skalen: Mittelwerte und Standardabweichungen für einzelne Gruppen und für alle vier Wellen (W)*

		Mittelwerte				Standardabweichung			
		1. W.	2. W.	3. W.	4. W.	1. W.	2. W.	3. W.	4. W.
FPI_1	KG	12.0	11.6	10.0	8.7	8.3	7.8	7.6	6.9
	EG	12.7	11.8	10.1	8.4	7.6	7.5	8.3	6.2
	VdS	12.3	11.1	8.8	7.7	7.3	6.6	8.0	6.5
	AdS	13.1	12.7	12.1	9.8	8.0	8.5	8.6	5.6
FPI_2	KG	9.2	8.9	8.4	7.4	5.0	5.1	5.0	4.4
	EG	9.2	9.4	9.1	8.1	5.0	5.2	4.9	4.5
	VdS	9.0	9.0	8.8	7.4	4.6	5.1	4.4	4.1
	AdS	9.4	9.8	9.4	9.4	5.5	5.4	5.7	5.0
FPI_3	KG	16.6	14.9	13.3	11.6	6.7	6.4	6.5	6.8
	EG	17.5	15.8	12.9	11.4	7.1	7.0	6.8	6.9
	VdS	18.0	15.8	12.0	10.3	7.1	6.8	6.2	6.3
	AdS	17.0	15.9	14.4	13.5	7.1	7.2	7.4	7.5
FPI_4	KG	9.4	8.5	8.5	8.4	5.4	5.3	5.4	5.3
	EG	9.0	8.8	8.3	7.6	5.6	5.3	5.3	5.2
	VdS	8.7	9.0	8.2	7.1	5.5	5.1	5.1	4.7
	AdS	9.3	8.7	8.6	8.4	5.9	5.6	5.7	5.9
FPI_5	KG	14.9	16.1	16.3	16.4	6.9	6.5	6.3	5.8
	EG	13.6	15.4	17.4	17.6	7.0	6.6	6.6	5.8
	VdS	13.0	15.0	17.6	17.1	7.4	7.1	6.7	6.4
	AdS	14.2	16.1	17.1	18.4	6.5	5.9	6.5	4.8
FPI_6	KG	10.5	10.8	11.2	10.6	3.8	3.6	3.5	3.4
	EG	9.8	9.2	10.3	10.8	3.7	3.7	3.7	3.7
	VdS	10.3	8.9	10.0	10.9	3.8	3.5	3.4	3.4
	AdS	9.2	9.6	10.8	10.4	3.6	4.1	4.0	4.3
FPI_7	KG	7.4	7.5	7.1	7.1	4.4	4.5	4.4	4.2
	EG	7.2	7.4	6.6	6.6	4.5	4.4	4.3	4.3
	VdS	6.7	7.1	6.2	6.1	4.3	3.9	4.1	4.0
	AdS	7.8	7.8	7.1	7.5	4.8	5.0	4.6	4.8
FPI_8	KG	7.4	6.5	6.1	5.3	5.2	4.5	4.2	4.4
	EG	9.0	7.6	6.3	5.3	5.4	4.9	4.8	4.1
	VdS	9.6	7.8	6.1	5.1	5.3	4.8	4.6	3.8
	AdS	8.3	7.3	6.6	5.6	5.4	5.0	5.0	4.6
FPI_9	KG	10.3	10.1	9.8	9.6	2.9	2.9	2.8	3.0
	EG	10.6	10.7	10.2	10.0	2.4	2.4	2.7	2.4
	VdS	10.9	10.9	10.2	10.0	2.4	2.5	2.7	2.5
	AdS	10.3	10.4	10.1	10.0	2.3	2.2	2.9	2.3
FPI_N	KG	13.5	12.2	11.3	10.5	5.5	5.4	5.3	5.7
	EG	14.2	13.5	11.3	10.2	6.0	5.7	5.5	5.6
	VdS	14.3	13.8	11.0	9.4	6.0	5.6	5.2	5.0
	AdS	14.0	13.1	11.7	11.6	6.1	5.8	6.0	6.2
N	KG	110	104	89	80	110	104	89	80
	EG	103	99	88	71	103	99	88	71
	VdS	56	55	54	46	56	55	54	46
	AdS	47	44	34	25	47	44	34	25

FPI-1 = Nervosität; FPI-2 = Aggressivität; FPI-3 = Depressivität; FPI-4 = Erregbarkeit;
FPI-5 = Geselligkeit; FPI-6 = Gelassenheit; FPI-7 = Dominanzstreben; FPI-8 = Gehemmtheit;
FPI-9 = Offenheit; FPI-N = Neurotizismus.

Längsschnitt stützt. Keine leichte Aufgabe: Nehmen wir als Beispiel FPI-5 (Geselligkeit) für EG und KG:

- Für beide Gruppen nimmt die Geselligkeit zu
- Für EG ist das Wachstum größer als für KG
- EG beginnt bei kleineren Werten
- Die beiden Entwicklungslinien haben einen Schnittpunkt nach der zweiten Welle

Für die dritte Welle ergibt der Vergleich EG/KG die Effektstärke -.08 (positiver Effekt) und für die vierte Welle -.10 (positiver Effekt). An den Mittelwertsunterschieden sieht man, daß sich die beiden Gruppen von der dritten zur vierten Welle praktisch nicht verändert haben. Für die zweite und erste Welle jedoch würde der Vergleich einen negativen Effekt ergeben (von .05 bzw. .10).

FPI-4 (Erregbarkeit): In der dritten Welle haben EG und KG fast gleiche Mittelwerte (8.3 bzw. 8.5) und die Effektstärke liegt zutreffend um 0 (exakt: .01, positiv). Von der dritten zur vierten Welle verändert sich der KG-Wert kaum (von 8.5 zu 8.4) und der EG-Wert verbessert sich von 8.3 auf 7.6. Das ergibt für die vierten Welle zutreffend den positiven Effekt von .08. Die Verbesserung der EG-Werte existiert hauptsächlich bei den Vollteilnehmern (von 8.2 zu 7.1). Im Ergebnis haben die Vollteilnehmer im Vergleich zur Kontrollgruppe in der vierten Welle die Effektstärke .12 (positiv), während in der dritten Welle lediglich .02 erscheint.

Die kurze Analyse der Mittelwerte zeigt auch:

- Stärkere Verbesserungen bei EG werden im Vergleich EG/KG auch dann sichtbar, wenn diese v.a. bei den Vollteilnehmern stattfinden.
- Die Querschnittsvergleiche führen durchaus zu Ergebnissen, die im Längsschnitt nachvollziehbar sind.

Sonderentwicklungen wie kurvilineare Trends (FPI-6 (Gelassenheit), Vollteilnehmer) sind vermutlich zumindest zunächst besser »zu Fuß«, d.h. anhand relativ einfacher Statistiken, zu berücksichtigen als durch komplexere statistische Verfahren für Wiederholungsmessungen.

6.2 Entwicklung der Effektstärken im Längsschnitt der vier Wellen

Im Abschnitt A der Tabelle 6 sind die Effektstärken für den Vergleich der Experimental- mit der Kontrollgruppe für alle vier Wellen enthalten.

Der mittlere Nettoeffekt – die meines Erachtens ausgewogenste Betrachtung des Erfolgs – ist in allen vier Wellen leicht negativ. Beim Vergleich der Vollteilnehmer gegen die Kontrollgruppe (ohne Tabelle) ergibt sich eine leicht positivere Entwicklung -.05; -.08; .02; .04. Umgerechnet in Legalverhalten wären im günstigsten Fall vielleicht zwei »Legalpunkte« zu erwarten.

Im Vergleich EG/KG sind überhaupt nur fünf der insgesamt 40 Vergleiche statistisch bedeutsam, davon entfallen drei auf die zweite Welle. Alle statistisch bedeutsamen Effekte sind negative Effekte. Auffallend ist der negative mittlere Nettoeffekt von -.05 in der ersten Welle: Die Experimentalprobanden stehen im Mittel der Merkmale um fünf Punkte schlechter da als die Kontrollprobanden. Die Experimentalprobanden befinden sich während der ersten Welle bereits etwa zwei Monate in der Sozialtherapie. Es ist deshalb möglich, daß der Negativeffekt der ersten Welle schon ein Ergebnis der Sozialtherapie ist. Für diese Annahme spricht, daß sich der Negativtrend von der ersten zur zweiten Welle fortsetzt von -.05 auf -.08, wenn auch – umgerechnet in »Legalpunkte« – so gut wie kaum spürbar. Es ist aber auch möglich, daß zumindest

Tabelle 6: *Evaluation: Persönlichkeitskriterien zum Vergleich EG/KG in allen vier Wellen (W) – Effektgrößen (Korrelationen) –*

FPI		Vor	A				B			C		
			1.W.	2.W.	3.W.	4.W.	2.W.	3.W.	4.W.	2.W.	3.W.	4.W.
-1	Nervosität	+	-.04	-.02	-.01	.02	.03	.04	.06	.03	.01	-.07
-2	Aggressivität	+	.00	-.05	-.07	-.08	-.08	-.06	-.09	-.08	-.02	-.09
-3	Depressivität	+	-.07	-.07	.03	.01	-.03	.10	.04	-.03	.13	-.09
-4	Erregbarkeit	+	.03	-.04	.01	.08	-.10	-.01	.07	-.10	.09	.03
-5	Geselligkeit	-	.10	.05	-.08	-.10	-.05	-.17	-.15	-.05	-.11	.01
-6	Gelassenheit	-	.08	.22	.13	-.02	.19	.09	-.05	.18	-.03	-.09
-7	Dominanzstreben	+	.03	.01	.06	.05	-.03	.06	.04	-.03	.07	-.01
-8	Gehemmtheit	+	-.15	-.12	-.02	.00	.01	.13	.08	.01	.10	-.09
-9	Offenheit	+	-.06	-.11	-.06	-.08	-.10	-.02	-.04	-.10	.04	-.11
-N	Neurotizismus	+	-.06	-.12	.01	.03	-.11	.06	.06	-.11	.14	-.05
mittlerer pos. Effekt			.02	.01	.04	.04	.03	.09	.07	.03	.08	.06
mittlerer neg. Effekt			.08	.09	.06	.09	.09	.05	.07	.09	.02	.07
mittlerer Nettoeffekt		+	-.05	-.08	-.01	-.01	-.05	.04	.04	-.05	.07	-.04

A: Normalauswertung der Wellen; B: Herauspartialisierung der 1. Welle; C: Herauspartialisierung der jeweils vorhergegangenen Welle; statistische Tendenz (Irrtumswahrscheinlichkeit: p≤.10): ungefähr ab einem Koeffizienten mit einem Betrag von .10 oder höher.

ein Teil des Negativeffekts zufallsbedingte Ausgangsunterschiede darstellt, die dann statistisch kontrolliert werden sollten.

Führt man die statistische Kontrolle »zu Fuß« durch, indem man den Negativeffekt von -.05 durch Addition von .05 kompensiert, so erhält man für die erste bis vierte Welle im Vergleich EG/KG .00, -.03, .04, .04. Auch das wäre so gut wie kaum etwas an Erfolg.

Aus den Daten von Rasch & Kühl (1978) wie auch aus den Daten von Egg (1979a) – beide haben das FPI in ihrer Studie – kann man zum Vergleich die Effektstärken für den Ersttest berechnen (s. Tabelle 7).

Tabelle 7: *Ersttestunterschiede im FPI (Erläuterungen s. Text)*
– Effektstärken (Korrelationen) –

	Rasch & Kühl	Egg	eigene Studie
Zahl relevanter FPI-Merkmale	8	10	10
Zahl negativer Effekte	7	8	7
maximaler negativer Effekt	.08	.30	-.15
mittlerer Nettoeffekt	-.08	-.10	-.05

Bei den beiden Autoren steht also die EG im Ersttest ebenfalls schlechter da als die Kontrollgruppe.

6.3 Effektstärken der zweiten bis vierten Welle bei statistischer Kontrolle der ersten Welle

Abschnitt B der Tabelle 6 enthält die Effektstärken der zweiten bis vierten Welle für den Vergleich EG/KG, kontrolliert für Ersttestunterschiede. Die Annahme lautet hier also, daß die Ersttestunterschiede kein Effekt der Sozialtherapie sind[28] und deshalb statistisch kontrolliert werden müssen.

Die Ergebnisse sind -.05, .04 und .04 für die zweite bis vierte Welle (Vollteilnehmer gegen Kontrollgruppe: -.07; .07; .11).

Demnach hat die Kontrolle keinen Effekt auf die Ergebnisse der zweiten Welle, sie bleiben negativ. Aber im Dritt- und auch im Vierttest wird erstmals positives

---

28 Die jeweilige Variable, für die der Effekt im Zweit-, Dritt- oder Vierttest berechnet werden soll, wurde mit ihren Ersttestwerten als Kovariable in eine multiple Regression eingeführt, wobei zunächst die Kovariable und dann die Gruppenvariable in die Regression aufgenommen wurde. Der Koeffizient ist identisch mit dem, was die Kovarianzanalyse als Haupteffekt liefert. Das Verfahren über die multiple Korrelation entspricht dem einer Kovarianzanalyse, das sofort Korrelationskoeffizienten liefert. Dabei wird zunächst die Korrelation der Kovariable (z.B. Nervosität im Ersttest) sowohl aus dem Kriterium (z.B. Nervosität im Zweittest) als auch aus der Gruppenvariable (z.B. EG/KG) entfernt (auspartialisiert) und mit den »Restwerten« (Residuen) die Korrelation berechnet. Ich frage mich, ob es nicht – abweichend vom Standard – reichen würde, die Korrelation zwischen Ko- und Gruppenvariable zu beseitigen. Auch in diesem Fall (der »semipartiellen« Korrelation) wäre das gewünschte Ziel – gleiche Mittelwerte der beiden Gruppen z.B. im Ersttest – erreicht. Die »semipartiellen« Korrelationen wären dem Betrag nach um etwa 10% bis 15% kleiner als die partiellen, wobei der Unterschied mit der Korrelation von Kovariable und Kriterium (z.B. Nervosität Ersttest, Nervosität Zweittest) steigt. In dieser Studie liegen diese Koeffizienten zwischen den Skalen verschiedener Wellen zwischen .44 und .76.

Terrain erreicht, wenn auch – umgerechnet in »Legalpunkte« (vielleicht zwei) – sehr zögernd. Hält man den unkorrigierten Vergleich der Vollteilnehmer mit der Kontrollgruppe für zulässig, was mir kategorisch nicht mehr einleuchtet, so wären vielleicht drei bis vier Legalpunkte zugunsten der Vollteilnehmer zu erwarten.

6.4 Effektstärken der zweiten bis vierten Welle bei statistischer Kontrolle der vorausgehenden Welle

Die Ergebnisse der beiden letzten Abschnitte sprechen für die Hypothese, daß die Entwicklung des Erfolgs der Sozialtherapie nichtlinear verlaufen könnte. Ich möchte diese Annahme eher als Vermutung verstanden wissen, weil alle Effekte sehr schwach sind und Tendenzen, falls sie denn überhaupt da sind, eigentlich nur erahnt werden können. Ich nenne drei Punkte für die Annahme:

• Zunächst könnte Sozialtherapie einen negativen Effekt haben. Keines der hier dargestellten Ergebnisse widerspricht dieser Annahme.

• Danach könnte Sozialtherapie einen positiven Effekt haben.

• Beide Entwicklungen zusammen bestimmen den Gesamteffekt. Er ist und bleibt – wie es scheint – in dieser Studie sehr gering. Seine genaue Größe wird bei Gültigkeit der Annahmen jedoch von der genauen zeitlichen Lage der Meßzeitpunkte abhängen.

Im Sinne dieser Annahmen – die man vielleicht besser Spekulationen nennen sollte – enthält das letzte Tabellendrittel C die Effektstärken der Wellen zwei bis vier, die sich bei statistischer Kontrolle der jeweils vorangehenden Welle ergeben. Das Verfahren entspricht dem des letzten Abschnittes, nur wurde für die Berechnung der Werte der beispielsweise dritten Welle nicht die erste, sondern die zweite Welle kontrolliert.

Die Frage, die man so beantworten kann, lautet am Beispiel: Welchen Effekt hat die Sozialtherapie auf die FPI-Nervosität in der dritten Welle, wenn man voraussetzt, daß die Experimentalprobanden in der zweiten Welle im Mittel die gleichen Nervositätswerte haben wie die Kontrollprobanden, der Vergleich EG/KG also für die zweite Welle und das Merkmal Nervosität die Effektstärke null ergeben würde? Welchen Effekt hat also die Sozialtherapie von der zweiten zur dritten Welle, falls Sozialtherapie vorher keinen Effekt hat?

Im Vergleich EG/KG ist der mittlere Nettoeffekt -.05, .07, -.04 für die zweite bis vierte Welle (Vollteilnehmer gegen Kontrollgruppe: -.07; .12; .01).

Der erste Wert – zweite Welle – bleibt natürlich -.05, weil er den schon beschriebenen Effektstärken in der zweiten Welle bei statistischer Kontrolle der ersten Welle entspricht. Von der zweiten zur dritten Welle (kurz vor Entlassung) gibt es aber einen positiven Effekt von 7 Prozentpunkten, der bei den Vollteilneh-

mern sogar 12 Punkte erreicht. Von der dritten Welle zur vierten Welle gibt es
wieder einen negativen Effekt von 4 Punkten.

Schreckt man nicht davor zurück, die absolut kleinen Korrelationskoeffizienten
inhaltlich zu interpretieren, – und im Sinne der Spekulation schrecke ich jetzt nicht
davor zurück – so kann man sagen:

Die Schwächen der Sozialtherapie könnten bei ihrem Beginn und ihrem Ende
liegen. Ihr Potential könnte dazwischen liegen – nach der zweiten Welle und vor
der Entlassung, etwa in der zweiten Hälfte der Sozialtherapie.

Jedoch ist das Kräfteverhältnis der Schwächen und Stärken so – wie es mir
scheint – daß der Gesamteffekt der Sozialtherapie im Persönlichkeitsbereich allenfalls mäßig positiv ist.

7. Schlußbemerkung

Ich denke, daß die Idee, schwarze Schäfchen, die vom Pfad der Tugend abgewi-
chen sind, zuerst hart zu bestrafen, sie sodann in einen Pferch zu sperren und
anschließend die verständnisvolle Therapeutin bzw. den verständnisvollen Thera-
peuten einzusetzen und dann zu erwarten, die schwarzen Schäfchen würden auf
diese Art zu weißen, nicht gut ist und unter keinen Umständen gut sein kann.

Sie widerspricht schon jeder Alltagserfahrung und die meisten derjenigen, die
aus meiner Sicht das Hohe Lied der Resozialisierung im Strafvollzug singen, orientieren sich in der Erziehung Ihrer eigenen Kinder an ganz anderen Erziehungs-
konzepten als denjenigen, denen der Strafvollzug folgt. Warum aber soll das, was
für die eigenen Kindern als unverzichtbar erachtet wird – nämlich Liebe, nahezu
grenzenloses Verständnis und praktisch immerwährende Zuwendung – plötzlich
verzichtbar sein, nur weil es nicht um die eigenen Kinder geht, sondern um die
besagten schwarzen Schäfchen[29]?

Und alles in allem meine ich, daß es erfolgversprechender ist, den Strafvollzug
zu sozialisieren, als seine Insassen zu resozialisieren.

Unbeschadet dieser Auffassung sowie der eingangs genannten Maxime »Im
Zweifel für die Wissenschaft« hätte ich mir persönlich aber doch gewünscht, dem
Jubilar auch Ergebnisse widmen zu können, die im Konkreten sofort etwas Erfreuliches ausstrahlen. Das war aber leider nicht möglich. Jedoch denke ich, daß gerade
dies dazu ermutigen könnte, nicht mehr vorrangig nach Detailverbesserungen im

---

29   Andere, in diesem Aufsatz nicht aufgegriffene Bedenken berühren das folgende Thema: »Die
      Menschenrechte sind gelegentlich überall gefährdet, wo sich Staat und Gesellschaft, wo sich
      Menschen sanktionierender Maßnahmen gegenüber anderen, insbesondere dem kriminellen
      Abweicher, bedienen. Die Ideale der Aufklärung, die Verheißungen der bürgerlichen Revolu-
      tion sind noch immer einzulösen« (Kaiser, 1994, S. 39).

Bestehenden zu suchen, sondern sich mit dem Gedanken zu befreunden, daß das Strafvollzugskonzept auch unter Resozialisierungsgesichtspunkten einfach falsch ist. Und das nun wiederum könnte die Suche und Verwirklichung nach Konzepten beschleunigen, die außerhalb des Strafvollzugs angesiedelt sind, z.b. als Sozialtherapie außerhalb des Strafvollzugs.

So gesehen haben die Ergebnisse dieser Studie etwas durchaus Erfreuliches[30].

8. Zusammenfassung

Zur Nordrhein-Westfalen Studie zur Evaluation der Sozialtherapie anhand einer experimentellen Längsschnittuntersuchung wurden die Ziele (Abschnitt 1), Plan und Durchführung der Studie (Abschnitt 2) und die bisherigen Ergebnisse zum Erfolg der Sozialtherapie (Abschnitt 3) beschrieben.

Neue Evaluationsergebnisse zur selbstberichteten Delinquenz und zur Persönlichkeit kurz vor der Entlassung nach dem Gießen-Test (Abschnitt 4) ändern das bisherige Gesamtbild nicht, nach dem der positive Effekt der Sozialtherapie allenfalls gering ist.

In einem theoretischen Exkurs wurde die Auffassung begründet, daß alle Effekte der Sozialtherapie am Legalverhalten zu eichen sind. Danach benötigt ein um 10 Punkte verbessertes Legalverhalten bei den Zwischenkriterien des Erfolgs (Persönlichkeit u.a.) etwa 20 bis 40 Effektpunkte (Abschnitt 5.1). Der Gesamterfolg der Sozialtherapie sollte ausschließlich am Vergleich der Experimental- mit der Kontrollgruppe beurteilt werden, wobei die Rückverlegten in der Experimentalgruppe verbleiben. Zusätzlich können, wenn auch mit eigenständiger Funktion, die Vollteilnehmer separat evaluiert werden, sofern der Vergleich nicht gegen die Kontrollgruppe, sondern gegen eine Teilgruppe der Kontrollgruppe erfolgt. Dafür wird ein Korrekturverfahren vorgeschlagen (Abschnitt 5.2).

Abschließend wird die Persönlichkeit im Längsschnitt der vier Wellen untersucht. Die Sichtung der Mittelwerte zeigt einen breiten, gruppenunabhängigen Trend der Verbesserung der Kriterienwerte mit der Haftzeit (Abschnitt 6.1). Der mittlere Nettoeffekt der Sozialtherapie ist beim Vergleich EG/KG in allen vier Wellen leicht negativ (Abschnitt 6.2). Beseitigt man statistisch die Mittelwertsunterschiede der ersten Welle, so werden die Effektstärken in der dritten und vierten Welle leicht positiv (Abschnitt 6.3). Ferner gibt es, wenn auch nur schwache, Hin-

---

30 Wenn auch nicht ganz in der Einzelheit des Wortlautes, so aber gewiß in der Geisteshaltung, ist hier die folgende Bemerkung sehr treffend: »Welche Entlastung in der Tat wäre es für den Strafvollzug, wenn die Verbüßung kurzer Freiheitsstrafen fortfiele und wenn die Masse der Fälle des prognostisch unsicheren Mittelfeldes der Strafgefangenen nach schwedischem Vorbild automatisch Entlassung zur Bewährung erhielte!« (Rotthaus, 1993, S. 10).

weise, daß der Effekt der Sozialtherapie nichtlinear phasenabhängig verlaufen könnte, indem das positive Potential eher in der Mitte liegt (Abschnitt 6.4). Alles in allem bleibt der feststellbare Gesamteffekt aber gering bis sehr gering. Sollten die offiziellen Rückfallquoten später einen Erfolg der Sozialtherapie ausweisen, der in die Nähe von 10 Prozentpunkten kommt, kann dies kaum durch Änderungen im Persönlichkeitsbereich bewirkt worden sein.

Bei dieser Ergebnislage möchte ich bei meiner Auffassung bleiben, daß die Idee, menschliches Verhalten *im* Strafvollzug in eine gewünschte Richtung ändern zu können, auch unter dem Aspekt des Resozialisierungseffektes nicht gut ist.

Literatur

Beckmann, D, Brähler, E. & Richter, H.-E. (1983). *Der Gießen-Test (GT). Ein Test für Individual- und Gruppendiagnostik*; 3. Auflage. Bern, Stuttgart, Wien: Huber.

Dünkel, F. (1980). *Legalbewährung nach sozialtherapeutischer Behandlung. Eine empirische vergleichende Studie*. Berlin: Duncker & Humblot.

Dolde, G. (1981). Untersuchungen zur Sozialtherapie und Wirksamkeit der Behandlung in der Sozialtherapeutischen Anstalt Ludwigsburg – Sitz Hohenasperg. In: Bundeszusammenschluß für Straffälligenhilfe (Hrsg.), *Sozialtherapie als kriminalpolitische Aufgabe* (S. 96-110). Bonn: Eigenverlag Bundeszusammenschluß für Straffälligenhilfe.

— (1982). Effizienzkontrolle sozialtherapeutischer Behandlung im Vollzug. In: *Kriminologische Gegenwartsfragen*, *15*, S. 47-64.

Egg, R. (1979a). *Sozialtherapie und Strafvollzug. Eine empirische Vergleichsstudie zur Evaluation sozialtherapeutischer Maßnahmen*. Frankfurt a.M.: Haag & Herchen.

— (1979b). Auswirkungen sozialtherapeutischer Maßnahmen auf Merkmale der Persönlichkeit und des Sozialverhaltens der Gefangenen: ein empirischer Vergleich. In: *Monatsschrift für Kriminologie und Strafrechtsreform*, *62*, S. 348-356.

Fahrenberg, J., Selg, H., Hampel, R. (1984). *Das Freiburger Persönlichkeitsinventar FPI*, Handanweisung, 3. Aufl., Göttingen u.a.: Hogrefe.

Kaiser, G. (1994). Theorieprobleme anwendungsorientierter Kriminologie. In: Bora, A. & Liebl, K. (Hrsg.), *Theoretische Perspektiven rechtssoziologischer und kriminologischer Forschung*, S. 13-43, Frankfurt a.M., New York: Campus.

Kahlau, F. & Denig, R. (1987). Zwischenbericht über das Forschungsprojekt Effizienzkontrolle sozialtherapeutischer Maßnahmen in Nordrhein-Westfalen. In: *Zeitschrift für Strafvollzug und Straffälligenhilfe, 36(2)*, S. 79-82.

Kahlau, F. & Otten, C. (1988). Zweiter Zwischenbericht über das Forschungsprojekt Effizienzkontrolle sozialtherapeutischer Maßnahmen in Nordrhein-Westfalen. In: *Zeitschrift für Strafvollzug und Straffälligenhilfe, 37(3)*, S. 143-147.

— (1991). Vorläufiger Abschlußbericht zur Datenerhebung im Forschungsprojekt »Effizienzkontrolle sozialtherapeutischer Maßnahmen« in Nordrhein-Westfalen. *Zeitschrift für Strafvollzug und Straffälligenhilfe, 40(2)*, 67-71.

Lipsey, M. W. (1992). The Effect of Treatment on Juvenile Delinquents: Results from Meta-Analysis. In: Lösel, F.; Bender, D. & Bliesner, T., *Psychology and Law – International Perspectives* (S. 131-143). Berlin, New York: De Gruyter.

Lösel, F., Köferl, P. & Weber, F. (1987). *Meta-Evaluation der Sozialtherapie*. Stuttgart: Enke.

— (1994). Meta-analytische Beiträge zur wiederbelebten Diskussion des Behandlungsgedankens. In: Steller, M. u.a., *Straftäterbehandlung* (S. 13-34), Pfaffenweiler: Centaurus.

Ortmann, R. (1984). Resozialisierung durch Sozialtherapie. Zur Auswahl und Behandlung von Insassen sozialtherapeutischer Anstalten. *Zeitschrift für die gesamte Strafrechtswissenschaft, 96*, 794-833.

— (1987). *Resozialisierung im Strafvollzug* – Theoretischer Bezugsrahmen und empirische Ergebnisse einer Längsschnittstudie zu den Wirkungen von Strafvollzugsmaßnahmen. Freiburg: Eigenverlag Max-Planck-Institut für ausländisches und internationales Strafrecht.

— (1992a). Die Nettobilanz einer Resozialisierung im Strafvollzug. Negativ? In: H. Kury (Hrsg.), *Gesellschaftliche Umwälzungen. Kriminalitätserfahrung, Straffälligkeit und soziale Kontrolle* (S. 375-451). Freiburg: Eigenverlag Max-Planck-Institut für ausländisches und internationales Strafrecht.

— (1992b). Zur Evaluation der Sozialtherapie anhand einer experimentellen Längsschnittstudie. Darstellung und Begründung des Untersuchungskonzeptes sowie erste Ergebnisse der Untersuchung in Nordrhein-Westfalen. In: Killias, M. (Hrsg.), *Rückfall und Bewährung* (S. 81-106). Chur, Zürich: Verlag Rüegger AG.

— (1993). Haft als negativer Sozialisationsprozeß. In: Kaiser, G. & Kury, H. (Hrsg.), *Kriminologische Forschung in den 90er Jahren* (S. 259-308). Freiburg: Eigenverlag Max-Planck-Institut für ausländisches und internationales Strafrecht.

— (1994). Zur Evaluation der Sozialtherapie – Ergebnisse einer experimentellen Längsschnittstudie zu Justizvollzugsanstalten des Landes Nordrhein-Westfalen. In: *Zeitschrift für die gesamte Strafrechtswissenschaft, 106*, S. 782-821.

Rasch, W. & Kühl, K.-P. (1978). Psychologische Befunde und Rückfälligkeit nach Aufenthalt in der Sozialtherapeutischen Modellanstalt Düren. In: *Bewährungshilfe, 25*, S. 44-57.

Rehn, G. (1979a). *Behandlung im Strafvollzug*. Ergebnisse einer vergleichenden Untersuchung der Rückfallquote bei entlassenen Strafgefangenen. Weinheim, Basel: Beltz.

— (1979b). Rückfall nach Sozialtherapie – Vergleichende Untersuchung aus drei Hamburger Justizvollzugsanstalten. In: *Monatsschrift für Kriminologie und Strafrechtsreform, 62*, S. 357-365.

Rehn, G. & Jürgensen, P. (1983). Rückfall nach Sozialtherapie. Wiederholung einer im Jahr 1979 vorgelegten Untersuchung. In: H.-J. Kerner, H. Kury & K. Sessar (Hrsg.), *Deutsche Forschungen zur Kriminalitätsentstehung und Kriminalitätskontrolle*. (1910 – 1948). Köln, Berlin, Bonn, München: Heymanns.

Rotthaus, K. P. (1993). Kriminalpolitik für Menschen. In: *Zeitschrift für Strafvollzug und Straffälligenhilfe, 42*, S. 9-10.

— (1991). Die Gefängnisunruhen in England April 1990. In: *Zeitschrift für Strafvollzug und Straffälligenhilfe, 40/41*, S. 195-202.

Walter, M. (1991). *Strafvollzug* – Lehrbuch –, Stuttgart, München, Hannover: Boorberg.

Waxweiler, R. (1980). *Psychotherapie im Strafvollzug*. Weinheim und Basel: Beltz.

Die Behandlung von Gefangenen mit langen Haftstrafen und Ausgestaltungen des Langstrafenvollzugs im internationalen Vergleich[1]

FRIEDER DÜNKEL, DIRK VAN ZYL SMIT[2]

1. Einführung

Die Definition, was unter »Langstrafengefangenen« zu verstehen ist, bleibt international vergleichend gesehen vage und in gewisser Weise willkürlich. Sie läßt sich am ehesten von den Extremgruppen her zuverlässig erschließen. So hat der Europarat in seiner Resolution Nr. 76 (2) Freiheitsstrafen von mehr als 5 Jahren als »Langstrafenvollzug« bezeichnet.[3] Je nach nationaler Tradition und vor allem Strafzumessungspraxis wird man darunter aber auch schon kürzere Vollzugszeiten verstehen müssen, insbesondere dann, wenn damit ein bestimmtes Vollzugsregime oder die Unterbringung in besonderen (meist verstärkt gesicherten) Anstalten verbunden sind. Dies ist beispielsweise in Schweden[4] bei Freiheitsstrafen von mehr als zwei bzw. mehr als 4 Jahren der Fall. In den Niederlanden gelten alle Freiheitsstrafen von mehr als 6 Monaten als »Langstrafen«. In Deutschland werden Freiheitsstrafen bis zu 6 Monaten ebenfalls als »kurze Freiheitsstrafe« bezeichnet[5], andererseits beginnt der Bereich »langer« Freiheitsstrafen je nach Vollstreckungsplan der für den Strafvollzug verantwortlichen Bundesländer erst ab einem Jahr, 15 Monaten oder sogar noch längeren Strafen (3-5 Jahre). Das deutsche Strafvollzugsrecht schreibt eine ausführliche Behandlungsuntersuchung und Vollzugsplanung

---

1   Karl Peter Rotthaus hat sich durch seine praktische und wissenschaftliche Tätigkeit im Rahmen der Sozialtherapie und in diesem Zusammenhang der Entwicklung von Behandlungsmodellen für Gefangene mit langen Haftstrafen in besonderem Maße verdient gemacht, vgl. z.B. Rotthaus 1977; 1978; 1981; 1988.

2   Der Beitrag gibt einige zusammenfassende Eindücke des international vergleichenden Expertenseminars über »Dangerous and long-term prisoners« wieder, das vom 8.-11.4.1992 in Prag abgehalten wurde. Eine Publikation der Landesberichte und dieses Beitrags in englischer Sprache erscheint 1994, vgl. Vagg 1994.

3   Ebenso der Fachausschuß »Strafrecht und Strafvollzug« in Deutschland, vgl. hierzu ZfStrVo 1989, S. 369; Müller-Dietz 1993, S.19.

4   Die kursiv gedruckten Länderbezeichnungen verweisen auf die Landesberichte in Vagg 1994 sowie in dem bereits vorliegenden Sammelband von van Zyl Smit/Dünkel 1991.

5   Vgl. insbesondere § 47 dStGB, wonach auf diese kurzen Freiheitsstrafen zugunsten der Geldstrafe möglichst verzichtet werden soll.

erst bei zu vollstreckenden Freiheitsstrafen von mindestens einem Jahr vor[6]. In manchen Bundesländern sind spezielle Langstrafenanstalten für Gefangene mit Freiheitsstrafen von mehr als zwei oder drei Jahren eingerichtet worden.

Selbstverständlich gehört zum Langstrafenvollzug die Vollstreckung lebenslanger Freiheitsstrafen, wenngleich auch insoweit erhebliche nationale Besonderheiten zu berücksichtigen sind. Denn »lebenslänglich« meint nach der tatsächlichen Vollstreckungsdauer sehr unterschiedliches: In Deutschland und Österreich durchschnittlich 18-20 Jahre, in den skandinavischen Ländern, aber auch in England häufig »nur« 10-15 Jahre. Dies wiederum ist die Folge unterschiedlicher Anwendungsbereiche der lebenslangen Freiheitsstrafe, die teilweise eher restriktiv nur bei Mord (und nicht immer obligatorisch), teilweise auch bei anderen schweren Delikten wie bewaffnetem Raub oder Vergewaltigung angedroht wird (vgl. Errat und Neudek in Vagg 1994).

Auch die zeitlich unbestimmte Verwahrung (Deutschland: Sicherungsverwahrung) als besondere Maßregel für »gefährliche« Straftäter wird im sog. Langstrafenvollzug vollstreckt, wegen der zumeist geringen Anzahl von Gefangenen häufig nicht – wie vom Gesetz gefordert – in strenger Trennung von Strafgefangenen (vgl. z.B. Deutschland). Interessanterweise haben sich in mehreren Ländern Tendenzen gezeigt, die unbestimmten Maßregeln zurückzudrängen, was andererseits zu dem Anstieg zeitlich bestimmter langer Freiheitsstrafen mit beigetragen hat (vgl. z.B. Belgien, Deutschland, Finnland).

Das allgemeine kriminalpolitische Klima ist von starkem Einfluß für die Rechte und Lebensbedingungen von Gefangenen im Langstrafenvollzug. Dominieren Konzepte der bloßen (ggfls. als »human« etikettierten, vgl. das Konzept des »humane containment«) Verwahrung oder der Unschädlichmachung (selective incapacitation), so besteht weniger Bedarf an sozialstaatlichen Leistungsangeboten, während ein in zahlreichen westeuropäischen Ländern propagierter Behandlungs- oder Resozialisierungsvollzug in der Vollzugsgestaltung die Einbeziehung einer möglichst breiten Palette wiedereingliederungsfördernder Maßnahmen fordert. Nach Jahren eines aus den USA unkritisch übernommenen Behandlungspessimismus scheint sich nunmehr eine Wiederbelebung des Behandlungsgedankens im Sinne einer »Chancenverbesserung« bzw. eines »Angebotsvollzugs« durchzusetzen, ohne daß man in die Euphorie und übertriebenen Erwartungen der 60er Jahre zurückfällt. Die »revivication of rehabilitation« (Gendreau und Ross 1987) bzw. die »re-emergence of correctional intervention« (Palmer 1992) stützt sich dabei auf neuere Sekundäranalysen aus den USA (vgl. z.B. Andrews u.a. 1990; Gendreau

---

6   Vgl. die bundeseinheitliche Verwaltungsvorschrift zu § 6 StVollzG; in der Praxis bedeutet dies, daß für mehr als die Hälfte der Gefangenen kein detaillierter Vollzugsplan erstellt wird, vgl. zu empirischen Befunden Dünkel 1992.

und Andrews 1990; Izzo und Ross 1990; Mair 1991; Lipsey 1992; zusammenfassend Lösel 1993) und Forschungen, z.B. in Deutschland (vgl. hierzu unten 7.).

In diesem Zusammenhang zu beachten ist allerdings, daß der Begriff »Behandlung« kulturell und regional unterschiedliche Bedeutungsinhalte aufweist. Im allgemeinen wird »Behandlung« mit dem Resozialisierungsziel in Verbindung gebracht, das seinerseits keine scharfen Konturen aufweist. Am ehesten läßt sich der Begriff negativ von alternativen Vollzugskonzepten im Sinne eines Verwahrvollzugs (der sich auf eine menschenwürdige Unterbringung der Gefangenen beschränkt) oder von einem ausschließlich an Sicherheit, Ordnung und äußerer Ruhe orientierten Vollzug abgrenzen (Vgl. Walter 1991, 193). Positiv meint Behandlungs- oder Resozialisierungsvollzug die Summe von Bemühungen und Angeboten, die auf eine soziale Wiedereingliederung abzielen, wobei – abgesehen von dem engen Bereich der Therapie von Drogen- oder Alkoholabhängigen – eine Behandlung mit Zwang jedenfalls in den westlichen Industrieländern als wenig aussichtsreich und grundlegende Menschenrechte verletzend abgelehnt wird. Behandlung im »normalen« Strafvollzug zielt neben der Bereitstellung sozialintegrativer Hilfsangebote auch auf die Abwehr schädlicher Folgen des Freiheitsentzuges ab[7]. Die Vermeidung von Haftschäden (als Ersatz des in Ungnade gefallenen »Behandlungsgedankens«) ist vor allem in den skandinavischen Ländern in den vergangenen 15 Jahren stärker in den Vordergrund gerückt worden, obwohl in der Praxis kaum Unterschiede zu »Behandlungsansätzen« etwa in Deutschland bestehen, die unter der Flagge des »Resozialisierungsgedankens« segeln. Praktische Unterschiede in der Vollzugsgestaltung bzw. dem Behandlungsregime sind allerdings im Vergleich mit Ländern wie China ersichtlich. Wiedereingliederung ist dort (wie traditionell in den ehemals sozialistischen Ländern Mittel- und Osteuropas) mit dem Begriff der »Besserung« verknüpft, d.h. einem auch moralisch hohen Anspruch. Der militärische Drill in japanischen Gefängnissen, die Umerziehung durch (harte) Arbeit im chinesischen oder russischen Vollzug und ein mit dem Leben in Freiheit unter sozialstaatlichen Bedingungen weitgehend angenäherter Wohngruppenvollzug in schwedischen oder niederländischen Anstalten beruhen daher auf höchst unterschiedlichen Grundvorstellungen von Resozialisierung bzw. Behandlung und der Achtung von Grundrechten der Gefangenen. Die bewußte Abkehr von derartigen Vorstellungen der »Besserung« in der westeuropäischen Vollzugsdoktrin beinhaltet eine Rücknahme ethischer Forderungen, d.h. nicht die Wandlung zum »sittlich Guten«, sondern »lediglich« die legale Lebensführung des Gefangenen wird angestrebt[8]. Gleichzeitig wurde das am »medizinischen Modell«

---

7   Dies wird im deutschen Strafvollzugsgesetz als Gestaltungsgrundsatz in § 3 Abs. 2 ausdrücklich hervorgehoben.

8   Vgl. Schüler-Springorum 1988, 123; Das deutsche Bundesverfassungsgericht hat dementsprechend festgestellt, daß der Staat in einer pluralistischen Gesellschaft grundsätzlich nicht die

orientierte Behandlungsverständnis zugunsten eines auf lerntheoretischen Annahmen aufbauenden Sozialen Trainings modifiziert, das vor allem lebenspraktische
Hilfen und die Umgestaltung des Vollzugs in Richtung auf Trainingsfelder (z.B.
Wohngruppenvollzug) in den Vordergrund rückt. Ein Beispiel in dieser Hinsicht
sind die sozialtherapeutischen Anstalten in Deutschland oder spezielle therapeutisch bzw. auf mehr Eigenverantwortung der Gefangenen ausgerichtete Anstalten
in der Schweiz, in Schottland oder Portugal (vgl. hierzu unten 7.).

2. Voraussetzungen der »Behandlung« im Langstrafenvollzug: Einheitsstrafe, Stufenvollzug, Differenzierung nach Schweregraden des Vollzugs – Sicherheit und Resozialisierung

Herkömmlich wurde der Strafvollzug nach bestimmten Schweregraden differen-
ziert, beispielsweise in Deutschland bis 1969 nach der leichten Vollzugsform der
Haft, dem Gefängnis und dem durch besondere Restriktionen gekennzeichneten
Zuchthaus. Diese Unterscheidung gilt zwar heute noch in einigen Ländern (z.B. in
Belgien und der Schweiz), jedoch haben sich die Unterschiede in der Praxis viel-
fach soweit relativiert, daß man entsprechend der Reformen in zahlreichen anderen
Ländern für die Einführung der Einheitsstrafe plädiert[9]. Dies gilt tendenziell auch
für die ehemaligen sozialistischen Länder, die herkömmlich nach unterschiedlichen
Schweregraden des Vollzugs unterscheiden, im Rahmen derer die Rechte der
Gefangenen z.B. bez. des Besitzes von Gegenständen, der Anzahl von Besuchs-
kontakten oder des Umfangs des Schriftwechsels abgestuft wurden und im Langstrafenvollzug insoweit die ungünstigsten Haftbedingungen gegeben waren. Als
Beispiel für die Tendenzen, den klassischen Stufenvollzug dieser Prägung zu
überwinden, können die Reformen in Rußland von 1992 genannt werden (vgl.
hierzu Uss 1993, S. 14). Andererseits ist nicht zu übersehen, daß durch differenzierte Vergünstigungssysteme nach wie vor versucht wird, die Gefangenen zur
Mitarbeit zu motivieren (vgl. z.B. Rußland, Spanien). Österreich hat trotz vielfälti-
ger Kritik den Stufenvollzug beibehalten. In Deutschland hat man zwar 1969 die

---

Aufgabe hat, seine mündigen Bürger moralisch zu heben oder zu bessern, vgl. BVerfGE 22,
180.

9   Eine vergleichbare Tendenz läßt sich im Bereich des Jugendstrafrecht für die herkömmliche
Unterscheidung nach kurzfristigen Inhaftierungen wie dem »detention centre« (England/
Wales) bzw. dem Jugendarrest (Deutschland, Niederlande) einerseits und dem Jugendgefäng-
nis andererseits feststellen. Angesichts der im Vollzug ersichtlichen Angleichung der Regime
hat man in England 1988 eine einheitliche Sanktion der »detention in a young offender institution« geschaffen, in den Niederlanden gibt es vergleichbare Reformpläne und in Deutschland
wird (allerdings noch heftig umstritten) die Abschaffung des Jugendarrests gefordert, vgl.
zusammenfassend Dünkel 1992a; 1992b.

Einheitsstrafe eingeführt, jedoch gibt es im Hinblick auf Vollzugslockerungen und Hafturlaub »informelle« Differenzierungen je nach der »Sicherheitsstufe« bzw. dem Öffnungsgrad der Anstalt. Unabhängig von der gesetzlich geforderten individuellen Prüfung der Geeignetheit der Gefangenen (im Hinblick auf die Mißbrauchsgefahr) vor dem Hintergrund legal- und sozialbiographischer Merkmale erhalten Gefangene in weniger gesicherten Anstalten und vor allem im offenen Vollzug erheblich mehr Vollzugslockerungen als in den stärker geschlossenen Einrichtungen. Auch im regionalen Vergleich der einzelnen Bundesländer gibt es erstaunliche Unterschiede, die eher auf differentielle Vollzugsstile der Anstalten denn auf ein unterschiedliches Gefährdungspotential von seiten der Gefangenen schließen lassen (vgl. Dünkel 1992).

Insgesamt ist gerade im Langstrafenvollzug die Durchsetzung von Grundrechten der Gefangenen, z.B. im Hinblick auf den Besitz von Gegenständen zum täglichen Gebrauch, den uneingeschränkten Schriftverkehr, Möglichkeiten zu Telefonkontakten, weitergehende Besuchsrechte als im Kurzstrafenvollzug[10] und andere im Sinne des »Normalisierungsgrundsatzes« zu verstehende Hafterleichterungen, von herausragender Bedeutung. Der Angleichungsgrundsatz erhält im Langstrafenvollzug seine besondere Ausprägung in der Weise, daß in Anbetracht der größeren Sicherung nach außen die Regelungen des internen Vollzugslebens eine größere Selbstverantwortlichkeit der Gefangenen, Eigenversorgung, Mitwirkung an der Planung des Lebens auf der Station etc. vorsehen sollten. Hierdurch können die negativen Einflüsse der Haft teilweise kompensiert werden.

Das für den gesamten Strafvollzug charakteristische Spannungsverhältnis von Sicherheit und Resozialisierung erscheint im Langstrafenvollzug besonders akzentuiert. Teilweise wird es durch die bei langen Strafen häufiger anzutreffenden besonderen Sicherungsmaßnahmen zu Lasten des Resozialisierungsgrundsatzes noch verschärft. So steht die in einigen Fällen zu beobachtende langjährige Isolation bzw. Einzelhaft bei als »gefährlich« eingeschätzten Gefangenen den Bemühungen um eine Wiedereingliederung entgegen.

Gänzlich verdrängt wird das Resozialisierungsziel in den (in den USA praktizierten) Fällen lebenslanger Freiheitsstrafe, bei denen im Urteilsspruch eine bedingte Entlassung ausgeschlossen wurde[11]. Das deutsche Bundesverfassungsgericht hat demgegenüber in seiner grundlegenden Entscheidung aus dem Jahre 1977 die lebenslange Freiheitsstrafe nur als verfassungsrechtlich unbedenklich angesehen, wenn dem Gefangenen eine realistische und gesetzlich garantierte Möglichkeit

---

10 Im Rahmen dessen die Kontakte zur Außenwelt vermehrt über Vollzugslockerungen und Hafturlaub realisiert werden können.
11 Noch extremer konterkariert wird der Resozialisierungsgrundsatz bei zum Tode verurteilten Gefangenen, die z.B. in den USA teilweise in größeren Abteilungen verwahrt werden und Jahre bis zu einer Vollstreckung oder – zunehmend seltener – Begnadigung unter menschenunwürdigen Bedingungen verbringen müssen.

verbleibt, die Freiheit wiedererlangen zu können (vgl. BVerfGE 45, S. 187 ff.).
Auch »Lebenslängliche« haben danach Anspruch auf einen »sinnvollen Resozialisierungsvollzug«.

3. **Individualisierung der Behandlung im Langstrafenvollzug und Probleme
    der Vollzugsgestaltung (Zentralisierung oder heimatnahe Unterbringung
    von »Langstrafern«)**

Wie einleitend erwähnt, findet in den meisten Ländern eine gemeinschaftliche
Unterbringung von Gefangenen mit langen Freiheitsstrafen in (besonders gesicherten) Anstalten statt. Hierfür werden verschiedene Gründe genannt. In erster
Linie wird eine entsprechende Zentralisierung mit Sicherheitserfordernissen begründet, sei es, daß es sich bei einem beachtlichen Anteil der Langstrafengefangenen um »gefährliche« Gefangene handelt, sei es, daß in offeneren Vollzugsformen
angesichts des noch zu verbüßenden langen Strafrestes eine erhöhte Fluchtgefahr
(und damit die Vereitelung des staatlichen Strafanspruchs) befürchtet wird. Selbstverständlich ist die Gleichsetzung von Langstrafengefangenen mit »Gefährlichkeit« falsch und dementsprechend hat ein belgisches Gericht die auf unbestimmte
Zeit angeordnete und mit der »Gefährlichkeit« begründete Einzelhaft eines
Gefangenen, der noch mehr als 30 Jahre zu verbüßen hatte, als rechtswidrig angesehen (vgl. Snacken in Vagg 1994). Dennoch ist in der Vorstellungswelt von Prak-
tikern die Kongruenz von langen Strafen und »Gefährlichkeit« schon deshalb weit
verbreitet, weil in vielen Ländern die Möglichkeiten der Anordnung von Untersuchungshaft im Falle der Erwartung langer Freiheitsstrafen erleichtert sind[12].
    Die Zusammenlegung von Gefangenen mit langen Haftstrafen wird aber nicht
nur unter Sicherheitsaspekten, sondern auch unter Gesichtspunkten der Behandlung
gefördert. Dies vor allem dann, wenn spezielle Langzeitbehandlungsprogramme,
beispielsweise mehrjährige berufliche Bildungsmaßnahmen oder therapeutische
Behandlungsmaßnahmen, angeboten werden. Schließlich ist unter Behandlungsge-
sichtspunkten im Langstrafenvollzug häufiger eine interne Lockerung des Voll-
zugsregimes (offene Zellen, Wohngruppenvollzug, vermehrte Freizeitmöglichkeiten etc.) organisierbar, was die verstärkte Sicherung nach außen in gewisser Weise
kompensieren soll. Die Gefahren liegen allerdings auf der Hand: Die möglichen
Nachteile liegen in der Ghettoisierung, in der Gefahr der Subkulturbildung und in
der zumeist fehlenden heimatnahen Unterbringung und damit Schwierigkeiten der
Entlassungsvorbereitung.

---

12   Z.B. als Auslegungskriterium für die Definition von Fluchtgefahr im deutschen Recht, vgl. die
      Rechtsprechung zu § 112 StPO.

Eine »gemischte« Unterbringung von Langzeitgefangenen zusammen mit Gefangenen, die nur kurze oder mittlere Freiheitsstrafen zu verbüßen haben, bringt jedoch gleichfalls Nachteile mit sich. Wegen der wenigen (als besonders fluchtgefährdet eingeschätzten) Langzeitgefangenen sind die Anstalten in diesen Fällen häufig übersichert und erleidet damit ein Großteil der Gefangenen Einschränkungen von Grundrechten, die eigentlich nicht notwendig wären. In Botswana hat die gemischte Unterbringung dazu geführt, daß offiziell als »gefährlich« angesehene Gefangene rote Armbänder tragen müssen, damit sie jederzeit identifizierbar sind. Die möglichen Stigmatisierungsfolgen liegen auf der Hand. Diese Nachteile und die Einsicht, daß es in wenigen Fällen tatsächlich einer besonders sicheren Unterbringung bedarf, hat dazu geführt, daß in einigen Ländern eine Unterbringung von bestimmten Langzeitgefangenen in zentralen Anstalten erfolgt (z. B. Belgien: Gefangene mit mehr als 5 Jahren im Gefängnis »Leuven-Centraal«, alle anderen Gefangenen nach dem Prinzip der gemischten Unterbringung; Schweden: Gefangene mit Freiheitsstrafen von mehr als 4 Jahren in Zentralanstalten, während im übrigen eine möglichst heimatnahe Unterbringung bevorzugt wird).

In diesem Zusammenhang wichtig erscheinen die vom Europarat verabschiedeten Grundsätze zur Behandlung von »gefährlichen« Gefangenen, die ungeachtet der jeweiligen Vor- und Nachteile zentralisierter oder dezentraler Unterbringung von entsprechenden Gefangenen darauf hinweisen, daß auch als besonders »gefährlich« eingeschätzten Gefangenen stets die Möglichkeit bleiben muß, in weniger gesicherte Anstalten bis hin zum offenen Vollzug und zum Freigang zu gelangen, zumindest in der letzten Phase der Inhaftierung, um auch hier eine Entlassungsvorbereitung, die der Resozialisierung dient, zu gewährleisten.

Zu fordern ist auch, daß Gefangene mit langen Strafen nicht automatisch in den am höchsten gesicherten Anstalten untergebracht werden, wie dies angesichts der häufig schematischen Vorgaben von Vollsteckungsplänen geschieht. Auch insoweit bedarf es einer individuellen Vollzugsplanung, die Sicherheitserfordernisse und Entweichungsrisiken gegenüber den Grundrechten des Gefangenen unter Verhältnismäßigkeitsgesichtspunkten abwägt. Ansonsten besteht die Gefahr, daß bei einer unmittelbaren Unterbringung nicht »gefährlicher« Gefangener mit langen Strafen im geschlossenen Vollzug bzw. in besonders isolierenden Haftformen des geschlossenen Vollzugs unter Umständen Haftschäden verursacht werden, die über spezielle Behandlungsansätze dann mühsam wieder beseitigt werden müssen. Dies würde bedeuten, daß der Vollzug die selbst verursachten Probleme zu »behandeln« hat.

4. Konkrete Ausgestaltungen des Langstrafenvollzugs

Die Möglichkeiten einer Behandlung und Betreuung ist im Langstrafenvollzug theoretisch zweifellos günstiger als in dem von hoher Fluktuation der Insassen geprägten Kurzstrafenvollzug. Bestimmte schulische und berufliche Ausbildungsmaßnahmen sind von der Natur der Sache auf den Langstrafenvollzug begrenzt. Denn die Vermittlung eines qualifizierten Schulabschlusses (beispielsweise Mittlere Reife oder Abitur) setzt im allgemeinen eine mehrjährige Teilnahme an entsprechenden Maßnahmen voraus. Teilweise ist es allerdings möglich, eine Ausbildungsmaßnahme im Vollzug zu beginnen und nach der Entlassung »draußen«, in Einzelfällen auch als »Externer« innerhalb der Anstalt, fortzusetzen. Angebote beruflicher Ausbildung, insbesondere im handwerklichen Bereich, sind im Langstrafenvollzug auch in den sog. Entwicklungsländern (z.b. Ghana oder Botswana) üblich.

Im beruflichen Bereich werden in vielen Ländern zwar zunehmend auch kurzfristige Maßnahmen, z.B. Berufsfindungslehrgänge, Orientierungskurse u.ä., angeboten, jedoch existieren nach wie vor in den Anstalten, die besondere Berufsbildungsmaßnahmen vorsehen im großen Umfang Programme, die eine mehrjährige Teilnahme voraussetzen.[13]

Die geringere Fluktuation im Langstrafenvollzug ermöglicht theoretisch eine bessere Betreuung durch Sozialarbeiter, Psychologen, aber auch die Vollzugsbeamten, sofern eine feste Zuordnung zu der Station, Wohngruppe o.ä. erfolgt. Für die sogenannten Fachdienste (Sozialarbeiter, Psychologen, Lehrer etc.) ist eine derartige feste Zuordnung eine Selbstverständlichkeit, die jeweiligen Länder unterscheiden sich insoweit nur durch die Zahl der Gefangenen, die ein Sozialarbeiter oder Psychologe zu betreuen hat.[14] Hinsichtlich der Vollzugbeamten erfolgt in den skandinavischen Ländern und in den Niederlanden sowie teilweise in Deutschland ebenfalls eine feste Zuordnung zu bestimmten Gefangenen bzw. Wohneinheiten, was sich als vorteilhaft für die Entwicklung eines Vertrauensverhältnisses oder

---

13   In Deutschland beispielsweise beinhaltet der Abschluß einer Lehre im handwerklichen Bereich eine in der Regel dreijährige Ausbildung.

14   Eine Auswertung bezogen auf die Länder des Europarats ergab bereits bei den Gesamtzahlen des Vollzugspersonals erhebliche Unterschiede: so kamen Ende der 80er Jahre in Schweden auf eine Personalstelle 0,9 Gefangene, während in Türkei das entsprechende Verhältnis 1 : 5 betrug. Ähnlich ungünstig (nahezu 1 : 4) war das Verhältnis in Frankreich und Portugal. In den meisten anderen westeuropäischen Ländern kann man von einem Verhältnis von ca. 1 : 2 ausgehen (z.B. Belgien, Deutschland, Griechenland, Norwegen, Schottland), in Dänemark und den Niederlanden scheint die Relation günstiger zu sein und nähert sich derjenigen von Schweden an, vgl. im einzelnen Council of Europe (Hrsg.): Prison Information Bulletin Nr. 15, Strasbourg 1990, S. 22 ff. Über die Verteilung des speziellen Behandlungspersonals gibt die Erhebung des Europarats keine Auskunft.

(weniger anspruchsvoll formuliert) einer individuellen Beziehung zum Gefangenen erwiesen hat.

Häufig sind die Sportangebote und sonstige Freizeitmöglichkeiten im Langstrafenvollzug besser als in Anstalten, in denen vorrangig kurze Strafen vollstreckt werden. Dies hängt unter anderem damit zusammen, daß der Kurzstrafenvollzug vielfach in Anstalten untergebracht ist, die ansonsten Untersuchungshaft vollstrekken. Untersuchungshaftanstalten sind bekanntlich hinsichtlich der Personalstruktur sowie der Freizeit- und Arbeitsmöglichkeiten im Vergleich zu allen anderen Anstalten in der Regel am schlechtesten ausgestattet.

Die geschilderten Vorzüge des Langstrafenvollzugs in der Möglichkeit intensiverer Betreuung wirkt sich naturgemäß auf die Maßnahmen zur Entlassungsvorbereitung aus. Dies beginnt schon bei der Erstellung eines Vollzugsplanes und setzt sich fort bei der Überleitung in zunehmend offenere Bereiche, der zielgerichteten Gewährung von Vollzugslockerungen (Hafturlaub, Ausgang, Freigang) bis hin zur Verlegung in den offenen Vollzug und schließlich der bedingten Entlassung. Problematisch erscheint die bereits oben (s.o. 3.) erwähnte schematische Unterbringung von Langzeitgefangenen zunächst im geschlossenen Vollzug, ggf. in Hochsicherheitseinrichtungen, mit einer zunehmenden Öffnung des Regimes bis hin zur Verlegung in den offenen Vollzug in der Entlassungphase. In einzelnen Ländern ist diese Überleitungsphase im offenen Vollzug nur für eine relativ kurze Zeitspanne vor der Entlassung vorgesehen, beispielsweise in Finnland für die letzten 6 Monate der Haftzeit. Andererseits gibt es in Finnland in Einzelfällen zu lebenslanger Freiheitsstrafe verurteilte Gefangene, die den Großteil ihrer Strafe im offenen Vollzug verbüßen. Damit wird deutlich, daß die schematische Vermutung der Fluchtgefährlichkeit bei langen Freiheitsstrafen zu falschen Zuordnungen führt und statt dessen eine konkrete Prüfung im Einzelfall geboten ist. Deshalb sind normative Regelungen wie die Verwaltungsvorschriften in Deutschland, wonach Gefangene mit einem Strafrest von mehr als 18 Monaten Freiheitsstrafe in der Regel für Hafturlaub und Vollzugslockerungen ungeeignet sind, als verfehlt anzusehen.[15]

Schließlich sind in positiver Hinsicht Ansätze zum Ausbau der Gefangenenmitverantwortung und damit der Stärkung der Eigenverantwortlichkeit von Gefangenen festzustellen. Dies gilt im besonderen Maße für bestimmte Anstalten, etwa therapeutische Modelle in Verbindung mit Wohngruppenvollzug (vgl. hierzu 7.). Ein Medium der Artikulation von Gefangenen sind in diesem Zusammenhang die vor allem in Langstrafenanstalten traditionell entwickelten Gefangenenzeitungen.

Stabile Insassenstrukturen unter geschlossenen Bedingungen der »totalen Institution« produzieren andererseits leichter Phänomene, die in der klassischen Gefängnissoziologie als Subkultur des Gefängnisses beschrieben wurden. Trotz der

---

15   Vgl. hierzu ausführlich die Kritik bei Calliess/Müller-Dietz 1991, Rdnr.11 zu § 13; aus empirischer Sicht: Dünkel 1992, 99 f.

Reformen in den 70er und 80er Jahren und der zunehmenden ¶ffnung auch des Langstrafenvollzugs kann man nach wie vor davon ausgehen, daß Elemente der Subkulturbildung in den meisten Ländern vorzufinden sind, wenngleich die Ausprägung und die Richtung subkultureller Werthaltungen unterschiedlich sein dürften. Insgesamt kann kein Zweifel bestehen, daß »die Prozesse der Hospitalisierung und Entfremdung . . . im Hinblick auf die Internalisierung der Gefängnis(sub)kultur und die Desintegration im Verhältnis zur freien Gesellschaft mit Fortdauer des Freiheitsentzugs bedeutsamer werden.« Die »psychisch-seelischen wie die sozialen und wirtschaftlichen Belastungen, die mit langem Freiheitsentzug in aller Regel einhergehen, sowohl für die Gefangenen selbst und ihre Angehörigen als auch für die Vollzugsanstalten und deren Mitarbeiter« bringen »erhebliche Probleme in der Lebensbewältigung und im Umgang miteinander mit sich« (Müller-Dietz 1993, S. 20).

5. Die Rolle der Arbeit im Langstrafenvollzug

Vor allem in den osteuropäischen Ländern stand der Langstrafenvollzug unter dem Primat ökonomischer Interessen. Gefängnisinsassen wurden zur möglichst produktiven Arbeit in Gefängnisbetrieben herangezogen. Da es sich in den ehemals sozialistischen Ländern um staatliche Betriebe handelte, konnte man dem Strafvollzug in seiner Organisation unproblematisch auf die Bedürfnisse der Betriebe ausrichten. So lief die Produktion beispielsweise in den Skoda-Werken in der ehemaligen Tschoslowakei zu einem erheblichen Anteil unter Inanspruchnahme von Strafgefangenen. Dementsprechend gab es erhebliche Produktionsprobleme, als Ende 1989 ein Großteil der Gefangenen infolge einer Amnestie entlassen wurden und infolgedessen für die Skoda-Werke nicht mehr ausreichend Arbeiter zur Verfügung standen.
  Der Prototyp des Gefängnisses in der ehemaligen Sowjetunion und heute noch den meisten Nachfolgestaaten waren und sind sogenannte Besserungsarbeitskolonien. Dabei handelt es sich um große Gefängnisbetriebe, häufig landwirtschaftliche Einrichtungen, die außerhalb der großen Städte liegen und oft keine besonderen Sicherungen gegen Entweichungen aufweisen (was auch nicht nötig ist, da die Flucht aufgrund der örtlichen Gegebenheiten praktisch aussichtslos wäre).
  Erheblich stärker als in den westeuropäischen Ländern wird der Arbeit in den Ländern des ehemaligen Ostblocks und vor allem in der VR China programmatische Bedeutung als Mittel der Behandlung beigemessen. Umerziehung durch Arbeit genießt eindeutige Priorität, während die in westeuropäischen Ländern teilweise mindestens gleichwertig bewerteten Maßnahmen schulischer und beruflicher Bildungsmaßnahmen sowie therapeutischer Behandlungsansätze nahezu unbekannt

sind. Sofern erzieherische Maßnahmen beispielsweise in den Anstalten in der VR China durchgeführt werden, handelt es sich um politische Erziehung oder Indoktrination.

Die Bedeutung, die der Erfüllung von vorgegebenen Arbeitsnormen beigemessen wurde, wird verdeutlicht durch die Tatsache, daß die Nichterfüllung von Produktionsvorgaben als Disziplinartatbestand galt. In Rußland wurde dieser Disziplinartatbestand erst im Juni 1992 abgeschafft (vgl. Uss 1993, S. 14).

In Gefängnissen mit unterschiedlicher Belegungsstruktur haben Langzeitgefangene vielfach Vertrauenspositionen im Hinblick auf das Personal und werden dementsprechend als Hausarbeiter oder sogenannte Kalfaktoren eingesetzt. Für die Aufrechterhaltung der Sicherheit und Ordnung der Anstalt sind solche Posten aus Sicht der Anstalt sehr wichtig und werden dementsprechend gerne mit Insassen, die man schon länger kennt, besetzt. Damit verbunden sind geringfügige Vergünstigungen der Gefangenen, die sich freier als die anderen Gefangenen innerhalb der Anstalt bewegen können und unter anderem vermehrte Gelegenheiten zu Tauschgeschäften etc. haben. Andererseits sind Langzeitgefangene meist insofern benachteiligt, als sie zu Außenarbeiten und Freigang erst in der Entlassungsphase zugelassen werden.

Von besonderer Bedeutung für die Gefangenen sind die Arbeitsentlohnung und Möglichkeiten einer Reduzierung der Haftzeit durch Arbeit. Sogenannte Goodtime-Regelungen im Rahmen derer arbeitende Gefangene pro Arbeitstag eine Reduktion ihrer Strafzeit erhalten, gibt es z. B. in den USA oder in Westeuropa in Frankreich und Spanien. Der Anrechnungsmodus ist dabei unterschiedlich und kann auch nach der Schwere der Arbeit variiert werden. So kann in Spanien beispielsweise ein Gefangener bei besonders schwerer Arbeit bis zu zwei Tage der Strafzeit pro Arbeitstag erlassen bekommen, was zur Folge hat, daß eine Entlassung schon nach Verbüßung eines Drittels der ursprünglich verhängten Strafe in Betracht kommt. Ähnlich ist die Situation in den USA und in Frankreich. Hinzukommt, daß in den meisten Ländern zusätzlich zur automatischen Haftzeitreduzierung die Möglichkeit einer bedingten Entlassung nach der Hälfte oder zwei Drittel der Strafe tritt. Die daraus resultierenden erheblichen Diskrepanzen zwischen gerichtlichem Strafausspruch und tatsächlicher Strafverbüßungszeit sind allerdings zu kritisieren, weil sie das Strafrecht unglaubwürdig machen und zudem willkürlichen Entscheidungspraktiken Tür und Tor öffnen.

Hinsichtlich der Arbeitsentlohnung gibt es im allgemeinen zwar keine Unterschiede zwischen dem Langstrafen- und Kurzstrafenvollzug, jedoch variiert die Höhe der Arbeitsentlohnung im internationalen Vergleich beträchtlich. Deutschland mit 5% des Durchschnittslohns der Sozialversicherten steht hier zusammen mit Belgien, England oder Spanien am unteren Ende der Skala, während z. B. in der ehemaligen DDR mit 18% des Durchschnittslohns freier Arbeiter relativ günstigere Werte erreicht wurden. Durch die Wiedervereinigung sind die Gefangenen in den neuen Bundesländern insoweit benachteiligt worden (vgl. Dünkel 1993a, S. 37). Auch in der Schweiz ist die Arbeitsentlohnung im Gefängnis etwa dreifach so hoch wie in Deutschland. In Italien, Rußland oder der ehemaligen Tschechoslowakei und in einigen Anstalten in Schweden existiert eine volltarifliche Entlohnung, jedoch müssen die Gefangenen mindestens die Hälfte des Lohns für Unterkunft und Verpflegung an die Anstalt abführen. In Rußland wurde durch die Reformbeschlüsse vom Juni 1992 festgelegt, daß der monatliche Verdienst eines Gefangenen den gesetzlich festgelegten Mindestlohn von Bürgern in Freiheit nicht unterschreiten darf. Die Gefangenen erhalten nunmehr den vollen Arbeitslohn ausbezahlt, Haftkostenbeiträge (für Unterkunft und Verpflegung), die früher ca. 40% des Arbeitsentgelts ausmachten, werden nicht mehr erhoben (vgl. Uss 1993, S. 14).

Die Einbehaltung von Haftkostenbeiträgen kann im Ergebnis in manchen der erwähnten Länder dazu führen, daß einem Gefangenen relativ gesehen als Hausgeld (d.h. zur eigenen Verfügung) nicht sehr viel mehr verbleibt als einem deutschen Gefangenen. Dennoch sind die Vorteile eines derartigen Regelungsmodells offenkundig, da erhebliche Teile des Arbeitseinkommens für den Unterhalt der Familie, die Entschädigung des Opfers oder allgemein zur Schuldenregulierung verwendet werden können. Als beispielhaft kann in diesem Zusammenhang die Verordnung des Justizministeriums der Tschechischen Republik vom 10.09.1991 genannt werden. Danach sind Gefangene hinsichtlich des Arbeitslohns ebenso wie in sozialversicherungsrechtlicher Hinsicht den Arbeitern außerhalb des Vollzuges zwar völlig gleichgestellt, jedoch wird der Arbeitslohn nach einem bestimmten, in der Verordnung festgelegten Schlüssel verwendet. So sind 30% des Arbeitslohns für den Unterhalt der Familie vorgesehen. An zweiter Stelle stehen die Haftkosten. Weitere 18% werden für Gerichtskosten u.ä. abgezogen. Für den Gefangenen als frei zur Verfügung stehendes Geld (Einkauf etc.) bleiben 12% des Arbeitsentgeltes, weitere 5% werden der Rücklage (Überbrückungsgeld für die Zeit nach der Entlassung) zugeführt.

Auch in einigen westeuropäischen Ländern wird das Opfer im Rahmen des Strafvollzugsrechts insofern berücksichtigt, als Teile des Arbeitsentgelts für die Opferentschädigung bzw. die Schadenswiedergutmachung zurückgehalten werden können (Frankreich: bis zu 10%; Italien: bis zu ein Drittel).

Als besonders problematisch vor allem bei Gefangenen im Langstrafenvollzug stellt sich die in vielen Ländern fehlende Einbeziehung in die Sozialversicherung , insbesondere die Rentenversicherung dar. Die Folge davon ist, daß Gefangene mit langen Haftstrafen erheblich niedrigere Renten erhalten als in Freiheit Beschäftigte, was als ungerechtfertigte Ungleichbehandlung und eine Form der Doppelbestrafung anzusehen ist. Auch insoweit war die Situation in den ehemals sozialistischen Länder derjenigen in Freiheit angeglichen und eine Benachteiligung der

Strafgefangenen nicht gegeben. Immerhin hat Frankreich durch eine Reform von 1975 nunmehr die Gefangenen vollständig in die Sozialversicherung einbezogen. In Deutschland sind trotz jahrzehntealter Reformforderungen Gefangene bislang lediglich in die Arbeitslosenversicherung integriert, was immerhin einen gewissen Schutz für die erste Zeit nach der Entlassung bietet, zumal die meisten Entlassenen keine Arbeit finden können (vgl. zusammenfassend Dünkel 1993, S. 283 ff.).

6. Vollzugsregime für besondere Gefangenengruppen

Zu den umstrittensten Fragen gehört die Behandlung von speziellen Tätergruppen, die als besonders gefährlich angesehen werden, wie Terroristen, politische Gefangene, wiederholt wegen Sexualstraftaten Verurteilte etc. Darunter fällt auch der Vollzug zeitlich unbestimmter Maßregeln wie er im Rahmen der Sicherungsverwahrung (§ 66 dStGB) beispielsweise in Deutschland und in Finnland existiert. In England übernimmt die für erheblich mehr Delikte als in Deutschland vorgesehene lebenslange Freiheitsstrafe die Funktion der Sicherungsverwahrung. Sie setzt sich aus einer nach der Schwere der Tat festgesetzten Mindestzeitdauer und einer von der eingeschätzten weiteren Gefährlichkeit des Gefangenen für die Gesellschaft abhängigen unbestimmten Zeitspanne zusammen.

In manchen Ländern wie beispielsweise den Niederlanden handelt es sich bei zeitlich unbestimmten Maßregeln um eine Sanktion, deren Beendigung dem Königshaus bzw. der Exekutive übertragen ist, während in Deutschland hierüber die Gerichte (Strafvollstreckungskammern) entscheiden.

Für die Vollzugsgestaltung ergeben sich im Rahmen der zeitlich unbestimmten Maßregeln für besonders gefährliche Straftäter insofern Probleme, als eine sinnvolle Entlassungsvorbereitung und eine auf allmähliche Öffnung und Lockerungen des Vollzugs ausgerichtete Vollzugsplanung erschwert sind. Deshalb und wegen der allgemeinen Kritik an zeitlich unbestimmter Verwahrung, die mit dem Gedanken des Schuldausgleichs bzw. der Verhältnismäßigkeit (Tatproportionalität) schwer zu vereinbaren ist, wird in vielen Ländern die Abschaffung der Sicherungsverwahrung empfohlen. Während in Finnland eine entsprechende Reform unmittelbar bevor steht, ist man in Deutschland insoweit eher zurückhaltend. Allerdings ist die praktische Bedeutung in den vergangenen Jahrzehnten stark gesunken und befinden sich derzeit (1993) noch ca. 190 von insgesamt ca. 60.000 Gefangenen in der Sicherungsverwahrung. Die Haftbedingungen für Sicherungsverwahrte enthalten teilweise gewisse Privilegien, etwa in bezug auf den Besitz von Gegenständen, jedoch sind die Benachteiligungen hinsichtlich der Kontakte zur Außenwelt, insbesondere über Hafturlaub, Ausgang und Freigang, offenkundig. Grundsätzlich gehen die jeweiligen Vollzugsgesetze davon aus, daß Sicherungsverwahrte von

»normalen« Strafgefangenen zu trennen sind. Jedoch läßt die geringe absolute Zahl derartiger Inhaftierter einen sinnvollen Vollzug bei Einhaltung des Trennungsprinzips nicht zu. Daher ist man nicht nur in Deutschland dazu übergegangen, Sicherungsverwahrte zwar in bestimmten Abteilungen besonderes gesicherter Anstalten zu konzentrieren, jedoch andererseits sie in die Arbeitsbetriebe und Behandlungsprogramme des Regelvollzugs zu integrieren.

Kontrovers wird auch die Frage der Behandlung und Unterbringung von Terroristen bzw. politischen Gefangenen diskutiert. In diesem Bereich erfolgt üblicherweise stärker als bei anderen »gefährlichen« Gefangenen eine Isolierung. Die Unterbringung in sogenannten Hochsicherheitstrakten war Anlaß für innenpolitische Diskussionen z. B. in Deutschland, England, Italien oder Spanien. Dem Vorwurf der Isolationsfolter angesichts einer zeitweise absoluten Einzelhaft ohne jegliche Kontakte zu anderen Gefangenen steht der Hinweis auf Privilegien von Seiten der Vollzugsbehörden gegenüber. In Deutschland hat man inzwischen sogenannte Terroristen in Kleingruppen zusammengelegt und ihnen, soweit sie nicht in den Normalvollzug integriert wurden (was im Allgemeinen erst geschieht, wenn eine Loslösung von der terroristischen Szene erkennbar wird), gewisse Privilegien zugestanden. So gelten derzeit für 4 weibliche Gefangene in einer deutschen Anstalt Besonderheiten, die zu einer Fülle von Eingaben der zur gleichen Zeit inhaftierten »klassischen« Straftäter geführt haben, die eine Gleichbehandlung forderten. Die Terroristinnen unterliegen beispielsweise im Gegensatz zu Normalgefangenen keinem Arbeitszwang und können ihren Tagesablauf frei gestalten. Sie können jederzeit Sport betreiben, verfügen über eine eigene Küche, einen eigenen Gemeinschaftsraum, den sie sich nach ihrem Geschmack einrichten dürfen, einen Extra Fernsehraum, eigene Dusche, ein eigenes Bad, die jeweils von morgens ca. 6.00 Uhr bis abends 23.00 Uhr geöffnet sind. Ferner können sie zusätzliche Einkäufe tätigen, eigene Kleidung tragen, haben monatlich 4 Stunden Besuch (im Normalvollzug wird häufig die gesetzliche Mindestdauer von einer Stunde nicht überschritten), dürfen mitgebrachte Lebensmittel beim Besuch verzehren, verfügen über einen eigenen Schallplattenspieler etc. Andererseits erhalten diese Gefangenen auch nach teilweise mehr als fünfzehnjähriger Haft keinen Urlaub noch sonstige Vollzugslockerungen (Ausgang, Freigang). Die Privilegien innerhalb des Gefängnisses sind dementsprechend als Ausgleich für die fehlenden Möglichkeiten, die Anstalt über Hafturlaub etc. zu verlassen, zu sehen.

In einigen Ländern gibt es spezielle Behandlungsanstalten oder Abteilungen für andere besondere Gefangenengruppen. So ist die Unterbringung von Sexualtätern mit Freiheitsstrafen von mindestens 4 Jahren in besonderen Behandlungsanstalten in England zu erwähnen. Zwar darf der Gefangene nicht gegen seinen Willen in derartige Anstalten verlegt werden (»Freiwilligkeit«), jedoch haben Gefangene, die sich derartigen besonderen Behandlungsprogrammen verweigern, kaum eine Chance, bedingt entlassen zu werden (parole).

Mit der in den letzten zwanzig Jahren zunehmenden Drogenproblematik in den westeuropäischen Ländern ist trotz des vielfach proklamierten Vorrangs von »Therapie statt Strafe« die Notwendigkeit der Einrichtung von besonderen Abteilungen für Drogenabhängige deutlich geworden. Dies gilt insbesondere für solche Abhängige, die ernsthaft an ihrer Drogenproblematik arbeiten wollen. Dementsprechend hat man in einigen Ländern (Deutschland, Niederlande, Schweiz) Versuche unternommen, drogenfreie Gefängnisse oder Abteilungen zu gewährleisten. Dies ist nicht einfach, denn in der Welt des Gefängnisses ist letztlich alles, was in Freiheit an Waren zirkuliert, ebenfalls vorhanden. Manche behaupten sogar, daß es im Strafvollzug leichter sei, an Drogen heranzukommen als außerhalb des Vollzuges. Zwar wird man der Drogentherapie innerhalb des Strafvollzuges nicht von vornherein jegliche Erfolgschancen absprechen können, jedoch dürfte offenkundig sein, daß der Strafvollzug weniger geeignet ist als externe und spezialisierte Drogentherapieeinrichtungen, um eine erfolgreiche Behandlung zu gewährleisten.

Anders stellt sich das Problem der Behandlung von nicht abhängigen Drogenhändlern, die unter Umständen wegen ihrer Integration in das organisierte Verbrechen als besonders »gefährlich« bzw. fluchtgefährdet anzusehen sind. Spektakuläre Befreiungsaktionen beispielsweise im schwedischen Strafvollzug haben dies verdeutlicht. Die Unterbringung in besonders gesicherten Abteilungen des geschlossenen Strafvollzugs erscheint insofern unumgänglich, jedoch sollten auch für diese spezielle Tätergruppe die gesetzlichen Möglichkeiten einer Entlassungsvorbereitung etc. zur Verfügung stehen.

7. Spezielle Behandlungsprogramme und therapeutische Ansätze

Obwohl Resozialisierung und Behandlung weltweit Anerkennung gefunden haben und in entsprechenden Mindestgrundsätzen der Vereinten Nationen oder den europäischen Strafvollzugsgrundsätzen sowie den jeweiligen nationalen Gesetzgebungen als Leitprinzip (»Vollzugsziel«, vgl. § 2 dStVollzG) festgelegt wurden, gibt es nur wenige Beispiele für eine konsequente Umsetzung therapeutischer Behandlungsformen. Dies mag zweifellos mit der in den 70er und 80er Jahren verbreiteten pessimistischen Einschätzung eines »nothing works«[16] zusammenhängen[17]. Unge-

---

16   Vgl. Martinson 1974; diese wurde allerdings durch die zugrundeliegende Sekundäranalyse von Lipton/Martinson/Wilks 1975 nicht in dieser apodiktischen Form gestützt, vgl. dementsprechend schon Sechrest/White/Brown 1979.

17   Zur inzwischen differenzierteren und positiveren Einschätzung von Behandlungsversuchen im Strafvollzug vgl. bereits oben 1. und die dort erwähnten neueren Meta-Analysen.

achtet des sich wandelnden »Zeitgeistes« wurden einige interessante Behandlungs-experimente vor allem in Deutschland im Rahmen der Sozialtherapie, in der Schweiz, Schottland und auch in Portugal entwickelt, auf die hier ansatzweise eingegangen werden soll.

In Deutschland gibt es derzeit 14 sogenannte sozialtherapeutische Anstalten oder Abteilungen (vgl. §§ 9, 123 ff dStVollzG) mit 820 Haftplätzen[18]. Die ersten sozialtherapeutischen Modellanstalten wurden Ende der 60er/Anfang der 70er Jahre im Zuge der allgemeinen Strafvollzugsreform aufgebaut, zunächst nach dem Vorbild der dänischen und niederländischen Einrichtungen für Psychopathen bzw. schwer persönlichkeitsgestörte Gefangene. Der medizinisch-psychiatrische Ansatz hat sich in den sozialtherapeutischen Anstalten in Deutschland allerdings im Laufe der 70er Jahre stark gewandelt in Richtung eines eher verhaltenstherapeutisch und lerntheoretisch fundierten Behandlungsprogramms, im Rahmen dessen die Psychotherapie nicht mehr vorrangige Bedeutung hat. Vielmehr handelt es sich vor allem um die konsequente Umgestaltung des Vollzugsalltags im Rahmen eines Wohngruppenvollzuges mit weitergehenden Selbstbestimmungsrechten der Gefangenen. Neben dem Leben in der Wohngruppe werden andere Lern- und Trainingsfelder systematisch einbezogen, insbesondere schulische und berufliche Ausbildungsmaßnahmen, das sogenannte Soziale Training im Rahmen dessen Handlungskompetenzen in den verschiedensten Lebensbereichen durch systematisches Verhaltenstraining (Rollenspiele etc.) vermittelt werden sollen, und verschiedene (im Vergleich zum Normalvollzug erheblich weitergehende) Formen der Kontakte zur Außenwelt und Öffnung des Vollzuges durch Hafturlaub, Ausgang und Freigang (vgl. hinsichtlich Berlin-Tegel: Dünkel/Johnson 1980; allgemein zur Situation der Sozialtherapie Egg 1993; 1993a). Die Aufnahme in die sozialtherapeutischen Anstalten erfolgt auf Antrag des Gefangenen (Prinzip der Freiwilligkeit) und setzt einen verbleibenden Strafrest (je nach Anstalt) mindestens 9 bis zu 24 Monaten voraus. Die Sozialtherapie ist dementsprechend eine überleitungsorientierte Haftform für Langzeitgefangene, die in den meisten Fällen eine gewisse Zeit im normalen Regelvollzug verbracht haben. Ziel der Behandlung ist es, den Gefangenen unmittelbar aus der Sozialtherapie in die Freiheit zu entlassen, möglichst bereits nach Verbüßung von zwei Drittel der Haftzeit (vgl. die entsprechenden gesetzlichen Voraussetzungen in § 57 dStGB).

Die sozialtherapeutischen Anstalten hatten in Deutschland für die Umgestaltung und Reform des gesamten Strafvollzugs große Bedeutung, denn insbesondere die Programme des Sozialen Trainings zur Vermittlung von Problemlösungsstrategien

---

18 Dies entspricht ca. 2% der Haftplätze für Strafgefangene in den alten Bundesländern; in den neuen Bundesländern gibt es noch keine entsprechenden Anstalten. Die jeweilige Anstaltsgröße liegt zumeist bei 20 – 70 Haftplätzen, nur in zwei Fällen darüber (Kassel: 165; Berlin-Tegel: 160), vgl. Egg 1993, 376.

und der Einbezug des sozialen Umfeldes (Familie, Beruf) sind inzwischen in vielen Anstalten des sogenannten Regelvollzuges integriert worden. Auch die Anfang der 70er Jahre noch revolutionären Konzepte der Öffnung des Vollzuges über Hafturlaub, Ausgang und Freigang wurden zunächst vor allem mit dem schwierigen Gefangenen der sozialtherapeutischen Anstalten erfolgreich erprobt. Inzwischen sind derartige Vollzugslockerungen im bundesdeutschen Strafvollzug selbstverständlich geworden und gehören mit jährlich ca. 260.000 Beurlaubungen, 390.000 Ausgängen und 18.000 Zulassungen zum Freigang (d.h. der täglichen Arbeit außerhalb der Anstalt bei voller Entlohnung) zum Vollzugsalltag (vgl. Dünkel 1992; 1993b).

Das Experiment der sozialtherapeutischen Anstalten in Deutschland wurde durch verschiedene Begleituntersuchungen evaluiert. Die Ergebnisse sind in erstaunlichem Maße konsistent positiv und zeigen eine durchschnittliche Verminderung der Rückfälligkeit um 10 bis 20% auf. In ihrer Meta-Analyse der deutschen Evaluationsforschung gelangen Lösel/Köferl/Weber (1987) zu dem Ergebnis, daß man einen moderaten Behandlungseffekt der Sozialtherapie annehmen dürfe (die durchschnittliche Effektstärke wurde mit einem Korrelationskoeffizienten von .11 angegeben). Dies bedeutet, daß man eine Rückfallverminderung von ca. 10% durch sozialtherapeutische Behandlung erwarten darf. Die stärksten »Effekte« traten in einer Untersuchung von 510 besonders schwer vorbestraften sogenannten Karrieretätern in Berlin-Tegel auf (vgl. Dünkel/Geng 1988; 1993). Nach Merkmalen der Sozial- und Legalbiographie vergleichbare Gefangene wurden nach einer Entlassung aus dem Regelvollzug zu 70% mit Freiheitsstrafe wiederverurteilt, nach einer Entlassung aus der Sozialtherapie jedoch nur zu 47%. Dabei zeigten sich auch nach der Schwere des Rückfalls und nach dem zeitlichen Intervall günstigere Effekte bei den sozialtherapeutisch Behandelten. Ebenso wie in den neueren nordamerikanischen Meta-Analysen (vgl. insbesondere Andrews u.a. 1990; Lipsey 1992) bestätigte sich, daß vor allem stärker strukturierte, verhaltensorientierte, auf konkrete Fertigkeiten abzielende Maßnahmen erfolgversprechend sind. Die Tatsache, daß bei besonders stark vorbelasteten Gefangenen mit einem a-priori hohen Rückfallrisiko die deutlichsten Effekte auftreten, entspricht dem von Andrews u.a. genannten »risk principle« für eine angemessene Behandlung (»appropriate treatment«). Danach sind intensive Behandlungsmaßnahmen für Gefangene mit hohem Risiko vorzusehen, denn bei wenig risikobehafteten Fällen sind kaum große Effekte zu erwarten. Dementsprechend konnte die Berliner Studie bei Karrieretätern mit einem Rückfallrisiko (i.S. einer erneuten Verurteilung zu Freiheitsstrafe ohne Bewährung innerhalb von 10 Jahren) von 70% in der (nicht behandelten) Kontrollgruppe deutlichere Effekte zeigen als beispielsweise eine andere Studie mit weni-

ger vorbelasteten und rückfallgefährdeten Gefangenen[19]. Die deutlich strukturierten Maßnahmen im Rahmen der Sozialtherapie in Deutschland entsprechen auch
den weiteren Prinzipien einer angemessenen Behandlung wie sie von Andrews u.a.
genannt werden, beispielsweise dem »need principle« (z. B. Änderung anti-sozialer
Einstellungen, Förderung der Familienbindung, Identifikation mit prosozialen
Modellen, Vermittlung von sozialen Fertigkeiten etc.) und dem »responsivity principle« (Vermittlung konkreter Fertigkeiten und Handlungskompetenzen, abgestufte
Erprobung etc., vgl. zusammenfassend Lösel 1993, S. 26 f.).

Ähnlich der deutschen sozialtherapeutischen Anstalten wurden spezielle Abteilungen eingerichtet schottischen Strafvollzug für besonders schwierige Gefangene
strukturiert. Ein Beispiel ist die Abteilung im Barlinnie-Gefängnis in Glasgow (vgl.
hierzu Young 1993). Schon in den 50er Jahren waren erste Versuche, als Vollzugs-
störer auffällige Gefangene von den übrigen Gefangenen zu trennen und in kleinen
Einheiten zusammenzufassen, durchgeführt worden. Im Gegensatz zu den eher
repressiven und als erfolglos eingeschätzten Regimen in zwei anderen Anstalten hat
man in der Spezialabteilung in Glasgow ein auf weitgehende Selbstbestimmung der
Insassen in Kooperation mit dem Vollzugspersonal ausgerichtetes Vollzugsregime
etabliert. Die Insassen und Angestellten bestimmen gemeinsam den Tagesablauf
und die Regeln des alltäglichen Zusammenlebens. Das Behandlungskonzept war
ursprünglich ebenso wie in Deutschland stärker psychiatrisch-therapeutisch ausgerichtet, entwickelte sich dann aber stärker in Richtung einer Betonung der
»community culture«. Das Prinzip der »participatory community« wird durch die
Integration von Vollzugsbeamten und Insassen unter Wahrung individueller Verantwortung und persönlicher Selbständigkeit umzusetzen versucht. Dementsprechend werden die Konflikte in der Gruppe nicht durch die herkömmlichen Disziplinarmaßnahmen, sondern durch informelle Sanktionierungen in der Gruppe geregelt. Die Auswahl der Gefangenen für die Spezialabteilung wird durch die Vollzugsbediensteten einschließlich des Psychiaters und Psychologen vorgenommen.
Zielgruppe sind schwierige Gefangene, die in der Lage sind, an dem intensiven
Gemeinschaftsleben teilzunehmen[20]. »Erfolge« der Konzeption kleiner therapeutischer Gemeinschaften sind darin zu sehen, daß man weitere vergleichbare Abteilungen eingerichtet hat bzw. plant.

Ein besonders interessantes Experiment des Langstrafenvollzugs wurde in Portugal im Gefängnis Pinheiro da Cruz eingeführt. In unmittelbarer Nähe der in länd-
licher Gegend gelegenen Anstalt wurde eine kleine Dorfkolonie für ca. 50 Gefan-

---

19   Vgl. Egg 1990 bezüglich der sozialtherapeutischen Anstalt Erlangen; die dortige Kontroll-
      gruppe wies lediglich ein Rückfallrisiko von ca. 50% auf, so daß ein in Rückfallraten gemes-
      sener Behandlungserfolg geringer ausfallen mußte, vgl. auch Egg 1993, 377.

20   Hierzu ist insbesondere ein gewisser Grad verbaler Fähigkeiten Voraussetzung, ausgeschlos-
      sen sind Gefangene mit ernsten psychiatrischen Problemen.

gene eingerichtet, die außerhalb des Gefängnisses in kleinen Häusern (ehemals die Häuser von Vollzugsbediensteten) leben. Sie können dort regelmäßig Besuche erhalten und die Familienangehörigen verbleiben mit ihnen dort an den Wochenenden, teilweise auch länger. Obwohl sich in der Hauptanstalt überwiegend mehrfach rückfällige Gefangene mit sehr langen Strafen befinden (1991: 93% mit Freiheitsstrafen von mehr als 4 Jahren), hat es in der Dorfkolonie bisher noch keine Fluchtfälle oder andere ernsthafte Zwischenfälle gegeben. Dies beruht vermutlich auf einer sorgfältigen Selektion und der Tatsache, daß die ausgewählten Gefangenen nur den letzten Teil ihrer Freiheitsstrafe in der offenen Dorfkolonie verbüßen. Die Auswirkungen werden auch im Hinblick auf den Vollzug in der geschlossenen Hauptanstalt als positiv eingeschätzt, zumal die Aussicht, in die offene Dorfkolonie zu gelangen, das Verhalten der Gefangenen positiv zu beeinflussen scheint.

Ein weiteres zu erwähnendes Experiment einer therapeutischen Gemeinschaft innerhalb des Strafvollzuges existiert in der Schweiz in Genf (La Pâquarette). Hier dominiert allerdings der psychiatrisch-psychotherapeutische Ansatz angesichts der erheblichen persönlichkeitspsychologischen Problematik der Insassen (u.a. Sexualstraftäter).

Obwohl in derart spezialisierten Anstalten sicherlich gute Arbeit geleistet werden kann, müssen auch die Gefahren einer möglichen Stigmatisierung der Gefangenen im psychiatrischen Sinn gesehen werden, jedenfalls im Falle einer Ausrichtung am klassischen medizinischen Behandlungsmodell. Häufig sind in diesen Anstalten die Auswahlkriterien wenig scharf, was beispielsweise in Südafrika die Bedenken gegen bis vor kurzem existierende Abteilungen für »Psychopathen« bestärkt hat. Es ist objektiv schwierig, wenn nicht unmöglich, »Psychopathen« bzw. Gefangene mit schweren Persönlichkeitsstörungen eindeutig zu identifizieren. Hinzu kommen Kostenargumente: Bei einer angespannten Haushaltslage mag es sinnvoller und gerechter sein, einzelne Elemente der (sozialtherapeutischen) Behandlung auf eine breitere Gruppe von Gefangenen zu streuen als nur für wenige ausgewählte Gefangene (kosten)intensive Behandlungsprogramme vorzusehen. Auch insoweit kann die Entwicklung in Deutschland als beispielhaft gelten, indem in der Sozialtherapie entwickelte und erprobte Maßnahmen wie z.B das Soziale Training auf den sog. Regelvollzug ausgedehnt wurden.

8. Besonderheiten im Vollzug lebenslanger Freiheitsstrafe

Im Grundsatz gilt, daß für Gefangene mit lebenslanger Freiheitsstrafe kein anderes Regime vorgesehen wird als für Gefangene mit zeitlich bestimmten langen Freiheitsstrafen. Dementsprechend erfolgt auch in den meisten Ländern keine getrennte Unterbringung »Lebenslänglicher«. In Einzelfällen gibt es allerdings Sonderrege-

lungen hinsichtlich der Mindestverbüßungszeit im geschlossenen bzw. im besonders gesicherten Vollzug. So werden Lebenslängliche in Österreich in den ersten
Jahren in der »Unterstufe« untergebracht, d.h. einer durch weniger Privilegien aus-
gezeichneten Vollzugsform im Rahmen des dortigen Progressivsystems. Dies bedeutet weniger Möglichkeiten des Besuchs, des Konsums und anderer Privilegien.

In Deutschland gibt es Sonderregelungen hinsichtlich der Gewährung von Hafturlaub, der bei einer Unterbringung im geschlossenen Vollzug (was praktisch ausnahmslos der Fall ist) erstmals nach einer Vollstreckung von 10 Jahren gewährt
werden kann (vgl. § 13 Abs. 3 dStVollzG). Diese Regelung hat zur Folge, daß –
obwohl gesetzlich nicht vorgesehen – häufig auch andere Vollzugslockerungen
(Ausgang, Ausführung) erst nach mehr als 10 Jahren Freiheitsentzug gewährt werden. Unterschiedliche gesetzliche Anordnungsvoraussetzungen für die Verhängung
lebenslanger Freiheitsstrafen ebenso wie die Mindestverbüßungszeiten (in
Deutschland und Österreich 15 Jahre) führen zu der einleitend erwähnten unterschiedlichen tatsächlichen Vollstreckungsdauer bei der lebenslangen Freiheitsstrafe
im internationalen Vergleich. In jedem Fall gilt auch für Lebenslängliche das Prinzip, daß ihnen eine realistische Perspektive für die Wiedererlangung der Freiheit
eröffnet werden muß. Andernfalls schafft sich der Vollzug ernsthafte Sicher-
heitsprobleme, indem vermeintlich gefährliche Gefangene (was bei der lebenslangen Freiheitsstrafe ohnehin selten der Fall ist) im Sinne einer »self-fulling pro-
phecy« zu einem ernsthaften Gefährdungspotential werden.

9. Ausblick

Perspektiven der Behandlung von Gefangenen im Langstrafenvollzug liegen
zunächst in der möglichst weitgehenden Zurückdrängung des Langstrafenvollzuges
durch eine veränderte Strafzumessungspraxis und eine Ausweitung der bedingten
Entlassung (z. B. nach der Hälfte oder zwei Drittel der Strafe). Gleichwohl wird
auch in Zukunft ein geringer Teil der Gefangenen lange Haftstrafen, z. B. von mehr
als 5 Jahren, zu verbüßen haben. In diesem Fall erscheint eine grundrechts- und
sozialstaatsorientierte Verbesserung von Haftbedingungen angezeigt. Je geschlos-
sener das System des Langstrafenvollzugs nach außen ist, desto mehr Öffnung im
Inneren erscheint notwendig. D. h. sicherheitsbedingte Einschränkungen des Ver-
kehrs mit der Außenwelt müssen durch »Privilegien« im Inneren ausgeglichen
werden. Dies ist nicht nur ein Gebot sozialstaatlicher Vollzugsgestaltung, sondern
auch zur Aufrechterhaltung von Sicherheit in der Anstalt wichtig (vgl. hierzu Dünkel 1993b). Die Negativbeispiele in England und Frankreich mit wiederholten
Gefangenenmeutereien sind unter anderem auf die fehlenden internen wie externen
Lockerungen zurückzuführen. Unter harten, deprivierenden Haftbedingungen wer-

den »gefährliche« Gefangene wirklich gefährlich, wie die Erfahrungen in den USA
belegen. »Je rigider das Regime ist, desto mehr wächst . . . das Bedürfnis der Insassen, sich notfalls illegal, im Extremfall mit Gewalt Freiräume zu erkämpfen«. Geiselnahmen, gewaltsame Ausbruchsversuche u.ä. sind vor allem von Gefangenen zu
befürchten, »deren Leben perspektivlos geworden ist, weil sie das Ob und Wann
einer (bedingten) Entlassung nicht absehen können« (Müller-Dietz 1993, S. 20).

Die Öffnung des Langstrafenvollzugs im Inneren darf allerdings nicht im Sinne
eines unbeaufsichtigten und unbetreuten »Laissez-faire«-Vollzuges mißverstanden
werden (erneut ist als Negativbeispiel der Vollzug in manchen Großanstalten der
USA zu nennen), sondern es bedarf wiedereingliederungsorientierter und struktu-
rierter Vollzugsgestaltung. Die gezielte Planung der Überleitung in offene Vollzugsformen und eine individuelle Entlassungsvorbereitung sind gerade für Langzeitgefangene unabdingbar. Im übrigen müssen auch »gefährliche« Gefangene
jederzeit die Chance einer »Entstigmatisierung« und der Verlegung in den Normalvollzug erhalten. Der Entwicklungsstand eines Strafvollzugssystems im Hinblick
auf Rechtsstaatlichkeit und Humanität erweist sich vor allem in der Behandlung
von Extremgruppen mit besonders langen Haftstrafen oder von als gefährlich angesehenen Inhaftierten. Trotz der nicht zu verleugnenden Sicherheitserfordernisse
gibt es Anhaltspunkte dafür, daß durch spezifische Behandlungsangebote das tra-
ditionelle Sicherheitsdenken überwunden werden kann.

Literatur

Andrews, D.A., u.a. (1990): Does Correctional Treatment Work ? A Clinically Relevant and Psy-
    chologically Informed Meta-analysis. Criminology 28, S. 369-404.

Calliess, R.-P., Müller-Dietz, H. (1991): Strafvollzugsgesetz. Kommentar, 5. Aufl. München.

Dünkel, F. (1990): Freiheitsentzug für junge Rechtsbrecher. Bonn.

— (1992): Empirische Beiträge und Materialien zum Strafvollzug. Freiburg.

— (1992a): Das Jugendgerichtsgesetz der Bundesrepublik Deutschland im europäischen Vergleich.
    In: Bundesministerium der Justiz (Hrsg.): Grundfragen des Jugendkriminalrechts und seiner
    Neuregelung. Bonn, S. 92-122.

— (1992b): Legal differences relevant to juvenile criminology. In. Booth, T. (Hrsg.): Juvenile
    Justice in the New Europe. Leeds, S. 1-29.

— (1993): Strafvollzug im internationalen Vergleich. In: Schriftenreihe der Strafverteidigervereini-
    gungen: 17. Strafverteidigertag. Rechtsstaatliche Antworten auf neue Kriminalitätsformen.
    Köln 1993, S. 263-296.

— (1993a): Strafvollzug im Übergang – zur Situation des Strafvollzugs in den neuen Bundeslän-
    dern. Neue Kriminalpolitik 5, Heft 1, S. 37-43.

— (1993b): Sicherheit im Strafvollzug – Empirische Daten zur Vollzugswirklichkeit unter besonderer Berücksichtigung der Entwicklung bei den Vollzugslockerungen. In: Albrecht, P.-A., u.a. (Hrsg.): Festschrift für Horst Schüler-Springorum. Köln et al., S. 641-669.

Dünkel, F., Geng, B. (1988): Aspects of the Recidivism of Career Offenders According to Different Forms of Correction and Release from Prison. In: Kaiser, G., Geissler, I. (Hrsg.): Crime and Criminal Justice. Freiburg, S. 137-185.

— (1993): Zur Rückfälligkeit von Karrieretätern nach unterschiedlichen Strafvollzugs- und Entlassungsformen. In: Kaiser, G., Kury, H. (Hrsg.): Kriminologische Forschung in den 90er Jahren. Freiburg, S. 193-257.

Dünkel, F., Johnson, E. (1980): Introduction of Therapy into Tegel Prison. Evaluation of an Experiment. International Journal of Comparative and Applied Criminal Justice 4, S. 233-247.

Egg, R. (1990): Sozialtherapeutische Behandlung und Rückfälligkeit im längerfristigen Vergleich. MSchrKrim 73, S. 358-368.

— (1993): Behandlung hinter Gittern – ein Irrweg? Probleme sozialtherapeutischer Einrichtungen im Strafvollzug. BewHi 40, S. 373-388.

Egg, R. (Hrsg.) (1993a): Sozialtherapie in den 90er Jahren. Wiesbaden (Kriminologische Zentralstelle).

Gendreau, P., Andrews, D.A. (1990): Tertiary Prevention: What the Meta-analyses of the Offender Treatment Literature Tell us About »What Works«. Canadian Journal of Criminology 32, S. 173-184.

Gendreau, P., Ross, R.R. (1987): Revivication of rehabilitation: Evidence from the 1980s. Justice Quarterly 4, S. 349-407.

Izzo, R., Ross, R.R. (1990): Meta-analysis of rehabilitation programs for juvenile delinquents. Criminal Justice and Behavior 17, S. 134-142.

Lipton, D., Martinson, R., Wilks, J. (1975): The effectiverness of correctional treatment. New York.

Lösel, F. (1993): Sprechen Evaluationsergebnisse für einen frischen Wind in der Straftäterbehandlung? In: Egg, R. (Hrsg.): Sozialtherapie in den 90er Jahren. Wiesbaden (Kriminologische Zentralstelle), S. 21-31.

Lösel, F., Köferl, P., Weber, F.(1987): Meta-Evaluation der Sozialtherapie. Stuttgart.

Mair, G. (1991): What works – Nothing or Everything ? In: Home Office Research and Statistics Department (Hrsg.): Research Bulletin No. 30. London (HMSO) 1991, S. 3-8.

Martinson, R. (1974): What works? questions and answers about prison reform. The Public Interest 35, S. 22-54.

Müller-Dietz, H. (1993): Langstrafen und Langstrafenvollzug. Neue Kriminalpolitik 5, Heft 2, S. 18-25.

Palmer, T. (1992): The Re-emergence of correctional intervention. Newbury Park, London, New Delhi.

Rotthaus, K.-P. (1977): Therapeutische Behandlung im Strafvollzug – eine Utopie? In: Petri, H. (Hrsg.): Kriminalität heute – Ursachen und Bekämpfung. Bochum, S. 116-129.

— (1978): Strafvollzug und Rückfälligkeit. ZfStrVo 27 , S. 1-6.

— (1981): Sozialtherapie in der Justizvollzugsanstalt Gelsenkirchen. ZfStrVo 30 (1981), S. 323-333.

— (1988): Die sozialtherapeutische Anstalt. In: Schwind, H.-D., Blau, G. (Hrsg.): Strafvollzug in der Praxis. 2. Aufl., Berlin, New York, S. 87-94.

Schüler-Springorum, H. (1988): Zur Fortentwicklung des Behandlungsgedankens im Strafvollzug. In: Schwind, H.-D., u.a. (Hrsg.): 10 Jahre Strafvollzugsgesetz. Heidelberg, S. 117-128.

Sechrest, L.B., White, S.O., Brown, E.D. (Hrsg.) (1979): The rehabilitation of criminal offenders: Problems and prospects. Washington/D.C. (National Academy of Sciences).

Uss, A. (1993): Rußland: Reformen im Strafvollzug. Neue Kriminalpolitik 5, Heft 1, S. 13-14.

Vagg, J. (Hrsg.) (1994): Prevention and Punishment: Dangerousness, Long-term Prisoners and Life Imprisonment, an International Perspective. Hong Kong, in print.

Van Zyl Smit, D., Dünkel, F. (Hrsg.) (1991): Imprisonment Today and Tomorrow – International Perspectives on Prisoners' Rights and Prison Conditions. Deventer 1991.

Walter, M. (1991): Strafvollzug. Lehrbuch. Stuttgart, München, Hannover.

Young, P. (1993): The Barlinnie Special Unit – a Study in Social Control. Panopticon, 14, S. 234-247.

II.
Rechte Gefangener und Rechtsschutz

Die Rechte Gefangener
in internationaler Perspektive

THOMAS WEIGEND*

I. Wir sprechen heute mit großer Selbstverständlichkeit davon, daß Gefangene Rechte haben und daß ihre Rechte zu schützen sind[1]. Diese Einsicht hat aber eine erstaunlich kurze Tradition, und die Zeiten, in denen man in Strafgefangenen nichts anderes als rechtlose Staatssklaven sah, sind noch nicht allzu lange vorbei[2]. In Deutschland hat es bekanntlich bis zum Jahr 1972 gedauert, daß das Bundesverfassungsgericht die unselige Rechtsfigur des »besonderen Gewaltverhältnisses« für den Strafvollzug verabschiedet und die nur durch Gesetz beschränkbare Geltung der Grundrechte für Strafgefangene anerkannt hat[3].

Inzwischen hat sich auch international weitgehend die Erkenntnis durchgesetzt, daß die Menschenrechte nicht am Gefängnistor enden, sondern daß ihre Anwendung durch die Bedingungen des Freiheitsentzugs lediglich modifiziert wird[4]. Die Diskussion hat sich damit verlagert: Es geht nicht mehr darum, *ob* auch Gefangene Rechte besitzen, sondern um die viel schwerer zu beantwortende Frage, in welchem Maße und in welcher Weise ihre Rechtsstellung durch den Strafvollzug verändert wird.

Zu dieser Frage möchte ich ein paar Bemerkungen beisteuern, die sich auf Entwicklungen außerhalb Deutschlands beziehen. Um die international unterschiedlichen Ansätze in eine vorläufige Systematik zu bringen, werde ich zwei Grundkonzepte der Definition von Gefangenenrechten gegenüberstellen und deren Vorzüge und Probleme zu erläutern versuchen. Dabei kann es auch nicht entfernt um die

---

* Für wertvolle Unterstützung bei der Zusammenstellung des Materials danke ich meiner Mitarbeiterin Frau Uta Schweizer.

1 Siehe z.B. Calliess/Müller-Dietz, StVollzG, 4. Aufl. 1986, Einl. Rdn. 23; Feest, in: AK StVollzG, 3. Aufl. 1990, vor § 2 Rdn. 2.

2 Siehe etwa noch KG NJW 1966, 1088, 1089 (der Gefangene verliere »alle diejenigen Grundrechte, zu deren uneingeschränkter Ausübung er der persönlichen Freiheit bedarf. Er hat dementsprechend nur noch das Recht auf Leben und körperliche Unversehrtheit ... Jede seitens des Gewahrsamsinhabers bewilligte Erlaubnis zur Ausübung anderer Grundrechte stellt eine Vergünstigung dar, deren Bewilligung nach Art und Umfang in sein Ermessen gestellt ist.«).

3 BVerfGE 33, 1, 10 f.

4 Überblick über die internationale Strafvollzugsgesetzgebung (auf dem Stand von 1984) bei Jescheck, Die Freiheitsstrafe und ihre Surrogate in rechtsvergleichender Darstellung, in: ders. (Hrsg.), Die Freiheitsstrafe und ihre Surrogate im deutschen und ausländischen Recht, Band 3, 1984, S. 1939, 2076-2084; siehe auch Zellick, Human Rights and the Treatment of Offenders, in: Andrews (Hrsg.), Human Rights in Criminal Procedure, 1982, S. 375 f.

Darstellung eines umfassenden Panoramas des Strafvollzugs im internationalen Vergleich gehen[5]; ich werde mich vielmehr auf wenige exemplarische Hinweise beschränken.

II. Dem deutschen Strafvollzugsrecht liegt die Vorstellung zugrunde, daß die im Grundgesetz garantierten Menschen- und Bürgerrechte auch für Strafgefangene gelten, soweit sie nicht ausdrücklich oder implizit aufgrund gesetzlicher Regelungen eingeschränkt sind (§ 4 Abs. 2 StVollzG). Dem Gefangenen ist also alles erlaubt, was ihm nicht ausdrücklich verboten ist[6], wobei die Frage der Kompetenz zur Aufstellung von Verboten (nur der Gesetzgeber oder auch die Exekutive?)[7] sowie deren Begrenzung (etwa durch den »Wesensgehalt« von Grundrechten) zunächst außer Betracht bleiben soll. Bei dem in Deutschland verwirklichten »Fortgeltungsmodell«[8] hängt die Balance zwischen Vollzugs- und Individualinteressen allein von der Ausgestaltung der *Einschränkungen* der Gefangenenrechte ab; es ist zu erwarten, daß diese Einschränkungen so umfassend und dehnbar wie möglich formuliert werden, um das »zufällige« Entstehen von Rechtsansprüchen der Gefangenen zu verhindern.

Die Alternative zu der in Deutschland durchgeführten Lösung stellt das »Enumerationsmodell« dar: Nach diesem Konzept werden die Rechte des Gefangenen einzeln aufgeführt, wobei die als notwendig angesehenen Beschränkungen mit dem jeweiligen Recht verbunden oder auch in einer Generalklausel zusammenfassend artikuliert sein können. Dieses Modell hat den Vorzug der Klarheit. Politisch dürfte es jedoch nur dann durchsetzbar sein, wenn die Rechtsansprüche der Gefangenen sparsam und zurückhaltend formuliert sind oder durch umfassende Einschränkungsklauseln entschärft werden.

---

5   Siehe dazu Kaiser, Strafvollzug im europäischen Vergleich, 1983; ders., in: Kaiser/Kerner/ Schöch, Strafvollzug, 4. Aufl. 1992, S. 109-135 m.w.N.

6   Siehe näher Calliess/Müller-Dietz (Fn. 1), § 4 Rdn. 10.

7   § 4 Abs. 2 S. 1 StVollzG läßt grundsätzlich nur *gesetzliche* Einschränkungen der Freiheit des Gefangenen zu. Die Anstaltsleitung darf ihm allerdings in Notfällen nach § 4 Abs. 2 Satz 2 StVollzG auch weitere Beschränkungen auferlegen. Siehe zur Problematik und Reichweite dieser »Angstklausel« Calliess/Müller-Dietz (Fn. 1), § 4 Rdn. 16-22; Feest, in: AK StVollzG (Fn. 1), § 4 Rdn. 9-16; Böhm, in: Schwind/Böhm (Hrsg.), StVollzG, 2. Aufl. 1991, § 4 Rdn. 19-24; Walter, Strafvollzug, 1991, Rdn. 362.

8   Im deutschen Schrifttum wird insoweit häufig von einem »Enumerationsprinzip« gesprochen (z.B. Calliess/Müller-Dietz [Fn.1], § 4 Rdn. 10; Feest, in: AK StVollzG [Fn 1] § 4 Rdn. 8). Dies ist insoweit irreführend, als gerade nicht die *Rechte* des Gefangenen, sondern nur deren *Beschränkungen* nach § 4 Abs. 2 StVollzG zu »enumerieren« sind.

III. Für beide Modelle gibt es Beispiele aus dem weiten Bereich des internationalen Rechts.

1. Das *Enumerationsmodell* finden wir verwirklicht in den Standard Minimum Rules for the Treatment of Prisoners, die 1957 vom Wirtschafts- und Sozialausschuß der Vereinten Nationen verabschiedet wurden[9], und in deren neuerer europäischer Version, den European Prison Rules des Europarates von 1987[10]. Eine Zusammenstellung von Rechten inhaftierter Personen enthält auch der »Body of Principles for the Protection of All Persons under Any Form of Detention or Imprisonment«, der nach zwölfjährigen Vorarbeiten im Jahre 1988 von der Vollversammlung der Vereinten Nationen verabschiedet worden ist[11].

Die Liste der Rechte, die jedes dieser Instrumente enthält, ist lang und eindrucksvoll. Sie umfaßt in den European Prison Rules beispielsweise folgende Positionen: das Recht auf Einzelunterbringung während der Nacht, außer wenn die gemeinsame Unterbringung Vorteile hat (Rule 14) (wobei erst der Kommentar zu dieser Regelung deutlich macht, daß die Vorteile auch auf seiten der Vollzugsverwaltung liegen können[12]), das Recht auf gesundheitlich und hygienisch einwandfreie Zellen (Rule 15) sowie auf angemessene sanitäre Einrichtungen (Rules 17, 18), das Recht auf regelmäßige Haarpflege und Rasur (Rule 21), auf ausreichendes und gesundes Essen (Rule 25) und auf medizinische Versorgung (Rule 26), ferner das Recht darauf, »so oft wie möglich« Besuche von Familienmitgliedern oder von Angehörigen externer Organisationen zu empfangen (Rule 43), das Recht auf Information über das Tagesgeschehen (Rule 45) und auf Ausübung der Religion (Rule 46) und schließlich gewisse prozessuale Rechte im Zusammenhang mit Disziplinarverfahren (Rules 35-38).

Der »Body of Principles« der Vereinten Nationen ist auf alle Arten von Freiheitsentzug anwendbar und konzentriert sich dementsprechend auf Verfahrens- und Informationsrechte. Er sieht unter anderem den Anspruch des Inhaftierten auf gerichtliche Überprüfung des Freiheitsentzuges (princ. 11) und auf anwaltlichen Beistand (princ. 17, 18), den Anspruch auf medizinische Versorgung (princ. 24) und das Recht zur Kontaktaufnahme mit einer Vertrauensperson außerhalb der Haftanstalt vor, wobei der Kontakt nicht »for more than a matter of days« unterbunden werden darf (princ. 15). Außerdem enthält der Body of Principles ein weitreichendes Verbot der Anwendung von Gewalt, Drohungen oder anderer die Entscheidungsfreiheit beeinträchtigender Methoden bei Vernehmungen (princ. 21).

---

9   U.N. Economic and Social Council Res. 663 C (XXIV).
10 Rec. No. R (87) 3.
11 GA Res. A/43/173. Zur Entstehung des Body of Principles siehe Treves, American Journal of International Law 1990, 578.
12 Concil of Europe, European Prison Rules, 1987, S. 40 (Explanatory Memorandum).

Die European Prison Rules beschränken sich im übrigen nicht darauf, einen Katalog von Anweisungen für die Gestaltung des Vollzugs aufzustellen, sondern sie geben auch die allgemeinen Prinzipien an, an denen sich die Beziehung zwischen Vollzugsverwaltung und Gefangenen ausrichten soll. An der Spitze stehen die Wahrung der Menschenwürde (Rule 1) und das Verbot jeder Diskriminierung (Rule 2). Kaum weniger wichtig ist die in Rule 64 enthaltene Einsicht, daß schon der Entzug der Freiheit als solcher eine Strafe ist und daß die Bedingungen des Strafvollzugs das damit verbundene Leid nicht verschlimmern sollen. Auch den Angleichungsgrundsatz des deutschen § 3 StVollzG findet man in den European Prison Rules wieder (Rule 65b). Gerade in dieser organischen Verknüpfung von grundlegenden Orientierungspunkten und darauf aufbauenden Einzelregelungen sehe ich den besonderen Wert der European Prison Rules[13].

Leider gilt aber auch hier die Maxime: je vollmundiger, desto unverbindlicher. Keines der genannten Instrumente hat bindende Rechtswirkung auf nationaler oder internationaler Ebene. Es handelt sich vielmehr um bloße Empfehlungen, deren Mißachtung keinerlei negative Rechtsfolgen für die zuwiderhandelnden Staaten oder Individuen hat[14]. Dennoch ist die internationale Anerkennung der in den European Prison Rules und dem Body of Principles enthaltenen Mindeststandards nicht ohne Bedeutung: Sie stellen nicht nur eine Zielvorgabe für die nationale Vollzugspolitik dar[15], sondern auch einen Maßstab, an dem die Vollzugswirklichkeit, beispielsweise durch nicht-staatliche Organisationen, mit politischer und publizistischer Außenwirkung gemessen werden kann[16]. Außerdem sind die Regierungen nach U.N.- Recht verpflichtet, dem Generalsekretär alle drei Jahre über die Fortschritte bei der Implementation der Standard Minimum Rules zu berichten[17].

2. *a)* Für die Verwirklichung der Menschenrechte im europäischen Rahmen gewinnt die Europäische Menschenrechtskonvention von 1950 immer größere

---

13 Die fehlende Konkretisierung mancher Rules hebt allerdings mit Recht Feest, PRO Zeitschrift für Strafvollzug, 1994, H. 1, S. 5, hervor.

14 Siehe Rodley, The Treatment of Prisoners under International Law, 1987, S. 222; Treves (Fn. 11), S. 585.

15 So ausdrücklich Council of Europe (Fn. 12), S. 29; siehe auch Walter (Fn. 7), Rdn. 356 (Mindestgrundsätze sind für die Auslegung des Strafvollzugsgesetzes heranzuziehen). Vgl. auch Body of Principles (Fn. 11), princ. 7 Abs. 1, wonach alle Staaten verpflichtet sind, bei Verstößen gegen die angenommenen Prinzipien unparteiische Untersuchungen durchzuführen und sie gegebenenfalls durch angemessene Sanktionen zu ahnden.

16 Siehe Rodley (Fn. 14); Walter (Fn. 7), Rdn. 358. Nur so ist es auch zu erklären, daß etwa über die Zulässigkeit der Inhaftierung von Personen ohne Kontakt zur Außenwelt (vgl. Body of Principles [Fn. 11], princ. 15) bei den Vereinten Nationen heftig gestritten wurde, obwohl der Inhalt des Body of Principles keinerlei unmittelbare Rechtswirkung entfaltet; vgl. Treves (Fn. 11), S. 582.

17 Standard Minimum Rules (Fn. 9), Präambel unter 2 b).

Bedeutung[18]. Sie enthält verschiedene Vorschriften, die die Freiheitsstrafe betreffen; insbesondere regelt sie in Art. 5 eingehend die Voraussetzungen, unter denen jemandem die Freiheit entzogen werden darf[19], und gestattet in Art. 4 Abs. 3 a) die zwangsweise Heranziehung von Gefangenen zu Arbeitsleistungen. Über die Rechte dessen, der sich im Strafvollzug befindet, äußert sich die Konvention jedoch nicht ausdrücklich[20]. Man muß daher annehmen, daß ihr das erste der oben erwähnten Modelle, das »Fortgeltungsmodell«, zugrunde liegt. Dies würde bedeuten, daß sich auch ein Strafgefangener etwa des Anspruchs auf Achtung seines Privat- und Familienlebens, seiner Wohnung und seines Briefverkehrs (Art. 8 EMRK), auf Ausübung der Religion (Art. 9 EMRK), auf Meinungs- und Informationsfreiheit (Art. 10 EMRK) und auf Versammlungs- und Vereinigungsfreiheit (Art. 11 EMRK) erfreuen darf. Dies wird im Ausgangspunkt von der Europäischen Kommission und vom Europäischen Gerichtshof für Menschenrechte auch so gesehen[21]. Doch sind alle die genannten Menschenrechte in der EMRK mit weitreichenden Gesetzesvorbehalten im Interesse der öffentlichen Sicherheit und Ordnung versehen; und die europäischen Menschenrechtsorgane haben Klagen von Strafgefangenen gegen Beschränkungen der erwähnten Grundfreiheiten bisher durchweg unter Hinweis auf gültige vollzugsrechtliche Regelungen zurückgewiesen[22]. Von einem Triumph der Menschenrechte über die Vollzugsroutine kann also mit Blick auf die Rechtsprechung der Straßburger Organe keine Rede sein[23].

Dies gilt auch für die Fälle, in denen die Menschenrechtswidrigkeit von Strafvollzugsbedingungen insgesamt behauptet wurde. Grundlage dieser Klagen waren nicht die allgemeinen Grundrechte, sondern Art. 3 EMRK, der bestimmt, daß niemand der Folter oder unmenschlicher oder erniedrigender Behandlung unterworfen werden darf. Erfolg hatte eine solche Klage allerdings in dem besonders eklatanten

---

18 Weitgehend in Übereinstimmung mit Art. 5 EMRK sind die Individualrechte bei Freiheitsentziehungen auch in Art. 9 Internationaler Pakt über bürgerliche und politische Rechte geregelt. Art. 10 IPBPR enthält darüber hinaus den Grundsatz der Trennung von jugendlichen und erwachsenen Gefangenen sowie von Untersuchungs- und Strafgefangenen; außerdem wird dort das Gebot menschenwürdiger Behandlung aufgestellt sowie die Resozialisierung als Vollzugsziel festgelegt.

19 Eine Verletzung der in Art. 5 EMRK niedergelegten Regeln kann nach deutschem Recht einen Schmerzensgeldanspruch des Betroffenen auslösen. Dies soll z.B. dann gelten, wenn der Inhaftierte wegen Krankheit vollzugsuntauglich war; BGH NJW 1993, 2927, 2928.

20 Frowein/Peukert, Europäische Menschenrechtskonvention. Kommentar, 1985, Art. 5 Rdn. 8.

21 Siehe etwa Goldner ./. UK, EuGRZ 1975, 91, 99 (Art. 8 EMRK); Silver u.a. ./. UK, EuGRZ 1984, 147; Campbell und Fell ./. UK, EuGRZ 1985, 534, 544.

22 Siehe die Nachweise bei Frowein/Peukert (Fn. 20), Art. 8 Rdn. 26, 36; Art. 9 Rdn. 23; Gollwitzer in: Löwe/Rosenberg, StPO, 24. Aufl. 1992, Art. 9 MRK Rdn. 9; Zellick (Fn. 4), S. 395-404.

23 Jung, Sanktionensysteme und Menschenrechte, 1992, S. 92 f.

Fall der griechischen Foltergefängnisse zur Zeit des Obristenregimes[24]. Auch die Behandlung nordirischer Gefangener durch die englische Vollzugsverwaltung – die Betroffenen mußten lange Zeit ohne Schlaf und ohne ausreichende Nahrung mit verbundenen Augen an der Wand stehen – betrachtete der Gerichtshof als eine Verletzung von Art. 3 EMRK, wenngleich nicht als Folter, sondern »nur« als unmenschliche und erniedrigende Behandlung[25]. Dagegen wurde die vorüberge-hende vollständige Isolierung eines Gefangenen nicht als »unmenschliche oder erniedrigende Behandlung« im Sinne von Art. 3 EMRK eingestuft[26]. Dem Ge-richtshof fällt es offensichtlich schwer, ein Element der »Erniedrigung« zu identifi-zieren, das über das im Wesen der Bestrafung liegende Maß an Erniedrigung hin-ausgeht[27].

Die übergroße Zurückhaltung bei der Kennzeichnung von Vollzugsbedingungen als menschenrechtswidrig mag auch, jedenfalls unterschwellig, von politischen Rücksichten diktiert sein, würde ein entsprechendes Urteil doch unter Umständen das gesamte Vollzugssystem eines Mitgliedstaates brandmarken. Es ist daher viel-leicht kein Zufall, daß der Europäische Gerichtshof für Menschenrechte, als er 1989 im Fall Soering[28] der Klage wegen Verstoßes gegen Art. 3 EMRK stattgab, das Verdikt der Menschenrechtswidrigkeit gegen das Vollzugssystem eines Nicht-Mitgliedstaates richtete: Ohne besonders tiefgehende Begründung stellte der Gerichtshof fest, daß der dem Betroffenen drohende mehrjährige Aufenthalt in einer Todeszelle des U.S.-Staates Virginia eine »unmenschliche und erniedrigende Behandlung« darstellen würde[29], und untersagte deshalb seine Auslieferung an die USA.

Insgesamt fällt das Fazit für den Einfluß der EMRK auf den Strafvollzug er-nüchternd aus: Die an sich auch im Vollzug geltenden Menschenrechte werden durchweg den einfachgesetzlich verankerten gegenläufigen Vollzugsinteressen geopfert, und die uneingeschränkt garantierte Freiheit von unmenschlicher Be-

---

24 »Greek Case«; Bericht und Entscheidung der Kommission vollständig abgedruckt in: Year-book of the European Convention on Human Rights 1972, S. 1.

25 Irland ./. UK, EuGRZ 1979, 149, 153.

26 Siehe EKMR EuGRZ 1975, 455 (Bader, Meinhof, Grundmann); Frowein/Peukert (Fn. 20), Art. 3 Rdn. 10-12 m.w.N.; Zellick (Fn.4), S. 386; Rodley (Fn. 14), S. 229-231.

27 Zellick (Fn. 4), S. 378. Zusammenfassung der nicht einheitlichen Rechtsprechung bei Gollwit-zer (Fn. 22), Art. 3 MRK Rdn. 23-29.

28 EGMR NJW 1990, 2183 m. Anm. Lagodny.

29 Der Gerichtshof bezieht sich insbesondere auf die lange »Wartezeit« vor der Hinrichtung und auf das Risiko von homosexuellem Mißbrauch und anderen Übergriffen durch Mitgefangene; EGMR NJW 1990, 2183, 2187. Bemerkenswert ist die Tatsache, daß der Gerichtshof schon in der bloßen Mitwirkung an der *Auslieferung* eines Gefangenen an einen Nicht-Kon-ventionsstaat, in dem die beschriebenen Zustände herrschen, einen Verstoß gegen Art. 3 EMRK sieht.

handlung wird so hoch gehängt, daß sie die vielfältigen banalen Fälle der Erniedrigung Gefangener nicht berühren.

b) Soeben wurde bereits, in wenig rühmlichem Kontext, das Vollzugssystem der USA erwähnt. Dessen weltweite Reputation gründet sich nicht gerade auf besonders humane Vollzugsbedingungen oder auf die mustergültige Durchsetzung von Gefangenenrechten, sondern auf den seit etwa 20 Jahren anhaltenden Wettlauf zwischen dem rasanten Anwachsen der Gefangenenzahlen und dem fast ebenso rasanten Neubau von Vollzugsanstalten[30]. Andererseits verdankt die Besinnung auf die Grundrechte der Gefangenen in Europa auch der amerikanischen Prisoners' Rights-Bewegung der sechziger und siebziger Jahre wertvolle Impulse[31]. Schon aus diesem Grund kann ein Blick auf das amerikanische Modell der Rechtsstellung Strafgefangener von Interesse sein.

Bemerkenswert ist zunächst, daß die amerikanischen Gerichte überhaupt erst gegen Ende der sechziger Jahre damit begonnen haben, die Grundrechte der amerikanischen Verfassung auch auf Strafgefangene anzuwenden. Bis dahin hatten sie bewußt eine »hands off«-Politik verfolgt und die Gestaltung des Vollzugs allein den zuständigen Behörden überlassen[32]. Heute wird dagegen ausdrücklich, oder besser gesagt: verbal anerkannt, daß Grundrechte wie der Anspruch auf Gleichbehandlung[33], die Meinungs[34]- und die Religionsfreiheit[35] sowie die grundlegenden Verfahrensrechte[36] auch im Gefängnis gelten[37]. Ähnlich wie unter der Europäischen Menschenrechtskonvention wird dieser Ansatz aber dadurch praktisch entwertet, daß die Gerichte die Grundrechte als durch die Bedürfnisse des Vollzugs limitiert verstehen[38]. Da es an einer gesetzlichen Festlegung von Art und berück-

---

30 Zu den rechtlichen Grundlagen siehe Plagemann, Die Freiheitsstrafe und ihre Surrogate in den USA, in: Jescheck (Fn. 4), Bd. 2, S. 1611, 1686 ff.; Daten zur Entwicklung des Strafvollzugs bei Kaiser/Kerner/Schöch (Fn. 5), § 3 Rdn. 75.

31 Siehe zu den Gefangenenrechten in den USA etwa Hermann/Haft, Prisoners' Rights Sourcebook, 1973; Alpert, Legal Rights of Prisoners, 1978. Zur Entwicklung in Deutschland siehe Calliess/Müller-Dietz (Fn. 1), Einl. Rdn. 11 ff.; Walter (Fn. 7), Rdn. 346-352, 359-367, 374-388.

32 Typisch für diese Auffassung etwa die Entscheidung Banning v. Looney, 213 F. 2d 771 (10th Cir. 1954): »Courts are without power to supervise prison administration or to interfere with the ordinary prison rules or regulations.«

33 Lee v. Washington, 390 U.S. 333 (1968).

34 Procunier v. Martinez, 416 U.S. 396 (1974).

35 Cruz v. Beto, 405 U.S. 319 (1972).

36 Johnson v. Avery, 393 U.S. 483 (1969); Wolf v. McDonnell, 418 U.S. 539, 555 f. (1974) (»There is no iron curtain drawn between the Constitution and the prisons of this country.«)

37 Guter Überblick über die Rechtsprechung mit zahlreichen Nachweisen bei Matzzie/Jones, Prisoners' Rights, Georgetown Law Journal 81 (1993), S. 1621.

38 Grundlegend hierzu Bell v. Wolfish, 441 U.S. 520, 540, 546 (1979) (»Restraints that are reasonably related to the institution's interest in maintaining jail security do not, without more,

sichtigungsfähigem Umfang der Vollzugsinteressen fehlt, nimmt die Rechtsprechung jede auch noch so entfernte Möglichkeit des Mißbrauchs eines Grundrechts
durch die Gefangenen zum Anlaß, ihnen dieses Recht generell unter Berufung auf
das Interesse an der Aufrechterhaltung von Sicherheit und Ordnung in der Anstalt
vorzuenthalten[39].

Mit dieser Begründung wurde etwa die Geltung des verfassungsrechtlichen
Schutzes vor unbegründeten Durchsuchungen und Beschlagnahmen im Gefängnis
ganz verneint, da die Anstaltsleitung das Recht haben müsse, die Zellen jederzeit
und auch ohne einen nachvollziehbaren »vernünftigen« Grund zu durchsuchen[40].
Und einem Moslem wurde die Teilnahme am gemeinsamen Gebet mit der Begründung verwehrt, daß die dafür notwendige Rückkehr von der Außenarbeitsstelle in
das Gefängnisgebäude während des Tages eine zu weitgehende Störung der
Anstaltsordnung darstelle[41]. In solchen Fällen verlangen die amerikanischen
Gerichte nicht, daß die Anstaltsleitung die Erforderlichkeit der angegriffenen Maßnahme im Sinne des geringsten Eingriffs zur Erreichung eines legitimen Zwecks
darlegt, sondern der Oberste Gerichtshof betont ausdrücklich, daß er nicht willens
sei, sein eigenes Urteil an die Stelle des Ermessens der Anstaltsleitung in bezug auf
die schwierigen und sensiblen Fragen der inneren Sicherheit zu setzen[42]. De facto
gilt also nach wie vor die »hands off«-Doktrin.

Ähnlich wie nach Art. 3 EMRK sind nach dem 8. Zusatzartikel zur amerikanischen Bundesverfassung »grausame und ungewöhnliche« Bestrafungen verboten.
Es liegt nahe, daß sich diese Vorschrift auch zu Beschwerden gegen unzumutbare
Vollzugsbedingungen verwenden läßt. Sie ist dazu vor allem auch deshalb
geeignet, weil eine andere bundesrechtliche Norm (42 U.S.Code § 1983) jedem,
der von einem Vertreter der öffentlichen Gewalt in seinen verfassungsmäßigen
Rechten verletzt wird, einen Anspruch auf Unterlassung und Schadensersatz
gewährt.

Dennoch erging erst im Jahre 1976 das erste Urteil des Obersten Gerichtshofs,
in dem die Anwendbarkeit des 8. Zusatzartikels auf die Umstände, unter denen

---

constitute unconstitutional punishment, even if they are discomforting ... The fact of confinement as well as the legitimate goals and policies of the penal institution limits ... constitu-
tional rights.«); Rhodes v. Chapman, 452 U.S. 337, 347 (1981) (» To the extent [prison] conditions are restrictive and even harsh, they are part of the penalty that criminal offenders pay
for their offenses against society.«); Hudson v. Palmer, 468 U.S. 517 (1984).

39 Siehe auch hierzu Bell v. Wolfish, 441 U.S. 520 (1979) (aus Sicherheitsgründen werden auf-
rechterhalten: Verbot, Bücher anders als von Verlagen und Buchhandlungen zu empfangen;
Verbot des Empfangs von Paketen mit Nahrungsmitteln; Verbot, während Inspektionen der
Zelle dort anwesend zu sein; routinemäßige Untersuchung aller Körperöffnungen nach dem
Empfang von Besuchen).

40 Hudson v. Palmer, 468 U.S. 517, 524-530 (1984).

41 O'Lone v. Estate of Shabazz, 482 U.S. 342 (1987).

42 Bell v. Wolfish, 441 U.S. 520, 547 (1979); Block v. Rutherford, 468 U.S. 576, 588 (1984).

Freiheitsentzug vollzogen wird, anerkannt wurde[43]. Schon vorher hatten allerdings verschiedene erstinstanzliche Bundesgerichte ganze einzelstaatliche Vollzugssysteme insgesamt aufgrund der untragbaren Zustände, die in den Gefängnissen herrschten, zu Stätten »grausamer und ungewöhnlicher« Bestrafung erklärt und unter gerichtliche Aufsicht gestellt[44]. Auch in Fällen brutaler Behandlung von Gefangenen durch Wachpersonal wurden Schadensersatzansprüche mit Erfolg auf den 8. Zusatzartikel gestützt[45]. Inzwischen hat der Supreme Court jedoch die Anforderungen an solche Klagen nicht unwesentlich verschärft. Er unterscheidet zwischen Fällen, in denen unmittelbar körperliche Gewalt angewandt wird, einerseits und gesundheitsschädlichen Vollzugsbedingungen andererseits. Im ersten Fall kann der 8. Zusatzartikel auch schon bei objektiv leichteren Beeinträchtigungen der Gesundheit verletzt sein[46]; in subjektiver Hinsicht wird jedoch verlangt, daß der Amtsträger »maliciously and sadistically« handelt[47]. Bei Schädigungen durch unhygienische oder unsichere Vollzugsbedingungen verlangt die Rechtsprechung in objektiver Hinsicht erhebliche körperliche oder seelische Beeinträchtigungen des Gefangenen[48] sowie deren Verursachung durch »bewußte Gleichgültigkeit« der zuständigen Beamten[49]. Das subjektive Erfordernis, das der Supreme Court erst 1991 in den Vordergrund gestellt hat, könnte den Versuchen, den einzelstaatlichen Strafvollzug mit Hilfe der Bundesverfassung und der Bundesgerichte an menschenwürdige Standards heranzuführen, wieder den Boden entziehen[50]. Charakteristisch für den Geist der neuen amerikanischen Rechtsprechung auf dem Gebiet des Strafvollzugs ist die These, daß restriktive, sogar harte Lebensbedingungen

---

43 Estelle v. Gamble, 429 U.S. 97 (1976) (das Gericht sah eine »grausame und ungewöhnliche Bestrafung« in der – in concreto nicht gegebenen – bewußten Vernachlässigung der medizinischen Bedürfnisse eines Gefangenen).

44 Siehe Holt v. Sarver, 309 F. Supp. 362 (E.D. Ark. 1970); Gates v. Collier, 501 F. 2d 1291 (5th Cir. 1974); Pugh v. Locke, 406 F. Supp. 318 (M.D. Ala. 1976); Ramos v. Lamm, 639 F. 2d 559 (10th Cir. 1980); Lightfoot v. Walker, 468 F. Supp. 504 (S.D. Ill. 1980); Ruiz v. Estelle, 503 F. Supp. 1265 (S.D. Tex. 1980).

45 Nachweise aus der Rechtsprechung bei Matzzie/Jones (Fn. 37), S. 1639 Fn. 2989.

46 Hudson v. McMillian, 112 S.Ct. 995 (1992) (nur Bagatellverletzungen gelten nicht als »cruel and unusual punishment«; a.a.O. S. 1000).

47 Whitley v. Albers, 475 U.S. 312 (1986).

48 Rhodes v. Chapman, 452 U.S. 337, 367 f. (1981).

49 Wilson v. Seiter, 111 S.Ct. 2321 (1991).

50 Drei Richter des U.S. Supreme Court machen in einer concurring opinion die Folgeprobleme der neuen Rechtsprechung deutlich: »Inhumane prison conditions often are the result of cumulative actions and inactions by numerous officials inside and outside a prison, sometimes over a long period of time . . . In truth, intent simply is not very meaningful when considering a challenge to an institution, such as a prison system . . . Serious deprivations of basic human needs will go unredressed due to an unnecessary and meaningless search for 'deliberate indifference'«; Wilson v. Seiter, 111 S.Ct. 2321, 2330, 2331 (White, J., concurring in the judgment).

eben Teil der Verurteilung zu einer Freiheitsstrafe seien: »The Constitution does not mandate comfortable prisons.«[51]

Das amerikanische Beispiel zeigt erneut den Schwachpunkt des »Fortgeltungsmodells«: Sogar dort, wo nicht nur die allgemeinen Grundrechte, sondern sogar ein spezifisches verfassungsrechtliches Verbot grausamer Strafen den Gefangenen zu schützen scheinen, erweisen sich die Grundrechtsgarantien für ihn als leere Versprechungen, wenn ihrer Anwendung in beliebigem Umfang Sicherheits- und Ordnungsinteressen des Vollzugs entgegengesetzt werden können. Der vollzugspraktische Mißtrauensgrundsatz sorgt dann dafür, daß von den »grundsätzlich« gewährten Freiheitsrechten nur die Worthülse übrigbleibt.

IV. So scheint sich das im deutschen Strafvollzugsgesetz verwirklichte Konzept eines Systems von fortgeltenden Grundrechten und – abgesehen von der Angstklausel des § 4 Abs. 2 Satz 2 StVollzG – genau definierten Eingriffsmöglichkeiten tatsächlich als die optimale Lösung zu erweisen. Dies gilt jedenfalls in bezug auf das Regelungs*modell.* Entscheidend ist freilich dessen inhaltliche Ausgestaltung: Eine bürokratische, umfassend reglementierende Gesetzgebung und Gesetzesanwendung[52] kann auch bei diesem Modell dazu führen, daß den Gefangenen kein Raum für eigene Entfaltungsmöglichkeiten gelassen wird und daß ihre Grundrechte auch dort eingeschränkt werden, wo dies bei vernünftiger Vollzugsgestaltung nicht notwendig wäre. Gerade der Jubilar hat aus der Sicht der Praxis eindrucksvoll deutlich gemacht, daß die Schaffung einer gesetzlichen Grundlage allein die Probleme des Strafvollzugs nicht zu lösen vermag[53.]

---

51   Rhodes v. Chapman, 452 U.S. 337, 349 (1981).
52   Siehe zu den Problemen der »Verrechtlichung« des Vollzugs treffend Walter (Fn. 7), Rdn. 376, 383-386.
53   Rotthaus, Die Bedeutung des Strafvollzugsgesetzes für die Reform des Strafvollzugs, NStZ 1987, 1.

Rechtsberatung für Gefangene
Plädoyer für universitäre Beratungsprojekte

JOHANNES FEEST

Rechtsschutz und Rechtsberatung

Es steht nicht gut in Deutschland um die Rechtsberatung im Gefängnis. Dies meint offenbar auch Peter Rotthaus[1], wenn er in seinem einschlägigen Aufsatz aus dem Jahre 1990 von einem »umfangreichen Beratungsbedarf der Gefangenen« schreibt, der »nur zu einem verschwindend geringen Teil abgedeckt«[2] werde. Dieser Beratungsbedarf beziehe sich auch keineswegs nur auf Fragen der Vollzugsgestaltung:

> »Der Freiheitsentzug der U-Haft und der Strafverbüßung verschärfen viele Probleme, es entstehen neue Schwierigkeiten: Ehen und Partnerschaft zerbrechen und sollten auch rechtlich aufgelöst werden; Schadensersatzansprüche aus den Straftaten werden dem Gefangenen gegenüber geltend gemacht; Unterhaltsansprüche verlangen nach Klärung«[3].

Der Katalog kann beliebig verlängert werden, ich nenne nur einige beispielhaft ergänzende Punkte: die Wohnung ist geräumt worden und die Habe verschwunden; die Fahrerlaubnis ist entzogen worden, wird aber nach der Entlassung dringend benötigt; die Aufenthaltserlaubnis ist in Gefahr; etc. etc.

> »Verfolgt man . . . den Weg des Gefangenen von der Verhaftung bis zur Entlassung, so kommt man zwangsläufig zu dem Ergebnis, daß ein rechtskundiger Berater diesen Weg begleiten sollte.«[4]

Aber wer soll dies sein? Kostengründe sprechen dagegen hier allzuviel von den Anwälten zu erwarten. Dort wo Verteidiger nach Rechtskraft überhaupt noch Kontakt zu ihren Ex-Mandanten halten zeigt der Ausdruck »Betreuungsmandat«, daß es sich nicht um eine ernsthafte Beratungstätigkeit handelt. Eigentlich müßten auch die Gefangenen in den Genuß von Beratung nach dem Beratungshilfegesetz kommen, aber nur in Niedersachsen ist diese so organisiert worden, daß Anwälte und Gefangene eine Chance haben zueinander zu finden.

---

1   Der Rechtsschutz von Gefangenen ist seit mehr als dreißig Jahren eines der bevorzugten Themen des Jubilars; vgl. etwa Rotthaus 1961 und 1993.
2   Rotthaus 1990, S. 165.
3   Rotthaus 1990, S. 165.
4   Rotthaus 1990, S. 168.

Das Verhältnis der Gefangenen zur Anstalt ist in der Regel von Mißtrauen geprägt. Ausnahmen bestätigen hier wie stets die Regel. Ein gewisses Maß an auch rechtlicher Beratung gehört sicherlich zu den Aufgaben des Sozialdienstes, wird aber von diesem nur ausnahmsweise und in engem Rahmen wahrgenommen. Eine weitere Möglichkeit, die angeblich vollzugsnahe Strafvollstreckungskammer, ist leider in Wahrheit zumeist sehr vollzugsfern. Die meisten Richter kommen inzwischen nicht einmal mehr zu den vorgeschriebenen mündlichen Anhörungen in die Anstalten, sondern lassen umgekehrt die Gefangenen zum Gericht schaffen. Ich kenne rühmenswerte Ausnahmen. Aber soweit Beratung vorkommt, bezieht sie sich noch am ehesten auf das Vollzugsrecht, auf die zweckmäßige Formulierung von Anträgen.

Im Ergebnis bedeutet dies, daß bei uns für die meisten Gefangenen eine systematische Rechtsberatung nicht stattfindet. Zwar gibt es in jeder größeren Anstalt den einen oder anderen Jailhouse Lawyer. Diese Gefangenen leisten oft respektable Schreibhilfe für Mitgefangene; sie müssen allerdings damit rechnen, daß ihnen die Schreibmaschiene weggenommen und ein Verfahren nach dem Rechtsberatungsgesetz eingeleitet wird. Solche juristisch aktiveren Gefangenen versuchen natürlich mehr oder weniger taugliche Rechtsratgeber in die Hand zu bekommen. Der bekannteste davon, der Ratgeber für Gefangene mit medizinischen und juristischen Hinweisen, enthält juristische Hinweise allerdings nur zum Vollzugsrecht. Außerdem ist er nahezu bundesweit verboten[5].

In dieser Situation erscheint es mir sinnvoll, an einen Vorschlag zu erinnern, den Peter Rotthaus schon 1977[6], in Anknüpfung an eine Untersuchung von Joachim Wagner zum Rechtsschutz von Strafgefangenen gemacht hat. Joachim Wagner hatte auf die in den USA erprobte Möglichkeit der Beteiligung von Studenten der Rechtswissenschaft an der Rechtsberatung im Strafvollzug (Legal Clinics) hingewiesen[7]. Peter Rotthaus griff diese Idee auf: »Der Gedanke, den jungen Juristen in der Ausbildung diese Aufgabe zuzuweisen«, verdiene gründliche Erörterung. Die Gefangenen müßten »auf ihre zweifelnden Fragen, ob sie im Vollzug rechtmäßig behandelt werden, eine ihnen verständliche Antwort erhalten«. Voraussetzung sei allerdings ein sechsmonatiges Praktikum im Vollzug, eine Einführung in Gesprächsführungstechniken und Supervision[8]. Leider ist diese Anregung nicht auf fruchtbaren Boden gefallen. Auch Rotthaus selbst hat sie in seinem späteren Aufsatz[9] über Rechtsberatung nicht wieder aufgegriffen.

---

5   Vgl. Feest 1991 und Feest/Wegner-Brandt 1993
6   Rotthaus 1977.
7   Wagner 1976, S. 261.
8   Rotthaus 1977, S. 188.
9   Rotthaus 1990

Bericht aus einer Legal Clinic

Aber: manchmal liegen Ideen bekanntlich in der Luft. Im gleichen Jahre 1977 und (noch) in Unkenntnis der Anregung von Rotthaus begann in Bremen ein Projekt mit dem Titel »Rechtshilfe als soziale Hilfe im Strafvollzug«. Zu den Veranstaltern gehörten neben mir der damalige Anstaltsleiter Ehrhard Hoffmann, der Strafverteidiger Erich Joester und die Psychologin Edelgart Quensel. Kenner der Materien können an den Namen ablesen, daß es sich um künftige Autoren des Alternativkommentars zum StVollzG handelte.

Ausgangspunkt war die mangelhafte juristische Versorgung von Unterschichtsangehörigen. Dazu gab es zu dieser Zeit eine Reihe interessanter sozialwissenschaftlicher Veröffentlichungen. In einem frühen Projektbericht heißt es dazu: »Am Beispiel der Gefangenen sollte dieses Problem nicht nur in seinen verschiedenen Dimensionen genauer erforscht, sondern durch Einrichtung einer Rechtsberatungsstelle praktisch bearbeitet werden«[10].

Mit dieser praktischen Rechtsberatung wurde, nach einem theoretischen Vorlauf, im März 1978 begonnen: zunächst probeweise in einer einzigen Anstalt, später in allen Vollzugsanstalten Bremens, einschließlich der Untersuchungshaft und der Forensischen Psychiatrie. Träger des Projektes war ursprünglich die Universität, später ein eingetragener Verein. Der Vereinsbeitrag besteht in der Beteiligung an der wöchentlichen Rechtsberatung. Gelegentlich eintreffende Bußgelder werden primär zur Bezahlung einer Haftpflichtversicherung benutzt. Die Beratung wird im wesentlichen von Studierenden der Universität durchgeführt, gemeinsam mit ReferendarInnen und jüngeren AnwältInnen. Großer Wert wird darauf gelegt, daß den Ratsuchenden keine unnötigen Hindernisse in den Weg gelegt werden: die Beratung soll grundsätzlich dann und dort stattfinden, wann und wo die Gefangenen sich frei bewegen und ohne weiteres die Beratung aufsuchen können: am Spätnachmittag, in den einzelnen Vollzugshäusern bzw. Vollzugsgruppen.

Urspünglich hatte das Projekt drei Ziele und zwar in dieser Reihenfolge: 1) Beratung, 2) Ausbildung, und 3) Forschung. Nach 15 Jahren Laufzeit steht die Beratung nach wie vor im Vordergrund. Daneben hat sich jedoch bald herausgestellt, daß manche Probleme auf der Basis der geltenden Normen nicht zu lösen sind: Deshalb haben wir damit begonnen, uns auf der lokalen Ebene auch rechtspolitische Ziele zu setzen.[11] Nach wie vor erfüllt die Arbeit im Gefängnis auch eine Ausbildungsfunktion. Weggefallen ist praktisch die Forschung.

---

10 Schlußbericht über die einstufige Juristenausbildung in Bremen 1971-1984. Bremen 1984, S. 79)

11 In der Vereinssatzung heißt es daher »Zweck des Vereins ist die unentgeltliche Rechtsberatung und Rechtshilfe für Gefangene und ihre Organisationen in den Justizvollzugsanstalten des Landes Bremen, sowie rechtspolitische Tätigkeiten, welche auf die Verwirklichung dieses Zwecks gerichtet sind« (§ 2).

Im Folgenden möchte ich einige Erfahrungen mit dieser Legal Clinic wenigstens kurz anhand der drei aktuellen Ziele skizzieren.

1. Beratung

Die Beratung erstreckt sich auf alle Rechtsgebiete. Eine frühe Auswertung zeigt dabei folgende Viertelung:

- 25% Konflikte mit der Außenwelt (mit Gläubigern, Vermietern, Ausländerämtern etc.)
- 25% Konflikte mit der Strafjustiz (neue Verfahren; Bewährungswiderrufe; nachträgliche Gesamtstrafenbildungen etc.)
- 25% Konflikte mit dem Strafvollzug (insbesondere um Lockerungen, aber auch Arbeit, Verlegung, Disziplinierung etc.)
- 25% Entlassungskonflikte (insbesondere um Fragen der vorzeitigen Entlassung).

Niemand kann all diese Fragen ad hoc verbindlich beantworten. Wir versuchen, aus dieser Not eine Tugend zu machen: alle ad hoc nicht zu beantwortenden Fragen werden aufgeschrieben und eine Antwort nach genauerer Prüfung für die nächste Beratungsstunde versprochen. In den seltenen Fällen, in denen sofort etwas getan werden muß, helfen die RechtsberaterInnen den Gefangenen entsprechende Anträge zu stellen bzw. einen Anwalt zu verständigen.

Es hat eine guten Grund, daß wir von »Konflikten« sprechen und nicht von »Fällen«: bei weitem nicht alle Probleme, die uns erreichen sind Rechtsfragen. In erster Linie geht es daher in dem Beratungsgespräch darum, herauszufinden, worum es den Gefangenen wirklich geht. Übrigens empfehlen wir den Gefangenen nur ganz selten das Beschreiten des Rechtsweges. Häufiger bieten sich Formen der Konfliktschlichtung[12] an (Kontaktaufnahme mit Gläubigern, Gerichten, Anstaltsleitung etc.).

Manche dieser Konflikte erweisen sich als lösbar, manche als schlichte Mißverständnisse, manchmal hilft die Zusammenarbeit mit einer anderen Hilfe-Institution (Drogenberatung, Straffälligenhilfe, Schuldenregulierung etc.). Manchmal hilft allerdings gar nichts. Dabei machen wir allerdings auch die Erfahrung, daß Gefangene selbst eine negative Auskunft eher annehmen können, wenn sie von uns, als wenn sie von der Gegenseite kommt (Gericht, Staatsanwaltschaft, Gläubiger, Anstalt etc.).

---

12   Vgl. dazu etwa Ippel 1993, Kamann 1993, Northoff 1993, Rotthaus 1993

2. Rechtspolitik

Viele Fragen erweisen sich im Rahmen der Einzelberatung als unlösbar. Dies gilt insbesondere für Fragen des Strafvollzuges. Das Gesetz gibt hier Möglichkeiten, aber nur selten Ansprüche. Die im Gesetz vorhandenen Möglichkeiten werden vielfach durch Verwaltungsvorschriften oder -praktiken in Unmöglichkeiten verwandelt. Wenn wir feststellen, daß bestimmte Probleme sich in der Beratungspraxis häufen, überlegen wir gemeinsam, ob nicht eine generelle, politische Lösung möglich ist.

Ein Beispiel: Lockerungen des Vollzuges bei ausländischen Gefangenen. Diese sind bekanntlich im Strafvollzugsgesetz nicht ausgeschlossen. In den bundeseinheitlichen VV zu § 11 und § 13 StVollzG heißt es jedoch, daß solche Gefangene von Ausgang, Freigang und Urlaub ausgeschlossen sind, gegen die eine vollziehbare Ausweisungsverfügung vorliegt. Aber auch solche Gefangene, gegen die ein Ausweisungsverfahren bloß anhängig und noch nicht abgeschlossen ist, gelten nach den VV als »in der Regel ungeeignet« für die genannten Lockerungen. Im Ergebnis bedeutet dies, daß nahezu alle nicht-deutschen Straffälligen von Lockerungen ausgeschlossen sind. Dies ist schwer mit dem Gesetz und noch schwerer mit der Gerechtigkeit zu vereinbaren. Immer wieder haben auch Gerichte diese Art von VV gerügt; einmal sogar mit dem bemerkenswerten Hinweis, es gäbe keinen Erfahrungssatz, wonach Ausländer eher dazu neigten, Lockerungen zur Flucht zu mißbrauchen (OLG Frankfurt 12.12.1990 – 3 Ws 814/90 StVollz). An der pauschalen Praxis der Vollzugsverwaltungen hat dies wenig geändert. Und in der Rechtsberatung können wir die Gefangenen nur immer wieder auf diesen fatalen Widerspruch hinweisen. Denn der Rechtsweg bietet gerade in diesen Fällen (wegen Ermessens- und Beurteilungsspielräumen der Anstalt) so gut wie keine Aussicht auf konkrete Erfolge.

Nun besteht unsere Rechtsberatung nicht nur aus Einzelsprechstunden. Es hat immer auch Ansätze zu einer Gruppenberatung gegeben (für die Insassenvertretung, die Gefangenenzeitung etc.). Besonders aktiv ist seit einigen Jahren eine von unserem Verein unterstützte »Ausländergruppe«. Und diese Ausländergruppe schaffte Anfang 1992 mit hilfe geschickter Überzeugungsarbeit das fast Unglaubliche: den Ausstieg des Landes Bremen aus den bundeseinheitlichen Verwaltungsvorschriften. Für unseren Verein war dies eine rechtspolitische Sternstunde. Zweifellos haben günstige Umstände das ihre dazu beigetragen (ein williger Anstaltsleiter, ein aufgeschlossener Justizsenator, kooperative Medien etc.). Im Ergebnis haben Ausländer in Bremen heute statistisch nahezu die gleiche Chance Lockerungen zu erhalten wie Deutsche. Und wir können sie tatsächlich beraten, statt ihnen nur immer wieder sagen zu müssen, daß sie keine Chance haben.

Wie gesagt: dies war eine Sternstunde. Im übrigen bohren wir weiter an anderen nicht minder dicken Brettern: mehr offener Vollzug; Spritzenvergabe an Drogenabhängige; Verzicht auf isolierende Maßnahmen etc.

3. Ausbildung

Schon Joachim Wagner[13] hat auf den Zielkonflikt der studentischen Rechtsberatung im Gefängnis hingewiesen: man muß sich entscheiden, ob primär Ausbildung von Juristen oder primär Beratung bedürftiger Gefangener angestrebt wird. Wir haben uns für den Primat der Rechtshilfe entschieden und damit gegen eine besonders lehrreiche Auswahl von Fällen, auch gegen eine besonders enge Überwachung der studentischen RechtsberaterInnen.

Der Zusammenhang zur Universität besteht darin, daß dort ca. ein mal pro Jahr eine Veranstaltung zur Einführung in die Rechtsberatung stattfindet. Außerdem treffe ich mich alle vierzehn Tage mit den RechtsberaterInnen zu einem Gedankenaustausch. Vertieft wird diese Weiterbildung auf Wochenendseminaren, die in größeren Abständen durchgeführt werden.

Anders als in den Legal Clinics der USA bieten wir den Studierenden keine formale Anrechnung ihrer Leistungen in der Rechtsberatung auf das Studium. Die Teilnahme an der Rechtsberatung ist vielmehr völlig freiwillig und ohne jede materielle Entschädigung. Es zeigt sich aber, daß es in der Anonymität des Studienalltags, der sich auch in Bremen ausbreitet, genügend Studierende gibt, die eine praktische Anschauung und konkrete Herausforderung suchen. Und es ist spannend zu beobachten, wieviel motivierende Kraft die Tatsache hat, daß die Studierenden im Gefängnis mit echten Fragen und Problemen konfrontiert werden und mit Menschen, die existentiell auf (auch) juristische Lösungen dieser Probleme angewiesen sind.

Noch ein paar Worte zu den Anforderungen, die Peter Rotthaus 1977 an die Organisation einer studentischen Rechtsberatung im Gefängnis stellte. Wir erfüllen nur eine dieser Anforderungen und auch diese nur in etwa: von Supervision im technischen Sinne kann keine Rede sein; aber wir treffen uns –wie schon erwähnt– alle vierzehn Tage zur gemeinsamen Besprechung auftauchender Probleme (im Bedarfsfall muß zwischendurch telephoniert werden).

In Gesprächsführungstechniken wird nicht ausdrücklich eingeführt. Allerdings ist in 15 Jahren eine Art »Kultur« der Rechtsberatung entstanden, zu deren Maximen z.B. die folgenden gehören:

• Niemals ohne Grund nach dem Delikt fragen, weswegen der Klient sich im Gefängnis befindet.

---

13   Wagner 1976, S. 261.

* Im Zweifel nach dem Vollzugsplan fragen.
* Nicht von vornherein den Wahrheitsgehalt der Darstellung der Gefangenen bezweifeln.
* Die Gefangenen bitten, soweit wie möglich schriftliche Unterlagen mitzubringen.

Auch das von Rotthaus gewünschte mehrmonatige Praktikum im Strafvollzug bildet keine Voraussetzung für die Teilnahme an der Rechtsberatung. Umgekehrt kommt es allerdings vor, daß RechtsberaterInnen sich dazu entschließen, während des Studiums ihr Praktikum in der JVA zu absolvieren oder einen Teil der Referendarzeit. Diese Leute gehören dann, das muß ich zugegeben, zu den unentbehrlichen Stützen der Rechtsberatung. Aber es genügt, einige solche RechtsberaterInnen dabei zu haben, zur Anleitung der Neuhinzukommenden. Umgekehrt könnte eine zu lange Sozialisation in der Verwaltung dazu führen, daß die BeraterInnen nicht mehr offen genug für die Anliegen der Gefangenen sind.

Generalisierbarkeit?

Soweit mein Bericht aus der Bremer Provinz. Es kann sein, daß ich das Positive zu sehr hervorgehoben habe. Es gibt natürlich auch genügend Schwierigkeiten: standesrechtliche, organisatorische, diplomatische etc. Immerhin ist die Fortsetzung der Rechtsberatung bisher nie ernsthaft in Frage gestellt worden. Es schien mir daher wichtiger, auf die positiven Möglichkeiten hinzuweisen.

Abschließend möchte ich die Frage aufwerfen, ob nicht auch anderswo die Einrichtung einer studentischen Rechtsberatung sinnvoll, ja nötig sein könnte. Peter Rotthaus hatte diese Frage 1977 prinzipiell bejaht, sich zur Frage der Umsetzung jedoch ziemlich skeptisch geäußert:

> »Wer die Diskussion der Veränderung der Juristenausbildung verfolgt, wird die Chancen für so extravagante Neuerungen nicht günstig einschätzen. Trotzdem wäre es bedauerlich, wenn die Anregung... unbeachtet bleibt. Hier läßt sich eine Spezialausbildung für diejenigen Juristen entwickeln, die später mit der Rechtspflege und der Verwaltung im Bereich der Randgruppen im weitesten Sinne zu tun haben«[14]

Ich bin nicht sicher, ob die Reform der Juristenausbildung seither große Fortschritte gemacht hat. Ich bin auch nicht sicher, ob die in Bremen etablierte Rechtsberatung ohne weiteres übertragbar ist. Aber ich bin sicher, daß die Anregung von Rotthaus es verdient, im Rahmen lokaler Möglichkeiten aufgegriffen zu werden.

---

14 Rotthaus 1977, S. 188.

Literatur

Becker, T./Brühl, P./Feest, J./Fuhrmann, T./Neumann, C./Joester, E./Quaas, M./Senft, P.: Rechtsberatung im Strafvollzug. In: Rasehorn, T. (Hg.), Rechtsberatung als Lebenshilfe. Neuwied 1979, S. 189-206

Feest, J.: Über den Umgang der Justiz mit Kritik. Am Beispiel von juristischen Ratgebern für Gefangene. In: Kritische Justiz 24 (1991) Nr. 2, S. 253-264

Feest, J./Wegner-Brandt, E.: Musterprozesse um Musterbegründungen. In: Papendorf, K./Schumann, K. F. (Hg.), Kein schärfer Schwert als das für Freiheit streitet. Eine Festschrift für Thomas Mathiesen. Bielefeld 1993

Ippel, Pieter: Mediation- measures and metaphors. Dutch experiences. In: WE Kriminalpolitikforschung (Hrsg.) Total Institutions and Prisoners' Rights. Bremen 1993, S. 17-25.

Kamann, U.: Der Richter als Mediator im Gefängnis: Idee, Wirklichkeit und Möglichkeit. In: KrimJ 25 (1993) Nr. 1, S. 13-25

Northoff, R.: Mediation, Chancen und Risiken für Rechtsschutz und Resozialisierung durch Konfliktbearbeitung. In: ZfStrVo 42 (1993) Nr. 4, S. 195-205

Rotthaus, K. P.: Zur Bearbeitung von Gefangenenbeschwerden. In: ZfStrVo 10 (1961) , S. 201-218

— : Zum Rechtsschutz des Strafgefangenen. In: MSchrKrim 60 (1977) Nr. 3, S. 186-189

— : Die Rechtsberatung der Gefangenen im Justizvollzug. In: NStZ (1990) Nr. 4, S. 164-170

— : Rechtsschutz und Mediation im Strafvollzug. Anmerkungen zu Plumbohm und Kamann. In: KrimJ 25 (1993) Nr. 1, S. 56-61

Wagner, J.: Der Rechtsschutz des Strafgefangenen. Eine empirische Studie. In: MSchrKrim 59 (1976) Nr. 5, S. 241-266

Die Rechtsstellung der Gefangenen in Griechenland
Vollzugsnormen und Vollzugswirklichkeit

ANGELIKA PITSELA

I. Rechtsgrundlagen des griechischen Strafvollzugs

Griechenland kennt – ähnlich wie Deutschland – ein eigenständiges Strafvollzugs-gesetz. Gesetzliche Grundlage für den Vollzug bildet das Strafvollzugsgesetzbuch[1], das am 1.1.1990 in Kraft trat und das erste Strafvollzugsgesetzbuch[2] abgelöst hatte. Das geltende Strafvollzugsgesetzbuch (im folgenden: grStVollzG), das sich auf den Vollzug der freiheitsentziehenden Strafen[3] bezieht, stellt die Grundlage für den Behandlungsvollzug sowohl bei erwachsenen als auch bei jugendlichen Gefange-nen[4] dar.

Gemäß der Legaldefintion im Art. 9 des grStvollzG sind »junge Inhaftierte« diejenigen Gefangenen, die das 21. Lebensjahr noch nicht vollendet haben[5]. Sie

---

1 »Gesetzbuch über die grundlegenden Normen zur Behandlung von Inhaftierten und andere Vorschriften«, Gesetz 1851/1989. Über das geltende griechische Strafvollzugsgesetzbuch sind folgende Beiträge in deutscher Sprache erschienen: Chaidou, Griechenland: Neues Strafvoll-zugsgesetz. Neue Kriminalpolitik 1990, 9f.; Lambropoulou, Das neue griechische Strafvoll-zugsgesetz. ZfStrVo 39 (1990), 152f.; Alexiadis, Die Strafvollzugsreform in Griechenland. Eine verlorene Chance. In: Bemmann/Manoledakis (Hrsg.), Probleme des staatlichen Strafens unter besonderer Berücksichtigung des Strafvollzugs 1989, 131f.; Ders., Die Strafvollzugsre-form in Griechenland: Eine verlorene Chance. ZfStrVo 39 (1989), 206f.; Kareklas, Griechen-land. In: Eser/Huber (Hrsg.), Strafrechtsentwicklung in Europa 3.1. 1990, 415f. (440f.).
2 »Gesetzbuch über den Vollzug von Strafen und Sicherungsmaßregeln«, Notgesetz 125/1967. Hierzu s. Bakatsoulas, The Greek Code on Prison Rules. BritJCrim 8 (1968), 211f.; ders., Die Grundprinzipien der Strafvollzugsreform in Griechenland. Poinika Chronika 17 (1967), 193f., 257f. (griechisch).
3 Gemäß Art. 51 grStGB sind die freiheitsentziehenden Strafen die Zuchthausstrafe, die Ge-fängnisstrafe, die Unterbringung in einer Jugendstrafanstalt, die Unterbringung in einem psychiatrischen Krankenhaus und die Haft. Die Gefängnisstrafe als zeitliche Freiheitsstrafe dauert zwischen zehn Tagen und maximal 5 Jahren. Die Dauer der Jugendstrafe beträgt mindestens 6 Monate und höchstens 20 Jahre. Die Zuchthausstrafe als zeitliche Freiheitsstrafe dauert zwischen 5 und maximal 20 Jahren. Schließlich gibt es die lebenslängliche Zuchthaus-strafe. Die Todesstrafe wurde de jure im Jahre 1993 (Art. 33 des Gesetzes 2172/1993), de facto bereits seit 1972 abgeschafft.
4 Im grStVollzG ist ausschließlich von Inhaftierten und Haftanstalten die Rede; der Gesetzgeber hat durchgehend den Begriff des »Gefangenen« durch denjenigen des »Inhaftierten« und den Terminus des »Gefängnisses« durch denjenigen der »Haftanstalt« ersetzt.
5 In der griechischen Rechtsordnung unterscheidet sich der Zeitpunkt des Eintritts der zivil-rechtlichen Volljährigkeit (vollendetes 18. Lebensjahr) von demjenigen der strafrechtlichen

werden einer erzieherischen Behandlung unterzogen und leben getrennt von den Erwachsenen. In den Jugendanstalten können sie zur »Vervollständigung ihrer Erziehung« bis zur Vollendung ihres 25. Lebensjahres bleiben, wenn sie »sichere Anzeichen einer Besserung« aufweisen. Somit öffnet das grStVollzG den Jugendvollzug für Personen, die im Zeitpunkt der Haft das 26. Lebensjahr noch nicht erreicht haben. Sie verbüßen die ihnen auferlegte Jugendstrafe (die relativ unbestimmter Dauer und stets vollstreckbar ist) ausschließlich in speziellen Anstalten (Art. 19 grStVollzG). Im grStVollzG sind eigens für jungen Gefangene Regelungen vorgesehen, etwa für die Unterbringung, Ausbildung, Besuchsmöglichkeiten, Vollzugslockerungen und Disziplinarmaßnahmen. Falls keine besondere Regelung in bezug auf die jungen Gefangenen vorliegt, gelten die allgemeinen Vorschriften des Strafvollzugsgesetzbuches[6].

Die Anwendung des neuen Gesetzbuches stieß in der Vollzugspraxis auf unüberwindbare Hindernisse, da der Gesetzgeber sich nicht an den praktischen Gegebenheiten orientiert hatte. So wurden einige wichtige Vorschriften nie angewandt, da sie zugleich mit der Inkraftsetzung des grStVollzG suspendiert worden waren[7]. Dies gilt etwa für das fortschrittliche Institut des halboffenen Vollzugs, die Arbeit der Gefangenen und ihre Entlohnung. Hauptmerkmal der suspendierten Vorschriften ist, daß sie Rechtsinstitute einführen, deren Realisierung eine große finanzielle Belastung für den Staat bedeuten würde. Im allgemeinen wird nicht der Mangel an Rechtsnormen, sondern deren fehlende Umsetzung in der Vollzugspraxis beklagt[8].

(vollendetes 17. Lebensjahr) und der strafvollzugsrechtlichen (vollendetes 20. Lebensjahr) Volljährigkeit.

6   Über den Jugendvollzug im Rahmen der Geltung des Gesetzbuches über den Vollzug von Strafen und Sicherungsmaßregeln von 1967, s. Chaidou, Freiheitsentziehende Maßnahmen gegenüber jugendlichen Delinquenten in Griechenland. In: Dünkel/Meyer (Hrsg.), Jugendstrafe und Jugendstrafvollzug. Teilbd. 2, 1985, 997f. (1017f.).; über die Situation der jungen Untersuchungsgefangenen, s. dies., Griechenland. In: Dünkel/Vagg (Eds.), Untersuchungshaft und Untersuchungshaftvollzug – Waiting for Trial. Teilbd. 1, 1994, 251f. (262f.).

7   Gemäß Art. 12 des Gesetzes 2041/1992 werden die Abs. 1-3 des Art. 15 (welche sich hauptsächlich auf die Gründung eines eigenständigen Orientierungs- und Beobachtungszentrums sowie auf die Zusammensetzung eines wissenschaftlichen Gremiums beziehen), Art. 58-60 (die sich auf den sog. halboffenen Vollzug beziehen) und Art. 64-76 grStVollzG (welche die Arbeit der Gefangenen, ihre Organisation und ihre Entlohnung regeln) bis 31.12.1994 suspendiert. Während dieser Zeit gelten weiter betreffend der Arbeit der Gefangenen die Bestimmungen der Art. 53-69 des Strafvollzugsgesetzbuches von 1967. Über die neuere Entwicklung in Gesetzgebung und Literatur im Strafvollzugsrecht, s. Kareklas, Griechenland. In: Eser/Huber (Hrsg.), Strafrechtsentwicklung in Europa 4.1. 1993, 543f. (574, 630f.).

8   S. Alexiadis, Zur Reform des Strafvollzugssystems 1983 (griechisch); Bakas, Vergleichende Untersuchung von Grundinstituten des Entwurfs eines Gesetzbuches über die grundlegenden Normen der Behandlung Inhaftierter. In: Alexiadis u.a., Das neue Strafvollzugsgesetz, 1988, 131f., 150f. (griechisch).

Der Entwurf eines neuen Strafvollzugsgesetzbuches[9] hat sich noch nicht durchgesetzt. Notwendige Reformen zur Behebung der Vollzugskrise, die über punktuelle Verbesserungen hinausgehen, kosten Geld. Die wirtschaftliche Lage Griechenlands ist aber so ungünstig, daß Gesetze – nach langwierigen politischen Debatten verabschiedet – doch wirkungslos bleiben, weil die erforderlichen personellen und sachlichen Ressourcen nicht bereitgestellt werden können.

II. Grundprinzipien des griechischen Strafvollzugs

Zahlreiche Bestimmungen des grStVollzG entsprechen den vom Ministerkomitee des Europarats empfohlenen Europäischen Strafvollzugsgrundsätzen (1987); einzelne Bestimmungen sind wörtlich, die meisten in abgeänderter Form übernommen. Eingangs des griechischen Strafvollzugsgesetzes werden die allgemeinen Prinzipien angegeben, welche die Ausgestaltung und Durchführung des Vollzugs sowie die Beziehungen zwischen Vollzugsverwaltung und Gefangenen prägen (Art. 1 bis 7 grStVollzG). »Der Vollzug der freiheitsentziehenden Strafen zielt auf die Erziehung und soziale Wiedereingliederung der Gefangenen« (Art. 1 Abs. 1 grStVollzG). Somit dient der Strafvollzug ausdrücklich keinem anderen Zweck, etwa dem Schutz der Allgemeinheit vor weiteren Straftaten. »Die Behandlung der Gefangenen muß auf die Verwirklichung des Vollzugsziels abzielen« (Art. 1 Abs. 2 grStVollzG). Die Aufgaben des Vollzugs werden zunehmend von der herrschenden Lehre weniger in der Resozialisierung[10], als vielmehr im Schutz der Menschenrechte des Gefangenen und seiner Rechte als Staatsbürger während des Vollzugs gesehen[11].

---

9   S. Begründungsbericht zum Regierungsentwurf eines neuen Strafvollzugsgesetzes (1991) bei Alexiadis, Strafvollzug 1993, 192f. (griechisch).

10 Es wird als zweifelhaft angesehen, ob die soziale Wiedereingliederung, die mit Eingriffen in die Persönlichkeit der Gefangenen verbunden ist, mit den Art. 2 Abs. 1 (Menschenwürde) und 5 Abs. 1 (Freie Entfaltung der Persönlichkeit) der griechischen Verfassung im Einklang steht, s. Alexiadis 1989 (Fn. 1), 136f.; vgl. auch ders., Die Gefangenenbehandlung und die Achtung der Menschenwürde. In: Alexiadis, Menschenrechte und Strafrepression, 1990, 175f. (griechisch).

11 Über die allgemeine Rechtsstellung der Gefangenen, s. Anagnostakis, Strafvollzugsrecht. Allgemeiner Teil, 1978, 132f. Ders., Die Rechte der Inhaftierten und ihr Schutz (und die griechische Realität). Nomiko Vima 32 (1984), 1473f.; Lamnidis, Die Menschenrechte im Fall der Inhaftierten. Poinika Chronika 34 (1984), 978f.; Alexiadis, Die Verfassungsrechte der Inhaftierten im Dialog. Poinika Chronika 39 (1989), 785f.; ders., Der Schutz der Menschenrechte während der Strafverbüßung. In: Alexiadis, Menschenrechte und Strafrepression 1990, 117f.; ders., Menschenrechte und Inhaftiertenbehandlung. Revue Hellenique de Droit Europeen 1991, 119f.; Manitakis, Die Verfassungsrechte der Inhaftierten und ihr gerichtlicher Schutz. Poinika Chronika 39 (1989), 161f. (griechisch).

»Die Erziehung der Gefangenen zielt auf die reibungslose Wiedereingliederung
in die soziale und berufliche Umwelt und in die familiäre Umgebung. Dies wird
mit der Entwicklung der psychischen, körperlichen und geistigen Eigenschaften der
Gefangenen, der Aufrechterhaltung der psychischen und körperlichen Gesundheit,
der angemessenen Ausbildung und der Reduzierung der negativen Wirkungen des
Freiheitsentzugs angestrebt, damit sie eigenverantwortlich und eigenständige Personen werden« (Art. 39 grStVollzG). Obwohl die Erziehung als Vollzugsziel defi-
niert wurde, scheint sie gleichzeitig auch das Mittel (Oberbegriff: Behandlung) zur
Erreichung dieses Vollzugsziels zu sein[12].

»Die Behandlung der Gefangenen darf nicht erniedrigend sein und muß in einer
Weise erfolgen, daß die schädlichen Wirkungen des Freiheitsentzugs abgeschwächt
werden, die Achtung der Menschenwürde gewährleistet und die Selbstachtung sowie die Entwicklung des Verantwortungsgefühls ermutigt wird, vorbehaltlich der
notwendigen Maßnahmen zur Sicherstellung des geordneten Funktionierens der
Haftanstalt« (Art. 2 grStVollzG, vgl. Grundsatz 65b der Europäischen Strafvollzugsgrundsätze). Es ist bedenklich, daß das Verbot einer demütigenden Behandlung, die Wahrung der Menschenwürde, der Abschwächungs- bzw. Minimalisie-
rungsgrundsatz, sowie die Stärkung der Selbstachtung und der Eigenverantwortung
der Gefangenen, nicht unbeschränkt gewährleistet werden, sondern, daß diese leitenden Grundsätze unter dem ausdrücklichen Vorbehalt einer strafvollzugsgesetzli-
chen Generalklausel, nämlich zugunsten der Aufrechterhaltung der Anstaltsordnung stehen[13].

»Jede diskriminierende Behandlung der Gefangenen ist verboten, insbesondere
diejenige, die sich auf Rasse, Farbe, Geschlecht, Sprache, Religion, nationale oder
soziale Herkunft, Vermögen und weltanschauliche Überzeugungen stützt. Die
unterschiedliche Behandlung der Gefangenen nach Kategorien aufgrund wissenschaftlicher Kriterien ist nach Maßgabe des Gesetzes gestattet« (Art. 3 grStVollzG,
vgl. Grundsatz 2 der Europäischen Strafvollzugsgrundsätze). Neben dem Gleich-
heitsgebot wird das Gesetzlichkeitsprinzip (Art. 4 grStVollzG) normiert: »Die
Behandlung der Gefangenen erfolgt gesetzesgemäß und entsprechend den Verord-
nungen, die aufgrund gesetzlicher Ermächtigungen erlassen werden«. Diese Flucht
des Gesetzgebers in unbestimmte und schwer kontrollierbare Rechtsverordnungen

---

12   S. Lambropoulou, Beitrag zu den historischen und ideologischen Dimensionen des Terminus
      »Behandlung« im Entwurf des Gesetzbuches über die grundlegenden Normen der Behandlung
      Inhaftierter (1987). Poinika Chronika 38 (1988), 161f. (griechisch).

13   Paraskevopoulos, Grundlegende Normen des Vollzugs von freiheitsentziehenden Strafen. In:
      Margaritis/Paraskevopoulos, Pönologie. 3. Aufl., 1991, 401f., 407 (griechisch), beurteilt als
      verfassungsmäßig nicht tolerierbar, daß die Achtung der Menschenwürde unter dem Vorbehalt
      der Anstaltsordnung steht.

zur Konkretisierung der Gefangenenbehandlung wird im Schrifttum kritisch betrachtet[14].

Art. 5 grStVollzG bezieht sich auf die grundlegenden Rechte der Gefangenen. »Die Gefangenen werden durch den Freiheitsentzug nicht an der Ausübung ihrer gesetzlich anerkannten Rechte gehindert. Wenn sie selbst ein Recht nicht ausüben können, können sie es durch einen gesetzlichen Vertreter wahrnehmen lassen« (Abs. 1). »Sie haben im Falle gesetzeswidriger Handlungen zu ihren Lasten oder bei Verletzung ihrer Rechte seitens der Angehörigen des Vollzugspersonals das Recht, schriftlich und unverzüglich Beschwerde bei der vorgesetzten Vollzugsbehörde und danach beim Strafvollstreckungsgericht einzulegen« (Abs. 2). Demnach ist neben der verwaltungsinternen Beschwerdemöglichkeit[15] auch zum erstenmal ein Rechtsbehelf vorgesehen, um die gerichtliche Kontrolle zu ermöglichen. Angesichts der sehr allgemeinen Formulierung des Art. 5 Abs. 2 wird gefordert, diese Bestimmung restriktiv auszulegen. Die sachliche Zuständigkeit des Strafvollstreckungsgerichts sollte sich in der Überprüfung der Rechtmäßigkeit der Strafvollstreckung und der Ausübung der konkreten Rechte, die das grStVollzG dem Gefangenen gewährt, erschöpfen[16]. Die gerichtliche Überprüfung von Vollzugsmaßnahmen wird bis zur Schaffung von Strafvollstreckungsgerichten von den Strafkammern übernommen (gemäß der Übergangsbestimmung in Art. 121 grStVollzG). »Die Anstaltsleitung ist verpflichtet, jedes Ersuchen oder jeden Brief eines Gefangenen, die sich an eine öffentliche Behörde richten, unverzüglich weiterzuleiten, ohne daß sie Kenntnis vom Inhalt nimmt« (Abs. 3). »Allen Gefangenen ohne Unterschied, ob In- oder Ausländer, wird gemäß der Verfassung und der Gesetze die Glaubens- und Gewissensfreiheit gewährleistet. Die Erfüllung der religiösen Pflichten seitens eines Dieners ihrer Religions- oder Glaubensgemeinschaft

---

14 S. Courakis, Gesamtbewertung und Verbindung des Gesetzbuches über die Grundnormen der Behandlung Inhaftierter mit der Vergangenheit. In: Spinelli/Courakis, Strafvollzugsgesetzgebung. 2. Aufl. 1992, 75f., 85 (griechisch); Lambropoulou 1988 (Fn. 12), 172 bewertet diese Bestimmung als einen Schlag für die Besserungsbehandlung und die soziale Wiedereingliederung der Gefangenen.

15 Außer der verwaltungsinternen Beschwerdemöglichkeit besteht das Recht, sich an den Staatsanwalt zu wenden, um über die Lebensbedingungen in der Anstalt Beschwerde einzulegen. Schließlich in dem Maße, in dem eine Behörde die Rechte eines Inhaftierten verletzt hat, kann man eine Zivilklage wegen Schadenersatzes einreichen: Art. 105 EGBGB lautet: »Für rechtswidrige Handlungen oder Unterlassungen der Organe des Staates bei der Ausübung der ihnen übertragenen öffentlichen Gewalt haftet der Staat für Schadenersatz, es sei denn, daß die Handlung oder die Unterlassung unter Verletzung einer Vorschrift vorgenommen wurde, die zum Schutz des allgemeinen Interesses besteht. Mit dem Staat haftet als Gesamtschuldner auch die schuldige Person . . .«

16 Es besteht keine sachliche Zuständigkeit des Vollstreckungsgerichts, wenn es sich um eine Straftat oder ein Delikt im zivilrechtlichen Sinne handelt, s. Lafasanos, Die Auswirkungen des Entwurfs zum Strafvollzugsgesetz auf die Gerichtspraxis. In: Alexiadis u.a. 1988 (Fn. 8), 153f. (159).

wird sichergestellt« (Abs. 4). Somit erfährt die durch die Verfassung garantierte freie Religionsausübung (Religionsfreiheit in Art. 13 der Verfassung) besondere Beachtung[17].

Die Grundsatznorm zur Rechtsstellung der Gefangenen stellt Art. 6 grStVollzG dar. »Die Gefangenen haben nur die Verpflichtungen und unterliegen keinen anderen Beschränkungen ihrer Freiheit als denjenigen, die ausdrücklich in Gesetzen oder in Rechtsverordnungen vorgesehen sind, welche in Ermächtigung dieser Gesetze erlassen worden sind« (Art. 6 Abs. 1 grStVollzG). »Als allgemeine Verpflichtung haben die Gefangenen die Anweisungen der Vollzugsbeamten zu befolgen, es sei denn, sie sind evident gesetzeswidrig. Ferner sind die Gefangenen allgemein verpflichtet, mit den Vollzugsbeamten bei der Aufrechterhaltung der Ordnung, der Sicherheit und des bestmöglichen Zusammenlebens in den Vollzugsanstalten bereitwillig zusammenzuarbeiten« (Art. 6 Abs. 2 grStVollzG). Im Prinzip sind die Anordnungen des Vollzugspersonals zu befolgen, es sei denn, daß sie »evident« gesetzeswidrig sind. Es fragt sich, ob man daraus e contrario schließen kann, daß die Gefangenen die Anordnungen der Vollzugsbediensteten befolgen müssen, wenn sie »einfach« gesetzeswidrig sind[18]. Im allgemeinen ist die rechtliche Stellung der Gefangenen dadurch gekennzeichnet, daß sie sich in der Anstaltsordnung einfügen und die Anordnungen der Vollzugsbediensteten befolgen müssen.

Die grundlegenden Orientierungspunkte schließen mit den Pflichten des Staates vor und nach der Strafentlassung ab. Es handelt sich um den Grundsatz der Eingliederungshilfe. Nach Art. 7 des grStVollzG »hat der Staat vor und nach der Strafentlassung die Pflicht, für die soziale Eingliederung der Gefangenen zu sorgen, und zwar insbesondere für ihre Integration in die soziale und familiäre Umgebung, für die Vervollständigung ihrer Erziehung und für die berufliche Rehabilitation«.

III. Allgemeine Rechtsstellung der Gefangenen

1. Verfassungsrechte

Als Grundsatz gilt, daß die grundrechtlich gesicherte Rechtsstellung des Gefangenen, die der Gefangene mit allen anderen Bürgern gleichermaßen teilt, erhalten bleibt, soweit nicht das Strafvollzugsgesetz oder andere Gesetze oder die Rechtsverordnungen, die in Ermächtigung dieser Gesetze erlassen werden, in verfas-

---

17 Im Falle einer Kollision zwischen der Freiheit des religiösen Gewissens und der Erfüllung der Pflichten gegenüber dem Staat (etwa Steuer-, Wehr-, Schulpflicht sowie die Pflicht zur Ausübung des aktiven Wahlrechts) räumt die grVerfassung (Art. 13 Abs. 4) letzteren den Vorrang ein.

18 S. Paraskevopoulos 1991 (Fn. 13), 407.

sungsrechtlich zulässiger Weise die Grundrechte einschränken. Der Gefangene behält grundsätzlich seine staatsbürgerliche, bürgerliche und soziale Rechtsstellung als Bürger[19]. Er hört nicht auf, Verfassungsrechtsträger zu sein, außer freilich des Rechtes auf persönliche Freiheit stricto sensu, und zwar als Fortbewegungs- und Aufenthaltsfreiheit. Keine andere Grundfreiheit wird dem Gefangenen entzogen[20]. Grundrechte, die in der Verfassung vorbehaltlos garantiert sind oder nicht mit Gesetzesvorbehalten versehen sind, können im Strafvollzugsrecht nicht angetastet werden. Somit sind in der Verfassung nicht vorgesehene Einschränkungen der Grundrechte unzulässig[21].

Mit der Freiheitsentziehung sind jedoch nicht nur die Fortbewegungsfreiheit aufgehoben, sondern auch zahlreiche andere Äußerungen der Handlungsfreiheit, die im unmittelbaren Zusammenhang mit der anstaltsmäßigen Unterbringung stehen[22]. Einschränkungen, die sich aus dem Strafvollzugssystem ergeben, werden anerkannt, da sich die Strafe aus der Verfassung ergibt (Art. 5 Abs. 3, 6, 7 Abs. 1 grVerfassung). Im Zweifel werden Grundrechtseinschränkungen zugunsten des Gefangenen ausgelegt (in dubio pro libertate)[23].

Es sind Grundrechtsdefizite im griechischen Strafvollzug zu beobachten: Gemäß dem Art. 51 Abs. 3 Satz 2 der Verfassung kann das Gesetz die Wahlberechtigung nicht beschränken, es sei denn bei Personen, die ein bestimmtes Alter nicht erreicht haben, geschäftsunfähig sind oder rechtskräftig wegen bestimmter Verbrechen verurteilt worden sind. Jedoch wird die Art und Weise der Ausübung der politischen Rechte der Gefangenen während der Haft nicht geregelt, denn in Griechenland ist einerseits die Briefwahl noch nicht eingeführt worden, andererseits werden keine Wahlurnen in den Vollzugsanstalten aufgestellt, mit dem Ergebnis, daß die Gefangenen, denen das Wahlrecht nicht aberkannt wurde, nicht wählen können[24].

Obwohl Art. 9 Abs. 1 Satz 2 grVerfassung ausdrücklich die Unverletzlichkeit des Privatlebens garantiert, müssen Gefangene mit längeren Freiheitsstrafen als einem Jahr bei der Persönlichkeitsuntersuchung mit den Behörden zusammenarbeiten, damit die Bestimmung und Anwendung einer angemessenen Behandlung während der Strafhaft ermöglicht werden (Art. 14 grStVollzG). Ferner wird das

---

19 S. Calliess, Strafvollzugsrecht. 3. Aufl. 1992, 55f. (59f.)
20 S. Manitakis 1989 (Fn. 11), 164f.
21 Die Grundrechtseinschränkungen sollen einen objektiven und unpersönlichen Charakter haben; sie müssen aus wichtigen Gründen des »sozialen oder öffentlichen Interesses« gerechtfertigt sein; sie sollen dem Grundsatz der Verhältnismäßigkeit Rechnung tragen und dürfen nicht den Kernbereich des Grundrechts berühren, s. Iliopoulos-Strangas, Grundrechtsschutz in Griechenland. JÖR 32 (1983), 395f., 426, 432.
22 S. Walter, Strafvollzug 1991, 234f. (237); Paraskevopoulos 1991 (Fn. 13), 432.
23 S. Alexiadis 1993 (Fn. 9), 181.
24 S. Alexiadis 1993 (Fn. 9), 178f.; Bakas 1988 (Fn. 8), 136.

Recht auf eine gewisse Privatsphäre, auf einen eigenen Raum, nicht realisiert. Trotz des verfassungsrechtlichen Gebots zum Schutz der Ehe und der Familie (Art. 21 Abs. 1 grVerfassung) wird auch keine Regelung für die ehelichen und familiären Probleme vorgesehen, die aus der anstaltsmäßigen Unterbringung sowohl für den Gefangenen selbst wie auch seine Familienangehörigen entstehen[25].

Die Grundsätze des Verfassungsrechts haben eine erhebliche Bedeutung für das Strafvollzugsrecht. Insbesondere definieren Art. 2 Abs. 1 (Menschenwürde) sowie Art. 4 bis Art. 25 der grVerfassung, welche die Grundrechte enthalten, die Rechtsstellung des Gefangenen[26]. Gemäß Art. 2 Abs. 1 grVerfassung sind die Achtung und der Schutz der Menschenwürde Grundverpflichtung des Staates. Der Menschenwürdeschutz wird im strafvollzugsrechtlichen Kontext wieder aufgenommen und besonders hervorgehoben (etwa Art. 2, 8 Abs. 2, 10 Abs. 2, 23 Abs. 2, 84 Abs. 1 grStVollzG)[27]. Der verfassungsrechtliche Schutz der Menschenwürde wird vom Vollzugsgesetz hauptsächlich als Abwehr von Verstößen gegen die Menschenwürde erörtert[28], während die leistungsrechtliche Verpflichtung des Staates, positiv Schutz zu gewähren[29], bislang wenig problematisiert wurde[30].

Das Verbot der Folter ist im Art. 7 Abs. 2 der griechischen Verfassung von 1975 normiert[31]. Diese Verfassungsbestimmung beruht auf den leidvollen Erfahrungen Griechenlands mit der Militärdiktatur. Demnach sind »die Folter, irgendeine körperliche Mißhandlung, Gesundheitschädigung oder Ausübung psychischen Zwanges sowie jede andere Verletzung der Würde des Menschen verboten und werden nach Maßgabe des Gesetzes bestraft«. Die Verfassung sieht nur ausnahmsweise die Strafbarkeit bestimmter Handlungen vor. Art. 7 Abs. 2 der griechischen Verfas-

---

25 S. Regelungen, die nicht im grStVollzG verankert worden sind, bei Alexiadis 1989 (Fn. 1), 138f. (139).

26 Der Grundrechtsteil und insbesondere die Art. 1, 2, 5 Abs. 3, 19 Abs. 4, 21 des Grundgesetzes wurden von der grVerfassung übernommen, s. Dagtoglou, Die griechische Verfassung von 1975. JÖR 32 (1983), 355f. (355). Über die Ausstrahlung des GG, einschließlich der höchstrichterlichen Rechtsprechung und des Schrifttums, auf das griechische Verfassungsrecht, s. Iliopoulos-Strangas 1983 (Fn. 21), 395f.; dies., Der Einfluß des Grundgesetzes auf griechisches Verfassungsrecht. In: Stern (Hrsg.), 40 Jahre Grundgesetz. Entstehung, Bewährung und internationale Ausstrahlung. München 1990, 259f.; Papadimitriou, Die Grundrechte der neuen griechischen Verfassung vom 11. Juni 1975. EuGRZ 3 (1976), 150f.

27 Eine ausdrückliche Menschenwürdeklausel im einfachen Gesetzesrecht muß jedoch äußerst zurückhaltend verwendet werden, dies formuliert als rechtspolitische Forderung Häberle, Menschenwürde und Verfassung am Beispiel von Art. 2 Abs. 1 Verf. Griechenland 1975. Rechtstheorie 11 (1980), 389f. (396).

28 S. Spinelli, Gesetzesrahmen, Grenzen und ideologisch-politische Linien des Gesetzbuches über die Grundnormen der Behandlung Inhaftierter. In: Spinelli/Courakis, Strafvollzugsgesetzgebung. 2. Aufl. 1992, 17f., 22 (griechisch).

29 Über die doppelte Schutzrichtung der Menschenwürdeklausel, s. Häberle 1980 (Fn. 27), 397, 414f.

30 S. Alexiadis 1990 (Fn. 11), 147f.

31 Über die geglückte Formulierung dieser Bestimmung, s. Häberle 1980 (Fn. 27), 425f.

sung stellt einen solchen Fall dar, in dem der Verfassungsgeber die Bestrafung des Rechtsbrechers sicherstellen will. Zur Verwirklichung dieses Verfassungspostulats ist das Gesetz 1500/1984 verabschiedet worden, das die Bestrafung der Folter vorsieht und in die Art. 137A-137D grStGB integriert ist[32]. Alle Staatsorgane sind verpflichtet, die ungehinderte Ausübung der Grundrechte zu sichern (Art. 25 Abs. 1 grVerfassung). Soweit die Grundrechte nicht eingeschränkt sind, binden sie die Vollzugsverwaltung und die Rechtsprechung als unmittelbar geltendes Recht (vgl. Art. 1 III GG). Neben der Generalklausel des Art. 2 Abs. 1 (Menschenwürde) und 25 Abs. 1 (Staatsschutz der Menschenrechte) enthält die grVerfassung auch die Vorschrift des Art. 20 Abs. 2 (Recht auf rechtliches Gehör), der die Bindung der Exekutive an die Grundrechte bzw. an individuelle Rechte hervorhebt[33]. Nach einhelliger Auffassung ist die Eingriffsverwaltung an die Grundrechte gebunden[34]. Bei der richterlichen Entscheidung sind gemäß Art. 93 Abs. 4 grVerfassung die Gerichte dazu verpflichtet, ein Gesetz nicht anzuwenden, dessen Inhalt gegen die Verfassung verstößt. Die Prüfung der Verfassungsmäßigkeit der Gesetze findet von Amts wegen statt[35]. Gemäß Art. 25 Abs. 3 grVerfassung ist der Rechtsmißbrauch ausdrücklich verboten. Nach einer Mindermeinung fällt auch ein Mißbrauch der Verwaltung bei der Ausübung ihrer normativen Zuständigkeit unter diese Bestimmung[36]. Damit wird das Verbot des Ermessensmißbrauchs und der fehlerhaften Ermessensausübung verfassungsrechtlich abgesichert.

Zur Durchsetzung ihrer Rechte stehen den Gefangenen alle Rechtsbehelfe des freien Bürgers offen. Auch für die Gefangenen gilt die Rechtsschutzgarantie des Art. 20 Abs. 1 der Verfassung (mit Art. 19 Abs. 4 GG übereinstimmend, wenn auch nicht wörtlich)[37]. Neben diesen allgemeinen kennt das Recht noch spezifische Rechtsbehelfe des Gefangenen, die mit seiner besonderen Situation in der Haft in Zusammenhang stehen. Eine Verfassungsbeschwerde ist dem griechischen Recht

---

32 S. Anagnostopoulos, Schwerpunkte neuerer Entwicklungen im griechischen Strafrecht. Teil I. ZStW 98 (1986), 542f. (543); Kareklas, Griechenland. In: Eser/Huber (Hrsg.), Strafrechtsentwicklung in Europa 2.1., 1988, 593f. (603f.); Über die Pönalisierung der Folter und anderer Verletzungen der Menschenwürde in Griechenland, s. Spirakos, Folter als Problem des Strafrechts, 1990, 58f., 241f.

33 S. Iliopoulos-Strangas 1983 (Fn. 21), 437f.

34 S. Dies. 1983 (Fn. 21), 421.

35 Die Verfassungswidrigkeit eines (formellen oder materiellen) Gesetzes führt im Prinzip zu deren Nichtanwendung (Art. 93 Abs. 4 grVerfassung). Bei Rechtsakten der Exekutive ist eine Aufhebung durch die Verwaltungsgerichte möglich. Ausführlich dazu Iliopoulos-Strangas 1983 (Fn. 21), 433, 436f.; Dagtoglou 1983 (Fn. 26), 359.

36 S. Iliopoulos-Strangas 1983 (Fn. 21), 430.

37 Art. 20 Abs. 1 lautet: »Jeder hat das Recht auf Rechtsschutz durch die Gerichte und kann von ihnen seine Rechte oder Interessen nach Maßgabe der Gesetze geltend machen«. Über den gerichtlichen Rechtsschutz«, s. Dagtoglou 1983 (Fn. 26), 358f.

nicht bekannt. Zum außergerichtlichen Schutz der Menschenrechte gehört auch das Petitionsrecht, das in Art. 10 grVerfassung gewährleistet ist[38].

2. Internationale Regelungen

In bezug auf den rechtlichen Status der Gefangenen in Griechenland kommen folgende internationale Regelungen in Betracht: Zunächst nimmt die Europäische Konvention zum Schutze der Menschenrechte und Grundfreiheiten (EMRK) vom 4.11.1950 innerhalb der griechischen Rechtsordnung nicht nur den Rang eines einfachen Gesetzes ein, sondern hat sie eine gegenüber einfachem Recht erhöhte Wirkkraft. Gemäß Art. 28 Abs. 1 der geltenden Verfassung Griechenlands sind »die internationalen Verträge nach ihrer gesetzlichen Ratifizierung und ihrer in ihnen geregelten Inkraftsetzung« Bestandteil der innerstaatlichen Rechtsordnung und gehen jeder entgegenstehenden Gesetzesbestimmung vor. Somit ist die Europäische Menschenrechtskonvention, die von Griechenland ratifiziert worden ist[39], als Bestandteil des griechischen Rechts, unmittelbar anzuwenden und geht im Rang normalen Gesetzen vor, d.h. ihr wird eine Stellung zwischen der Verfassung und den formellen Gesetzen zugeteilt. Die Konvention bindet alle Staatsorgane, einschließlich der Legislative. Die Anerkennung der Zuständigkeit der Europäischen Kommission für Menschenrechte zur Prüfung von Individualbeschwerden wegen Verletzung der Menschenrechte (Art. 25 EMRK) ist für Griechenland erst mit Wirkung vom 20.11.1985 erfolgt. Demnach hat jedermann das Recht nach Erschöpfung des innerstaatlichen Rechtsweges, sich im Wege der Individualbeschwerde an die Kommission zu wenden. Dieses Recht steht auch den Gefangenen zu.

Ferner hat Griechenland die Konvention gegen Folter und andere grausame, unmenschliche oder erniedrigende Behandlung oder Strafe der Vereinten Nationen (UN-Antifolterkonvention) vom 10.12.1984 durch das Gesetz 1782/1988 ratifiziert. Zudem hat Griechenland auch das Europäische Übereinkommen zur Verhütung von Folter und unmenschlicher oder erniedrigender Behandlung oder Strafe (Europäische Folterschutzkonvention) aus dem Jahre 1987, das eine umfassende

---

38   Das Petitionsrecht in bezug auf das Parlament ist in Art. 69 gr. Verfassung geregelt.
39   Griechenland hat mit dem Gesetz 2329/53 und – nach dem Zusammenbruch der Diktatur und der Wiederherstellung der freiheitlichen demokratischen Ordnung – mit der Gesetzesverordnung 53/74 die EMRK ratifiziert.

Präventionskontrolle durch die Besuchsmöglichkeiten vorsieht[40], durch das Gesetz 1949/1991 ratifiziert (in Kraft getreten am 1.12.91)[41].

Im Abschlußdokument des Wieners KSZE-Folgetreffens von 15. Januar 1989 ist auch Griechenland als Teilnehmerstaat Verpflichtungen für eine menschliche Behandlung von Gefangenen eingegangen[42]. Allerdings hat sich Griechenland noch nicht zum Verzicht auf Folter und erniedrigende Behandlung durch Art. 7 Satz 1 des Internationalen Pakts über bürgerliche und politische Rechte vom 19.12.1966 verpflichtet, da es das Vertragswerk noch nicht ratifiziert hat.

Die Mindestgrundsätze über die Behandlung der Gefangenen vom Wirtschafts- und Sozialrat der Vereinten Nationen (1957), die Europäischen Mindestgrundsätze für die Behandlung der Gefangenen (1973) vom Ministerkomitee des Europarats (Resolution (73) 5) sowie – deren überarbeitete Fassung – die Europäischen Strafvollzugsgrundsätze (1987) (Recommendation No. R (87) 3), die keine Rechtsverbindlichkeit besitzen, haben die Verfasser des griechischen Strafvollzugsgesetzes stark beeinflußt. Den Mindestgrundsätzen der Vereinten Nationen zum Schutz inhaftierter Jugendlicher (1990) und den Mindestgrundsätzen der Vereinten Nationen für die Jugendgerichtsbarkeit (1985), die ebenfalls keine verbindliche Kraft im innerstaatlichen Recht besitzen, wird lediglich bei den Reformvorhaben im Bereich des Jugendstrafrechts große Beachtung geschenkt.

3. Strafvollzugsrecht

Das Strafvollzugsgesetz geht davon aus, daß die in der Verfassung garantierten Individualrechte auch für Gefangene gelten, soweit sie nicht durch Gesetze oder aufgrund eines Gesetzes eingeschränkt sind. Deshalb spricht Art. 6 Abs. 1 des grStVollzG davon, daß die Gefangenen weder sonstige Verpflichtungen haben noch anderen Beschränkungen ihrer Freiheit unterliegen außer denjenigen, die ausdrücklich in Gesetzen oder in Rechtsverordnungen, die in Ermächtigung dieser Gesetze erlassen werden, vorgesehen sind[43]. Somit bleibt die Ausgestaltung des Rechtsstatus der Gefangenen nicht nur dem Gesetzgeber überlassen. Die Exekutive kann den rechtlichen Rahmen aufgrund der Ermächtigung des Gesetzes ausfül-

---

40 S. Nowak, Die Europäische Konvention zur Verhütung der Folter. EuGRZ 15 (1988), 537f.; Lüthke, Die Europäische Konvention über den Schutz inhaftierter Personen vor Folter. ZRP 21 (1988), 52f. (53); Kaiser. Die Europäische Antifolterkonvention als Bestandteil internationalen Strafverfahrens- und Strafvollzugsrechts. SchwZStr 108 (1991), 213f. (224).

41 S. Council of Europe, European Committee for the Prevention of Torture and Inhuman or Degrading Treatment or Punishment (CPT), 1993, 23.

42 S. die Menschenrechte im Abschlußdokument des Wiener KSZE-Folgetreffens vom 15. Januar 1989. EuGRZ 16 (1989), 85f. (89).

43 Für eine detaillierte Aufstellung der Rechte und Pflichten der Gefangenen zum Zwecke der Schaffung eines Gefangenenrechts, s. Lambropoulou 1988 (Fn. 12), 172.

len[44]. Auch die Exekutive kann, soweit sie dazu ermächtigt ist, bei der Einschränkung von Grundrechten tätig werden[45].

Wie bereits erwähnt, hat das griechische Strafvollzugsrecht zahlreiche europäische Mindestanforderungen für die Behandlung von Strafgefangenen aufgenommen. Der Rechtsweg zur gerichtlichen Überprüfung von Maßnahmen im Strafvollzug ist zum ersten Mal eröffnet worden. Das grStVollzG sieht das Strafvollstreckungsgericht und den Strafvollstreckungsrichter vor. Es gehört zu den vollzugsspezifischen Rechtsbehelfen die Möglichkeit, sich an den Strafvollstreckungsrichter bzw. das Strafvollstreckungsgericht zu wenden. Zur sachlichen Zuständigkeit dieses Gerichts gehört die Kontrolle der Rechtmäßigkeit der Gefangenenbehandlung sowie die des Handelns des Vollzugsstabes. Weder die Zusammensetzung des Gerichts noch das Verfahren werden im grStVollzG normiert, denn gemäß Art. 93 Abs. 1 grVerfasung ist dafür ein eigenes Gesetz erforderlich. Bis zum Erlaß dieses notwendigen Gesetzes nimmt die Aufgaben des Vollstreckungsrichters der Staatsanwalt wahr, die Zuständigkeit für die Tätigkeiten des Vollstreckungsgerichts liegt bei der Strafkammer im Vollzugsort (Art. 121 grStVollzG).

Das Vollstreckungsgericht entscheidet

• über die spezielle Behandlung von Untersuchungsgefangenen aufgrund ihrer Persönlichkeit oder ihres Vorlebens (Art. 12 Abs. 1 grStVollzG)
• über Klagen der Gefangenen im Falle gesetzeswidriger Handlung zu ihren Lasten oder bei Verletzung ihrer Rechte durch Angehörige des Vollzugspersonals (Art. 5 Abs. 2 grStVollzG)
• über die Verlegung der Gefangenen während eines Hungerstreiks in eine therapeutische Anstalt sowie die Ergreifung sonstiger Maßnahmen (Art. 34, Abs. 2 u. 3 grStVollzG)
• über die Unterbringung eines Gefangenen im halboffenen Vollzug (Art. 59 Abs. 3 grStVollzG)
• über die Gewährung und den Widerruf der partiellen Verbüßung der Strafe an Wochenenden oder an Feiertagen (Art. 61 Abs. 1 grStVollzG)
• über die Gewährung und den Widerruf der gemeinnützigen Arbeit bei einer Umwandlung der Freiheitsstrafe in Geldstrafe, wenn der Betroffene die Leistung gemeinnütziger Arbeit vorzieht (Art. 61 Abs. 1 grStVollzG)
• über die Aussetzung des Strafrestes zur Bewährung (Art. 62 Abs. 5 grStVollzG)

---

44 Im Normalzustand beruht die rechtsetzende Befugnis der Exekutive grundsätzlich auf gesetzlicher Ermächtigung. Art. 43 Abs. 2 grVerfassung lautet: »Auf Vorschlag des zuständigen Ministers können Rechtsverordnungen auf Grund und im Rahmen eines besonderen Ermächtigungsgesetzes erlassen werden. Die Ermächtigung zum Erlaß von Rechtsverordnungen durch andere Verwaltungsorgane ist zulässig zur Regelung von besonderen Fragen oder von Fragen mit örtlichem Interesse oder mit technischem oder Detailcharakter«.

45 Die Akte der Exekutive, die normativen Charakter besitzen, gelten in der griechischen Rechtsordnung als Gesetze im materiellen Sinne, s. Iliopoulos-Strangas 1983 (Fn. 21), 424.

- über Beschwerden Gefangener bei Ableistung unhygienischer Arbeit oder Verminderung ihrer Entlohnung ohne Rechtsgrund (Art. 65 Abs. 5 grStVollzG)
- über Beschwerden Gefangener bei Verhängung der Disziplinarmaßnahme des Arrests in einer eigens dafür vorgesehenen Zelle für die Dauer von einem bis zu zehn Tagen (Art. 90 Abs. 7 grStVollzG). Es wird als nicht unbedenklich angesehen, daß die Beschwerde keine aufschiebende Wirkung hat.

Der Vollstreckungsrichter besitzt ebenfalls erhebliche Entscheidungsbefugnisse für den Bereich des Strafvollzugs. Seine Entscheidungen sind nicht anfechtbar. Obwohl der Strafvollzug eine eigenständige Aufgabe der Justizvollzugsverwaltung darstellt, ist der Staatsanwalt beim Landgericht zuständig zur Feststellung von Disziplinarverfehlungen der Vollzugsbediensteten. Die Staatsanwaltschaft, die eine von den Gerichten und der Exekutive unabhängige Justizbehörde ist (Art. 4 Abs. 1 grGVG), überwacht als Strafvollstreckungsbehörde den Strafvollzug und ist zuständig für die Kontrolle der Rechtmäßigkeit des Strafvollzugs. Zu diesem Zweck besucht der Staatsanwalt die Vollzugsanstalten, jedesmal, wenn er es für notwendig hält, mindestens aber einmal pro Woche (Art. 572 grStPO). Jedoch handelt es sich mehr um einen formellen Besuch, bei dem keine tatsächliche Überwachung der Gesetzlichkeit des Vollzugs stattfindet[46]. Nach einer Rundverfügung des Justizministeriums an die StA wird empfohlen, einen täglichen zwei- bis dreistündigen Besuch in den Vollzugsanstalten abzustatten, um Kenntnis vom tatsächlichen Vollzugszustand zu erlangen und die Überwachung auszuüben. Dies wird um so dringlicher angesehen, als in der Übergangsbestimmung des grStVollzG vorgeschrieben ist, daß die Aufgaben des Strafvollstreckungsrichters bis zur Schaffung dieses Amtes von dem Staatsanwalt vorübergehend übernommen werden müssen.

Neben der Generalklausel des Art. 5 Abs. 1 grStVollzG enthält das Strafvollzugsgesetz zahlreiche Rechte und Pflichten der Gefangenen, so in Art. 24 Abs. 2 das Recht auf Information über die Rechte und Pflichten sowie über die Hausordnung, in Art. 27 Abs. 1 das Recht auf gesundheitlich und hygienisch einwandfreie Zellen und Gemeinschaftsräume, in Art. 34 das Recht auf Hungerstreik, in Art. 34 Abs. 1 das Recht des Hungerstreikenden, einen Arzt seiner Wahl zur Diagnose seines Befindens zuzuziehen, in Art. 36 Abs. 1 das Recht zum Tragen eigener Kleidung, in Art. 38 Abs. 1 Satz 2 das Recht auf eine Einzelzelle, wenn seine Bedürfnisse dies erfordern und die Bedingungen des Anstaltsgebäudes dies erlauben, in Art. 40 Abs. 2 das Recht auf Mitwirkung bei der Festlegung des Erziehungsprogramms, in Art. 43 Abs. 1 das Recht auf Fortbildung und Information durch Bücher, Zeitungen, Zeitschriften, Rundfunk- und Fernsehsendungen, Seminare und Diskussionen, in Art. 44 das Recht auf Religionsausübung, in Art. 47 Abs. 3 das

---

46   S. Alexiadis 1983 (Fn. 8), 86; Angeli, Die staatsanwaltliche Überwachung in den Gefängnissen. Poinika Chronika 42 (1992), 767f. (griechisch).

Recht auf Fernstudium, in Art. 50 Abs. 1 das Recht auf wöchentlichen Besuch von Verwandten, in Art. 53 das Recht auf Regelurlaub, in Art. 90 Abs. 1 das Recht auf rechtliches Gehör (»Kein Gefangener darf bestraft werden, ohne vorher über die ihm zur Last gelegte Verfehlung unterrichtet worden zu sein und hinreichend Gelegenheit gehabt zu haben, etwas zu seiner Verteidigung vorzubringen« (s. Grundsatz 36(3) der Europäischen Strafvollzugsgrundsätze) und in Art. 84 Abs. 2 Satz 2 Buchst. d das Recht ne bis indem in Disziplinarverfahren, in Art. 14 die Pflicht für Gefangene, die über ein Jahr hinausgehende Freiheitsstrafen verbüßen, bei der Untersuchung ihrer Persönlichkeit mitzuwirken, in Art. 36 Abs. 6 die Pflicht, ihre Kleidung sauber und gepflegt zu halten, in Art. 48 Abs. 1 die Schulpflicht für junge Gefangene, in Art. 66 Abs. 1 schließlich die Arbeitspflicht für Strafgefangene. Bedenklich erscheinen die Kannbestimmungen, die der Vollzugsbehörde einen großen Handlungsspielraum eröffnen. Nach Art. 51 kann dem Gefangenen mit Erlaubnis des Anstaltsleiters gestattet werden, Ferngespräche zu führen, nach Art. 36 Abs. 5 Satz 2 kann er eigenes Bettzeug benutzen, nach Art. 48 Abs. 2 kann er sich nach dem Hauptschulabschluß über Ausbildungsurlaub weiterbilden.

IV. Spezielle Rechte und Pflichten im Vollzug

Das neue Vollzugsrecht stärkt die Rechtsstellung der Gefangenen dadurch, daß es ihnen subjektive Rechte zuerkennt und nicht bloß Vergünstigungen im Falle des Wohlverhaltens gewährt. Dies gilt zunächst für die Förderung der Kontakte mit der Außenwelt. Der Schriftwechsel und der Besuchsverkehr wurden wesentlich erleichtert.

Es werden besondere Anstrengungen zur Aufrechterhaltung der Beziehungen des Gefangenen zu seiner Familie oder zur Schaffung interpersonaler Beziehungen mit anderen Personen außerhalb der Anstalt unternommen. Jeder Gefangene hat ein Recht auf Besuch, die Mindestdauer des Besuchs beträgt eine Stunde pro Woche. Jedoch bleibt der Personenkreis eingeschränkt, der den Gefangenen einmal in der Woche besuchen darf. Nur enge Verwandte sind dazu berechtigt, andere Personen oder Vereine nur mit Besuchserlaubnis des Anstaltsleiters unter der Voraussetzung, daß sie einen günstigen Einfluß auf den Gefangenen ausüben können (Art. 50 Abs. 1 grStVollzG). Die Reduzierung auf die Hälfte der geregelten Zahl von Besuchen für die Dauer von höchstens einem Monat wird als Disziplinarsanktion vorgesehen (Art. 88 Abs. 1 Buchst. c grStVollzG). Die Untersagung von Vergünstigungen (etwa freie Besuchszeiten für Verwandte, Besuchserlaubnis für Nichtverwandte) wird vom Disziplinargremium (nicht vom Anstaltsleiter) auferlegt und ist nicht vor dem Strafvollstreckungsgericht anfechtbar.

Der Gefangene kann mit Genehmigung des Anstaltsleiters in einem überwachten Raum der Anstalt mindestens einmal pro Woche Telefonkontakte mit seinem Verteidiger sowie mit Personen aus dem Verwandtschaftskreis haben. Ferngespräche mit Personen, die nicht zu den Verwandten des Gefangenen zählen, sind nur erlaubt, wenn von ihnen ein günstiger Einfluß auf den Gefangenen zu erwarten ist (Art. 51 Abs. 1 grStVollzG).

Ein bedeutender Fortschritt im Bereich des Gefangenenschutzes ist das Verbot der Überwachung des Schriftverkehrs der Insassen[47]. Der Schriftverkehr ist in bezug auf Häufigkeit und Personen, mit denen der Gefangene korrespondieren darf, unbegrenzt möglich[48]. Die Untersagung des Telefon- oder Schriftverkehrs bis zu zwanzig Tagen kann vom Anstaltsleiter als Disziplinarmaßnahme angeordnet werden (Art. 88 Abs. 1 Buchst. b grStVollzG) und ist nicht vor dem Strafvollstrekkungsgericht anfechtbar. Eine Zensur der Briefpost und des Telegrammwechsels ist im Prinzip nicht möglich. Eine Kontrolle des Brief- und Telegrammverkehrs darf nur nach der Erlaubnis des Strafvollstreckungsgerichts vorgenommen werden, wenn dies aus Sicherheitsgründen erforderlich ist, oder wenn eine Gefahr für die Begehung besonders schwerer Straftaten besteht, oder wenn sie notwendig für die Ermittlung solcher Straftaten ist (Art. 51 Abs. 2 Satz 2 grStVollzG). Der zur Überwachung des Schriftverkehrs der Gefangenen beauftragte Bedienstete wird strafrechtlich verfolgt, wenn er seine Geheimhaltungspflicht verletzt (Art. 51 Abs. 3 grStVollzG, 252 grStGB). Es besteht keine Sonderregelung im Hinblick auf die Überwachung des Schriftwechsels mit dem Verteidiger.

Die Gewährung von Hafturlaub (Regelurlaub) steht nicht mehr im Ermessen der Vollzugsbehörde[49]. Der Regelurlaub wird gewährt, wenn der Gefangene ein Fünftel der verhängten Strafe tatsächlich verbüßt hat, mindestens aber drei Monate. Bei der lebenslangen Freiheitsstrafe beträgt die Mindestvollzugszeit zehn Jahre. Ferner soll kein anderes Strafverfahren gegen den Gefangenen wegen einer Straftat, die mit einer Gefängnisstrafe von mindestens drei Monaten bedroht ist, anhängig sein. Schließlich muß eine günstige Prognose vorliegen (Art. 53

---

47   Unverletzlichkeit des Briefgeheimnisses und des Geheimnisses jeder anderen freien Korrespondenz oder Kommunikation in Art. 19 der griechischen Verfassung. Nach Morlok, Strafvollzug und Grundrechte. In: Bemmann/Manoledakis (Hrsg.) 1989 (Fn. 1), 45f. (53f.) stellen zwingende Funktionsbestimmungen des Strafvollzugs einen verfassungsrechtlichen Grund dar, andere Verfassungspositionen einzuschränken, etwa das Briefgeheimnis, obwohl Art. 19 Abs. 2 grVerfassung eine Einschränkung des Briefgeheimnisses nur aus Gründen der nationalen Sicherheit oder der Verfolgung besonders schwerer Verbrechen zuläßt. Somit werden die immanenten Schranken aktiviert, um die Kontrolle von Häftlingspost zu rechtfertigen.

48   S. Constadinidis, Besuchsverkehr und Schriftwechsel mit Gefangenen, In: Bemmann/Manoledakis (Hrsg.) 1989 (Fn. 1), 93f., im Rahmen des abgelösten Strafvollzugsgesetzes von 1967.

49   Vgl. Lambropoulou 1990 (Fn. 1), 156f. Kostaras, Urlaub aus der Haft. In: Bemmann/Manoledakis (Hrsg.) 1989 (Fn. 1), 75f., 78f.

grStVollzG)[50]. Dem Vollstreckungsrichter allein wird nicht die Verantwortung bezüglich der Gewährung von Hafturlaub überlassen. Vielmehr ist der Vollstreckungsrichter Mitglied einer Kommission, bestehend zusätzlich aus dem Anstaltsleiter und dem Sozialarbeiter der Haftanstalt. Sie gewährt den ersten Urlaub und entscheidet über die Zulassung zum halboffenen Vollzug (Art. 55 Abs. 1, 57 Abs. 1 grStVollzG).

Ein Recht auf Arbeit und auf Arbeitsentgelt besteht nicht. Eine allgemeine Arbeitspflicht für die Gefangenen wird nicht statuiert. Bei einer seinen körperlichen Fähigkeiten angemessenen Arbeit unterliegt der Strafgefangene der Arbeitspflicht. Die Bestimmungen, die die obligatorische Arbeit der Strafgefangenen (Art. 64 Abs. 3, 66 Abs. 1 grStVollzG) regeln, sind verfassungswidrig[51]. Während die Europäische Menschenrechtskonvention in Art. 4 Abs. 3a die zwangsweise Heranziehung von Gefangenen zu Arbeitsleistungen gestattet, ist jede Form von Zwangsarbeit in der griechischen Verfassung (Art. 22 Abs. 3 Satz 1) uneingeschränkt verboten. Somit werden auch die Gefangenen von dem Verfassungsverbot der Zwangsarbeit geschützt. Eine Verpflichtung zur Arbeit kann ihnen nur unter der Voraussetzung auferlegt werden, daß die konkrete Arbeit von der Natur und dem Ziel der Situation aus, in der sie sich befinden, erforderlich ist, und diese Notwendigkeit selbst in der Verfassung eine Stütze findet. Außerdem muß die Arbeitsverpflichtung durch Gesetz oder aufgrund eines Gesetzes, jedenfalls in einer Art und Weise und in einem Ausmaß erfolgen, daß das Verbot der Zwangsarbeit nicht materiell aufgehoben wird. Die im Art. 64 Abs. 3 grStVollzG vorgesehene Arbeit der Gefangenen »in Übereinstimmung mit ihren Ausbildungsbedürfnissen« erscheint zur Erfüllung der in Art. 64 Abs. 1 grStVollzG festgelegten »sozialen Wiedereingliederung« ungeeignet. Die Vorschriften, die eine Verpflichtung der Gefangenen zur Arbeit als Erziehungsmittel vorsehen, entsprechen nicht den aus dem Verfassungsgrundsatz der Verhältnismäßigkeit ableitbaren Forderungen. Außerdem wird behauptet, daß das Verbot der Zwangsarbeit stricto sensu ein anderes Recht als das der persönlichen Freiheit ist und deshalb die Verletzung des Verbots verfassungswidrig ist. Nur die alltäglich anfallenden Arbeiten (Reinigung der Räume der Haftanstalten, Vorbereitung des Essens, Instandhaltung des Anstaltsbetriebs) verstoßen nicht gegen den Art. 22 Abs. 3 grVerfassung, weil sie aus der Situation, in der sich die Gefangenen befinden, notwendig und erforderlich sind[52].

---

50   Art. 53 grStVollzG, der die Voraussetzung zur Gewährung des Regelurlaubs regelt, wurde durch Art. 2 des Gesetzes 2145/1993 ersetzt.
51   Paraskevopoulos 1991 (Fn. 13), 417.
52   S. Chrysojonou, Das Verbot der Zwangsarbeit und die Requisition persönlicher Dienste, 1992, 97f. (griechisch).

Es bestehen drei landwirtschaftlich orientierte Anstalten für erwachsene und eine Agraranstalt für junge Gefangene[53]. Diese Agraranstalten sind sehr begehrt unter den Strafgefangenen[54]. Diese Beliebtheit rührt offenbar daher, daß jeder Tag in einer Anstalt, in der Landwirtschaftsarbeiten ausgeführt werden, wie zwei Straftage zählt[55]. Die günstige Anrechnung der Arbeitstage auf das Mindestmaß der Jugendstrafe darf erst erfolgen, wenn die gesetzliche Mindestzeit von 6 Monaten tatsächlich verbüßt worden ist. Nach den neusten statistischen Unterlagen des Justizministeriums ist knapp jeder fünfte Strafgefangene in den Agraranstalten untergebracht. Sonst besteht ein begrenztes Stellenangebot in den Ausbildungsprogrammen der Haftanstalten und ein Angebotsmangel an handwerklichen Tätigkeiten.

V. Vollzugswirklichkeit

Die Zustände in den griechischen Vollzugsanstalten muß man teilweise als skandalös bezeichnen. Die Haftanstalten sind chronisch überbelegt. Mitunter ist die Zahl der dort untergebrachten Personen dreimal so hoch wie die der vorhandenen Plätze. Eine Abweichung von den Mindestgrundsätzen für die Behandlung von Strafgefangenen ist in den unzumutbaren Vollzugsbedingungen hinsichtlich der Unterbringung der Gefangenen insbesondere wegen der Überbelegung von Zellen zu sehen. Der Minimalanforderung an einen humanen Strafvollzug, den Gefangenen über Nacht in einer Einzelzelle unterzubringen, wird nicht entsprochen. Somit stellt die starke Überbelegung eines der größten Probleme der Vollzugsbehandlung und -verwaltung dar. Ein Neubau von Vollzugsanstalten steht nicht in Aussicht. Das Vollzugspersonal ist überfordert und überlastet. Das Klima in den Vollzugsanstalten ist beiderseits von Angst und Mißtrauen geprägt. Die Sozialarbeiter-, Lehrer-, und Psychologenstellen bleiben teilweise unbesetzt. Der Personalschlüssel (Vollzugsbedienstete : Gefangene = 1 : 4) ist äußerst ungünstig. Ferner wird die mangelnde Ausbildung und Qualifikation sowie das geringe Sozialprestige der im Vollzug tätigen Berufsgruppen beklagt. Es herrschen untragbare Zustände vor

---

53   Es handelt sich um einen Euphemismus, da die Jugendlichen nach neuesten Berichten einmal pro Woche in den Feldern arbeiten dürfen.

54   Es war eine Forderung der Gefangenen, daß sie alle nach ihrer Verurteilung in Agraranstalten verlegt werden sollen, s. Patouri, Die Ersuchen der Gefangenen von Korydallos und die Normen des Europarats und der Vereinten Nationen für die Behandlung der Gefangenen. Nomiko Vima 30 (1982), 609f., 624 .f (griechisch); vgl. auch Lambropoulou 1990 (Fn. 1), 154.

55   Die günstige Anrechnung der Arbeitstage auf die Dauer der zu verbüßenden Strafe wurde zum erstenmal durch das Gesetz 2058/1952 und heutzutage durch das Präsidialdekret 178/1980 geregelt. Voraussetzung ist, daß der Strafgefangene über sechs Monate hinaus Freiheitsstrafe zu verbüßen hat.

(etwa unzulängliche sanitäre Verhältnisse, unzureichende medizinische Versorgung). Ein individualisierender Strafvollzug ist nicht möglich. Arbeitsmöglichkeiten sind kaum vorhanden[56]. Angesichts dieser Bedingungen wächst die Gefahr von Aufruhr unter den Insassen.

Obwohl kein Anstieg, sondern – von gewissen Schwankungen abgesehen – im Gegenteil ein ständiger Rückgang der Gefangenenzahlen in den letzten Jahrzehnten in Griechenland zu beobachten war, gestaltet sich durch eine starke Abnahme der Zahl der Anstalten (von 68 Vollzugsanstalten im Jahre 1948 auf 25 im Januar 1994) der Bedarf an Plätzen bedeutend größer als die Aufnahmekapazität der Anstalten. Gemäß den Unterlagen des Justizministeriums belief sich die Zahl der Inhaftierten im Januar 1994 für Gesamtgriechenland auf 6884 Personen, während die Zellenkapazität der Vollzugsanstalten lediglich bei 3892 Plätzen lag. Die Überbelegung ist besonders deutlich in der größten griechischen Anstalt in Korydallos (bei Athen), wo die Raumkapazität 480 Plätze umfaßt, während im Dezember 1993 1459 Gefangene (im August 1993 waren es sogar 1950) dort ihre Strafe verbüßten. Ironischerweise schreibt Art. 37 Abs. 3 grStVollzG vor, daß »die Zahl der Gefangenen in einer Haftanstalt nicht über 300 Personen betragen darf. Nur in Ausnahmefällen ist eine Erhöhung der Gefangenen auf 500 möglich, soweit neue Anstaltsgebäude errichtet werden«. Auch die Lage im Jugendvollzug ist alarmierend. Obwohl die Jugendvollzugsanstalt in Kassabeteia über nur 90 Plätze verfügt, waren dort zu Ende 1993 261 Gefangene inhaftiert. Nach zuverlässigen Zeugenberichten herrschen in dieser Einrichtung harte Lebensbedingungen. Es gibt kaum Platz zum Stehen. Selbst die Gemeinschaftsräume sind zu Zellen umfunktioniert worden.

Die tatsächliche Ausgestaltung des Jugendvollzugs unterscheidet sich kaum vom Erwachsenenstrafvollzug. Von einem erzieherischen Behandlungsvollzug kann keine Rede sein; es handelt sich vielmehr um den traditionellen Verwahrvollzug. Die geringe Anzahl von jugendlichen weiblichen Häftlingen steht eigenständigen Strafanstalten im Wege; sie verbleiben zusammen mit erwachsenen Inhaftierten in der einzigen Frauenhaftanstalt für Griechenland, einer getrennten Abteilung innerhalb des Korydallos-Gebäudekomplexes. Griechenland verfügt gegenwärtig über zwei Jugendstrafanstalten für männliche Insassen. Bei der zweiten handelt es sich um eine getrennte Abteilung für Jugendliche im Rahmen des genannten Vollzugskomplexes in Korydallos bei Athen. Die jungen Gefangenen klagten in der Vergangenheit über harte Arbeitsbedingungen, schlechte medizinische Betreuung, nichtexistente psychologische oder psychiatrische Behandlung, schlechte und unzureichende Ernährung, fehlende hygienische Einrichtungen und menschenunwürdige Behandlung seitens der Vollzugsbeamten.

---

56   S. Panoussis, Gefangenenarbeit und ihre Entlohnung. Die Arbeit in den griechischen Gefängnissen. In: Bemmann/Manoledakis (Hrsg.) 1989 (Fn. 1), 107f.

Betrachtet man die Lage der Gefangenenpopulation (n=5008 Personen) am 1.9.1991, so kann man feststellen, daß Griechenland mit etwa 49 Gefangenen pro 100 000 der Bevölkerung eine relativ niedrige Gefangenenquote hat[57]. Innerhalb der Mitglieder des Europarates weist Griechenland eine kleine Gefangenenpopulation auf, obgleich die Verurteilungen zur Freiheitsstrafe bezogen auf 100 000 der jeweiligen Bevölkerung verhältnismäßig hoch ausfallen. Griechenland bringt es fertig, trotz einer hohen Verurteilungsrate zur Freiheitsstrafe eine vergleichsweise geringe Gefangenenrate zu halten. Das geschieht durch eine großzügige Anwendung des Instituts der Umwandlung der Freiheitsstrafe in eine Geldstrafe[58]. Gut 5% der Verurteilten (Erwachsene und Jugendliche) werden insgesamt zu unbedingter Freiheitsstrafe verurteilt. Würde eine niedrige Gefangenenrate den alleinigen Maßstab zur Einschätzung einer fortschrittlichen Vollzugspolitik liefern, würde Griechenland heute eine der Spitzenstellungen einnehmen[59]. Daß es so nicht ist, zeigen die Hungerstreiks, die Entweichungen, die Meutereien[60] sowie die Skandale in den Vollzugsanstalten, die durch Anklagen der Gefangenen häufig an die Presse bzw. an amnesty international[61] gelangen. Mißbräuchliche frühzeitige Entlassungen und Beurlaubungen, Einfuhr und Verbreitung von illegalen Drogen, Tauschhandel zwischen Vollzugspersonal und Gefangenen, Erpressungen und Schlägereien gelangen immer wieder ans Licht der Öffentlichkeit.

Ein statistischer Überblick über die in Griechenland am 1.1.1994 Inhaftierten soll an dieser Stelle hinzugefügt werden: Die Untersuchungsgefangenen (2027 Personen) machen gut 29% aller Inhaftierten aus. Knapp jeder vierte Inhaftierte ist Ausländer (1568 Personen, gut 23%). Die ausländischen Gefangenen kommen überwiegend aus Albanien. Neben den dramatischen Unterbringungsmöglichkeiten gibt es große Verständigungsschwierigkeiten und Anpassungsprobleme. In der Jugendvollzugsanstalt in Korydallos, in der überwiegend U-Häftlinge einsitzen, waren etwa zwei Drittel der Insassen ausländischer Herkunft. Der Anteil der Frauen im Vollzug beträgt 4,7% (n=321), derjenige der minderjährigen Gefangenen 5,5% (n=382) bei einer Belegungskapazität von insgesamt 190 Plätzen. Die Zahl der Inhaftierten nach dem Betäubungsmittelgesetz beträgt 2263 Personen

---

57 S. Council of Europe, Penological Information Bulletin 1992, 23.
58 S. Lambropoulou, Umwandlung der Freiheitsstrafe als kriminalpolitisches Modell? Mschr-Krim 76 (1993), 91f.
59 S. Kaiser, Strafvollzug im europäischen Vergleich, 1983, 224.
60 S. Manoledakis, Die »Strafvollzugs«explosion. Recht und Politik 1990, H. 19/20, 5f.; Alexiadis, Grundsätzliche Richtlinien zu einer zeitgemäßen Reform des Strafvollzugs. Recht und Politik 1990, H. 19/20, 13f.; Paraskevopoulos, Überlegungen über die Gründe und die Forderungen beim Aufstand der Inhaftierten. Recht und Politik 1990, H. 19/20, 33f.; s. auch Patouri 1982 (Fn. 54), 609f. (griechisch).
61 S. Jahresbericht 1994 von amnesty international, 191f.

(32,9%). Somit machen die wegen Verstößen nach dem BtM-Gesetz Verurteilten ein Drittel der Gefängnispopulation aus.

Am 1.1.1994 wurden vom Justizministerium Angaben über die Strafdauer von 4781 Gefangenen gemacht. Nur 14% aller Gefangenen (n=669) haben eine Strafe von weniger als einem Jahr zu verbüßen, davon 267 Personen Freiheitsstrafen unter sechs Monaten. Eine verhältnismäßig hohe Zahl von Lebenslänglichen (397 Personen) befindet sich im griechischen Vollzug. Verurteilte mit zeitigen Zuchthausstrafen stellten 46,6% (n = 2229) aller Insassen, während die zu Gefängnisstrafe verurteilten Insassen insgesamt 44,7% (n = 2139) ausmachten.

Das Justizministerium ist mit Unterstützung der Europäischen Union insbesondere bemüht, Maßnahmen zur beruflichen Ausbildung junger Gefangener zu ergreifen. Inzwischen sind dem Justizministerium bedeutende Finanzmittel zur Reform des Vollzugssystems vom sog. Paket Delors II unter der Voraussetzung zugesagt worden, daß die Gelder zur Besserung der Lebensbedingungen der Gefangenen und nicht für den Bau von neuen Vollzugsanstalten ausgegeben werden.

Trotz der neuerdings großzügigen Handhabung der Bestimmungen über die Gewährung von Urlaub und über die vorzeitige Entlassung hat es die Vollzugsverwaltung immer noch schwer, Herr der Belegungskrise zu werden. Die Anstaltsleiter werden schriftlich von der vorgesetzten Behörde ermutigt, beim Vorliegen gesetzlicher Voraussetzungen Hafturlaub zu gewähren. Der Urlaub wird nur in äußerst geringem Maße (3%) mißbraucht. Eine Erweiterung der Vollzugskapazität scheint unabwendbar zu sein.

Ein Gemeinplatz besagt, daß der Strafvollzug eine wenig effektive und äußerst teure Form staatlichen Strafens geworden sei. Der politische Wille ist darauf gerichtet, den Strafvollzug durch Alternativen ohne Freiheitsentzug zu entlasten, und die Lebenssituation der Insassen zu verbessern. So werden bereits jetzt im Rahmen der Maßnahmen zur Verbesserung der Vollzugsverhältnisse Gefangene in heimatnahe Vollzugsanstalten verlegt. Seit geraumer Zeit wird die Lösung der Probleme des Strafvollzugssystems als eine Aufgabe von nationaler Bedeutung betrachtet. Deswegen befindet sich ein Gesetzesentwurf in Vorbereitung, der die Bestimmungen des StVollzG reformieren und u.a. auch weitere gesetzgeberische Maßnahmen zur Entlastung des Vollzugs treffen soll.

Seit Plato wissen wir, daß die Gesetze ohne geeignete und inspirierte Gesetzesanwender nicht nur zu nichts nutzen, sondern darüber hinaus das ironische Lachen aller provozieren und damit den größten Schaden im Staat herbeiführen können. Mit dem Jubilar dürfen wir hoffen, daß es – trotz des nachweisbar begrenzten Einflusses des Strafvollzugsgesetzes auf die realen Lebensbedingungen im Vollzug – gelingt, in der Praxis die Unterbringung, die Arbeit und die Verdienstmöglichkeiten sowie die Angebote zur Freizeitgestaltung, die in den Augen der Gefangenen für die Lebensqualität in der Anstalt bestimmend sind[62], zu verbessern.

---

62 S. Rotthaus, Die Bedeutung des Strafvollzugsgesetzes für die Reform des Strafvollzugs. NStZ 7 (1987), 1f.

III.
Sicherheit und Vollzugspolitik

Strafvollzug und Sicherheitspolitik

GEORG WAGNER

Die Strafvollzugsreform der 60er und 70er Jahre betraf vorwiegend Rechtsstellung und Resozialisierung des Gefangenen. Seit 1989 hat sich das politische Umfeld des Strafvollzugs tiefgreifend verändert: Das Ende des Ost-West-Konflikts und das der Teilung Deutschlands brachte neben vielem anderen Instabilität. Der seit Jahrzehnten anhaltende Kriminalitätsanstieg verstärkt sich. «Sicherheit» rückt zunehmend mehr als innenpolitisches Thema ins Blickfeld. Dieser Trend erfaßt u.a. Kriminalpolitik und damit den Strafvollzug.

Zur Psychologie der Sicherheit

Auf eine ungewöhnliche Bedeutung von »Sicherheit« weist die Verwendung des Wortes selbst: Unsere Sprache erlaubt auffällig viele Wortverbindungen mit »Sicherheit«, die keine bloßen grammatikalischen Konstrukte, sondern auch Umgangssprache sind: Sicherheitspolitik, -gesetze, -vorschriften, -maßnahmen, -kontrollen, -konferenzen, -kräfte, -abteilungen, -behörden, -gurte, -bindungen, -nadeln und vieles andere mehr. Peter Brügge nennt »Sicherheit« ein Lockwort. Er schreibt zu dessen Bedeutung in der Werbung: »Ware gerät (mit dem Lockwort ›Sicherheit‹) zum ›Angebot an einen lebensdienlichen Sicherungs- und Angstinstinkt‹« (1/S. 120 f.).

Im menschlichen Erleben hat »Sicherheit« nicht unbedingt mit Vernunft zu tun. Das kann, muß aber nicht so sein. Als Pendant von Überlebenssüchten und -ängsten der Menschen ist Sicherheit vielmehr eine auf Phantastik, auf jede Art von Übertreibung angelegte psychische Kategorie: Paradies, ewiges Leben, Himmel, Goldenes Zeitalter, Glücksvorstellungen auf der einen Seite, auf der anderen: Hölle, Verdammnis, kalte und heiße Kriege, Mord als Überlebensexzeß, Unterwerfung ... All diese gegensätzlichen Vorstellungen leben vom Traum an einen Zustand grenzenloser, ungefährdeter Sicherheit, sei es Gnade oder Verdienst oder auch Ergebnis der Unterwerfung anderer und aggressiver Machtausübung.

Der Sprachgebrauch wie auch die angeführten Zusammenhänge lassen auf eine kaum zu überschätzende psychische Wertigkeit schließen. »Sicherheit« ist zu den stärksten menschlichen Motiven zu rechnen. Weltanschauungen und politische Ideologien werden daraus gespeist. Die Sicherheitspolitik der Weltkriege und des

Kalten Krieges, ihre hybriden Aggressionshandlungen bzw. -vorbereitungen wären
ohne dieses psychische Voraussetzung nicht denkbar.
Davon kaum berührt wird »Sicherheit« grundsätzlich positiv erlebt. Sie wird
gern mit Prädikaten wie »rational, pragmatisch, vernünftig, gesunder Menschen-
verstand . . .« versehen und legitimiert. Diese wirken selten aufgesetzt, öfter in hohem Maß plausibel. Zwar bilden derartige Prädikate keine Wesensmerkmale für
Sicherheit, werden jedoch als Attribute bevorzugt. Sie passen zur emotionalen
Besetzung des Themas. Das Lockwort »Sicherheit« läßt vieles »vernünftig« oder in
ähnlichem Licht erscheinen, was nur die geringste Aussicht auf Befriedigung
»lebensdienlicher Sicherungs- und Angstinstinkte « hat.

Vor diesem umfassenden Hintergrund zeigt das Thema »Strafvollzug und Sicherheitspolitik« eine gänzlich andere psychische Konstellation als etwa »Strafvollzug
und Resozialisierung«. Es resultiert aus sehr viel stärkeren Motiven, ist angst- und
aggressionsbesetzt.

Zum Umfeld des Strafvollzugs

Nachdem 1977 das Strafvollzugsgesetz in Kraft trat, ging das politische Interesse
am Strafvollzug sehr zurück. Äußerer Druck auf eine restriktive, von üblichen
Sicherheitserwägungen getragene Straf- und Vollzugsrechtspolitik entstand, wie
eingangs erwähnt, mit nationalen und internationalen Veränderungen der letzten
Jahre und daraus resultierenden ganz allgemeinen existenziellen Ängsten.
Übergreifende Faktoren, wie wirtschaftliche Rezensionen, zunehmende Migra-
tionen u.a. verstärkten einerseits den Kriminalitätsanstieg, andererseits gaben sie
der vorausgehenden Kriminalitätsbewegung anderen Stellenwert. Was in den 60er
unf 70er Jahren Anlaß zum Ruf nach Resozialisierung von Straffälligen wurde,
wird heute zu dem nach mehr Sicherheit vor Straffälligen.
Kriminalitätsanstieg ist in den westlichen Industriestaaten seit einigen Jahrzehnten verbreitet. So stieg in Deutschland (alte Bundesländer) die Gesamthäufig-
keitszahl registrierter Straftaten pro 100.000 Einwohner von 1963 bis 1991 von
2914 auf 7311, das sind 151% mehr (2; vgl. S. 14). In den USA stieg sie von 1961
bis 1991 von 1141 auf 5898, das sind 417% mehr (10; vgl. S. 413 / 6; vgl. S. 948).
Die Basiszahlen gehen auf unterschiedliche rechtliche Voraussetzungen und Erhe-
bungsmethoden zurück. Sie allein gestatten keinen Vergleich.
Der Kriminalitätsanstieg der 60er und 70er Jahren regte die kritische Betrachtung der Wirkungen von Strafrecht und Strafvollzug an. Ganz in dieser Linie
begünstigte er strafgesetzliche Reformmaßnahmen zur Verringerung kurzer Freiheitsstrafen und vollzugsrechtliche Reformen zur Resozialisierung.

Die politischen Veränderungen der letzten Jahre, Mauerfall und Wiedervereinigung, erhöhten den Kriminalitätsanstieg, 1992 bspw. um 9.6% (13). Im Unterschied zu den Verhältnissen zur Zeit der Strafvollzugsreform ist ein deutlicher Angstanstieg in den alten Bundesländern (ABL) und vermehrt in den neuen (NBL) zu beobachten:

	1990	1993
fühlen sich in den ABL:	56%	70%
fühlen sich in den NBL:	65%	89%

Angehörige von repräsentativen Stichproben auf Straßen und Plätzen bedroht (3; vgl. S. 69f).

Der festgestellte Angstanstieg ist weder ausschließliches noch objektives Kriterium für Kriminalitätsschäden: »Schneider weist darauf hin, daß die globale Beunruhigung vor Kriminalität ›eingelagert ist in allgemeine nationale Ängste vor Krieg‹, Arbeitslosigkeit, Inflation und Umweltverschmutzung. . . . Boers und Sessar fanden in ihren Untersuchungen keine oder nur schwache Korrelation der Verbrechensangst mit Variablen der Kriminalität wie Opfererfahrung, . . .« (8; S. 186).

Verbrechensangst und tatsächliche Erfahrungen als Opfer von schweren und von Massendelikten verhalten sich auch im internationalen Vergleich irregulär. So hat Japan die im Vergleich von zwanzig Industriestaaten niedrigste Gesamthäufigkeitsziffer der Kriminalität und die niedrigste Opferquote. Eine Umfrage in diesen Staaten ergab in Japan den höchsten Anteil derjenigen, die befürchteten Opfer eines Einbruchs in den nächsten 12 Monaten zu werden (5).

Der Kriminalitätsanstieg nach der Wende führte in den neuen Bundesländern zu einer Gesamtbelastung, die etwa der Hälfte der in den alten Bundesländer entspricht. Häufigkeitszahl in NBL 1991: 3733; in den ABL: 7311 (2; vgl. S. 14). Der Vergleich ABL/NBL ist für die Gefühlseinschätzung der jeweils zugehörigen Population nachrangig. Die größere Angst erklärt sich aus Einstellungen zur eigenen Umwelt.

Mit Zunahme von Angst vor Kriminalität und zunehmender Bedeutung von Sicherheit als innenpolitischem Thema steigt der Druck auf strengere Strafen, d.h. auf Erhöhung der Höchststrafen und verschärfte Vollzugsgestaltung. 77% einer Umfragestichprobe der neuen und 63% der alten Bundesländer fordern dieser Logik entsprechend schärfere Gesetze (3; vgl. S. 71).

Freiheitsstrafen und Kriminalität

Damit stellt sich die Frage, wie der Einfluß von Freiheitsstrafen auf die Kriminalitätsbewegung selbst einzuschätzen ist. Dazu einige Daten über Freiheitstrafen und Kriminalitätsbewegung im internationalen Vergleich:

Staat	Zeitraum	F.-Str.	Kriminalität
GB	1805-1833	+ 540%	Anstieg (9; S. 133f)
GB	1980-1990	+ 20%	+ 89% Viol.*(13)
USA	1961-1991	+ 287%	+ 417% total
USA	1970-1991	+ 205%	+ 112% total
USA	1980-1991	+ 117%	80-84: - 15% total
			83-91: + 41% Viol.
			84-91: + 14% Prop.**
GB	1876-1914	- 25%	Verminderung (9; S. 195)
D	1882-1913	- 28%	Verminderung (9; S. 194)
GB	1880-1931	- 58%	U-Form (9; S. 204)
F	1884-1931	- 66%	U-Form (9; S. 203)
D, ABL	1963-1991	- 18%	+ 150% (2; S. 14)
		(8; S. 35)	
USA	1960-1970	- 18%	+ 144%
D	1911-1923	+ 30%	+ 134% (9; S. 229)
D	1924-1928	- 48%	- 60% (9; S. 229)
D	1929-1932	+ 45%	+ 21% (9; S. 229)

(Daten zur USA: 10, vgl. S.413 und S.948)
* Viol. = Gewaltkriminalität
** Prop. = Eigentumskriminalität, T b.2

Wie die gebrachten Daten zeigen, lassen vermehrte bzw. verminderte Verhängung von Freiheitsstrafen keinen einheitlichen Schluß auf die Kriminalitätsbewegung zu. Die in den USA der 80er Jahre erhobenen Daten (vgl. USA 1980-91 und folgende Zeilen in Tab. 2) schließen nicht aus, daß Kriminalitätsanstieg durch exzessive Internierung von kriminell Auffälligen vorübergehend verringert werden kann. Die US-Haftraten pro 100.000 liegen derzeit drei- bis achtmal höher als in den westeuropäischen Staaten.

Insgesamt legen die gebrachten Vergleichsfelder eine relativ schwache, wenig zuverlässige Beziehung zwischen Freiheitsstrafe und Kriminalitätsbewegung nahe.

Es gibt keine nur bilaterale Beziehung zwischen beidem, wenn auch einen komplexen Zusammenhang mit weiteren Faktoren wirtschaftlicher, soziologischer, historischer und anderer Art mehr. Rusche und Kirchheimer erkennen sozial determinierte Schwankungen der Verbrechensrate, die von »Strafpolitik nicht beeinflußt wird« (9; S. 280).

Vom Ausmaß an Gefängnisstrafen in einem Land und dessen etwaigen Einfluß auf die Kriminalität abgesehen, läßt sich zur Sanktion Freiheitsstrafe folgendes feststellen:

1. Freiheitsstrafe ist wenig effektiv: Die Resozialisierung kriminell Auffälliger ist unvermeidlich eine biographisch spät einsetzende Maßnahme. Nach Elternfamilie, nach Schule, häufig auch nach beruflicher Ausbildung und nach subkulturellen Einflüssen sind Einwirkungen auf im Laufe der Entwicklung entstandene kriminogene Faktoren grundsätzlich schwierig. Die Voraussetzungen des Strafvollzugsgesetzes zur Durchführung von Resozialisierungsmaßnahmen sind noch bruchstückhaft und wenig differenziert. Abschreckung als Spezialprävention wird durch multikausal bedingte Kriminalität neutralisiert. Abschreckung als Generalprävention setzt voraus, daß Sanktionen als Kommunikations- und Medieninhalte grundsätzlich dominante Verhaltensorientierung vor anderen Medieninhalten vermitteln. Das ist bei dem heutigen technifizierten und in seinen Inhalten permissivem Mediensystem nicht möglich.

2. Prävention durch Freiheitsstrafe unterliegt strukturell vorgegebenen Grenzen der Delikterfassung: Straftatverfolgung und -verurteilung erfassen Straftatbestände ungleichmäßig. Die Zusammensetzung von Straftätern nach Delikten in Haft und in Freiheit ist unterschiedlich.

Exkurs

In Vollzugsanstalten befinden sich seit eh und je viele wegen Diebstahls, jedoch kaum wegen Hehlerei verurteilte Strafgefangene. Hehlerkriminalität wird nur zu einem Bruchteil polizeilich erfaßt. 1990 stehen nach polizeilicher Statistik 2.692.246 Fälle des Diebstahls rund 18.400 der Hehlerei gegenüber. »Kreuzer schätzt, daß etwa jeder zweite Diebstahl von Hehlerei begleitet sein dürfte«. Von 1950 bis 1990 stiegen die Verurteilungen wegen einfachen und schweren Diebstahls von 81.362 auf 149.944, die wegen Hehlerei sanken von 6787 auf 3701 (7; vgl. S. 108ff). Der zugrundeliegende Kriminalitätsanstieg spiegelt sich zwar in der Zahl der Verurteilungen bei einfachem und schwerem Diebstahl wider, jedoch nicht bei Hehlerei.

Das Zahlenverhältnis erfaßter Fälle des Diebstahls und der Hehlerei kennzeichnet letztere fast ausschließlich als latente Kriminalität. So vermögen weder Straftatverfolgung noch Strafvollzug das von Hehlerei abhängige Diebesgewerbe entscheidend einzudämmen. Das Dunkelfeld der Eigentums- und Vermögenskriminalität ist nicht einfach Resultat unterschiedlichen kriminalistisch / justitiellen Erfolgs, das beliebig änderbar wäre. Die Schattenwirtschaft der Eigentumskriminalität existiert und überlebt über ein Rollengefüge, dessen zentrale Positionen so angelegt sind, daß sie justiziell kaum angehbar sind. Was die klassische Diskrepanz der Erfassung von Diebstahl und Hehlerei ausmacht, gilt umso mehr für heutige, international kooperierende Formen der Kriminalität.

Wie die Dunkelfeldforschung zeigt, ist die »Kriminographie« des Gefängnisses von der in Freiheit grundlegend verschieden. Diebstahl und Hehlerei machen das besonders deutlich, zumal Diebstahlkriminalität als Deliktschwerpunkt bei der Population von Strafgegangenen an vorderster Stelle rangiert. Straftatverfolgung und Kriminalität konstituieren eine disproportionale Beziehung. Das, wie auch die Existenz eines permissiven Mediensystems (s.o.) relativieren Freiheitsstrafe als Mittel der Kriminalpolitik. Weder kann von ihrer Dominanz vor anderen Maßnahmen ausgegangen werden, noch von einem kriminalpolitischen Monopol für Maßnahmen von Polizei und Justiz.

3. Freiheitsstrafe ist die im Vergleich teuerste Sanktionsform: Ein neuer Haftplatz im geschlossenen Vollzug kostete nach behördlicher Auskunft im November 1993 ca. 300.000 DM. Monatlich sind im Bundesland Bayern 3500,- DM für jeden Gefangenen aus öffentlichen Geldern zu leisten. Begleit- und Folgelasten an Sozialhilfe für Angehörige, an entgangener Lohnsteuern und Sozialversicherungszahlungen wären zusätzlich noch zu berücksichtigen.

Vorschläge

Die Bedeutung der Freiheitsstrafe ergibt sich nicht aus ihren dargelegten unmittelbaren Funktionen. Sie leitet sich aus ihrer Rolle im Sanktionensystem ab. Als Extrem der Strafe stützt sie »wie ein Schlußstein«, so schreibt Michael Walter, »einen ganzen Bogen von anderen vorgelagerten Sanktionen, insbesondere Bewährungsstrafen« (12; S. 5). Der Strukturzusammenhang des Sanktionensystems macht Freiheitsstrafe als wie auch immer geartete Internierung unverzichtbar. Ihre Funktion als Mittel der Prävention im Rahmen der Kriminalpolitik ist jedoch, wie historische Entwicklung und internationaler Vergleich zeigen, durchaus variabel.

Kriminalität als vielfach zu wenig beachtetes Pendant des Strafvollzugs zeigt heutzutage schwerwiegende quantitative und qualitative Veränderungen: Zum einen ist die Situation durch voraussichtlich lange anhaltenden Kriminalitätsanstieg gekennzeichnet. Es gibt dagegen kein Allheilmittel. Zum anderen ist weder das Klientel kriminell auffälliger und zu Freiheitsstrafe verurteilter Persomem, noch ist das zugehörige soziologische und ökonomische Ursachengefüge kriminellen Verhaltens innerstaatlich (wie noch in den 6oer Jahren) abzugrenzen. Kriminalität unterliegt einem umfassenden strukturellen Wandel.

Die Dominanz spezial- und generalpräventiver Abschreckung – so je davon auszugehen war – läßt sich nicht mehr realisieren. Weder ist ein übernationales europäisches Strafrecht – wiewohl Aufgaben in dieser Richtung bestehen – binnen weniger Jahre zu verwirklichen, noch kann besagter Strukturwandel der Kriminalität mit polizeilich / justitiellen Mitteln rückgängig gemacht werden. »Sicherheit« kann durch ein Mehr an straf- und vollzugsrechtlicher Abschreckung nicht verbessert werden. Dazu fehlt es an präventiver Dominanz und Reichweite. Freiheitsstrafe wird wegen ihrer »Schlußsteinfunktion« im Sanktionensystem zwar keineswegs obsolet, sie ist jedoch einer veränderten Kriminalitätsstruktur besser anzupassen.

Eine Vollzugspolitik mit dem Ziel längerer Freiheitsstrafen und strengerer Vollzugsgestaltung ist nicht nur nicht erfolgversprechend, sonder riskant. Im Einzelfall kann eine Ausweitung des Strafrahmens nach oben angebracht sein. Eine durchgängige Verschärfung der Freiheitsstrafe kann Kriminalität allenfalls kurzfristig hemmen, führt langfristig jedoch durch Verelendung der Gefängnisse zur Verschärfung der Kriminalität. Schließlich zeigen sehr nahe liegende zeitgeschichtliche Erfahrungen, daß kriminalpolitischer Radikalismus in Staatskriminalität umschlagen kann.

Von ihren Ursprüngen her ist Strafvollzug eine danteske Institution. Herrschende Meinung ist das Paradoxon »Ein gutes Gefängnis ist eine schlimme Institution«. »Zur Strafe kann alles gereichen, was einer normalen Entwicklung entgegenläuft: schlechte Unterbringung, mäßiges Essen, Langeweile, Trennung, Warten, Phantasielosigkeit, ja schlechte Organisation« (11; S. 144). Die Göttliche Komödie spukt noch in allen Köpfen. Von derart stavistischer Erblast sollte sich keiner vorschnell freisprechen. Dazu ist der Trend zu straf- und vollzugsrechtlicher Repression zu verbreitet. Als psychische Regression ist er zwar naheliegend, jedoch letztendlich eine Utopie in die Vergangenheit.

Die dargelegten Gesellschaftsverhältnisse und ihre Kriminalität sprechen für (weitere) Beschränkung und Funktionalisierung der Freiheitsstrafe. Dazu einige denkbare Postulate zur Diskussion:

Vollzug ist zu qualifizieren, nicht zu expandieren. Das Sozialstaatsprinzip im Vollzug ist zu verstärken, nicht zurückzunehmen. Würtenberger: »Der Sozialstaat verlangt, daß im Vollzug dem Gefangenen persönliche Hilfe zur Selbsthilfe geleistet und soziale Betreuung und Fürsorge gewährt werden« (4; Nr. 30 Einl.).

Sanktionen sind zu differenzieren: Verlautbarung Augsburger Bewährungshelfer: »Mit dem Geld für 1000 Gefangene können Bewährungshelfer für 10.000 bezahlt und Lohnsteuerverluste vermieden werden.«

Lange Strafen sind zurückzunehmen: Die lange Strafe ist Symbol für hohe Schuld, sie blockiert Haftplätze, hat fraglichen Effekt und behindert Resozialisierung.

Schlußbemerkung

Zum Thema »Strafvollzug und Sicherheitspolitik« läßt sich noch vieles sagen: Die im einzelnen noch unerörterten Postulate gehen auf verbreitete Bedürfnisse nach repressiven Lösungen nicht ein. Eine Sicherheitspolitik der harten Maßnahmen befriedigt dagegen solche Erwartungen unmittelbar und verspricht außerdem politischen Einfluß durch Wählerstimmen. Das Problem einer gegen die Konjunktur der Unsicherheit, sozusagen antizyklisch gerichteten Kriminalpolitik liegt in ihrer Vermittelung sowohl gegenüber der Bevölkerung als auch der politischen Klasse.

Literatur:

(1) Brügge, Peter: Zum Überleben zu tüchtig? – Über biologische Ursachen zur Entwicklungskrise der Menschheit (II), in: Der Spiegel, Nr. 36/1990.

(2) Bundeskriminalant; Hrsg.: Polizeiliche Kriminalstatistik 1991, Wiesbaden 1992.

(3) Bundesministerium des Inneren, Pressereferat: Einstellungen zu aktuellen Fragen der Innenpolitik 1993; Bonn, 2.11.1993.

(4) Calliess, Rolf-Peter/Müller-Dietz, Heinz: Strafvollzugsgesetz, Beck'scher Kurzkommentar, Bd. 19, 5. Aufl., München 1991.

(5) Focus, 8.2.93, Nachrichtenmagazin: nach Criminal Victimisation in the industrialised World (sonst undatiert).

(6) Hoffmann, Mark S.; Ed.: The World Almanach and Book of Facts 1993, Pharos Books, New York 1993.

(7) Kürzinger, Josef: Eigentums- und Vermögenskriminalität; in: Kleines Kriminologisches Wörterbuch, hrsg. von Günther Kaiser u.a., Heidelberg 1993, S. 107 – 113.

(8) Kury, Helmut; Hrsg.: Gesellschaftliche Umwälzung – Kriminalitätserfahrungen, Straffälligkeit und soziale Kontrolle; Freiburg 1992, Eigenverlag MPI.

(9) Rusche, Georg / Kirchheimer, Otto: Sozialstruktur und Strafvollzug, Frankfurt a.M. 1974.

(10) US Department of Commerce; Bureau of the Census; Ed.: Historical Statistics of the United States, Colonial Times to 1970; Washington D.C. 1975.

(11) Wagner, Georg: Das absurde System; 2. Aufl., Heidelberg 1985.

(12) Walter, Michael: »Strafvollzug«, Stuttgart, München, Hannover 1991, S. 5.

(13) mehrfach gleiche Zahlenwerte aus Zeitungen (Fundstellen nicht festgehalten).

Sicherheit durch Strafvollzug

Zum Spannungsbogen zwischen der Legitimation der Freiheitsstrafe und Illusionen in kriminalpolitischen Auseinandersetzungen

MICHAEL WALTER

I.

Gefängnisse sind Einrichtungen, die ihre Klientel nicht auswählen können. Zwar ist es den Vollzugsbediensteten möglich, auf die Verweildauer von einzelnen Gefangenen Einfluß zu nehmen. Sie können ferner in allgemeinerer Form verlautbaren, welche Gefangenen sich ihrer Auffassung nach weniger als andere für den Vollzug eignen. So werden etwa die Strafvollstreckungskammern bei einer Entscheidung über die vorzeitige Entlassung für gewöhnlich die Stellungnahme der betreffenden Justizvollzugsanstalt berücksichtigen. Und wenn ein Vorgehen nach §§ 35, 36 BtMG zur Debatte steht, wonach die Strafvollstreckung zum Zwecke einer Drogentherapie zurückgestellt und die Therapiezeit auf die Strafe angerechnet werden kann, dürften die Staatsanwaltschaften und Gerichte im Rahmen einer vergleichenden Einschätzung der vollzuglichen Behandlungsbedingungen ebenfalls die Auffassungen der Vollzugsverwaltungen beherzigen. Doch ändert all das nichts am »Anschlußcharakter« des Gefängnisses: Zunächst müssen jeweils diejenigen Menschen übernommen werden, die von den Gerichten nach bestimmten formell-gesetzlichen Regelungen sowie zusätzlichen eher informellen richterlichen Kriterien für die Haft ausersehen worden sind.

Auch die Auswahlprozesse, die die Zusammensetzung der Gefängnisbevölkerung vorstrukturieren, gehen nicht vom Angebot der Haftanstalten und deren Leistungsvermögen aus. Das wird bereits an normgenetischen Auseinandersetzungen deutlich. Sie sind den Gesetzgebungsverfahren und den späteren einzelnen Gesetzesanwendungen vorgelagert und legen die Richtung und Gestalt von Gesetzesvorhaben fest. Obwohl in derartigen Kontexten neuerdings viel von »innerer Sicherheit«[1] und der Sicherung der Allgemeinheit geredet wird, finden sich vergleichsweise selten realitätsbezogene Überlegungen zu der Frage, was denn die Gefängnisse eigentlich zur Sicherheit der Bürger beizutragen vermögen. Die öffentlichen Diskurse setzen regelmäßig nicht beim – äußerst bescheidenen – staatlichen

---

1   Zu Recht kritisch Lisken: »Sicherheit« durch »Kriminalitätsbekämpfung«? in ZRP 1994, S. 49 f.

Sicherheits-Angebot an. Sie thematisieren in erster Linie das Unheil, gegen das unbedingt »etwas« unternommen werden muß. Starke Aufmerksamkeit erlangen insbesondere bestimmte Formen gewaltsamen Handelns junger Männer. Ist die Störung identifiziert, wird hernach bezweifelt, ob die Straftatbestände weit genug gefaßt und die angedrohten Strafen hinlänglich scharf oder hoch genug sind[2]. Selbst noch bei der eingeengten Diskussion einer Erhöhung der betreffenden Strafobergrenzen werden kaum konkrete Folgen für den Vollzug oder erwartbare vollzugliche Beiträge mitreflektiert.

Den Gefängnissen schiebt man vielmehr die Resultate zu. Der Vollzugsadministration bleibt nur die Chance reaktiver Äußerungen. Dazu zählt vor allem der Aufschrei der Überfüllung[3]. Er wird schon deshalb gehört, weil Überfüllungen die Schlagkraft des Staates gefährden. Denn glaubwürdige Androhungen der Freiheitsstrafe setzen verfügbare Haftplatzkapazitäten voraus.

II.

Die gegenwärtige Haftplatzvergabe stellt sich als unbefriedigend dar. Die Besetzung der Haftplätze ist insbesondere recht wenig am Sicherungsvermögen der Vollzugsanstalten ausgerichtet. Sowie aber Menschen hinter Gittern sitzen, die gar nicht zur Sicherheit anderer gefangengehalten werden müßten, erhebt sich die Frage der Rechtfertigung der Haft (III.).

Ein nicht unerheblicher Teil von Insassen verbüßt langjährige Freiheitsstrafen wegen schwerwiegender Konflikttaten oder anderer Taten, die keine erhöhte Gefahr erneuter Auffälligkeit signalisieren. Selbst bei scheußlichsten Begehungsmodalitäten gilt jedoch, daß das staatliche Strafen rational zu begründen ist und allein präventiven Zwecken dienen soll. Von daher besteht Anlaß, vor allem die Verbüßungszeiten der wegen Mordes Einsitzenden zu überprüfen und gegebenenfalls zu verkürzen[4].

Erhebliche Kapazitäten bis hin zu 50% werden durch Gefangene gebunden, deren Verweilen in den Vollzugsanstalten eher als Unglücksfall denn als rationale Entscheidung anzusehen ist. Zu dieser Gruppe zählen die meisten Eigentums- und Vermögenstäter, die immer wieder verurteilt werden und per Saldo Verbüßungs-

---

2   Jüngste Beispiele: Strafrahmenverschärfungen im BtMG und die Änderungen der §§ 223 f. StGB gemäß dem VerbrechensbekämpfungsG v. 28.10.1994.

3   In den USA und anderen Staaten schon chronisch, bei uns nach einer Entspannungsphase bis zum Beginn der 90er Jahre neu(er) oder ungewohnt(er), s. z.B. Info in ZfStrVo 1994, S. 109: »Bayerische Gefängnisse restlos überfüllt«.

4   Vgl. die Beiträge in Nickolai/Reindl (Hrsg.): Lebenslänglich, 1993. s. nunmehr auch die Aufsätze in Jung/Müller-Dietz (Hrsg.): Langer Freiheitsentzug – wie lange noch? 1994.

zeiten aufweisen, die zu ihren Taten – und den Gefahren für die Allgemeinheit – zunehmend außer Verhältnis geraten.

Spezifische Beachtung verdient in diesem Zusammenhang nicht zuletzt die Schichtkomponente. In den Gefängnissen sitzen bekanntlich die vielfach benachteiligten und die vielfach gescheiterten sozial randständigen Menschen[5]. Sie sind schon mangels entsprechender gesellschaftlicher Einflußmöglichkeiten nicht so gefährlich wie andere, die das Strafrechtssystem entweder gar nicht zu fassen bekommt oder aber – denkt man nur an die immensen Schäden bestimmter Wirtschaftsstraftäter – überaus milde und entgegenkommend behandelt, nicht aus »Absicht«, sondern weil Komplexitäts- und Beweisprobleme sowie geschickte Verteidiger ein solches Entgegenkommen erzwingen[6].

III.

Jede Kritik an der Auswahl der Gefangenenpopulation erfordert Klarheit hinsichtlich der gültigen Selektionsgesichtspunkte. Wenn die Inhaftierung relativ Ungefährlicher beanstandet wird, so setzt das die Richtigkeit der These voraus, der Freiheitsentzug sei nur ab einer bestimmten Gefährlichkeit legitimiert. Wir geraten mithin rasch in eine sehr grundsätzliche Debatte. Sie kann an dieser Stelle unmöglich mit dem Anspruch auf Vollständigkeit geführt werden. Einige Gedanken müssen genügen.

Zur Rechtfertigung eines kriminalrechtlichen Freiheitsentzugs kommen nur präventive Gründe in Betracht. Zwar bedeutet der Strafvollzug die Verwirklichung des in den Strafgesetzen angedrohten Strafübels. Ferner ist zuzugeben, daß dieses Übel gemäß § 46 Abs.1 StGB nach der vergangenheitsbezogenen Tatschuld zu bemessen ist. Die rückwärtsgerichtete Schuldvergeltung wird aber ihrerseits zur künftigen Prävention eingesetzt. Es handelt sich vom Konzept her um einen Umweg: nicht um die Erzielung direkter präventiver Wirkungen, sondern indirekter – über die Konstruktion der Tatschuldvergeltung. Letztere soll vor allem generalpräventiv wirken.

Bei der Generalprävention ist nach heutigem Verständnis die »positive« von der negativen Allgemeinabschreckung zu unterscheiden. Die Verhängung gerechter, am Schuldquantum ausgerichteter Strafen soll »positiv« das Bewußtsein von den rechtlichen Werten und ferner das Bewußtsein ihrer praktischen Durchsetzung

---

5   S. etwa Dünkel: Empirische Daten zur sozialen Lage von Strafgefangenen, in KrimPäd 1993 (Heft 33), S. 6 f. (10 f.)

6   S. z.B. Kohlmann:Über die Schwierigkeiten der Justiz im Umgang mit sogenannten Wirtschaftsstraftaten, in Bundesministerium der Justiz (Hrsg.): Grundfragen des Jugendkriminalrechts und seiner Neuregelung, 2. Kölner Symposium, 1992, S. 32 f.

stärken. Dazu bedarf es in erster Linie der Verdeutlichung des jeweiligen Unrechts durch einen entsprechenden richterlichen Ausspruch. Nicht unbedingt nötig ist eine Verurteilung zu Freiheitsstrafe. Im Vergleich dazu noch weniger erforderlich erscheint die Verhängung einer vollstreckbaren Freiheitsstrafe. Nicht mehr erforderlich ist jedenfalls die vollständige Vollstreckung einer derartigen Strafe.

Um die Bedeutung und Verbindlichkeit einer Norm zu demonstrieren, braucht man keine Inhaftierung des Rechtsbrechers. Etwas anderes könnte im Hinblick auf die generalpräventive Abschreckung, mithin bezüglich der negativen Komponente, gelten. Denn abgeschreckt werden Menschen (general- wie auch individualpräventiv) von drohenden Übeln. Das Übel muß dabei schwer genug sein. Doch existieren keine empirischen Belege für die Annahme, in bestimmten Fällen werde die Verhaltenssteuerung gerade durch die Furcht vor dem Freiheitsentzug hervorgerufen. Einerseits steuert die gedanklich vorweggenommene Strafverfolgung (antizipierte Entdeckungswahrscheinlichkeit) schon für sich recht stark, andererseits gibt es eine beträchtliche Vielzahl von – auch situativ-kontextabhängigen – Verhaltensimpulsen, die nicht sämtlich der verstandesmäßigen Kontrolle und Disposition oder Kalkulation unterliegen. Nachteile brauchen im übrigen nicht in Eingriffen in die Fortbewegungsfreiheit zu liegen. Vorstellbar sind ebenso andere Freiheitseinbußen. Das materielle Vermögen und die Erwerbsfreiheit betreffen beide sehr empfindliche Bereiche, die den Vormarsch der Geld- und Arbeitsstrafen verständlich machen. Zuzugeben ist freilich die eher »technische« Schwierigkeit, an diese Bereiche in einer rechtsstaatliche Grundsätze und die Menschenrechte wahrenden Weise heranzukommen[7].

Trotz dieser Schwierigkeiten wird zumindest für einen breiten Mittelbereich von einer Austauschbarkeit der Sanktionen ausgegangen[8], ohne daß deswegen eine Verringerung abschreckender Effekte zu befürchten sei. Unter Kriminologen besteht weitgehender Konsens, daß so gesehen das gesamte Strafniveau noch erheblich abgesenkt werden könnte[9]. Am ehesten legitimiert scheinen vielleicht Argumentationen für die Freiheitsstrafe, die auf längerfristige Einstellungen in der Bevölkerung abheben. Hohe und plakative Strafdrohungen mögen zwar in gewissem Umfang elementare Wertvorstellungen mitprägen. Doch solche Wirkungen

---

7   Zur Problematik s. Jung: Sanktionssysteme und Menschenrechte, 1992, S. 69 f.; vgl. a. Weigend: Fragen der Rechtsstaatlichkeit beim Täter-Opfer-Ausgleich, in Marks u.a. (Hrsg.): Wiedergutmachung und Strafrechtspraxis, 1993, S. 37 f.
8   S. etwa Kaiser: Kriminologie, Einf., 9. Aufl. 1993, S. 128.
9   Konkrete Überlegungen zur Vermeidung und Verkürzung der Jugendstrafe enthalten die Vorschläge der Kommission der Deutschen Jugendgerichtsvereinigung zur Reform des Jugendkriminalrechts, in DVJJ-Journal 1992, H. 1/2, S. 4 f. (33 f.); s. ferner die grundlegende Arbeit von Dünkel: Freiheitsentzug für junge Rechtsbrecher, 1990, S. 620 f.; sowie die Beiträge in Trenczek (Hrsg.): Freiheitsentzug bei jungen Straffälligen, 1993.

könnten auch über einen vorrangig symbolischen Gebrauch der Freiheitsstrafe erzielt werden.

Als im Grundsatz geklärt kann inzwischen jedenfalls angesehen werden, daß der Freiheitsentzug (auch) nicht aus Behandlungsgründen zu rechtfertigen ist. Insofern hat sich der Erkenntnisstand nach einer Vielzahl praktischer Resozialisierungsansätze erweitert und gefestigt. Der Umstand der Haft bedeutet keine Erleichterung, schon gar keine Voraussetzung, sondern zumeist umgekehrt eine Erschwernis für Förderungsmaßnahmen[10]. Ein letztes Beispiel liefert die Drogenpolitik. Im Gefängnis ist kaum – oder nur mit rücksichtsloser Rigidität – ein körperlicher Entzug organisierbar, es sei denn, der Abhängige wolle ihn von sich aus. Zwangsbehandlung mag in Grenzen für verfassungsrechtlich zulässig erachtet werden[11], sie verspricht jedoch kaum Erfolg.

Nach dieser Negativliste bleibt – gleichsam als Rest – zur Rechtfertigung des Freiheitsentzugs hauptsächlich die Sicherungsfunktion. Sie kann in das Schuldstrafrecht integriert werden. Im Rahmen eines gerechten Tatschuldausgleichs erfolgt eine Bestrafung mit vollstreckbarer Freiheitsstrafe, soweit diese zum Schutz anderer nötig erscheint. Einen derartigen Grundgedanken enthält bereits das geltende Recht der Strafaussetzung zur Bewährung insofern, als danach die Vollstreckbarkeit der Freiheitsstrafe (bis zu zwei Jahren) in erster Linie von prognostischen und spezialpräventiven Einschätzungen abhängt, vgl. §§ 56, 57 StGB, 21, 88 JGG.

IV.

De lege lata ist die Funktion der Freiheitsstrafe freilich nicht gänzlich auf die Sicherung des Rechtsbrechers beziehungsweise den Schutz der anderen beschränkt. Unter den Prämissen des Tatschuldstrafrechts besteht die prinzipielle Schwierigkeit, ohne Systembruch bei hoher Schuld, aber fehlender Wiederholungsgefahr, auf die Inhaftierung zu verzichten. Wie oben angedeutet, müßten diese Probleme mit erweiterten Aussetzungsregelungen und mit zur Freiheitsstrafe alternativen Sanktionen lösbar sein. Die Möglichkeiten einer großzügigeren Restaussetzung – die in Gestalt der Halbstrafenaussetzung bereits geltendes Recht sind – könnten wesentlich weiterhelfen, werden jedoch nur unzulänglich genutzt[12]. Dieser Aspekt kann

---

10 S. beispielsweise Horstkotte: Behandlung als Legitimation für Freiheitsentzug? in: Steller/Dahle/Basqué (Hrsg): Straftäterbehandlung, 1994, S. 255 f.; weitere Hinw. bei Walter: Strafvollzug, 1991, S. 191 f.

11 Wie Fn. 10, S. 203 u. 241.

12 Dazu s. Böhm/Erhard: Strafrestaussetzung und Legalbewährung, in Kaiser/Kury/Albrecht (Hrsg.): Kriminologische Forschung in den 80er Jahren, 1988, S. 481 f.; Eisenberg/Ohder: Die Praxis der Aussetzung des Restes der Freiheitsstrafe zur Bewährung am Beispiel von Berlin

im vorliegenden Text nicht weiterverfolgt werden. Festgehalten werden darf jedoch, daß unser Strafrecht seit der grundlegenden Reform der 60er und 70er Jahre insgesamt eine Entwicklung genommen hat, die in die hier favorisierte Richtung weist: Die »verdiente« Strafe wird eindeutig benannt, ohne (spezial-)präventive Notwendigkeit indessen möglichst nicht vollstreckt.

Während der Freiheitsentzug als Übels- und Abschreckungsmoment weitgehend entbehrlich erscheint, ist Haft zur Sicherung einzelner gefährlicher Täter bis auf weiteres unverzichtbar. Wie die Sanktionsentwicklung und Gerichtspraxis lehrt, benötigen wir kaum ein tatschuldunabhängiges Sicherungsinstitut. Die Sicherungs-verwahrung, für die einst so vehement gekämpft worden ist, hat demgegenüber ihre Bedeutung fast vollständig eingebüßt[13]. Wir brauchen aber eine freiheitsentzie-hende Strafe, um Sicherungsbedürfnisse im Verbund mit deren Vollstreckung zu befriedigen.

Lediglich zur Vermeidung von Mißverständnissen sei erwähnt, daß dieser An-satz – natürlich – nicht besagt, daß der Vollzug als bloßer sichernder Verwahrvoll-zug auszugestalten sei. Vielmehr muß im Laufe der für erforderlich gehaltenen Verbüßungszeit alles unternommen werden, um künftige Straffälligkeit zu verhin-dern. Darin liegt kein Widerspruch, sondern im Gegenteil der Gedanke einer konti-nuierlichen Sicherung, die für die Zeit nach der Entlassung auf innerpersönliche Kontrolle und Deliktsvermeidung baut.

V.

Die Legitimität und die Unverzichtbarkeit der zur Sicherung vollstreckten Frei-heitsstrafe besagen indessen noch nichts Endgültiges zu der Frage, in welchem Maße der nunmehr mit einer entsprechenden Begründung für notwendig gehaltene Vollzug den ihm entgegengebrachten Sicherungserwartungen auch zu genügen vermag.

Das Konzept der Sicherung durch Haft beruht auf der Vorstellung individueller, von einzelnen Menschen ausgehender Gefahren. Weil deren Körper unter Kon-trolle gesetzt wird, kann er draußen kein Unheil mehr anrichten. Gleichsam ein Musterbeispiel liefert der einzelgängerische Sexualtäter, dem sein Revier genom-men wird. Zu denken ist ferner an Menschen, die durch ihr Handeln Leben oder Gesundheit anderer gefährden. Doch bereits an dieser Stelle müssen erhebliche

---

(West); ebenda S. 495 f.; Walter/Geiter/Fischer: Halbstrafenaussetzung, in NStZ 1989, S. 405 f. u.1990, S. 16 f.

13 Insassen am 31.3.1990 (»alte« Bundesrepublik): 181 Männer und 1 Frau, s. Statistisches Bun-desamt, Fachserie 1o, Reihe 4, Strafvollzug 1990; zur kriminalpolitischen Diskussion über die Notwendigkeit einer »zweiten Spur« s. die Hinw. bei Lackner: Strafgesetzbuch, 20. Aufl. 1993, § 61 Rn. 2; zur europäischen Entwicklung s. Jung – wie Fn. 7) – S. 100.

Einschränkungen gemacht werden. Die entsprechenden Gefahren können nämlich überindividueller Natur sein, weil die Täter in bestimmte Netzwerke einbezogen sind oder letztere gerade auch selbst mitgeknüpft haben. Solche Netzwerke enthalten Organisationsstrukturen, die einerseits die individuelle Handlungsfreiheit einengen, Abhängigkeiten schaffen, andererseits jedoch die Möglichkeit vermitteln, über Mittelsmänner draußen wirksam zu werden oder zu bleiben. Besonders gefährlich sind terroristische Vereinigungen (§ 129a StGB), bei denen die Gefahren für andere aus der Planung und Vorgehensweise der gesamten Organisation folgen. Die Inhaftierung einzelner Mitglieder muß keineswegs eine Gefahrminderung bedeuten. Es kann sogar das Gegenteil der Fall sein, wenn sich etwa die in Freiheit befindlichen Mitglieder aufgerufen fühlen, durch neue und vermehrte Straftaten die gefangen gehaltenen Mitglieder freizupressen. So gesehen konnte man gelegentlich zweifeln, ob die Inhaftierung von Mitgliedern der »Roten Armee Fraktion« die Sicherheitslage stabilisiert oder destabilisiert hat. Ähnliche Probleme treten bei international tätigen Top-Terroristen auf: Jedes Land ist froh, wenn es sie nicht zu verhaften und damit keine weiteren Anschläge heraufzubeschwören braucht. Aber selbst falls keine gewalttätigen Befreiungs- oder Racheakte drohen, enden die kriminellen Aktivitäten nicht innerhalb der Gefängnismauern, solange die ausreichenden Kontakte und Aktionsmöglichkeiten nach außen bestehen. Leitende Köpfe und »Chefs« bleiben – wie nicht selten im Leben draußen – weiter dezent im Hintergrund: Sie können Befehle erteilen, Handelsgeschäfte betreiben, die Organisationsstrukturen den neuen Bedingungen anpassen u.s.w. Die Sicherungsfunktion erleidet mithin gerade dort erhebliche Beschränkungen, wo ein Eingreifen des Staates besonders dringlich erscheint. Erblickt man die Gefährlichkeit der in jüngster Zeit viel zitierten organisierten Kriminalität in deren überindividueller Vernetztheit[14], wird sie vom Vollzug nur sehr begrenzt erfaßt. Denn die Vorstellung, der gesamten, oft noch über die Ländergrenzen hinweg operierenden, Mafia habhaft zu werden, dürfte eine schlichte Illusion darstellen.

VI.

Begrenzt wird der Sicherungsgesichtspunkt des weiteren durch die bereits zuvor erwähnte Inkongruenz des Zulieferungsprogramms, das als Grundlage der Strafbemessung die Tatschuld hervorhebt. Deswegen können – theoretisch gesehen – gefährliche Täter zu kurz und ungefährliche zu lang einsitzen. Beides wird vermutlich vorkommen. Im Regelfall freilich werden die Gerichte bei denen, deren bisherige Delikte ein beträchtliches Gefährdungspotential offenbart haben, die schuldangemessene Strafe gemäß § 46 Abs.1 S.2 StGB auch so bemessen, daß die

---

14   S. etwa Sieber/Bögel: Logistik der Organisierten Kriminalität, 1993, S. 33 f.

Sicherungsbelange nicht zu kurz kommen. Deswegen interessieren vor allem die, die zu lang einsitzen und dadurch nicht nur Haftplatzkapazität blockieren. Betroffen sind in erster Linie die Lebenslänglichen, unter denen sich bekanntermaßen viele befinden, die in extremen Konfliktsituationen nahe Angehörige, oft den Lebensgefährten, getötet oder zu töten versucht haben. Wenig überzeugend baut das Gesetz in diesen Fällen den Sicherungsgedanken erst ex post in die Haftentscheidung ein. Obwohl bei der Straffestsetzung wegen der Annahme eines Mordes – und in den Konflikttötungsfällen regelmäßig trotz fehlender besonderer künftiger Gefahren – die lebenslange Freiheitsstrafe verhängt worden war, setzt dann eine spätere bedingte Entlassung voraus, daß nach gutachterlicher Äußerung die »durch die Tat zutage getretene Gefährlichkeit«, die ja schon der gewählten Begrifflichkeit zufolge stets gegeben ist/war, nicht mehr besteht (s. § 454 Nr. 1 letzter Satz StPO). Genau genommen darf schon keine Gefahr fortbestehender Gefährlichkeit annehmbar sein. Diese subtile Konstruktion birgt nun ihrerseits die Gefahr, daß nachträglich ein Fortbestehen von etwas angenommen wird, das in actu nicht gegeben war.

VII.

§ 2 S.2 StVollzG, wonach der Vollzug der Freiheitsstrafe auch dem Schutz der Allgemeinheit vor weiteren Straftaten dient, verankert die Sicherungsfunktion der vollstreckbaren Freiheitsstrafe im Kontext der Vollzugsgestaltung. Diese Verankerung dient der Klarstellung, sie begrenzt allerdings ebenfalls die Handlungsfreiräume. Gemäß § 11 Abs.2 StVollzG kommen beispielsweise Lockerungen nur in Betracht, wenn nicht zu befürchten ist, daß sich der Gefangene dem Vollzug entziehen oder daß er die Lockerungen zu Straftaten mißbrauchen werde. Während derartige Einschränkungen aus der vorgenannten Perspektive als plausibel und auch als konsequent erscheinen, entsteht dennoch hinsichtlich der Beurteilung der vollzuglichen Handhabung der Sicherungsfunktion vielfach die Neigung zu Verzerrungen. Insbesondere die Medien und Öffentlichkeitsvertreter konzentrieren die gesamten gesellschaftlichen Sicherungsbedürfnisse sektoral und unter Aufgabe eines größeren Überblicks auf die Verbüßungzeit und deren Ausgestaltung und tragen auf diese Weise dazu bei, den Haftalltag mit Sicherungsvorgaben zu überfrachten. Damit ist für die Sicherheit der Bürger im Ergebnis meist nichts gewonnen, wünschenswertem Handeln und vernünftigen Lösungen hingegen sind wirksam Hindernisse in den Weg gestellt. Konkret geht es hauptsächlich um Befürchtungen von Urlaubsmißbrauch, selbst noch kurz vor der Entlassung. Ein Urlaub zur Entlassungsvorbereitung (gem. §§ 15, 13 StVollzG) erhöht die Chancen einer sozialen Eingliederung. Kommt es währenddessen – kurze Zeit vor der ohnehin anstehenden Entlassung – zu Straftaten, erscheinen Vorwürfe der leichtfertigen Gefährdung der Allgemeinheit gegenüber der Justizvollzugsanstalt wenig einleuchtend. Eher schon könnte es sein, daß der Entlassungszeitpunkt von der Vollstreckungskammer ungünstig gewählt oder die Entlassung nicht früh genug in die Vollzugsplanung einbezogen worden ist. Eine überzeugende Verwirklichung der Sicherungsfunktion muß die Gesamtlage in den Blick nehmen und daher für abgestimmte Vorgehensweisen unter den beteiligten Einrichtungen und Personen sorgen. Das Gegenteil dessen stellen Formen des Institutionen(selbst)schutzes dar, die vom erstrebten Schutz der Allgemeinheit sehr wohl zu unterscheiden sind: Wenn eine staatliche Einrichtung nur daran interessiert ist, daß während der Dauer ihrer eigenen Verantwortlichkeit für den Gefangenen »nichts passiert«, erreicht sie möglicherweise die Rückendeckung und Anerkennung der Aufsichtsbehörde, nicht jedoch die Zielsetzung einer wohlverstandenen Sicherungspolitik.

Wie diese Überlegungen zeigen, darf der Sicherungsaspekt nicht verabsolutiert werden. Punktuelle Heraushebungen der fluchtsicheren Verwahrung verfehlen das gesellschaftliche Anliegen des Strafrechts, weil sie übersehen, daß die Interessen der Allgemeinheit durch ineinandergreifende Maßnahmen anzustreben sind. Zu Recht ist deswegen immer wieder auf die Gefahren einer Übersicherung im Gefängnis hingewiesen worden[15]. Eine Vollzugsanstalt mit vielen Gefangenen kann nicht an Sicherheitsstandards ausgerichtet werden, die den Fähigkeiten eines seltenen Entweichungskünstlers Paroli bieten. Auf dieser Linie liegt auch § 85 StVollzG, der besondere Anstalten zur sicheren Unterbringung bei erhöhter Fluchtgefahr vorsieht. Nicht vergessen werden darf die weitere Gefahr, daß aus der Unterbringung Gefangener in organisatorisch und baulich sehr auf Sicherheit angelegten Einrichtungen auf die persönliche Gefährlichkeit der Insassen rückgeschlossen wird – nach dem Motto: Wer in einem solchen Gefängnis verwahrt wird, der muß ja auch entsprechend verfaßt sein. Auffassungen dieser Art würden das ohnehin zaghafte Bemühen um ein resozialisierungsfreundliches Klima weiter erschweren, wenn nicht unmöglich machen.

VIII.

Alle Überlegungen zur notwendigen Relativierung des Abschirmungsgesichtspunkts wären höchst unvollständig, würden sie nicht auch neue Gefahren einbeziehen, die erst durch die sichernde Gefahrbekämpfung hervorgerufen werden. Mitunter wird gesagt, im Gefängnis lerne man noch neue Verbrechensmethoden

---

15 Grundlegend Schüler-Springorum: Strafvollzug im Übergang, 1969, S. 181 f.; zur menschenrechtlichen Begrenzung des Sicherungsaspekts durch den Gedanken des vertretbaren Risikos s. Jung – wie Fn. 7) – S. 94.

dazu[16]. Abgesehen davon, daß sich wohl fast jede neu erworbene Fähigkeit und jedes neue Wissen mißbrauchen lassen, dürfte diese Alltagstheorie schon deswegen zweifelhaft sein, weil die Methoden von Leuten angepriesen würden, die damit zumindest einmal erheblich gescheitert sind, denn sonst säßen sie kaum ein. Nicht unproblematisch erscheint ferner die Annahme, der Vollzug erhöhe die Rückfallgefahr, obwohl diese These plausibel begründet und auch empirisch gestützt werden kann[17].

Sehr anschaulich und gut nachvollziehbar sind hingegen die negativen Folgen einer rigorosen Drogenabschirmpolitik. Die Inhaftierung Süchtiger bedeutet gleichzeitig, daß die Süchtigen alles daran setzen, den Stoff auch – und gerade – im bedrückenden Vollzug zu erlangen. Des weiteren darf als gesicherte Erkenntnis gelten, daß die Einschleusung von Betäubungsmitteln in das Gefängnis zwar erheblich und preissteigernd erschwert, aber im Ergebnis nicht vollständig unterbunden werden kann[18]. Der Kampf gegen die Drogen erhöht zugleich die Bedeutung von Kontrollen und belastet damit die Haftatmosphäre nicht unwesentlich. Unter den Gefangenen entstehen teilweise lebensbedrohliche Auseinandersetzungen wegen der Beschaffung, Bezahlung oder Kreditierung von Drogen. Vor allem erwächst der Zwang, diese an möglichst unverfänglicher Stelle, außerhalb des eigenen Haftraums, zu deponieren. Es gibt darum »Stationspumpen«, die nicht sauber sind und alle möglichen Infektionen hervorrufen, bekanntlich bis hin zu HIV-Infektionen.

Die bisherige Drogenpolitik ist angesichts dessen mit sehr schwerwiegenden Nachteilen und Schäden verbunden.

IX.

Der Schutz der Allgemeinheit, der durch Abtrennung der Gefangenen vom allgemeinen Leben draußen erstrebt wird, strukturiert zugleich die Binnenwelt des Gefängnisses: Je rigider die Trennung, je höher der Sicherheitsgrad der Anstalt, je restriktiver die Lockerungen, desto gewaltsamer gestaltet sich für gewöhnlich das

---

16   S. schon v. Liszt: Die Reform der Freiheitsstrafe, in Strafrechtliche Aufsätze und Vorträge, Bd. 1 (1875 – 1891), 1905, S. 511 f. (530).

17   Vgl. Dölling: Mehrfach auffällige junge Straftäter – kriminologische Befunde und Reaktionsmöglichkeiten der Jugendstrafrechtspflege, in ZfJ 1989, S. 313 f. (317).

18   Trotz vieler Anstrengungen, s. etwa H. Böhm/Möbius: Drogenkonsum in bayerischen Justizvollzugsanstalten, in ZfStrVo 1990, S. 94 f. – s. H.-J. Albrecht: Drogenpolitik und Strafrecht, in BewHi 1993, S. 5 f. (12); Kaiser/Kerner/Schöch: Strafvollzug, 4. Aufl. 1992, S. 526.

Gefängnisleben[19]. Scharfe Kontrollen werden mit immer gewagteren Gegenstrategien beantwortet – und erhöhen die Preise für Illegales. Diese wiederum lassen sich oft nicht mehr bezahlen, wodurch brutale Beitreibungsmethoden begünstigt werden. Die Aussicht längerer Isolierung erhöht zudem mitmenschliche Spannungen, gerade bei einer Ansammlung kräftiger junger Männer, die ja die bei weitem stärkste Gruppe in den Gefängnissen bilden. Aufgenötigte heterosexuelle Enthaltsamkeit kann zu verstärktem männlichem Gebaren, aber auch zu unterschiedlichen Formen der Homosexualität führen. Opfer sind insoweit wiederum meist die Schwächeren.

Bislang viel zu wenig werden schließlich die Gläubiger berücksichtigt, mithin die Menschen, denen die Gefangenen etwas schulden. An erster Stelle seien die unterhaltsberechtigten Angehörigen, vor allem die Kinder Gefangener, genannt. Sie haben sich weder Vater noch Mutter aussuchen können und müssen dadurch, daß ein Elternteil wegen der Trennung von der Außenwelt für gewöhnlich ohne Einkommen bleibt, erhebliche Benachteiligungen und Zurücksetzungen hinnehmen[20]. Nicht selten werden sie zu Sozialhilfefällen. Dieses Ergebnis, an dem die Kinder unschuldig sind, imponiert weder als gerecht noch als ungefährlich, werden doch schon neue Gefährdungsmomente für eine nachwachsende Generation gesetzt.

X.

Karl Peter Rotthaus, dem diese Zeilen in fachlicher und persönlicher Verbundenheit gewidmet sind, hat durch sein berufliches Wirken, nicht zuletzt durch seine Lehrtätigkeit an der Kriminologischen Forschungsstelle der Universität zu Köln, immer wieder überzeugend dargetan, daß es nötig ist, Vollzugsprobleme von ihren verschiedenen Seiten aus zu beleuchten. Er gehört zu den engagierten Reformern, die nicht dabei stehen geblieben sind, Sicherheit und Behandlung als Gegensätze zu begreifen. Vielmehr kam es ihm im Sinne dieses Beitrags darauf an, das Sicherheitsdenken zu relativieren – und zugleich die Resozialisierungsvorstellungen an den vorfindlichen empirischen Eckdaten zu orientieren. Da allerdings letzteres in jüngster Zeit von anderen schon fast bis zum Überdruß betont worden ist, erscheint es heute geboten, die limitierten Möglichkeiten der Sicherung durch Haft sowie die Gefahren und sozialen Kosten von Abschirmungsstrategien herauszustellen und zu beleuchten. In der Kriminalpolitik muß es – wie bereits in der Medizin – selbstver-

---

19 Vgl. Hürlimann: Führer und Einflußfaktoren in der Subkultur des Strafvollzugs, 1993, S. 14 f.; speziell zu Gefängnisunruhen s. den instruktiven Bericht von Rotthaus: Die Gefängnisunruhen in England April 1990, in ZfStrVo 1991, S. 195 f.
20 S. insbes. Busch: Kinder inhaftierter Väter, in ZfStrVo 1989, S. 131 f.

ständlich werden, Risiken und Nebenwirkungen des ohnehin nur begrenzt wirksamen »Medikaments« mitzubedenken.

Anders als bei Resozialisierungsbemühungen, die oft genug als eine Art freiwilliger Zusatzleistung des Allgemeinen Vollzugsdienstes betrachtet werden, verweisen Aufsichtsbehörden bei Sicherheitsfragen gern auf die umfänglichen Verwaltungsvorschriften. Der Hauptgrund dürfte in dem Wunsch liegen, die eigene Behörde und möglichst den ganzen Strafvollzug nicht in die negativen Schlagzeilen zu bringen. Auch bei Einseitigkeiten und gelegentlichen Übertreibungen dieser Vorschriftenfixiertheit steht kaum der Schutz der Allgemeinheit, sondern eher der Schutz der höheren Administration und insbesondere der des Ministers im Vordergrund. So gesehen wird – Ironie des Schicksals – manches Sicherheitsstreben zur Gefahr für die Aufsichtsbeamten, die just diese Sicherheit herbeiführen sollen. Nachdenklich stimmt insoweit die Antwort eines Bediensteten des Allgemeinen Vollzugsdienstes auf die Frage, was ihn im Beruf am meisten verunsichere, wovor er sich am meisten fürchte. Exemplarisch und vertretend für andere hob er hervor, es seien nicht die Gefangenen, vor denen er sich fürchte, sondern in der alltäglichen Arbeit praktisch nicht einhaltbare Sicherheitsvorschriften sowie hierarchische Strukturen in den staatlichen Einrichtungen. Er fürchte sich vor denen, die zwar alles besser wüßten, aber nicht in die betreffenden Handlungsvollzüge eingebunden und vor die konkreten Schwierigkeiten gestellt seien, die sie am Schreibtisch so sicher regeln könnten[21].

Wenn dem so ist: Ein sicherer Vollzug verlangt neben der Sicherung der Allgemeinheit vor dem Rechtsbrecher auch den Schutz der Aufsichtsbeamten vor sich zu stark absichernden Beamten der Aufsichtsbehörden.

---

21 Köstner in dem Ergebnisbericht einer Tagung über Strafvollzug und Sicherheit der Ev. Akademie in Loccum, abgedr. in ZfStrVo 1993, S. 234.

Gutachten und Sicherheit im Strafvollzug

HANS-GEORG MEY

1. Einführung

Der auch für sozial- und kriminalpolitische Optimisten nunmehr unübersehbare Kriminalitätsanstieg in der jüngsten Zeit läßt den kriminologischen Laien und damit die Masse der Bürger aus einer deutlich zunehmenden Opferangst heraus verstärkt die Frage nach der Sicherheit vor kriminellen Taten stellen. Dies, obwohl der allabendliche Konsum von Brutalo-Krimis bereits derart zum gewöhnlichen Programm gehört, daß kaum ein Fernsehsender auf kriminell thematisierte Sendungen zu verzichten vermag. Möglicherweise besteht hier ein Zusammenhang zwischen der Sucht nach Nervenkitzel und der Angst vor einer vermeintlich ständig präsenten Bedrohungssituation, selbst wenn sich kriminelle Realitäten im Verhältnis zu den dauerhaft bedrohlich erscheinenden Angstgefühlen immer noch selten konkretisieren: Der Bürger reagiert mit dem Ruf nach mehr Sicherheit[1] (»Frauen müssen wieder ohne Angst nachts durch unsere Straßen gehen können!«). Wie gerade Wahlkampfzeiten immer wieder zeigen, werden mit dem Wunsch nach Sicherheit verbundene Gefühle nur allzu gern in politische Argumentationen einbezogen. Freilich lassen Politiker dabei vielfach kein größeres kriminologisches Wissen erkennen als die um ihre Sicherheit bangenden Menschen. Kriminalpolitische Reaktionen konzentrieren sich in bewährter Manier auf eine Intensivierung bereits existierender Maßnahmen, wie dies beispielsweise aus dem in diesen Tagen verabschiedeten »Verbrechensbekämpfungsgesetz« abzulesen ist. Der Ruf nach längeren und im Vollzug härteren Strafen fehlt dabei nicht unter der stillschweigenden oder auch offen bekundeten Forderung nach einem auf diese Weise erreichbaren größeren Abschreckungseffekt. Der strafrechtlich mögliche Freiheitsentzug (Freiheitsstrafe; Jugendstrafe; Maßregel der Besserung und Sicherung) ist häufig der Mittelpunkt derartiger Überlegungen.

Kriminalität und Freiheitsentzug stehen in einem atavistisch anmutenden Denkzusammenhang. Zwar ist dieser Zusammenhang durchaus begründet, wenn man ihn auf die Annahme zurückführt, daß der, der »sitzt«, keine neuen Taten zu begehen vermag und daß somit der Bürger vor dem als vermeintlich gefährlich einge-

---

1 Zur Viktimologie s. u.a. Schneider, H.J., in: Sieverts, R., Schneider, H.J. (Hg.), Handwörterbuch der Kriminologie, Bd. 5, Lieferung 2, Berlin 1991, S. 405 – 425; Jung, H., Viktimologie in: Kaiser, G., Kerner, H.-J., Sack, F., Schellhoss, H. (Hg.), Kleines kriminologisches Wörterbuch, 3. Aufl., Heidelberg 1993, S. 582 – 588.

schätzten Täter geschützt ist. Sicherheit kann hier also in der Regel als Schutz vor der vermuteten oder erkannten Gefährlichkeit des Täters verstanden werden.

Das junge und relativ modern begründete Strafvollzugsgesetz bezeichnet als allgemeine Ziele des Strafvollzuges in § 2 einmal die Behandlung mit dem Ziel zur Befähigung für eine künftig straftatenfreie Lebensführung zum anderen den Schutz der Allgemeinheit vor weiteren Straftaten des derzeit Inhaftierten. Letzteres bezieht sich nicht auf die plausible Überlegung, daß verhaltensändernde Behandlung der erfolgsverpsrechendste Schutz vor weiteren Straftaten sei, hier ist ausdrücklich die sichere Verwahrung des Inhaftierten gemeint[2]. Der Zielkonflikt zwischen Behandlung und Sicherheit ist in der kriminologischen Literatur vielfach thematisiert worden. Nicht zuletzt die Einrichtung sozialtherapeutischer Anstalten hat gezeigt, welche Schwierigkeiten verhaltensändernde Maßnahmen unter den Rahmenbedingungen eines Gefängnisses zu überwinden haben[3]. Die erzielten Ergebnisse sind unterschiedlich, das StVollzG verlangt dennoch einheitlich zielbestimmtes Handeln[4].

Geht man davon aus, daß Feiheitsentzug einen ungünstigen Rahmen für verhaltensändernde Maßnahmen abgibt (s. § 3 Abs. 2 St VollzG), so wird man zunächst die Zahl der Betroffenen möglichst klein halten müssen. Freiheitsentzug erscheint aus diesem Ansatz nur dort vertretbar, wo

• sich entweder der Täter gegenüber ambulanten Sanktionen behandlungsresistent erweist

und/oder

• der Täter durch seine weiterhin bestehenden Handlungsintentionen sich selbst bzw. andere schwer gefährden könnte.

Eine solche Beschränkung in der Verhängung freiheitentziehender Sanktionen hätte theoretisch zweierlei zur Folge

• eine Verringerung der Belegung der Strafanstalten,

• eine Konzentrierung der Insassenpopulation, aber auch der personellen und materiellen Behandlungsressourcen auf den damit verbundenen Anstieg problematischer Behandlungsfälle. Allerdings müßte dazu –ähnlich wie bereits im Jugendstrafrecht (Täterstrafrecht) – die Verhängung stationärer strafrechtlicher

2   S. u.a. Böhm, A., in: Schwind, H.-D. und Böhm, A. (Hg.), Strafvollzugsgesetz, Kommentar, Berlin-New York 1991 § 2, Rn. 16 – 18.

3   Sagebiel, F., Zur Sicherung einer therapeutisch orientierten Organisatiomsstruktur für sozialtherapeutische Anstalten. Göttingen 1979; Rotthaus, K.P., Sozialtherapie in den JVA Gelsenkirchen. ZfStrVo 1981, S. 323 ff.; Rotthaus, K.P.. Die Sozialtherapeutische Anstalt. In: Schwind, H.-D. und Blau, G. (Hg.), Strafvollzug in der Praxis. 2. Aufl. Berlin-New York 1988, S. 87 ff. Dies hat K.P. Rotthaus in seiner Eigenschaft als erster Leiter der sozialtherapeutischen Anstalt Gelsenkirchen sehr deutlich durchleben müssen.

4   Egg, R., Sozialtherapeutische Behandlung und Rückfälligkeit im längerfristigen Vergleich. MschrKrim 1990, S. 358 ff.; Lösel, F., Köferl, P., Weber, F., Meta-Evaluation der Sozialtherapie. Stuttgart 1987; Ortmann, R., Resozialisierung im Strafvollzug. Freiburg 1987.

Sanktionen aus ihrer strikten Verankerung in einem Straftatenkatalog mit definierter Schuldschwere (Schuldstrafrecht) herausgelöst werden. Maßgeblich sind danach allein die für die Zukunft des Täters entscheidenden Fragen nach den rechtlichen Rahmenbedingungen für eine Verhaltensänderung, aus der heraus der Verurteilte künftig Kriminalität als Konfliktlösungsform vermeiden kann. Zugleich wird er für sein soziales Umfeld ungefährlicher. Verurteilende Gerichte, Sozialbehörden, Bewährungshilfe, Strafvollzug u.a. wären dann aufgerufen, in betont kooperativer Weise eine »Verzahnung« ihrer Hilfeleistung für den Verurteilten vorzunehmen und aufeinander abzustimmen.[5]

An dieser Stelle soll jedoch nur der Strafvollzug betrachtet werden unter dem speziellen Blickwinkel auf die gesetzlich vorgeschriebene Persönlichkeitserforschung und die dazu erstatteten psychologischen oder psychiatrischen Gutachten. Dabei geht es

* einmal um die Möglichkeit verbesserter Hilfe bei der Durchführung von Behandlung unter Berücksichtigung anstaltsinterner Sicherheitsanforderungen.

* zum anderen um die Gestaltung eines in der Außenwirkung »sicheren Vollzuges«.

Vorauszuschicken ist dabei, daß Behandlung/Erziehung (= Verhaltensbeeinflussung) im Strafvollzug ständig stattfinden[6]. Daß dies auch in absolut unerwünschter Form geschehen kann, wird am anschaulichsten in der Gefängnissubkultur[7]. Diese ist aufgrund der Ablehnung der Zusammenarbeit mit dem Vollzugsstab naturgemäß resozialisierungsfeindlich eingestellt; in der Verfolgung illegaler Ziele entstehen aus ihr heraus u.a. mehr oder minder stark ausgeprägte Sicherheitsrisiken. Diese führen häufig zu verstärkter Kontrolle durch das Gefängnispersonal, was wiederum ein Hindernis für den Behandlungsvollzug schafft[8], da eine wirksame verhaltensändernde Behandlung auch des Beweises dafür bedarf, daß man als Gefangener für vertrauenswürdig angesehen wird. All das zeigt, daß die ganzheitliche Struktur des Behandlungsvollzuges aus Vorgängen wohlwollender Zuwendung und den auf beiden Seiten einsichtig werdenden Kontrollnotwendigkeiten besteht, ein Sachverhalt, der z.B. in der Ausbildung der Mitarbeiter des Vollzuges viel zu wenig berücksichtigt wird. Die dargelegte Differenzierung nach anstaltsinternen und externen Sicherheitsproblemen im Strafvollzug beinhaltet ebenfalls eine künstliche Trennung eines in sich strukturierten Gesamtzusammenhangs. Aus Gründen einer übersichtlichen Darstellung soll sie hier dennoch beibehalten werden.

---

5   S. dazu BMJ, Schlußbericht der Jugendstrafvollzugskommission. Köln 1980, S. 19 ff.

6   S. Busch, M., Recht und Erziehung – ein bleibendes Spannungsverhältnis. ZfStrVo 1992, S. 17.

7   Zusammenfassend Walter, M., Strafvollzug, Lehrbuch. München-Hannover 1991, S. 182 – 188.

8   Rehder, U., Sicherheit durch Behandlung. Kriminalpädagogische Praxis, H. 28, 1988, S. 33.

2. Sicherheit und anstaltsinterne Behandlung

Die bei Eintritt des Gefangenen in den Strafvollzug vorgeschriebene Persönlich-keitserforschung (§ 6 StVollzG) wird je nach JVA und Bundesland unterschiedlich durchgeführt, zumal der Umfang des hierfür benötigten Quellenmaterials im Ein-zelfall stark variiert (psychologische bzw. psychiatrische Gutachten nach Diagno-sen aus Einweisungsanstalten, aus anstaltseigenen Zugangsabteilungen, aus in Strafverfahren erstellten Gutachten; Jugendgerichtshilfeberichte; Ausführungen zur Persönlichkeit im Urteil etc.). Eine systematisierte Durchführung der Eingangs-/ Behandlungsuntersuchung in Einweisungsanstalten oder -abteilungen bietet sich hier als optimale organisatorische Lösung der vom Gesetz geforderten Aufgabe an[9]. In den Einweisungs- und Auswahlanstalten sollen bereits vorhandene Diagno-sen ausgewertet, darüber hinaus notwendige Befunde selbst erhoben werden, woraus schließlich ein Basisgutachten als Grundlage für den weiteren Vollzugsab-lauf entsteht. Das Basisgutachten sollte eine Behandlungsprognose enthalten. Es sollte sich folglich darüber äußern, welche persönlichen und welche Veränderun-gen in den Rahmenbedingungen Voraussetzung dafür sind, daß der jetzt Inhaftierte ohne Rückgriff auf kriminelle Lebensbewältigungstechniken nach der Entlassung die ihm dann voraussichtlich erwachsenden Lebensführungsaufgaben zu bewälti-gen vermag. Die Behandlungsprognose sollte mit Empfehlungen für die praktische Durchführung der notwendigen Behandlungsschritte enden und damit die Aufstel-lung des Vollzugsplans vorbereiten. Es versteht sich von selbst, daß von der Behandlungsuntersuchung bis zur Aufstellung des Vollzugsplans sicherheitsrele-vante Befunde, die sich insbesondere auf Lockerungen des Vollzuges und ihre zeitlichen Abläufe sowohl positiv als auch negativ auswirken können, intensiver Darlegung und Diskussion bedürfen.

Die zum Basisgutachten führende Diagnostik sollte einer dynamischen Persön-lichkeitstheorie folgen[10] und aus der Anamnese Entwicklungsverläufe unter Bezug auf den aktuellen Persönlichkeitsbefund herausarbeiten (Kriminalität bzw. schädli-che Neigungen als Lernprozeß in verschiedensten Formen). Statische Persönlich-keitsbewertungen sind zu vermeiden, desgleichen frühe Legalprognosen, die eine voreilige Festschreibung nach sich ziehen und damit Aussichten auf Veränderun-gen beim Gefangenen zunichte machen können[11]. Selbst der in NRW im Einwei-sungsverfahren benutzte Begriff der kriminellen Gefährdung wirkt sich im

---

9 Zu Nachteilen s. Mey, H.-G., Erfahrungen mit Einweisungs- und Auswahlanstalten. In: Busch, M., Edel, G., Müller-Dietz, H. (Hrsg.), Gefängnis und Gesellschaft – Gedächtnisschrift für Albert Krebs. Pfaffenweiler 1994, S. 125 ff.

10 Z.B. Heiß, R., Person als Prozeß; in: Heiß, R., Technik, Methodik und Problematik des Gut-achtens. Handbuch der Psychologie, Bd. 6, Göttingen 1964.

11 Ähnlich Plewig, H.-J. und van den Boogaart, H., Vollzugslockerungen und »Mißbrauch«. Abschlußbericht zum Forschungsprojekt. Lüneburg – Hamburg 1991, S. 144.

Vorgang der Klassifizierung ambivalent aus. Die Ergebnisse der Einweisungsdia-
gnose sollen und müssen die Vollzugsplankonferenz in ihrer Entscheidungsfindung
wesentlich beeinflussen. Dabei hat der Diagnostiker als Mittler zwischen den
beteiligten Angehörigen verschiedener Dienste nicht nur über die Befunde zu
informieren, sondern auch Verständnis für die individuellen Zusammenhänge zwischen Diagnose, Behandlungsnotwendigkeiten und Sicherheitsrisiken zu wecken.
Mit der Wahrnehmung dieser Funktion ergibt sich auch die Chance, Grundsätze
der Behandlung im Strafvollzug, aber auch spezielle Behandlungskonzepte der
eigenen JVA zu diskutieren, zu problematisieren und dabei Anwendungsmöglich-
keiten am Einzelfall zu praktizieren (»learning by doing«). Damit wird die Transparenz der Behandlungsentscheidungen gefördert, gleichzeitig werden aber auch
die aus Sicherheitsgründen vorliegenden Risiken deutlicher und damit die für die
Behandlung ausschöpfbaren Grenzwerte offener. Insgesamt trägt ein solcher Voll-
zugsstil zum Aufbau eines günstigen Behandlungsklimas bei. Gerade der gutachtlich tätige Mitarbeiter in der Anstalt muß durch die Vermittlung seines Wissens
über den einzelnen Gefangenen, aber auch durch die sichtbar werdende Auswertung der Informationen aller übringen Mitarbeiter ein Klima der Zusammenarbeit
fördern, das allen Beteiligten dazu verhilft, sich sachgerecht in Entscheidungsfra-
gen einzubringen und verstanden zu wissen.

Ein besonderes Problem besteht für den Eingangsdiagnostiker in der Umsetzung
von Gutachten externer, am Strafverfahren beteiligter Sachverständiger in die
Vollzugsarbeit. Diese Gutachten sind meist nur auf diagnostische Fragen des Straf-
verfahrens (Schuldfähigkeit; Gefährlichkeit; Prognose) ausgerichtet, während
mögliche Strafvollzugsprobleme aus bewußter Zurückhaltung (Auftragsüberschrei-
tung) oder aber aus Unwissenheit über den Strafvollzug oft zu kurz kommen. Die
Auswertung solcher Befunde erfordert daher vom Strafvollzugsdiagnostiker ganz
allgemein, aber vor allem hinsichtlich der Gefährlichkeits- und Sicherheitsbewer-
tung viel Geschick. Hier besteht einmal die Gefahr der Überinterpretation sicher-
heitsrelevanter Befunde oftmals nur wegen Inkongruenz in der Nomenklatur, aber
auch wegen fehlender Angaben über die kriminalitätstheoretischen Grundlagen in
den fremden Gutachten. Zum anderen führt die fehlende Möglichkeit der Diskussion über das Gutachten mit dessen Hersteller dazu, daß Einzelbefunde nicht mehr
problematisiert und damit als unverändert feststehend angesehen werden, was insbesondere dann allzu leicht geschieht, wenn ein noch vertretbares Risiko ängstlich
gescheut und für diese Scheu eine scheinbar zutreffende Begründung gesucht wird.

Bei der Frage nach der Bewältigung von Sicherheitsproblemen im Rahmen der
anstaltsinternen Behandlung haben die Persönlichkeitsdiagnostik und damit
zugleich der anstaltsinterne Gutachter vornehmlich die Aufgabe, eine Mittlerrolle
zwischen der Individualität des Gefangenen und den Behandlungsnotwendigkeiten
des Vollzuges einzunehmen. Sie wird inhaltlich ausgefüllt mit dem Basisgutachten

und der darauf aufbauenden systematischen Fortschreibung der Diagnose, die
Änderungen in der Behandlung und im Vollzugsplan flexibel steuert. Die Praxis
zeigt, daß die Vollzugsplanung oft zu starr aufgefaßt und durchgeführt wird.
Begutachtung im Strafvollzug muß daher auch Vorschläge für Ersatzlösungen
anstelle – aus welchen Gründen auch immer – mißlungener Behandlungsansätze
bereit halten[12]. Und schließlich stehen irgendwann einmal Entscheidungen über
Vollzugslockerungen mit dann auftretenden spezifischen Fragen zur Sicherheit an.

3. Sicherheit und externer Strafvollzug

Solange Strafgefangene hinter Gittern sitzen, ist das Sicherheitsinteresse des Bürgers kaum tangiert. Das ändert sich, sobald der Vollzug in irgendeiner Form geöffnet und dem Gefangenen damit die Entscheidungsfreiheit zugebilligt wird, die für
ein Training zu einem sozial angepaßten Leben notwendig ist. Die plötzlich impo-
nierende Gefährlichkeit derer, die nach laienhafter Auffassung eigentlich eingesperrt sein müßten, verbindet sich dann auch vorschnell mit der Annahme eines
herrlich bequemen »Hotelvollzuges«, den ein rechtskräftig Bestrafter gar nicht verdiene. Die Wirklichkeit sieht anders aus: Sowohl für den Gefangenen als auch für
das Vollzugspersonal sind die Anforderungen aus der Gestaltung eines zunehmend
gelockerten Vollzugs weitaus schwieriger zu bewältigen als das gesicherte Einsitzen in einer geschlossen Anstalt.
    Das Strafvollzugsgesetz regelt in § 10 die Unterbringung der Gefangenen im
offenen bzw. geschlossenen Vollzug, in § 11 die Gewährung von Vollzugslockerungen und in § 13 die Durchführung von Urlaub. In den zum jeweiligen Gesetzes-
text gehörenden Verwaltungsvorschriften (VV) sind ergänzende Erläuterungen
enthalten, die mit zusätzlichen Erlassen der Landesjustizverwaltungen weitere Einzelheiten der Durchführung festlegen. Danach ist immer wieder zu entscheiden, ob
der Gefangene für eine anstehende Vollzugsöffnung geeignet ist und ob keine
Gefahr bestehe, daß er die Maßnahme mibrauchen werde. Daraus erwachsen dem
Vollzugspersonal gewichtige diagnostische und prognostische Aufgaben, die sich
auf das Verhalten des Gefangenen außerhalb des gesicherten Vollzuges beziehen.
Diese Aufgaben werden noch dahingehend spezifiziert, daß in der Beurteilung
sowohl der Eignung als auch der Mißbrauchsgefahr auf bestimmte Tätergruppen
besondere diagnostische Aufmerksamkeit zu richten ist: Sexualtäter, Täter mit
grober Gewaltanwendung, Drogensüchtige und Drogenhändler, Täter, die in der
besonderen Zuständigkeit von Gerichten gem. §§ 74 a und 120 GVG verurteilt
sind, zu lebenslanger Freiheitsstrafe Verurteilte, Täter, gegen die eine Maßregel der

---

12 Zu Verlustraten während der Vollzugsplanung im Jugendvollzug s. Mey, H.-G., Zur Bedeu-
    tung des Vollzugsplans. ZfStrVo 1992, S. 221.

Besserung und Sicherung angeordnet ist, entwichene bzw. durch Vollzugslocke-rungsmißbrauch aufgefallene Gefangene. Die für Lockerungen vorgesehenen Prü-fungskriterien unterstellen stillschweigend, daß Gefangene, die die »sichere« Anstalt zwitweilig verlassen dürfen, Unsicherheitsrisiken in sich bergen, so daß sie möglicherweise als gefährlich handelnde Personen in Erscheinung treten könnten. Ein gefährlicher Gefangener darf jedoch nicht frei herumlaufen (§ 2 StVollzG) und schon gar keine Straftaten begehen. Nichts scheuen Justiz- und Vollzugsver-waltung, aber auch viele Anstaltsleiter mehr als spektakuläre Straftaten von gelock-erten oder beurlaubten Gefangenen. Derartige Vorkommnisse sind außerdem gesuchter Stoff für die Sensationsmedien[13]. Auf solchen Ereignissen aufbauende Medienkampagnen können bestehende kriminalpolitische Konzepte empfindlich stören und damit zugleich die Handlungssicherheit sowohl der Vollzugspolitiker als auch der Vollzugsbediensteten erheblich beeinträchtigen. Bei der Verarbeitung auffallender negativer Vorkommnisse im Vollzug stehen die Aufsichtsbehörden meist mit dem Rücken zur Wand, weil die Medien selbst und ihre Durchscnittskon-sumenten kaum einmal die diffizilen Zusammenhänge zwischen Behandlung wäh-rend des Vollzugs und seinen dazu notwendigen Auflockerungen kennen und von daher nur vordergründig plausible Ursachenketten unterstellen. Sowohl die politi-sche als auch die dienstaufsichtliche Vollzugsleitung ist daher ängstlich bemüht, derartige Krisenlagen gar nicht erst entstehen zu lassen. So kommt es dann zwangsläufig zu einer Übersicherung des Vollzuges[14] durch das Bestreben, nur vermeintlich risikofreie Fälle zu gelockerten oder offenen Vollzugsformen zuzulas-sen, was wiederum dazu führt, daß eine große Zahl durchaus geeigneter Gefange-ner wegen falsch diagnostizierter Mißbrauchsneigung oder Gefährlichkeit nicht zu Vollzugslockerungen oder Urlaub zugelassen wird (= falsch diagnostizierte Posi-tive). Daß dem wirklich so ist, kann im Einzelfall kaum nachgewiesen werden, da der nicht gelockerte Gefangene keine Gelegenheit hat, seine doch vorhandene Eig-nung zu beweisen. Nur sehr langsam setzt sich in der Praxis die Erkenntnis durch, daß mehr geeignete Gefangene vorhanden sind, als man bisher angenommen hat. Sowohl Zufallsbeobachtungen als auch statistische Zeitvergleiche können dafür zum Beweis herangezogen werden. So hat ein natürliches Experiment in den USA[15] gezeigt, daß nur ein Drittel von als kriminell gefährlich diagnostizierten und daher untergebrachten Patienten nach einer rechtlich unumgänglichen Gesamtent-

---

13 S. hierzu Walter, M., Gedanken zur Bedeutung von Kriminalität in den Medien. In: Festschrift für Horst Schüler-Springorum zum 65. Geburtstag, hrsg. v. P.A. Albrecht, A.P.F. Ehlers, F. Lamott, Chr. Pfeiffer, H.-D. Schwind, M. Walter, Köln-Berlin-Bonn-München 1993, S. 199.

14 Dünkel, F., Sicherheit im Strafvollzug – Empirische Daten zur Vollzugswirklichkeit unter besonderer Berücksichtigung der Entwicklung bei den Vollzugslockerungen. In: Strafvollzug und Sicherheit. Loccumer Protokolle 3/1993, hrsg. v. W. Greive, Loccum 1994, S. 103.

15 Baxstrom-Experiment, s. Horstkotte, H., Strafrechtliche Fragen zur Entlassungspraxis nach § 67 d StGB. MschrKrim 1986, S. 333.

lassungsaktion tatsächlich neue Straftaten begangen hat. Die Entwicklung der Vollzugslockerungen in Deutschland nach Einführung des StVollzG zeigt ihre beständige Zunahme bei gleichzeitiger Rückläufigkeit des Mißbrauchsanteils[16]. Die das Problem hervorragend analysierende Untersuchung von Plewig und van den Boogaart weist die nach der Zahl geringen, in der Qualität ganz selten schwerwiegenden Lockerungsmißbräuche überzeugend nach als indirekten Beweis für die überschätze Gefährlichkeit der Gefangenen.[17] Allerdings bleibt dann immer noch das Problem, alle geeigneten Gefangenen richtig zu diagnostizieren.

In noch viel stärkerem Maße als bei inneranstaltlichen Sicherheitsproblemen ist der Strafvollzugsdiagnostiker bei Entscheidungen über Vollzugslockerungen gefordert. Hier erwartet man von ihm eine Diagnose bzw. Prognose, die alle Befürchtungen gegenstandslos macht. Doch auch er wird selbst bei umfangreicher Erfahrung und großer beruflicher Kompetenz seine Schwierigkeiten damit haben. Ein absolut treffsicheres Prognoseverfahren gibt es nicht[18]. Wie bei allen Voraussagen über menschliches Verhalten muß auch bei Entscheidungen über Vollzugslockerungen bzw. Urlaub ein gewisses Restrisiko in Kauf genommen werden[19], das der Gesellschaft zugunsten einer sinnvollen Straftäterbehandlung noch zugemutet werden kann. (Begeht ein ohne Vollzugslockerungen erfolglos behandelter Strafgefangener am Tag nach seiner Entlassung erneut eine schwere Straftat, so muß die Gesellschaft dies auch ertragen.) Natürlich bedeutet das nicht, daß die jetzt noch weitgehend vorherrschende übervorsichtige Diagnose- und Prognosestellung mit den sich daraus ergebenden zahlreichen »falschen Positiven« einfach umgekehrt werden darf unter bewußter Zurückstellung deutlich berechtigter Zweifel an einer vorhandenen Eignung bzw. fehlender Mißbrauchsgefahr. Erforderlich ist eine nachvollziehbare, differenzierte Beurteilung. Zwar stehen sich Sicherheit und Behandlung im Zielkonflikt ständig gegenüber, doch die Lockerung des Vollzuges ist eine notwendige Behandlungsmaßnahme[20], deren Risikoumfang gegen den damit verbundenen Behandlungsvorteil im Einzelfall sorgfältig abgeschätzt werden muß. Vollzugslockerungen stärken die noch zur Außenwelt bestehenden Bindungen des Gefangenen und stabilisieren damit rückfallfreies Verhalten, was auch aus Rückfallanalysen nachzuweisen ist. Demgegenüber sind geringes Versagen in Lockerungen wie z.B. verspätete Rückkehr oder Alkoholgenuß kurz vor Wiedereintritt in

---

16   S. u.a. Dünkel, F., a.a.O., S. 115 u. 120/121; Walter, M., Strafvollzug, S. 299 f.

17   Ähnlich Dolde, G., Vollzugslockerungen im Spannungsfeld zwischen Resozialisierungsversuch und Risiko für die Allgemeinheit. In: H. Jung/H. Müller-Dietz (Hrsg.), Langer Freiheitsentzug – wie lange noch? Bonn 1994, S. 105-123.

18   Dünkel, F., a.a.O., S. 128; Horstkotte, H., a.a.O.,S. 34o; Plewig u. van den Boogaart, a.a.O., S. 136.

19   Dünkel, F.: »Verantwortbares Risiko«; Rasch: »Kalkuliertes Risiko«; Mey: »Normalausmaß des Risikos«.

20   Zum tatsächlichen Ausmaß Dünkel, F., a.a.O., S. 119 ff.

die Anstalt, selbst Bagatellstraftaten für sich allein kein Grund, für das künftige Verhalten eine schlechte Prognose zu stellen und Vollzugslockerungen zurücknehmen. Notwendig für eine sachlich vernünftige Beurteilung ist allerdings eine genaue Auswertung der abgelaufenen Ereignisse zwischen Gefangenem und Diagnostiker. Die hieraus resultierenden Ergebnisse muß der Diagnostiker ins Behandlungsteam bringen und dort in ihrer Bedeutung verständlich machen. Das setzt aber voraus, daß das Behandlungsteam die Problemlagen in der Außensituation des Gefangenen genau kennt bis hin zu allen vorhandenen Bezugspersonen. Hierzu ist eine fortlaufende Information notwendig, die die Veränderungen im persönlichen Umfeld des Gefangenen registriert und weitergibt. Wie wichtig solche Informationen sind, zeigt die leidvolle Praxiserfahrung, daß z.b. ein plötzliches Versagen nach mehrfachen anstandslos bewältigten Beurlaubungen häufig auf neu aufgetretene, aber unerkannt gebliebene Konflikte in der näheren oder weiteren heimischen Umwelt des Gefangenen zurückzuführen ist. Auch derartige Konflikte verdeutlichen wieder die Vermittlerrolle und Kooperationsaufgabe des gutachtlich tätigen Diagnostikers im Vollzug bei der Klärung von Sicherheitsfragen. Plewig und van den Boogaart fordern zur Konfliktklärung ein professionelles Krisen-Management[21].

Unter den Tätergruppen, die das Gesetz der besonderen diagnostischen und prognostischen Aufmerksamkeit der Vollzugsbediensteten empfiehlt (s.o.), nehmen die Sexualtäter eine Sonderstellung ein. Zwar zeigt sich immer wieder, daß sie nach der statistisch ermittelten Rückfallerwartung zusammen mit Tätern aus Tötungsdelikten und Körperverletzungen zu den günstigsten Rückfallgruppen gehören[22], jedoch können im Einzelfall von der relativ geringen Zahl einschlägig Rückfallgefährdeter schwerste Opferschädigungen ausgehen[23].

Das Beispiel der mit gefährlicher Rückfallneigung behafteten Sexualtäter zeigt – ähnlich wie bei BtM-Tätern – mit aller Deutlichkeit die Schwierigkeit der Vollzugsarbeit an den Strafgegangenen, deren Verfehlungen enger mit körperlicher Symptomatik verbunden sind als andere Tatformen. Hier erhält der Behandlungs-

---

21 A.a.O., S. 142.
22 Dünkel, F., a.a.O., S. 109; Baumann, K.H., Maetze, W., Mey, H.-G., Zur Rückfälligkeit nach Strafvollzug. MschrKrim 1983, S. 139.
23 Dünkel, S. 109 f., bildet aus einer Zusammenfassung von verursachter Schadenshöhe über 5.000 DM bei Eigentumsdelikten, von Waffengebrauch bei Gewaltdelikten und von schweren bzw. tödlichen Verletzungen bei Personendelikten das Kriterium »hohes Gefährdungspotential« = Gefährlichkeit. Eine derart definierte Gefährlichkeit findet sich bei 17,4 % der 1989 aus dem Strafvollzug des Landes Schleswig-Holstein entlassenen Strafgegangenen. Auch eine Untersuchung zu Entscheidungsvorgängen über Lockerungen im Maßregelvollzug weist ein unerwartet niedriges Gefährdungspotential bei den Untergebrachten aus, gemessen an der »äußerst geringen Zahl von gravierenden Zwischenfällen im Verlauf von Vollzugslockerungen«. Westf. Arbeitskreis »Maßregelvollzug«: Lockerungen im Maßregelvollzug (§ 63 StGB) – ein »kalkuliertes Risiko«. NStZ 1991, S. 70.

/Therapieansatz oft einen besonders intensiven Antrieb zur Hilfe, andererseits stehen für diese Aufgabe kaum hinreichend erprobte Methoden zur Vefügung. Schließlich wirkt sich für die Behandlung von Sexualtätern die in sexueller Hinsicht einseitig künstliche Welt des Gefängnisses besonders ungünstig aus. Zu allem Überfluß führt die gesetzlich normierte restriktive Lockerungspraxis bei Sexualtätern zu einer Verstärkung der Unsicherheitsgefühle der Vollzugsbediensteten gegenüber dieser Gefangenengruppe. Die daraus resultierende Annahme, daß Sexualtäter weitaus weniger Vollzugslockerungen erhielten als andere Gefangene, bestätigt sich zwar nicht, jedoch beginnen für sie die Lockerungen erheblich später als für andere Gruppen[24]. Das mag darauf zurückzuführen sein, daß bei ihnen die Erprobungszeit in der Anstalt überdurchschnittlich lang ausgedehnt wird, was jedoch letztlich eine typische diagnostische Überschrätzung des Anstaltsverhaltens darstellt. Gerade der Sexualtäter wird durch die Verhaltensanreize in einer JVA nur selten zu einem Verhalten motiviert werden, das Hinweise auf seine spezifische Gefährlichkeit ergibt. All das scheint nicht nur wegen einer umfassenden Unsicherheit gegenüber dem Sexualtäter schlechthin, sondern vor allem gegenüber dem inhaftierten Sexualtäter ambivalente Gefühle auszulösen. Mit hohem Erfolgserwartungsdruck werden diese Täter einerseits in Einzelfällen einer Therapie zugeführt (durch Psychologen und Sozialarbeiter), auf der anderen Seite bleiben sie vom übrigen Vollzugspersonal (AVD; Werkdienst) weitgehend unbeachtet und ohne jede spezifische Behandlung. Das alles hängt sicher auch mit dem Fehlen kriminalitätstheoretischer Bezugskonzepote als Basis für gemeinsams Handeln und Behandeln von Sexualtätern zusammen. In vollzuglichen Entscheidungssituationen sind es dann engagierte, nicht immer voll fachkundige Vertreter der sogenannten »Psycho-Wissenschaften«, die mit diagnostischer und prognostischer Aktivität in die Bresche springen und auftretende Probleme mit großem Behandlungseifer zu lösen suchen. Besonders gefährlich wird die Situation dann, wenn Therapie und Diagnose/Prognose in einer Hand liegen. Zur Vermeidung möglicher Befangenheit aus dieser Situation haben die sozialtherapeutischen Anstalten in NRW sich strikt daran gehalten, Therapie und Diagnostik für den einzelnen Gefangenen personell zu trennen. Schorsch u.a.[25] analysieren einen schweren prognostischen Mißerfolg aus Niedersachsen, bei dem die gebotene Trennung von Therapeut und Diagnostiker nicht beachtet wurde. Schorsch u.a. erläutern die Kriterien, nach denen die Begutachtung von Sexualtätern mit schweren Persönlichkeitsstörungen erfolgen sollte. Danach handelt es sich um folgende Parameter[26]:

• Schwere der Persönlichkeitsstörung,

---

24   Dünkel, F., a.a.O., S. 127.
25   In: Psychologie heute 1982, S. 38 – 45.
26   Schorsch u.a., a.a.O., S. 40.

• Ich-Nähe der triebhaft/aggressiven Dynamik (ich-syntone gegen ich-dystone Verarbeitung),
• Ausmaß der devianten Sexualität,
• Intensität der sexuellen Deviation (progrediente Verlaufsform),
• Abhängigkeit sexueller Delinquenz von Lebens- und Persönlichkeitskrisen,
• Objektbezogenheit der Affekte, Impulse und Phantasien bei der Straftat,
• unintegrierte Abspaltung der triebhaft-aggressiven Dynamik aus dem Selbstkonzept.

Schorsch u.a. weisen an gleicher Stelle darauf hin, daß gerade die destruktive Dynamik durch Abspaltung aufrecht erhalten bleiben kann, während die Entwicklung des »sozialen Ichs« durch die Therapie Fortschritte macht. Auch diese Möglichkeit kann die symptomatische Zuverlässigkeit des Anstaltsverhaltens stark beeinträchtigen.

4. Fazit

In bezug auf Sicherheit bestimmt das Gesetz zwei Leitlinien für die Ausgestaltung des Strafvollzuges:

• Die sichere Verwahrung der Gefangenen zum Schutz der Allgemeinheit (§ 2 StVollzG).
• Die Durchführung des Vollzuges in offenen, gelockerten und freien Formen (§§ 10 – 13 StVollzG).

Beide Ausgestaltungen führen in ihrem Nebeneinander zu Zielkonflikten, die – zusammengefaßt – darin liegen, daß der Strafvollzug seine durch die sichere Unterbringung eintretenden Nachteile für den Gefangenen durch den Vollzug in freieren Formen zu kompensieren versucht. Dies geschieht in komplizierten Status- und Entscheidungsstrukturen, die den bestehenden Zielkonflikt u.U. noch verschärfen.

Was können mit welchen Intentionen Gutachten und Gutachter hierbei bewirken? Was können und müssen Persönlichkeitsdiagnose und Prognose in diesem Gefüge leisten? Was wird von ihnen erwartet? Es ist sicher sinnvoll, zunächst die Erwartungen auszuklammern, die unerfüllbar sind:

• Die Erwartung absoluter Sicherheit im Strafvollzug ist irreal.
• Strafvollzug in freien Formen ist zur Behandlung von Inhaftierten unentbehrlich.
• Prognosen zur Sicherheit und zum Legalverhalten können nicht unter dem Anspruch absoluter Treffsicherheit gestellt werden.
• Totale Rückfallfreiheit während und nach Strafvollzug ist die absolute Ausnahme.

HANS GEORG MEY

- Der psychische Zustand einer Person steht nicht konstant fest, sondern stellt einen Prozeß dar, der Veränderungen aus inneren und äußeren Anlässen in mehr oder minder großem Umfang unterliegt.
- Behandlung von Inhaftierten ist keine an einzelne Personen oder Personengruppen gebundene Aufgabe.
- Behandlung kann nur in therapeutischem Klima nach einem begründeten und von allen Mitarbeitern akzeptierten Konzept erfolgen.
- Gutachten ersetzen nicht anderen Bemühungen um Kenntnis von der Invidualität des einzelnen Gefangenen.

Geht man davon aus, daß bei der Ausgestaltung des Strafvollzugs auf ein Mindestmaß an Sicherheit und ein Höchstmaß an Auflockerung nicht verzichtet werden kann, so ergibt sich von selbst, daß zu einer möglichst konfliktfreien Gestaltung dieser Aufgabe die ständige Kenntnis über Zustand und Lage des Inhaftierten bei allen mit ihm befaßten Personen vorliegen muß. Veränderungen sind diesem Kreis sofort zu vermitteln.

Die Fortschreibung der Persönlichkeitserforschung gem. § 7 (3) StVollzG stellt sich damit als eine Gemeinschaftsaufgabe der über den Gefangenen informierten Bediensteten dar. Es wäre unklug, diesen Vorgang einem einzelnen Mitarbeiter zu überlassen, da dann eher die Gefahr besteht, Gutachten für den »Aktenfriedhof« zu produzieren, die nicht in den Vollzug hineinwirken. Notwendig ist eine Diagnose und Prognose unter Berücksichtigung verschienster Aspekte und der eingetretenen Persönlichkeitsentwicklung, die den Behandlungswert beabsichtiger Maßnahmen gegen das dabei zu erwartende Risiko abwägen. Rasch hat hierzu den Begriff des kalkulierten Risikos geprägt[27]. Die diagnostische Funktion des »kalkulierten Risikos« kann auch für die Prognosestellung im Strafvollzug übernommen werden, die oft zu einseitig auf eine reine Legalprognose abstellt. Eine Behandlungsprognose mit kalkuliertem Risiko schöpft am ehesten den durch Sicherheitsbelange gezogenen Spielraum für die Behandlungsarbeit voll aus. Rasch sieht zwar in der Vorhersage gefährlichen kriminellen Verhaltens ein »ungelöstes und vielleicht sogar unlösbares Problem«[28], jedoch ist er der Auffassung, daß Vorhersagen selbst bei eingetretener Fehlerhaftigkeit dann nicht zu beanstanden sind, wenn im Gutachten die vier nachstehend aufgeführten Dimensionen ernsthaft und kritisch geprüft worden sind:

- Bekannte Kriminalität, Auslösetat bzw. -taten;
- Persönlichkeitsquerschnitt mit aktuellem Stand vorhandener Störungen;
- Zwischenanamnese, Verlauf des Freiheitsentzuges;

---

27 Die Prognose im Maßregelvollzug als kalkuliertes Risiko. In: Schwind, H.-D. (Hg.): Festschrift für Günter Blau zum 70. Geburtstag. Berlin 1985, S. 309 – 385.

28 Forensische Psychiatrie. Stuttgart-Berlin-Köln-Mainz 1986, S. 294.

• Perspektiven, Außenorientierung[29].

Es wäre durchaus vorstellbar, daß Gutachten, die sowohl diesem Konzept (»kalkuliertes Risiko«) als auch den konkreten Anweisungen zur Prognoseerstellung folgen, einer größeren Zahl von Gefangenen als bisher Zugang zur Behandlung unter gelockerten Vollzugsbedingungen verschaffen, gleichzeitig aber auch größere Gewißheit hinsichtlich des dabei eingegangenen Sicherheitsrisikos bewirken. Solche Fortschritte sind allerdings nur dann möglich, wenn sie in einem Vollzug mit intensivster »Kommunikation zwischen Bediensteten und Gefangenen, Transparenz und Informationsfluß«[30] erstattet werden, den man als »kooperativen Vollzug« bezeichnen könnte.

Jedoch: Welch weite Wege hat der Strafvollzug doch noch zurückzulegen, wenn er all das erreichen will, was er schon jetzt möchte!?

---

29 Rasch ebenda, Forensische Psychiatrie, S. 295 ff.
30 Abschlußbericht der Kommission Hessischer Justizvollzug nach »Frankfurter Rundschau« v. 12.1.1994.

Orientierungspunkte der (Straf-)Vollzugspolitik[1]

HANS-DIETER SCHWIND

Rationale Vollzugspolitik sollte so angelegt sein, daß sich ihre Orientierungspunkte auf folgende Bereiche beziehen:

- erstens: das Vollzugsziel,
- zweitens: die Verhältnisse, die im aktuellen Vollzug zu beobachten sind sowie ihre Entwicklungsaussichten,
- drittens: die Akzeptanz, die die durchgeführte bzw. geplante Vollzugspolitik in der Bevölkerung findet.

Vernachlässigt man den Punkt 3 muß man in Kauf nehmen, daß der Bürger den Staat und seine Vollzugspolitik nicht versteht und evtl. ablehnt. Gegen den Willen der Bevölkerung läßt sich effektive Vollzugspolitik, zu der auch die Entlassenenhilfe gezählt werden sollte, auf Dauer jedoch kaum sinnvoll gestalten.

I.

»Effektiv« bedeutet i.s. des Strafvollzugsgesetzes von 1976: Wiedereingliederung bzw. Rückfallverhütung; diese soll durch Resozialisierungs-Vollzug versucht bzw. gewährleistet werden. Jedenfalls heißt es in ã 2 StVollzG, daß »der Gefangene im Vollzug der Freiheitsstrafe fähig werden soll, künftig in sozialer Verantwortung ein Leben ohne Straftaten zu führen«. Nach Inkrafttreten des Strafvollzugsgesetzes am 1.1.1977 hat sich in bezug auf ein entsprechendes Bemühen zunächst auch zweifellos eine Menge getan[2]. Beispiele[3]:

---

1   Der (bewußt provozierende) Kurzbeitrag (der vom Verfasser für eine Veröffentlichung nicht gedacht war) wurde kontrovers diskutiert; der Verf. verbreitert daher (um Mißverständnissen vorzubeugen) die Diskussionsgrundlage durch Hinweise auf Schrifttum, in dem er seine Standpunkte (samt belegenden Quellen) näher ausgeführt hat; nur deshalb beziehen sich die Fußnoten primär auf Verf.-Beiträge.

2   Während im Jahr 1970 erst ca. 500 Mio. DM für den Vollzug in den 11 Bundesländern aufgebracht wurden, waren es 4 Jahre nach Inkrafttreten des Strafvollzugsgesetzes (1980) immerhin schon 1,67 Milliarden DM (Vgl. Schwind, H.-D., in: Schwind, H.-D./Steinhilper, G./Böhm, A. (Hrsg.): 10 Jahre Strafvollzugsgesetz – Resozialisierung als alleiniges Vollzugsziel?, Heidelberg 1988, S. 14.

3   Für die entsprechende Entwicklung z.B. in Niedersachsen vgl.: Schwind, H.-D.: Zu den Ergebnissen der niedersächsischen Justizpolitik in den letzten vier Jahren, in: Nds. Rechtspflege Nr. 3 vom 15.3.1982, S. 49 ff.

• Neue Anstalten wurden gebaut, insbesondere für den Jugendstrafvollzug;
• das Anstaltspersonal wurde drastisch erhöht, insbesondere im Bereich der Fachdienste,
• die Ausbildungsmöglichkeiten sind ausgebaut worden, inbesondere im Bereich der beruflichen Ausbildung;
• der Wohngruppenvollzug wurde etabliert;
• Übergangshäuser bzw. Freigängerhäuser wurden errichtet und nicht zuletzt sozialtherapeutische Anstalten[4] um deren Ansatz sich der Jubilar besonders verdient gemacht hat. Wie aber sind die Erfahrungen der sozialtherapeutischen Anstalten umgesetzt worden?

Seit Anfang der 80er Jahre stagniert die Entwicklung[5] (gleichwohl konnte noch manches bewirkt werden[6]); seit Ende der 80er Jahre entwickelt sich der Strafvollzug offenbar wieder zurück. Die Ursachen dafür sind relativ leicht zu erkennen:

• erstens: die Euphorie der 60er und 70er Jahre ließ deutlich nach[7]; man hatte sich vom Resozialisierungsvollzug raschere Erfolge versprochen, weil man die Klientel falsch eingeschätzt hat;
• zweitens: finanzielle Mittel wurden gestrichen, Arbeitszeitverkürzungen verkleinerten die Personaldecke, Unternehmerbetriebe wurden im Rahmen der wirtschaftlichen Rezession geschlossen und
• drittens: erschwert die erneute Überbelegung der Anstalten (offenbar überall in Europa) eine effektive Vollzugsarbeit bzw. macht sie wahrscheinlich unmöglich. Haftraumreserven[8] sind nicht angelegt worden bzw. fehlen nicht zuletzt deshalb, weil man Mitte der 80er Jahre Haftraumkapazitäten (wie z.B. Niedersachsen) abgebaut hat.

---

4   Verf. hielt die ursprüngliche Konzeption (teilweise in Übereinstimmung mit dem Jubilar) für problematisch: vgl. dazu. Schwind, H.-D.: Zur Zukunft der Sozialtherapeutischen Anstalt. Was soll (kann) aus der Sozialtherapeutischen Anstalt werden?, in: NStZ, Heft 4, 1981, S. 121 ff; Überblick bei Rotthaus, K. P.: Die sozialtherapeutische Anstalt in: Schwind, H.-D./Blau, G. (Hrsg.): Strafvollzug in der Praxis, Berlin 1988, S. 87-89; vgl. auch Weis, H: Zehn Jahre sozialtherapeutische Arbeit mit jugendlichen und heranwachsenden Straftätern im Rudolf-Sievert-Haus der Jugendanstalt Hameln, in ZfStrVo 1991, S. 277 ff; zur »Sozialtherapie der 90er Jahre« vgl. Egg, R., (Hrsg.), KrimZ, Heft 7.
5   Vgl. dazu Schwind, H.-D.: Strafvollzug in der Konsolidierungsphase, in: ZfStrVo, Heft 5/1988, S. 259 ff.
6   Für den Bereich der Justizvollzugsanstalten Rheinland vgl. Rotthaus, K.-P., Zur gegenwärtigen Situation des Strafvollzugs, in: ZfStrVo 5/92, S. 309.
7   Vgl. dazu Schwind a.a.O. (Fn 5) S. 259 ff und die Umfrage bei Schwind, a.a.O. (Fn 5) S. 265.
8   Vorbehalten werden sollte eine Haftraumreserve, die sich aus der um 10% erhöhten Höchstbelegung der letzten drei Jahre errechnet (so Schwind, H.-D. in Schwind, H.-D./Böhm, A., Kommentar zum Strafvollzugsgesetz, 2. Aufl. Berlin 1991, Rdn. 4 zu § 146.

Fragt man sich, was unter diesen Umständen von den Intentionen des Gesetzgebers übrig blieb, so fällt einem spontan zunächst nur das Fernsehen ein, das zweifellos auf die Insassen beruhigend wirkt; auf der anderen Seite allerdings auch die Lust unterdrückt, therapeutischen Angeboten zu erliegen. Da es solche inzwischen kaum oder gar nicht mehr gibt, sind solche Sorgen aber auch noch nicht berechtigt.

Durchaus im Trend der Entwicklung scheint der Beschluß des Bundesverfassungsgerichts vom 28. Juni 1983[9] zu liegen, in dem unser höchstes Gericht die Meinung vertritt, daß das Ziel des Vollzuges nur »vornehmlich« (also keineswegs ausschließlich) in der Resozialisierung besteht; danach wäre auch der Strafzweck der Vergeltung (milder: der des Schuldausgleichs) im Strafvollzug zu beachten und zwar bei der Gewährung oder Versagung einer Vollzugslockerung[10]. Gleichwohl darf man nicht übersehen, daß (nach wie vor) bei allen großen Parteien ein entsprechender Grundkonsens über die Aufgaben des Strafvollzugs besteht, der etwa auf der 58sten Justizministerkonferenz (im Jahre 1987) dahingehend formuliert worden ist,

»daß sich das Strafvollzugsgesetz in der 10jährigen Praxis bewährt hat und einen bedeutsamen gesellschaftlichen Schritt für die Eingliederung Straffälliger darstellt sowie den notwendigen Schutz der Allgemeinheit vor weiteren Straftaten«.[11]

Die roll-back-Entwicklung, die in der Geschichte ihre Beispiele hat[12], wird also offenbar gar nicht zur Kenntnis genommen; ich fürchte, daß das heute, acht Jahre später – zumindest grundsätzlich – noch immer so ist. Man hat andere Probleme zu lösen: etwa diejenigen, die mit der deutschen Wiedervereinigung etwas zu tun haben. Gleichwohl täten wir gut daran, die Realitäten (im west- und ostdeutschen Freiheitsentzug) in die Strafvollzugspolitik einzubeziehen, mit denen sich nicht zuletzt die Strafvollzugsämter herumschlagen müssen. Auch der Jubilar dürfte als Präsident des Strafvollzugsamtes Köln noch mit diesen Realitäten zu tun gehabt haben. Vielleicht sieht er die verschiedenen Probleme aber auch anders als ich.

---

9   Abgedruckt in BVerfGE 64, 261 ff.

10 Vgl. dazu Schwind, H.-D.: Zur Neuordnung der Regelung der Vollzugslockerung i.S. einer Gesamtkonzeption, in: Weisser Ring (Hrsg.): Risikoverteilung zwischen Bürger und Staat, 1990, S. 57 ff.

11 Pkt. 9 der Tagesordnung der 58. JuMiKo (1987).

12 Die Geschichte des Strafvollzuges unterliegt offenbar einer bestimmten Gesetzmäßigkeit (Wellenbewegungen), die darin besteht, daß Mißstände auftreten (oft gefördert durch Überbelegung der Anstalten), die Reformvorstellungen und Reformversuche auslösen, die wiederum am fehlenden Geld schließlich scheitern bzw. Gegenbewegungen auslösen, die zwar keine Mißstände begünstigen wollen, aber vor der Humanisierung des Strafvollzugs entweder generell warnen oder die entsprechenden Bemühungen als übertrieben zurückschneiden wollen (ausführlicher bei Schwind a.a.O. (Fn 5) S. 259 ff).

II.

1. Was sind das für Realitäten? Stichworte dazu: die Zunahme längerer (nicht aussetzbarer) Freiheitsstrafen, der Ausländeranteil und Drogenprobleme[13]. Der Anteil der Ausländer, die in der Strafhaft einsitzen, beträgt über alle alten Bundesländer hinweg z.Zt. zwischen 20 und 30%[14], der Anteil der Nichtdeutschen, die sich in U-Haft befinden, schwankt sogar je nach Anstalt zwischen 30 und 60%[15]. Das heißt: jeder dritte oder vierte Strafgefangene und im Schnitt jeder zweite U-Gefangene ist ein Ausländer. Nicht wenige haben Sprachschwierigkeiten. Hinzu kommt der hohe Anteil von Insassen, die drogenabhängig sind[16]. Fragt man Anstaltsleiter nach Zahlen, wird ein entsprechender Anteil von 10 bis 30% eingeräumt; fragt man Gefangene, reichen die Zahlen bis zu 60%, ja bis zu 80%, wobei die Abhängigkeit natürlich auch eine Frage der Definition ist.

2. Wie Vollzugsbeamte ihre Situation und die Lage der Anstalten heute einschätzen, ergibt sich aus einer Erklärung des BSBD[17], also des Bundes der Strafvollzugsbediensteten Deutschlands. Darin werden dem Strafvollzug attestiert:

> »Versuchte Geiselnahme, Vergewaltigung, tätliche Angriffe auf Vollzugsbedienstete, schwunghafter Drogenhandel und zunehmende Gewaltbereitschaft mit vandalistischen Zügen bei drastisch ansteigenden Gefangenenzahlen«.

3. Die Zukunftsaussichten darf man auch nicht gerade als rosig einschätzen. Die Strafvollzugsprognose muß schon deshalb ungünstig ausfallen, weil nicht in Sicht ist, daß die Ursachen für die gegenwärtige Lage abnehmen werden. Im Gegenteil[18]: die Situation wird sich eher weiter verschärfen, weil Prävention nicht ausgebaut, sondern abgebaut wird: Streetworker werden entlassen, Jugendtreffs werden geschlossen, auch Integrationsprogramme brennen eher auf Sparflamme. Deutschland wird überdies wegen seiner Wirschaftskraft und seiner zentralen Lage voraussichtlich (weiterhin) die Straftäter aus allen Himmelsrichtungen anziehen. Im grenzenlosen Europa (einem riesigen kriminalgeographischen Raum), wird ferner der

---

13   Vgl. dazu Krumsiek, R.: Das Drogenproblem im Strafvollzug, in ZfStrVo 5/92, S. 306ff; zu weiteren Grundfragen des Strafvollzugs, vgl. z.B. Müller-Dietz, H., in: ZfStrVo 1190, 305.

14   Vgl. dazu den aktuellen Überblick in der »Welt am Sonntag« vom 12.5.1993; in den Jugendstrafanstalten sind es oft mehr, dazu Walter in: DVJJ 3/1993, S. 247..

15   Welt am Sonntag a.a.O. (Fn 14); z.T. handelt es sich primär um Tatverdächtige, deren Asylantrag abgelehnt worden ist.

16   Zit. nach Krumsiek, R.: Das Drogenproblem im Strafvollzug, in: ZfStrVo 5/92, S. 306 ff.

17   Krümmede (JVA Bochum) 9/93 S.12 (»Im Gefängnis tickt eine Zeitbombe«).

18   Vgl. dazu Schwind, H.-D.: Die Lawine der Gewalt wird größer, wenn nicht bald etwas passiert, in FAZ-Sonntagszeitung vom 29.8.1993, S. 4.

Import von Drogen zunehmen: nicht zuletzt durch das organisierte Verbrechen[19], dessen Fangarme (wie in Italien) auch in den deutschen Strafvollzug hineinreichen werden.

III.

Vor diesem Hintergrund konnte sich auch das Image des Strafvollzuges in der Bevölkerung nicht günstig entwickeln: der Resozialisierungsgedanke hat zumindest bis 1987 deutlich an Boden verloren[20]. Sicherlich hat auch die Fülle von Negativnachrichten über Vorkommnisse aus dem Bereich des Vollzuges die Geduld der Bürger stark strapaziert. Insbesondere Straftaten, die z.b. Hafturlauber verüben, bringen die Idee der Resozialisierung immer wieder rasch in Verruf.[21]

Die Bevölkerung hat aber auch Informationsdefizite: Nicht wenige Menschen besitzen praktisch keine reale Vorstellung, wie es im Strafvollzug zugeht; das gilt selbst für Jurastudenten; die Meinungen schwanken zwischen »Hotelvollzug« und »Folteranstalten«. Daher kommt es zunächst darauf an, den Freiheitsentzug durch entsprechende Öffentlichkeitsarbeit transparenter zu machen und auch Probleme nicht zu verschweigen. Niedersachsen z.b. hat das früher durch Ausstellungen (etwa in der Vorweihnachtszeit) erreicht[22], die informierten und zugleich handwerkliche Arbeiten zeigten, die im Strafvollzug hergestellt wurden und gekauft werden konnten: Laternen, Grille, Puppenstuben, Vogelhäuschen usw. Im übrigen fehlt es noch immer an einer Gesamtkonzeption des Vollzuges, die der Bürger versteht und vor allem zu akzeptieren bereit ist[23]. Entsprechende Grundsätze, die verständlich formuliert werden müssen, könnten aus meiner Sicht (bewußt überspitzt formuliert) etwa wie folgt lauten[24]:

1. Die nur sehr begrenzt zur Verfügung stehenden Finanzmittel nach dem Gießkannenprinzip zu verteilen, hat mit einer Konzeption nichts zu tun. Die Mittel

---

19 Dazu Schwind, H.-D.: Das organisierte Verbrechen als unterschätzte kriminalpolitische Herausforderung, in: FS für Remmers 1995; Schwind, H.-D./Steinhilper, G./Kube, E. (Hrsg.): Organisierte Kriminalität, Heidelberg 1987.
20 Vgl. Schwind a.a.O. (FN 7).
21 Vgl. zB. Kichel, C./Froessinger, J.: Hafturlaub – Freibrief für neue Verbrechen? in: Reader's Digest 9/1992, S. 45 ff; Weisser Ring 4/89 S. 1; »Staat muß für Schäden durch Hafturlaub und Freigänger einstehen«.
22 Vgl. Schwind a.a.O. (Fn 3).
23 In diese Gesamtkonzeption muß auch der Aufsichtsdienst (mehr als bisher) integriert werden: Warum wird er nicht besser bezahlt, besser ausgebildet und dementsprechend am Behandlungs- bzw. Chancenvollzug besser beteiligt?
24 Vgl. dazu Schwind, H.-D.: »Rationale« Kriminalpolitik als Zukunftsaufgabe, in: FS für Blau, Berlin 1985, S. 573 ff

müssen vielmehr *schwerpunktmäßig* eingesetzt werden, nämlich da, wo die Wiedereingliederungschancen (zumindest aus Plausibilitätsgründen) besonders erfolgversprechend erscheinen: bei Jugendlichen, Heranwachsenden, Jungtätern oder erstverbüßenden (anderen) erwachsenen Straftätern[25].

2. Das Ziel des Vollzugs besteht nach § 2 StVollzG primär darin, dem *Rückfall* *vorzubeugen*: ein sog. Hotelvollzug kommt nach diesem Maßstab nicht in Betracht. Der Gesetzgeber versteht vielmehr unter dem Begriff der Behandlung vor allem solche Maßnahmen, »die den Gefangenen durch Ausbildung und Unterricht, Beratung bei der Lösung persönlicher und wirtschaftlicher Probleme und Beteiligung an gemeinschaftlichen Aufgaben der Anstalt in das Sozial- und Wirtschaftsleben der Anstalt einbeziehen und der Behebung krimineller Neigungen dienen«[26].

3. Dem Gefangenen, der seine kriminelle Karriere abbrechen möchte, soll also eine entsprechende Chance eröffnet werden, so daß man anstelle von Behandlungsvollzug besser von *Chancenvollzug* sprechen sollte[27]. Diese Chance kann z.B. darin bestehen, familiäre, schulische oder berufliche Defizite zu beheben. Immerhin besteht bei den Gefangenen insoweit ein nicht unerheblicher Nachholbedarf. So haben nach einer älteren niedersächsischen Untersuchung[28] über 60% der jugendlichen und heranwachsenden Gefangenen keinen Schulabschluß erreicht und über 80% weder eine Lehre noch ein Anlernverhältnis mit Erfolg absolviert.

4. Es kann für den Einsatz finanzieller Mittel im Rahmen der Rückfallverhütung jedoch nicht gleichgültig sein, *wegen welcher Tat* ein Strafgefangener bestraft ist. Einen Dieb oder Einbrecher zum Schlosser oder Schweißer auszubilden, würde jedenfalls dem Maßstab, »dem Rückfall vorbeugen« zu wollen, nicht in jedem Falle entsprechen[29].

5. In diesem Sinne kann es ferner nicht bedeutungslos sein, *wie oft* ein Strafgefangener bereits straffällig wurde und wie oft (besondere) Resozialisierungsmaßnahmen bisher ohne Erfolg gewährt worden sind. Der Chancenvollzug ist

---

25 Daß dieser Gedanke nicht nur bei ehrenamtlichen Mitarbeitern des Strafvollzuges Bedenken auslöst, ist verständlich. Gleichwohl ist –realistisch betrachtet – keine vertretbare Alternative erkennbar.

26 BT-Drucks. 7/918, S. 45.

27 Auch ã 4 des StVollzG geht davon aus, daß der Gefangene die ihm gebotene Chance durch seine Mitwirkung an der Behandlung nutzen soll. Wer sich der Behandlung lediglich »unterwirft« ist Objekt (über ihn wird verfügt), wer seine Chance nutzt, gestaltet selbst mit.

28 Großkelwing, G.: Schulische und berufliche Bildung, in: Schwind, H.-D./Blau, G.: Strafvollzug in der Praxis, Berlin 1976, S. 297 ff.

29 Der Vorwurf, daß das Beispiel zu »populistisch«orientiert sei, greift zu kurz; es soll nur die generelle Problematik gedankenlosen Chancenvollzugs aufzeigen.

also so zu verstehen, daß vor allem Jugendlichen usw. (vgl. oben) möglichst jede Hilfe, die ihre Wiedereingliederung in die Gesellschaft erleichtern könnte, gewährt wird, während sich der (erwachsene) Rückfalltäter ausrechnen können sollte, daß sich die entsprechenden Bemühungen des Staates im Interesse des Steuerzahlers von Rückfall zu Rückfall vermindern müssen.

6.   Es kann im übrigen nur soviel Behandlungsvollzug durchgeführt werden, wie die *Sicherheitsbedürfnisse zulassen.* Wieviel Sicherheit für wieviel Freiheit bezahlt werden soll, bleibt dabei natürlich eine Opportunitätsfrage.[30] Insoweit muß in der Zukunft auch das System der Vollzugslockerungen (§§ 11, 13 StVollzG) neu überdacht werden[31], nämlich die Frage, wo sie sinnvoll sind und wo nicht. Dabei muß berücksichtigt werden, daß das Ziel des Vollzuges auch in dem Schutz der Allgemeinheit vor weiteren Straftaten besteht. Man tut dem Gefangenen übrigens auch nur einen vordergründigen Gefallen, wenn man bei Vollzugslockerungen Disziplinlosigkeiten durchgehen läßt: Wenn etwa ein Gefangener vom Ausgang oder Urlaub zu spät oder angetrunken in die Anstalt zurückkehrt, muß dieses Verhalten (spürbare) Folgen haben, um den Gefangenen an Disziplin zu gewöhnen. Auch das gehört zum Behandlungsvollzug. Denn der Gefangene darf nach seiner Entlassung auch auf seiner Arbeitsstelle nicht unpünktlich oder betrunken erscheinen.

7.   Soweit die entsprechende Gefahr nur gering ist (z.B. bei Verkehrsstraftätern oder Selbststellern), sollte vorrangig der *offene Vollzug* (wie es auch das Strafvollzugsgesetz vorsieht) *durch die Errichtung von neuen Gebäuden an günstigen Standorten* ausgebaut werden; leider fehlt (zur Zeit) auch dafür das Geld.

8.   Außerdem muß die Suche nach *Alternativen für den Freiheitsentzug*[32] fortgesetzt werden: schon deshalb, weil außerhalb des Vollzugs die kriminelle Ansteckungsgefahr nicht so groß ist wie innerhalb fester Mauern. Entsprechende Hoffnungen werden zur Zeit auf Diversion, Täter-Opfer-Ausgleich und die Wiedergutmachung des Schadens gesetzt.[33]

---

30   Vgl. dazu Schwind, H.-D.: Vom Sinn der Strafe und vom (Ziel) Zweck des (Straf)Vollzuges, in: BewHi 1981, S. 352 ff.
31   Vgl. dazu Schwind H.-D., a.a.O. (Fn 10); Grützner, W.: Schäden durch mißglückte Vollzugslockerungen? in: ZfStrVo 4/90 S. 200-203.
32   So auch die (Anti)Gewaltkommission der Bundesregierung: vgl. Schwind, H.-D./Baumann, J. et al. (Hrsg.): Ursachen, Prävention und Kontrolle von Gewalt, Berlin 1990.
33   Vgl. dazu die Große Anfrage der Abg. Nickels und der Fraktion der Grünen vom 16.11.1987 im Deutschen Bundestag (BT-Drucks. 11/1202) und der Antwort der Bundesregierung vom 5.4.1989 (BT-Drucks. 11/4302).

9. Zu den Chancen des Behandlungsvollzugs gehört aber auch der *Ausbau der staatlichen (Bewährungshilfe) und außerstaatlichen Entlassenenhilfe,* die ein wichtiges Seitenstück des Chancenvollzugs bilden. Denn eine Betreuung in der Anstalt wird meist wenig nützen, wenn sie im Zeitpunkt der größten Rückfallgefährdung, d.h. kurz nach der Entlassung, aufhören muß. In Betracht kommen (etwa nach niedersächsischem Vorbild)[34] ein Resozialisierungsfond (als Bürgschaftsmodell) und im Zusammenwirken mit den freien Wohlfahrtsverbänden »Anlaufstellen für Straffällige«.

10. Daß viele der Aktivitäten der begleitenden Forschung bedürfen, ist heute kaum noch umstritten. Sie ist auch plausibel, denn erst die Rückkoppelung mit der (praxisorientierten) Forschung ermöglicht es der Vollzugspraxis und der Kriminalpolitik, Maßnahmen nachzubessern, Initiativen einzustellen, fortzusetzen oder neue auf den Prüfstand zu stellen.[35] Alles das wird allerdings heute durch den Datenschutz in einer unzumutbaren Weise erschwert.

---

34 Vgl. dazu bereits Schwind, H.-D./Best, P.: Alte und neue Wege der Entlassenenhilfe, in: Zeitschrift für Strafvollzug und Straffälligenhilfe Heft 1, 1981, S. 4 ff.

35 Zur kriminologischen Forschung im Strafvollzug vgl. den Überblick bei Steinhilper, G., in: Schwind, H.-D./Böhm, A. (Fn. 8) Rdnr. 1 ff. zu § 166 StVollzG.

Diskussionsbeitrag
zum Referat von Hans Dieter Schwind

KLAUS KOEPSEL

Die von Hans Dieter Schwind gegebene Lagebeschreibung des Strafvollzugs der Gegenwart halte ich für realistisch. Auch ich meine, daß zu optimistische therapeutische Versuche der 60er und 70er Jahre und deren Mißerfolge zu resignativen Tendenzen beim Vollzugspersonal geführt haben. Richtig ist auch, daß knapper gewordene Haushaltsmittel für Personal- und Sachaufwendungen und die stark gestiegene Belegung insbesondere mit ausländischen Gefangenen, mit denen schon sprachlich Kommunikationsprobleme bestehen, die Arbeit in den Anstalten vor Ort schwieriger gemacht haben. Im Zusammenhang mit einzelnen spektakulären Ereignissen des Strafvollzuges kommt es bei einzelnen Vollzugsbediensteten durchaus zu Äußerungen, wie sie Hans Dieter Schwind zitiert hat. Allerdings gibt die von Schwind zitierte Aussage des Bundes der Strafvollzugsbediensteten nach meiner Auffassung ein negativ überzeichnetes Bild von der Vollzugswirklichkeit wieder. Es kann nicht behauptet werden, daß »versuchte Geiselnahme, Vergewaltigung und tätliche Angriffe auf Vollzugsbedienstete sowie schwunghafter Drogenhandel und zunehmende Gewaltbereitschaft mit vandalistischen Zügen bei drastisch ansteigenden Gefangenenzahlen typisch für das Leben in der Anstalt« seien. Immer noch gibt es in den Anstalten viele anpassungsbereite und entsprechend ihren intellektuellen Fähigkeiten durchaus mitarbeitsbereite Gefangene. Richtig scheint mir allerdings Schwinds Prognose zu sein, daß die Sparmaßnahmen im Bereich der Straftatenprävention mittelfristig zu einer Erhöhung der Zahl schlecht sozialisierter, der Verwahrlosung anheimgefallener Gefangener führen wird.

Ich folge Hans Dieter Schwind auch in bezug auf die Diagnose der Grundhaltung der Bürger unseres Landes gegenüber Strafgefangenen. Die von vielen Menschen wahrgenommene Steigerung derjenigen Straftaten, welche die meisten Bürger unmittelbar betreffen können (z.B. Wohnungseinbrüche, Diebstahl von und aus Kraftfahrzeugen, Raubüberfälle auf offener Straße), erhöhen die Ängste der Menschen vor den Straftätern. Solche Ängste wirken sich auch auf die innere Einstellung gegenüber verurteilten Straftätern– wie es die Strafgefangenen sind– aus. Deshalb halte auch ich es für wichtig, durch Transparentmachen des Lebens in den Strafvollzugsanstalten Fehleinschätzungen in Bezug auf das Alltagsleben in den Anstalten durch offensive Öffentlichkeitsarbeit zu bekämpfen. Das durch Kriminalfilme des Fernsehens maßgeblich geprägte Bild von Vollzugsanstalten bedarf der ständigen Korrektur durch Informationen über die in der Regel schlichte Wirklichkeit des Alltags in den Vollzugsanstalten Deutschlands.

Es ist logisch folgerichtig, wenn Hans Dieter Schwind kriminalpolitische Thesen vertritt, die von der von ihm wahrgenommenen sozialpsychologischen Gesamtlage ausgehen. Allerdings halte ich aus kriminalpolitischen aber auch kriminologischen Erwägungen nicht alle von Schwind vorgeschlagenen kriminalpolitischen Maßnahmen für richtig: Die knapper gewordenen Haushaltsmittel werden sicher bei denjenigen Straf- und Untersuchungsgefangenen am sinnvollsten eingesetzt, bei denen die besten Chancen für eine Eingliederung bzw. Wiedereingliederung in die gesellschaftliche Normalität gegeben sind. Nach den Erfahrungen des heutigen Vollzuges sind dies allerdings nicht mehr die den Jugendstrafanstalten zugeführten Jugendlichen und Heranwachsenden. Aufgrund des im Jugendstrafrecht mehr und mehr verwirklichten Diversionsgedankens werden Jugendliche und Heranwachsende von Jugendstrafe verschont, soweit ihre Wiedereingliederung erfolgversprechend möglich zu sein scheint. Dem Jugendstrafvollzug zugeführt werden überwiegend junge Menschen mit erheblichen Sozialisationsschäden, die zum Großteil der langjährigen Drogensucht verfallen sind und bei denen die Wiedereingliederungschancen nach Meinung des verurteilenden Gerichts sehr gering sind. Richtig ist Schwinds These, daß denjenigen Gefangenen erfolgversprechende Behandlungsangebote in der Regel gemacht werden, welche das erste Mal eine Strafe verbüßen und infolge der Schwere der Schuld, die sie durch ihre Straftat auf sich geladen haben, als besonders ansprechbar erscheinen. Ansprechbar ist jedoch auch eine andere Gefangenengruppe: wer eine längere kriminelle Kariere hinter sich hat und nach 40 bis 45 Lebensjahren infolge des natürlichen Energieabbaues spürt, daß die Neigung und die Anfälligkeit für die bisherigen Straftaten deutlich geringer geworden ist, kann gut durch stützende Maßnahmen des Vollzuges von Rückfallkriminalität abgehalten werden. Diese meine Aussage kann ich schon damit belegen, daß Straftäter im Bereich der gesamten Gewaltdelinquenz zur Zeit der Begehung ihrer Straftaten selten älter als 45 Jahre sind. Daraus würde ich folgern, daß bei dieser Tätergruppe die Verhinderung von Rückfallkriminalität durchaus erfolgversprechend versucht werden kann. Diese Folgerung möchte ich mit dem Hinweis auf die in den vielen Jahren in der Justizvollzugsanstalt Werl gewonnene Erfahrung untermauern.

Ich finde es gut, daß Hans Dieter Schwind vorschlägt, den Ausdruck Behandlungsvollzug durch das Wort Chancenvollzug zu ersetzen bzw. zu ergänzen. Nach meiner Auffassung bestehen mehr Sozialisierungschancen als Schwind in seinem Vortrag konkret angesprochen hat.

Es gibt in einer Vielzahl von Einzelfällen realistische Möglichkeiten, Täter mit einer ungünstig gewesenen Sozialprognose vor künftigen Straftaten zu bewahren. Ich denke an Straftäter, die das Glück haben, mit Hilfe einer neuen Lebensgefährtin

Anschluß an eine intakte Familie zu erhalten. Ehrenamtliche Betreuungspersonen der Inhaftierten bereiten die Reintegration entlassener Strafgefangener oft sehr gut vor. Wer in längerer Haft lebensälter geworden ist und Energieverlust erlitten hat, wird sich oft scheuen, nach der Haftentlassung neue Straftaten zu begehen. Es gibt viele verurteilte Straftäter, die durch Gespräche mit Vollzugsbeamten – oft sind dies Beamte des uniformierten Dienstes – hinsichtlich ihrer bisherigen Lebensführung nachdenklich und selbstkritisch geworden sind und Veränderungsbemühungen erkennen lassen.

Für im Grundsatz richtig halte ich die von Hans Dieter Schwind angesprochene Notwendigkeit, auf Sicherheitsbedürfnisse der Bevölkerung Rücksicht zu nehmen. Dies ist eine wichtige Aufgabe der Strafvollzugsverwaltung. Allerdings müssen die Sicherheitsbelange der Bevölkerung komplex gesehen werden. Dazu gehört, daß man erkennt, daß Gefangene, die nicht durch Vollzugslockerungen auf die Zeit nach der Entlassung vorbereitet worden sind, als entlassene »Sträflinge« ein besonders großes Sicherheitsrisiko für die Allgemeinheit darstellen. Gefangene, die im Rahmen der ersten Vollzugslockerungen aus Steuerungsschwäche Alkohol trinken oder durch unbeherrschtes Verhalten während des Urlaubs versagen, belasten die Sicherheitsinteressen der Allgemeinheit wenig. Nach meiner Meinung sind Vollzugslockerungen nur dann aus Sicherheitsgründen nicht mehr vertretbar, wenn Urlaubsmißbräuche in Gestalt von neuen gefährlichen Straftaten vorliegen. Betragensauffälligkeiten leichterer Art sind zwar mit dem »Klienten« in der Strafanstalt aufzuarbeiten, sollten jedoch nicht zu einer Abkehr vom Chancenvollzug führen.

Nach meiner Auffassung sind immer noch zu wenige Gefangene in Einrichtungen des offenen Vollzuges. Eine Vielzahl von Tätern kann unmittelbar nach Rechtskraft des Urteils in offenen Anstalten untergebracht werden, ohne daß nennenswerte Risiken bestehen. Dies haben entsprechende Änderungen der Vollzugszuständigkeiten im Land Nordrhein-Westfalen deutlich gezeigt. Auch drogengefährdete Gefangene können mit Strafresten bis zu 2 Jahren unmittelbar in offene Anstalten verlegt werden. Entsprechende Vorerfahrungen hat es im Bereich von psychiatrischen Landeskliniken und einzelnen offenen Anstalten auch schon gegeben.

Für sehr wichtig halte ich den Vorschlag Schwinds, sich intensiv nach Alternativen für den Freiheitsentzug umzusehen. Dies ist schon deswegen von großer Bedeutung, weil die Vollzugsanstalten überfüllt sind. Außerdem läßt die Kasernierung von Menschen unter Bedingungen, die dem Leben in Freiheit kaum entsprechen, alle noch vorhandenen Fähigkeiten von Gefangenen, in der Gesellschaft angepaßt zurecht zu kommen, verkümmern. Auch noch bestehende persönliche Bindungen von Straftätern, die für ihre Lebensführung hilfreich sind, werden durch Inhaftierung in der Regel vorübergehend oder gar endgültig zerbrochen.

Schwind hat Recht, wenn er fordert, Schuldenregulierung durch Bürgschaftsmodelle und Bewährungshilfeausbau zu fördern. Nur dann könnten sinnvolle Täter-Opfer-Ausgleichsverhandlungen mit Hilfe von Betreuungspersonen eingeleitet werden und geleistete Wiedergutmachungszahlungen bei Tatopfern die Bereitschaft erhöhen, sich unvoreingenommener mit dem einzelnen Täter auseinanderzusetzen.

Mit Nachdruck unterstützen möchte ich auch Schwinds Vorschlag, die begleitende Forschung stärker als bisher zu fördern. Ich halte es für sehr bedauerlich, daß der § 166 StVollzG praktisch leerläuft und abgesehen von vereinzelten Forschungsvorhaben von Mitarbeitern der Landesjustizverwaltungen eine bundesweite Vollzugsforschung nicht betrieben wird. Die neueste Entwicklung der Straftaten in Deutschland, insbesondere nach Öffnung der Grenzen in alle Himmelsrichtungen, läßt sich nur differenziert beobachten und mit gezielten Gegenmaßnahmen bekämpfen, wenn für die gesamte Kriminalpolitik eine begleitende wissenschaftliche Forschung ausgebaut wird. Damit sollte nach meiner Auffassung nicht jede einzelne Universität betraut werden. Mein persönlicher Vorschlag wäre die vom Bundeskriminalamt und den Landeskriminalämtern ohnehin betriebene Forschung anzureichern durch begleitende Forschung im Bereich der Strafrechtspflege, der Strafrechtsprävention und des Strafvollzuges. Bei welchem Ressort des Bundes diese zentrale Forschungseinrichtung angesiedelt werden könnte, ist eine sekundäre Frage. Wichtig wäre, daß sie über moderne Forschungsmethoden verfügen kann. Justizpolitisch kann der Aus- und Aufbau eines solchen Forschungsapparates zu Konzeptionen im Strafvollzug führen, die verhindern helfen, daß die Zahl der Menschen in Deutschland wächst, welche die gesellschaftliche Gesamtentwicklung mit Sorge betrachten und aus Furcht vor steigender Kriminalität Überreaktionen bei ihrer Kritik an der demokratischen Staatsform zeigen. Aufklärungsarbeit verbunden mit gezielter Kriminalpolitik können nur geleistet werden, wenn nüchterne und differenzierte Analysen der gesellschaftlichen Wirklichkeit die alleinige Grundlage der Kriminalpolitik geworden sind.

Die Einstellung von Staatsanwälten und Haftrichtern zu kriminalpolitischen Aussagen, insbesondere zur Untersuchungshaft

Bemerkungen zu Rufen nach einer rigideren Kriminalpolitik

HELMUT GEITER

Es erscheint verlockend, die Einstellung bestimmter Personengruppen zu Frage-stellungen der Kriminalpolitik zu ermitteln. Solche Daten können nämlich eine Grundlage für längerfristige Planungen bilden[1]. Schließlich haben Einstellungen einen recht überdauernden Charakter[2]. Sie dürfen jedoch nicht isoliert betrachtet werden, sondern sind im Zusammenhang mit den jeweiligen externen Gegeben-heiten zu sehen. Denn im Gegensatz zu Vorurteilen sind Einstellungen durch die Verarbeitung aktueller Geschehnisse und die Aufnahme neuer Informationen ver-änderbar[3]. Bevor deshalb Ergebnisse einer Befragung von Staatsanwälten und Haftrichtern gezeigt und diskutiert werden (vgl. II.), soll zunächst eine Bestands-aufnahme der Vorfindlichkeiten für Strafjustizjuristen erfolgen, wie sie sich für diese zur Zeit unserer Intervieweinholungen darstellten (vgl. I.). Der begrenzte Raum läßt nur eine grobe Skizzierung zu. Da aber das Platzkapazitätenproblem ebenso wie das zu geringe Zeitbudget insbesondere zahlreichen Journalisten und Politikern regelmäßig als Entschuldigung für ihre gebräuchlichen Vereinfachun-gen, Aufbauschungen und Skandalisierungen dient, wurde für das erste Kapitel bewußt eine überwiegend einseitig-plakative Darstellungsform gewählt. Dies stellt den Versuch dar, das übliche Strickmuster derartiger Argumentation zu veran-schaulichen – diesmal jedoch unter umgekehrtem Vorzeichen.

---

1   Daß gleichwohl eine vorsichtige Interpretation derartiger Daten angebracht ist, ergibt sich aus Bedenken hinsichtlich der Validität der Befragungsergebnisse für das manifeste Verhalten der Interviewten, vgl. dazu H. Kury, Die Einstellung der Bevölkerung zum Rechtsbrecher und Strafvollzug, in: H. Kury (Hrsg.), Strafvollzug und Öffentlichkeit, 1980, S. 113f. (116/117).
2   G. Kaiser, Kriminologie, 2. Aufl. 1988, § 38 Rn. 2.
3   G. Kaiser, wie Fn. 2.

I. Zum Umfeld, in dem strafjustizielle Entscheidungsträger ihre Aufgaben zu erledigen haben

1. Registrierter Kriminalitätszuwachs – und was Politik und Medien daraus machen

Blickt man in die hiesige trotz aller Konzentrationen immer noch recht bunte Landschaft täglich gegenwärtiger Massenmedien, so scheint es, als müsse man sich mit der dort unisono artikulierten Einschätzung abfinden, das Verbrechen, zunehmend gar in seiner organisierten Form, habe unsere Republik schon fast im Griff, zumindest sei es auf dem Wege dorthin bereits ein beträchtliches Stück vorangekommen. Die Flut unablässig einströmender Verbrechensmeldungen aus aller Welt, eben nicht allein aus der jeweiligen Region, sondern auch aus ferneren Gegenden, gar aus dem Ausland, je nach Nachrichtenlage und Vermarktungseignung mehr oder weniger groß aufgemacht, löscht den Durst der nicht allein im Sommerloch nach weiterverbreitbaren Informationen lechzenden Redaktionen. Denn diese sind zu jeder Jahreszeit gefordert, ihren Kunden Außergewöhnliches – und das möglichst kostengünstig – zu präsentieren, schließlich sind sie vom anhaltenden Publikumsinteresse abhängig. Berichte von faszinierenden Straftaten sind, das läßt sich kaum wegdiskutieren, unterhaltsam, reizen die Phantasie, vertreiben zudem vielfach die Langeweile alltäglich-eintönigen Lebens. Weiterhin sind Kriminalitätsnachrichten leicht erreichbar und – ein gewichtiges Kriterium – billig[4]. Ein kleinerer Ladendiebstahl, eine Schwarzfahrt mit Bus oder Bahn, ein Verstoß gegen das Asyl- und Ausländergesetz sowie Urkundenfälschungen, die damit zusammenhängen, sind dabei natürlich ebensowenig für die Medienmacher wie für deren Leser, Hörer oder Zuschauer der Stoff aus dem die Träume sind, auch wenn diese Delikte fast allein für den 2,7%igen Zuwachs der im Jahre 1993 polizeilich registrierten Straftaten in den alten Bundesländern verantwortlich waren[5]. Die große Aufmachung einer solchen eher unscheinbar-langweiligen, weil nicht mit dem Kitzel des Gefährlich-Abenteuerlichen versehenen Meldung ließe verständlicherweise weder Auflage noch Einschaltquote rasant in die Höhe schnellen. Ergiebiger scheint da der Weg, massiv-brutale, grausame Gewalt-, insbesondere Tötungsdelikte, im Vordergrund zu plazieren, bis in verletzend-peinlichste Einzelheiten auszuleuchten und ohne Rücksicht auf jedes Mitgefühl unter dem verpflichtenden Banner des Informationsauftrags zu vermarkten[6]. Daß es sich dabei in

---

4   H.-J. Schneider, Kriminalität in den Massenmedien, MschrKrim 1987, 319/320.

5   M. Klingst/Ch. Pfeiffer, Tatort Deutschland, Die Zeit, Nr. 21, vom 20. 5. 1994, S. 15.

6   Vgl. als Beispiel dazu die offenbar selbst von einigen Journalisten als bedrückend empfundene Berichterstattung über die Tötung eines kleinen Kindes in Köln, die unter den Titeln »10000 für ein Interview« und »Blut und Tränen – Kindermord als Seifenoper – die Medien zahlen gern und reichlich« zusammengestellt ist in Die Woche, Nr. 26 vom 23. 6. 1994, S. 34/35.

der Regel um verhältnismäßig wenige Fälle handelt, vielfach zudem aus dem sozialen Nahraum, bleibt eher – und wohl kaum unbeabsichtigt – im Dunkel wohlig-grausigen, gleichwohl fortwirkend ängstigenden Schauderns. Dieses beim Medienkonsumenten mithin anhand einer untergeordneten Anzahl spektakulärer Einzelfälle erzeugte Grundgefühl der Unsicherheit und Angst bekommt durch die mehrmals jährlich erfolgende, oft bloß schlagzeilenträchtige und plakative Berichterstattung anläßlich der Veröffentlichung polizeilicher Kriminalstatistiken des Bundes, der Länder, ja einzelner Städte und Regionen vermeintlich eine breitere Basis, wird dadurch intensiviert und kann schließlich durchaus beängstigende Dimensionen annehmen. Die über diese Statistiken vermittelten Informationen erschöpfen sich nämlich vielfach in der pauschalierten Meldung neuer Verbrechensrekorde, wobei schon die Wortwahl – entgegen den vorfindlichen Gegebenheiten – massive Delikte suggeriert[7].

Nun werden zahllose Themen in den verschiedenen (Massen-)Medien unterschiedlich verarbeitet, von scharfsinnig-analytisch bis plakativ-polemisch, jedenfalls aber werden sie stets ebenso kontrovers abgehandelt wie die Spannweite des politisch-weltanschaulichen Spekrums es vorgibt – etwa die Diskussionen um § 218 StGB, zum Einsatz bundesdeutscher Blauhelm-Soldaten oder zum Wechsel des Regierungssitzes von Bonn nach Berlin. Beim allerseits und ständig lauthals beklagten Kriminalitätszuwachs hingegen scheinen die Meinungsmacher aller Couleur tatsächlich einmal einer Meinung zu sein und tappen dabei in die von ihnen selbst mitaufgestellte Falle völlig fehldimensionierter Berichterstattung über Gewaltdelikte[8]. Die nach dem Fall des Eisernen Vorhangs und damit dem Verschwinden unmittelbarer äußerer Feindbilder nunmehr zum Schutz der inneren Sicherheit unter dem Oberbegriff »Kampf gegen das Verbrechen« zu erfassenden Gemeinsamkeiten in weitesten Kreisen der Politik und Medienwelt werden teilweise deutlich, wenn man einerseits den Entwurf eines Verbrechensbekämpfungsgesetzes der CDU/CSU und FDP-Fraktionen[9] betrachtet, andererseits registriert, daß auch die SPD im Europawahlkampf 1994 auf großformatig plakatierte Slogans setzte, wie »Sicherheit statt Angst«. Wer es wagt, diese uniforme Position in Zweifel zu ziehen und sich herausnimmt, den undifferenziert servierten Kriminalitätszahleneintopf auf die Menge der jeweiligen Zutaten und deren ja durchaus unter-

7   H. Geiter, Kriminalität und Strafvollzug – Öffentlichkeit und Justiz zwischen Mut, Unmut und Übermut, ZfStrVo 1991, 323 f. (324/325).
8   S. Lamnek, Kriminalitätsberichterstattung in den Massenmedien, MschrKrim 1990, 163 f. (164 f.), auch unter Bezugnahme auf K.H. Reuband; zu ähnlichen Verzerrungen bei Gerichtsberichterstattungen siehe F. Höbermann, Der Gerichtsbericht in der Lokalzeitung: Theorie und Alltag, 1989, S. 158 f. m.w.N.
9   Entwurf eines Gesetzes zur Änderung des Strafgesetzbuches, der Strafprozeßordnung und anderer Gesetze – Verbrechensbekämpfungsgesetz, vgl. BT-Drs. 12/6853 vom 18. 2. 1994, zwischenzeitlich zum Teil am 1.12.1994 Gesetz geworden, siehe BGBl. I, S. 3186 f.

schiedlich gefährlichen Schadstoffgehalt hin zu untersuchen – also vorgeht, wie bei jedem Problem sonst auch, nämlich zunächst eine sorgfältige Analyse vorzunehmen – sieht sich sogleich heftigsten Titelblatt-Attacken ausgesetzt, die seine Fachkompetenz in Zweifel ziehen[10]. Ähnlichen Angriffen müssen sich unter Umständen auch mutige strafjustizielle Entscheidungsträger trotz ordnungsmäßiger Gesetzesanwendung erwehren, wenn sie z.b. einen Beschuldigten erwartungswidrig nicht in U-Haft nehmen, die Strafe eines Angeklagten entgegen massiver öffentlicher Vorverurteilungen zur Bewährung aussetzen oder einen Strafgefangenen vorzeitig aus der Haft entlassen. Gleiches gilt für engagierte Vollzugsmitarbeiter, die das Strafvollzugsgesetz über dessen Sicherungsregelungen hinaus erstnehmen und deshalb zum Beispiel von Vollzugslockerungen[11] – Intention und Text des Gesetzes gehorchend – häufiger Gebrauch machen. Werden Lockerungen massiv mißbraucht, was allerdings selten vorkommt[12], so fallen bedauerlicherweise nicht nur Medien und Bevölkerung über den Entscheidungsträger her. Vielmehr lassen ihn oft genug auch unmittelbare Vorgesetzte und vorgesetzte Aufsichtsbehörden rasch unsolidarisch aus ebenso durch- wie kurzsichtigen Interessen mit der häufig unsachlichen Kritik allein[13]. Politiker – meist solche, die gerade nicht die Regierungsgeschäfte mitzutragen haben, – schüren gerne mit populistischen Forderungen die Feuer der Erregung, um sich der Bevölkerung als Garant sicherer Verhältnisse im Strafvollzug anzubiedern.

2. Wieder aktuell: Rufe der Bevölkerung nach Sühne und Abschreckung

Wo nahezu die gesamte Politik und Medienlandschaft so einig ist, verwundert es nicht, daß auch die mit Schreckensnachrichten über immer brutalere Gewalttaten und bedrohlich steigende Verbrechenszahlen überschüttete Bevölkerung – reprä-

---

10 Vgl. den Titelblatt-Aufmacher von Bild vom 7. 6. 1994, S. 1, wo Bremens Justizsenator Henning Scherf genau aus diesem Grund unter der Balkenüberschrift »Kriminalität – nur Panikmache? – Wo leben Sie, Herr Minister!« disqualifiziert wurde.

11 Vgl. dazu auch die das Kapitel »Vollzugslockerungen: Chance oder Ärgernis?« kommentierenden Bemerkungen von K.P. Rotthaus, in: M. Walter/K.P. Rotthaus/H. Geiter (Hrsg.), Bruchstücke – Strafvollzugsprobleme aus der Sicht der Beteiligten, 1992, S. 98-104.

12 M. Walter, Strafvollzug, 1991, Rn. 493/494; F. Dünkel, Sicherheit im Strafvollzug – Empirische Daten zur Vollzugswirklichkeit unter besonderer Berücksichtigung der Entwicklung bei den Vollzugslockerungen, in: P.A. Albrecht u.a. (Hrsg.), Festschrift für H. Schüler-Springorum, 1993, S. 641 f.

13 H. Freitag, Gedanken und Überlegungen zur Frage der Ausführungen von Gefangenen, ZfStrVo 1986, 224 (226); siehe auch A. Rosner, Berufsfeld Strafvollzug – Eine empirische Untersuchung zu einem schwierigen Arbeitsbereich, in: H.J. Kerner/H. Kury/K. Sessar (Hrsg.), Deutsche Forschungen zur Kriminalitätsentstehung und -kontrolle, 1983, S. 1682 (1687/1688, 1699).

sentativ nach den derzeit drängendsten Problemen befragt – das Thema Kriminalität, anders als früher, deutlich in den Vordergrund rückt[14].
Wie intensiv die Auswirkungen einer einheitlich ausgerichteten Informationspolitik der unterschiedlichen Medien sein können, hat die Berichterstattung im Anschluß an die Haschisch-Entscheidung des Bundesverfassungsgerichts im Frühjahr 1994 nochmals eindrucksvoll deutlich gemacht. Das Gericht hatte das Verbot der Droge und alle ihm zur Prüfung vorgelegten Straftatbestände bekanntlich für verfassungsgemäß erklärt. Allerdings hätten die Strafverfolgungsbehörden von der Verfolgung grundsätzlich abzusehen, wenn Haschisch nur in einer geringen Menge zum gelegentlichen Eigenverbrauch erworben und ohne Gefährdung Dritter konsumiert werde. Was weiteste Teile der Medien aus dieser Entscheidung in ihrer Berichterstattung, zumal in den einprägsam-verbreitungswirksamen Schlagzeilen machten, kann – ohne in den Geruch der Polemik zu geraten – getrost in die begriffliche Nähe von Desinformation gebracht werden. Unabhängig von der Couleur des jeweiligen Mediums wurde nämlich die Berichterstattung über die grundsätzlich auch weiterhin strafbewehrte Fortgeltung des Verbots von Cannabisprodukten in den nur noch höchst Informierten wahrnehmbaren Hintergrund gedrängt. Akzentuiert aufgemacht hingegen wurde die eingeschränkte Berechtigung zur Strafverfolgung. Dabei trachteten die einen danach, dies gleichsam bereits als eine Freigabe von Haschisch wirkungsvoll zu vermarkten. Die anderen stellten dies über Gebühr heraus, weil sie den salomonisch vermittelnden Beschluß des Bundesverfassungsgerichts als unverzeihlichen Schritt auf dem Weg zum immer näher rückenden Untergang unserer Kultur (ver)werteten. Diese Verkehrung von Inhalt und Richtung der verfassungsgerichtlichen Entscheidung, deren gleichsam (massen)mediale Umformung in ihr Gegenteil, entfaltete sofort Wirkungen bei Haschischkonsumenten, die nunmehr glaubten, ihren Rausch gleich öffentlich nehmen zu dürfen[15]. Unser oberstes Gericht sah sich gar – ein bis dahin einmaliger

---

14   Bei einer EMNID-Umfrage rangierte im Meinungsbild der Deutschen die Aufgabe des Staates, »den Bürger wirksam vor Verbrechen zu schützen« an neunter Stelle, vgl. Spiegel vom 29. 10. 1984); eine im Mai 1993 vom Mannheimer Institut für praxisorientierte Sozialforschung (ipos) durchgeführte repräsentative Bevölkerungsumfrage über »Einstellungen zu aktuellen Fragen der Innenpolitik« nannte für die östlichen Bundesländer die Verbrechensbekämpfung als zweitwichtigste der als »sehr wichtig« eingestuften politischen Aufgaben und Ziele, für die westlichen Bundesländer ist zu vermerken, daß diese Aufgabe nur 5 Prozent-Punkte hinter dem Spitzenreiter aufgeführt ist, vgl. Bundesminister des Innern (Hrsg.), Innenpolitik vom 10. 12. 1993, S. 11/12; zur davon abzuhebenden Frage nach der Kriminalitätsfurcht vgl. K. Boers, Kriminalität und Kriminalitätsfurcht im sozialen Umbruch, NK 1994, 27 f. und K-H- Reuband, Objektive und subjektive Bedrohung durch Kriminalität, Kölner Zeitschrift für Soziologie und Sozialpsychologie 1992, 341 f.
15   In den Medien wurde etwa von Haschisch-Parties im Englischen Garten in München berichtet, aber auch von durch Polizeieinsatz verhinderten Festen in Darmstadt, vgl. Kölner-Stadt-Anzeiger vom 16. 5. 1994, S. 32.

Vorgang[16] – zu einer richtigstellenden Verlautbarung durch seine Pressestelle veranlaßt, nach der Berichte, es habe Haschisch freigegeben, jeder Grundlage entbehrten[17]. Wenn es bereits bei Themen, die im Land üblicherweise kontrovers diskutiert werden – ausgerichtet an der weltanschaulich-politischen Grundhaltung des jeweiligen Organs – zu derartigen in der Öffentlichkeit wirkenden Fehlinformationen kommt, um wieviel mehr wird sich diese Gefahr erst realisieren, wenn Problembereiche angesprochen sind, hinsichtlich derer ein Generalkonsens besteht, wie es ihn beim Thema Kriminalität offensichtlich gibt[18] ?

Andererseits bleibt die Bereitschaft der Bevölkerung, eine humane, rationale und liberale Kriminalpolitik mitzutragen, sehr ambivalent, labil und nicht zuletzt von der jeweils perzipierten Verbrechensentwicklung abhängig. Eher liberalen Neuerungen in Strafrecht und Strafvollzug wird man vermutlich aufgeschlossener gegenüberstehen, wenn man die Kriminalität nicht als bedrohlich betrachtet[19].

Der das Ansteigen der polizeilich registrierten Straftaten jedoch zum Staatsproblem der empfindlich bedrohten inneren Sicherheit hochstilisierende Schulterschluß von Politik und Medien, die dabei trotzdem durchaus unterschiedliche Ziele verfolgen (können), ist natürlich nicht dazu angetan, die Bevölkerung zu einer der statistischen Realität entsprechenden differenzierten Einschätzung des Problems Kriminalität zu veranlassen und zu einem dem entsprechenden Umgang damit anzuleiten. Die auf Hochtouren laufende Produktion maßloser Verunsicherung erschüttert statt dessen die höchst empfindlich ausgebildete Fähigkeit der Bevölkerung zum richtigen Maß(nehmen und -halten). Deshalb verwundert es nicht, wenn zwischenzeitlich in der Bevölkerung die Strafzwecke der Sühne und Abschreckung wieder zunehmend Anhänger gefunden haben – Anstieg von 26,0% im Jahre 1975 auf 44,9% im Jahre 1987 – und die Präferenz des Resozialisierungsgedankens im gleichen Zeitraum von 61,2% auf 47,5% gesunken ist[20]. In den 70er Jahren stand allerdings im Zuge der Großen Strafrechtsreform und der Schaffung eines Strafvollzugsgesetzes gerade in Politik und Medien das Gedankengut zurückhaltenderen Strafens und der Resozialisierung Gestrauchelter hoch im Kurs. Auch bemühte man sich seinerzeit, diese Vorstellungen in die breite Bevölkerung hineinzutragen – erfolgreich, wie die Zahlen zeigen. Der mit großem Aufwand betriebenen Kam-

---

16 Laut telefonischer Auskunft der Pressestelle des Bundesverfassungsgerichts.

17 Verlautbarung der Pressestelle des Bundesverfassungsgerichts Nr. 19/94 vom 29. April 1994.

18 Inzwischen sind allerdings in den Medien auch erste vorsichtig zu mehr Zurückhaltung aufrufende Stimmen zu registrieren, die politisch das Kriminalitätsproblem aufbauschende Wertungen anläßlich der Vorstellung der PKS anhand der mitgelieferten Daten hinterfragen und nicht mehr unkommentiert lassen, vgl. Frankfurter Rundschau vom 31. 5. 1994, »Der Kampf um Stimmen«, S. 3.

19 G. Kaiser, wie Fn. 2, § 38 Rn. 10.

20 Vgl. H.-D. Schwind, Strafvollzug in der Konsolidierungsphase, ZfStrVo 1988, 259 f. (265), zugleich mit anschaulichen Belegen, wie die Presse diese Daten, insbesondere in den Überschriften, verallgemeinernd ins Negative wendete, (260).

pagne der »Aktion Gemeinsinn« zur Resozialisierung Strafgefangener steht heute nichts Vergleichbares gegenüber.

Vielmehr argumentieren nun sogar Experten durchaus umgekehrt: Man müsse bei der Ausgestaltung des Strafvollzuges mehr Rücksicht auf die Meinung der Bevölkerung nehmen und darauf achten, was ihr noch zumutbar sei[21]. Wie die Einschätzungen und daran anknüpfenden Vorstellungen der Bevölkerung aber zustandekommen (können), dürften die bis zu dieser Stelle gemachten Ausführungen aufgezeigt haben. Vornehmlich sollten gerade Fachleute deshalb ihre Aufgabe auch darin sehen, die fixierten Regelungen ohne Verschleierung gesetzlich bewußt kalkulierter Risiken gegenüber einer manchmal verunsicherten, kritisch nachfragenden Öffentlichkeit zu verfechten, statt vorschnell den ausgebauten Weg des geringsten Widerstandes zu beschreiten. In anderen Bereichen ist man nämlich nicht bereit, den Vorstellungen der breiten Bevölkerung so schnell entgegenzukommen, wenn man etwa an die Steuergesetze denkt. Auch in die Debatte eingeworfene, angesichts magerer Finanzmittel a priori scheinbar unangreifbare Kostenargumente, mit denen die Ausdünnung vollzuglicher Leistungen begründet wird[22], verlieren viel von ihrer Durchschlagskraft, wenn man bemerken muß, daß an anderer wesentlich kostenträchtigerer Stelle solchen Einwürfen nur wenig Erfolg beschieden ist, wie – ein Beispiel von vielen – beim Berlin-Umzugs-Beschluß. Einerlei, ob die Kassen nämlich überquellen oder leer sind, das Prinzip bleibt gleich: Wo kein (kriminalpolitischer) Wille ist, eröffnen Kostenhinweise immer einen (Aus-)Weg[23].

Diese den kriminalpolitischen Einstellungsfragen vorangestellte und zugegebenermaßen wertende Bestandsaufnahme der Gegebenheiten für Staatsanwälte und Haftrichter bildet sicher nur einen Ausschnitt der auf der strafjustiziellen Entscheidungsebene möglicherweise (mit-)wirksam werdenden Bedingungen ab. Immerhin ist aber bereits dadurch genügend Anlaß gegeben, im weiteren zu ermitteln, ob unsere Staatsanwälte und Haftrichter in ihren Einstellungen derart erheblich von den oben geschilderten Grundstimmungen der breiten Bevölkerung abweichen, daß von ihnen Entscheidungen zu erwarten wären, die die Öffentlichkeit zu Recht mit größerem Unverständnis als früher aufnehmen müßten

---

21 H.-D. Schwind, Einführung in das Tagungsthema, in: H.-D. Schwind/G. Steinhilper/A. Böhm (Hrsg.), 10 Jahre Strafvollzugsgesetz, 1988, S. 17 f. (25); während die Aussage in vorstehender Quelle noch als Frage formuliert war, wird Schwind in seinem – von ihm selbst als bewußt provozierend bezeichneten – Beitrag in diesem Band, vgl. S. 216 ff., schon gleich zu Beginn deutlicher; vgl. auch H. Dietl, Sollen Strafzwecke wie Schuldausgleich, Sühne, Verteidigung der Rechtsordnung in den Strafvollzug hineinwirken?, in: H.-D. Schwind/G. Steinhilper/A. Böhm (Hrsg.), wie Fn. 21, S. 55 f. (56).
22 H.-D. Schwind, wie Fn. 20, S. 261.
23 So H. Schüler-Springorum, Kriminalpolitik für Menschen, 1991, S. 37-47 (41), zugleich mit einer Analyse des höchst unterschiedlichen Gebrauchs bzw. Mißbrauchs des Kostenarguments.

und darob ein auf rigidere Maßnahmen hin ausgerichteter Handlungsbedarf naheläge. Diesen Fragen wird im Anschluß nachgegangen.

II. Kriminalpolitische Einstellungen von nordrhein-westfälischen Staatsanwälten und Haftrichtern im Jahre 1993/1994

1. Anlage der Untersuchung

Die Kriminologische Forschungsstelle der Universität Köln hat im Rahmen eines im Auftrag des Justizministeriums des Landes Nordrhein-Westfalen durchgeführten größeren Projekts nach Möglichkeiten der Reduktion der Untersuchungshaft durch verstärkte Mitwirkung der Gerichtshilfe (Haftentscheidungshilfe) gesucht[24]. Im Zuge dieser Forschung wurden zwischen Sommer 1993 und Anfang 1994 u.a. auch 46 Staatsanwälten und 45 Haftrichtern in Nordrhein-Westfalen Fragen zu ihrer kriminalpolitschen Einstellung vorgelegt. Die für erwachsene Beschuldigte zuständigen (Ober-)Staatsanwälte, deren Dezernat im Jahre 1992 mehr als nur ausnahms- oder vertretungsweise U-Haftberührung ausgewiesen haben sollte, waren nach einem Zufallsverfahren aus der Grundgesamtheit aller uns vom Justizministerium benannten 460 (Ober-)Staatsanwälte ermittelt worden. Erfaßt wurden mithin genau 10% der (Ober-)Staatsanwälte, die entsprechend der dem Justizministerium von uns vorgegebenen Kriterien als Interviewpartner überhaupt in Betracht kamen. Die Auswahl ermöglichte die Teilnahme zumindest eines Mitglieds der Berufsgruppe aus jeder der 19 bei den Landgerichten dieses Bundeslandes angesiedelten Staatsanwaltschaften. Vergleichbares gilt für die nach einem komplizierteren System[25] ermittelten Haftrichter, deren Grundgesamtheit von 182 Personen den 78 Amtsgerichten Nordrhein-Westfalens entstammte, bei denen zumindest ein Haftrichter im Jahre 1992 für erwachsene Beschuldigte zuständig war[26]. Erfaßt

---

24   Der Abschlußbericht der Untersuchung liegt voraussichtlich im Sommer 1995 vor. Dem nordrhein-westfälischen Justizministerium sei auch an dieser Stelle für das Einverständnis gedankt, einen kleinen Ausschnitt der im Rahmen dieser Forschung ermittelten Daten bereits vorab veröffentlichen zu können.

25   Es mußte nämlich bei dem Auswahlverfahren berücksichtigt werden, daß laut Geschäftsverteilung der Amtsgerichte – und oft unabhängig von der Größe des Gerichts – mehr oder weniger viele Haftrichter zuständig waren. Eine diesen Umstand nicht berücksichtigende Stichprobe hätte Haftrichter aus ländlichen Gebieten in der Auswahl überrepräsentiert erscheinen lassen.

26   Vgl. die Verordnung über die Zuständigkeit der Amtsgerichte des Landes Nordrhein-Westfalen in Strafsachen gegen Erwachsene vom 30. Dezember 1961 und deren Anlage in der zuletzt durch Art. II d. VO. v. 24. 9. 1991 geänderten und am 1. 1. 1992 in Kraft getretenen Fassung (GV.NW.S. 373).

wurden mithin zumindest[27]   24,7% aller aufgrund unserer Vorgaben als Aus-
kunftsperson ansprechbaren Haftrichter bei 42 (= 53,8%) der zuständigen Amtsgerichte dieses Bundeslands. Die Interviews erfolgten einzeln und ohne Anwesenheit
dritter Personen anhand weitgehend standardisierter Fragebögen durch bereits
examinierte oder zumindest fortgeschrittene Jurastudenten, wobei die Interviews
durchschnittlich 60 (Staatsanwälte) bzw. 90 Minuten (Haftrichter) dauerten. Die
kriminalpolitischen Fragen waren in der zweiten Hälfte der Befragung positioniert.
Von den in einem ersten Schritt zufällig ermittelten 46 (Ober-)Staatsanwälten
waren 41 (89,1%) unserer zwar unter Hinweis auf den Auftraggeber, jedoch unter
Zusicherung strikter Anonymität vorgetragenen Bitte zum Interview gefolgt[28]; bei
den Haftrichtern waren es 38 (84,4%) von 45. Soweit Interviews nicht zustan-
dekamen[29], erfolgten weitere Ziehungen, die nach Möglichkeit Teilnehmer vom
gleichen Ort, dem der ausgefallene Aspirant beruflich zugehörte, benannten. Die
Angaben der Interviewten vermögen zumindest ein Schlaglicht zu werfen auf die
derzeitige in den Antworten zum Ausdruck kommende Befindlichkeit von Justiz-
personen, die wiederum in gewisser Weise indiziell auch Auskunft über ihr Entscheidungsverhalten zu geben vermag.

2.   Einzelergebnisse der Befragung

Unter der Überschrift »Fragen mit kriminalpolitischem Inhalt« wurden den Interviewten drei Fragen mit je 10 Aussagen vorgelegt, wobei eine Frage die Beurteilung von »Aussagen zur Haftpraxis«, insbesondere zur U-Haft, zum Inhalt hatte.
Eine andere wollte erfassen, ob und gegebenenfalls welche neben den gesetzlichen
Haftgründen angesiedelten Gesichtspunkte bei der Entscheidung über Anordnung
und Fortdauer der U-Haft auch sollten berücksichtigt werden können (Erfassung
apokrypher Haftgründe). Weiterhin wurde nach der Beurteilung verschiedener
mehr allgemein gehaltener kriminalpolitischer Aussagen gefragt. Von den insgesamt 30 Aussagen wird hier nur ein Teil – zudem in einer dem Ablauf der Befragung nicht entsprechenden Reihenfolge – vorgestellt. Zur Beantwortung standen
den Teilnehmern bei allen drei Fragen sechs Antwortkategorien zur Verfügung, die

27   Bei Durchführung der Interviews stellte sich heraus, daß auf der uns übermittelten Liste, die
     die Grundgesamtheit unserer Haftrichterauswahl bildete, einige Richter aufgeführt waren, die
     im Jahre 1992 lediglich Jugend(haft)richter waren und deshalb aus der Untersuchungsgruppe
     auszuscheiden waren. Hier erfolgte jeweils eine Nachziehung, soweit möglich, aus demselben
     Gerichtssprengel.
28   Sowohl bei den Staatsanwälten, wie den Haftrichtern berücksichtigt die Quote allein die ein
     Interview Verweigernden, nicht die Momente, die ein Gespräch aus anderen Gründen schei-
     tern ließen, wie etwa Übersiedlung in die neuen Bundesländer.
29   Neben einer Verweigerung des Interviews kam hier die zwischenzeitliche Übersiedlung in die
     neuen Bundesländer in Betracht, bei den Haftrichtern wurde auch in der Fn. 27 genannte Hin-
     derungsgrund praktisch.

von 1 = »stimme vollkommen zu« über 2 = »stimme zu«, 3 = »weder – noch«, 4 = »stimme nicht zu«, bis zu 5 = »stimme überhaupt nicht zu« reichten; die Kategorie 6 ermöglichte die Antwort »weiß nicht«. In den nachfolgenden Abbildungen sind aus Gründen einer besseren Übersichtlichkeit die Kategorien 1 und 2, sowie 4 und 5 in jeweils bloß einer Zustimmung oder Ablehnung ausdrückenden Säule pro Berufsgruppe zusammengefaßt wiedergegeben. Die Intensität der Zustimmung (1 bzw. 2) oder Ablehnung (4 bzw. 5) ist jedoch innerhalb der einzelnen Säulen durch unterschiedliche Graustufen gekennzeichnet.

a) Allgemeinere Fragen

aa) AUSSAGE 1: »IN DEN LETZTEN JAHREN HABEN WIR ES MIT EINER ZUNEHMEND
     SCHWIERIGER GEWORDENEN KLIENTEL ZU TUN.«[30]

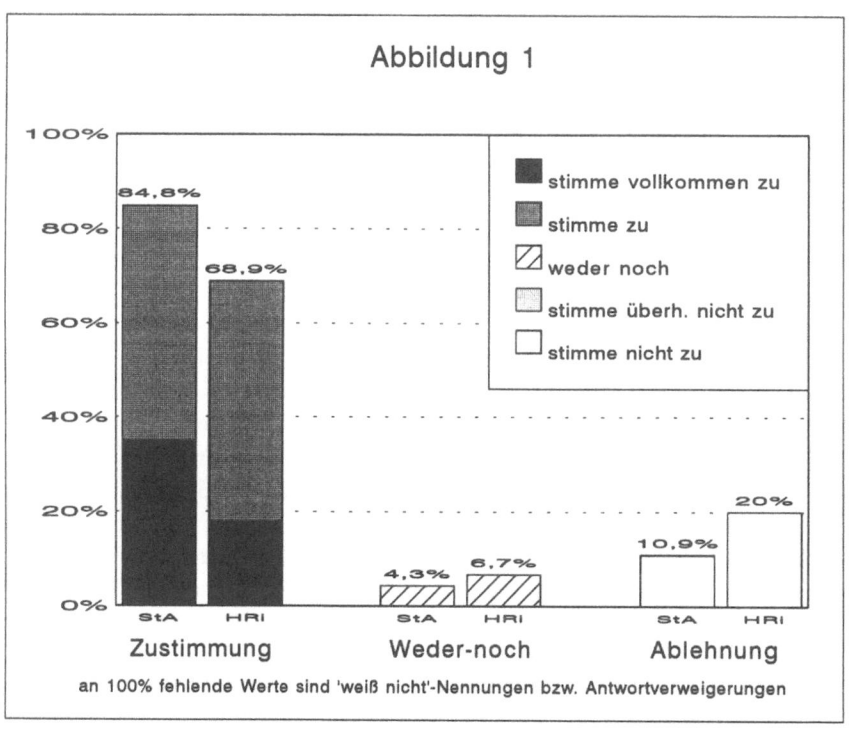

---

30   Für die Erstellung der Abbildungen möchte ich auch an dieser Stelle meinem Kollegen Thomas Brand danken.

Das Antwortverhalten auf diese Aussage nach der Einschätzung der Klientel, mit
der es die Befragungspersonen im Alltag zu tun haben, sollte einen Gesamtein-
druck erfassen, der geeignet ist, auch erste Hinweise auf die Grundbefindlichkeit
der interviewten Staatsanwälte (StA) und Haftrichter (HRi) zu liefern. Dabei mag
im Rahmen der hier interessierenden Überlegungen dahinstehen, welche durchaus
unterschiedlichen Faktoren diese Einschätzung bestimmt haben können. Das recht
einmütige Ergebnis, es heutzutage mit einer schwieriger gewordenen Klientel zu
tun zu haben, stellt sicherlich keine Überraschung dar. Ähnliche Einschätzungen
wurden bereits für andere Sparten vertreten[31]. Auffallend allenfalls der bemerkenswert hohe Anteil der in der zustimmenden Extremposition (»stimme vollkommen zu«) antwortenden Haftrichter (17,8%), vor allem aber Staatsanwälte
(34,8%), dem es tendenziell entspricht, daß die ablehnend Antwortenden völlig
ohne Extremposition (»stimme überhaupt nicht zu«) auskamen. Dieser Basisein-
schätzung, es mit einer zunehmend schwieriger gewordenen Klientel zu tun zu haben, wird auch bei den nachfolgenden Aussagen eine mitwirkende Bedeutung
zugekommen sein.

bb) AUSSAGE 2: »DER KAMPF GEGEN DAS VERBRECHEN WIRD VIELFACH NICHT
ENERGISCH GENUG BETRIEBEN«

Die Aussage 2 wird vielen aus der Seele sprechen. Die großen Parteien jedenfalls
bemühen sich durchgängig, verstärkt aber gerade in Wahlkampfzeiten darum, ihre
darauf ausgerichteten Kampfeinsätze besonders deutlich zu markieren. Sie bieten
den potentiellen Wählern »Sicherheit statt Angst« an, indem sie »Die Mafia in
Europa zerschlagen« wollen und dafür auch gleich Rezepte anbieten[32]. Der politische Widerpart hat gar einen Entwurf vorgelegt, dessen schlagkräftige Kurz-
bezeichnung bereits mediengerecht verwertbar die zielgerichteten Aktivitäten verdeutlichen will: »Verbrechensbekämpfungsgesetz«[33]. Unsere Frage sollte ergrün-
den, inwieweit justizielle Entscheidungsträger die im Alltag vielfach unterschwellig mitgelieferte Aussage teilen.
      Die erneut deutlich ausfallende Zustimmung – pointiert durch den beträchtli-
chen Anteil der Extremposition (StA: 32,6%/HRi: 15,6%) – markiert offenbar ein

31 Siehe etwa für den Jugendstrafvollzug K. Ohle, Die Aussetzung von Reststrafen im Jugend-
    vollzug – einige Aspekte aus der Praxis, in M. Walter/K.P. Rotthaus/H. Geiter (Hrsg.), wie
    Fn. 11, S. 121.
32 So der Text eines im Europawahlkampf verwendeten Plakats der SPD, sowie den von der
    SPD-Fraktion vorgelegten Entwurf eines Zweiten Gesetzes zur Bekämpfung des illegalen
    Rauschgifthandels und anderer Erscheinungsformen der Organisierten Kriminalität (2.
    OrgKG) – BT-Drs. 12/6784 vom 4. 2. 1994.
33 Vgl. Fn. 9.

in Fachkreisen, Politik und Medien recht einheitliches Bild. Angesichts dessen steht kaum zu erwarten, daß Staatsanwälte und Haftrichter durch der Bevölkerung unverständliche und Widerstand auslösende Milde in ihrem Entscheidungsverhalten auffallen[34]. Selbst das kräftige Drittel der Haftrichter, die unsere Aussage 2 ablehnen, wird erforderlichenfalls durch die insgesamt deutlich rigideren Staatsanwälte[35] über eingelegte Rechtsmittel und -behelfe »gebremst« werden können, zumal keiner der Haftrichter aus einer diese Aussage extrem ablehnenden Position heraus kämpfen würde. Die Chance aber, in der nächsten Instanz einen die dominierende Einstellung repräsentierenden Richter zu finden, liegt bei 2:1.

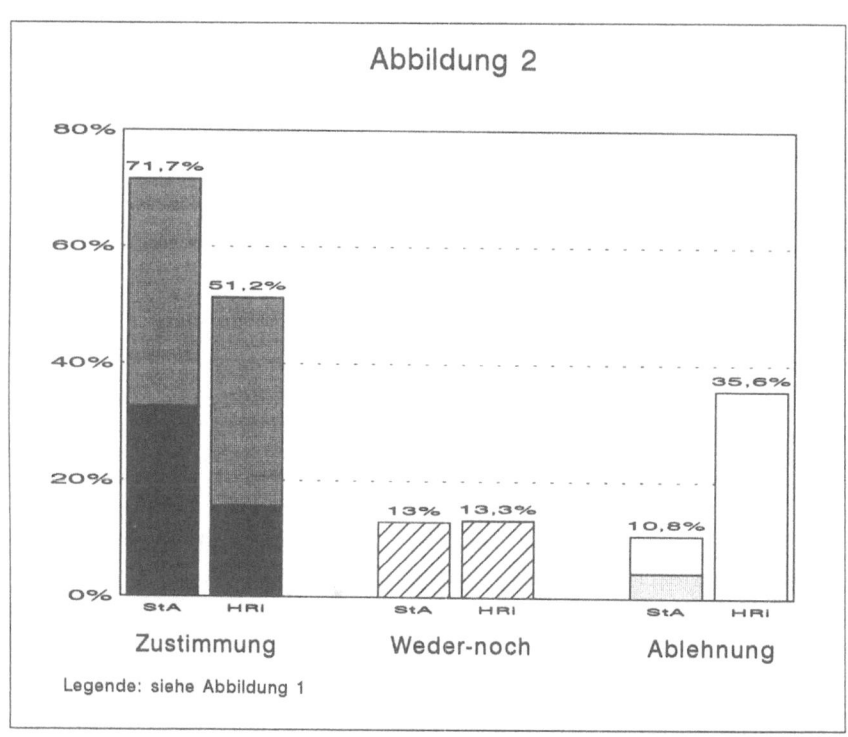

Abbildung 2

Legende: siehe Abbildung 1

---

34   Dazu, daß Richter und Staatsanwälte im Vergleich mit der Bevölkerung punitiver sind, vgl.
     bereits K. Sessar, Wiedergutmachen oder Strafen, 1992, S. 251.
35   Zum größeren Rigorismus der Staatsanwälte vgl. schon F. Streng, Strafzumessung und relative Gerechtigkeit, 1984, S. 110 f. und K. Sessar, wie Fn. 34, S. 206, 251.

cc) AUSSAGE 3: »FREIHEITSSTRAFE KANN UNTER DEN DERZEITIGEN GEGEBENHEITEN
NOCH WESENTLICH ZURÜCKGEDRÄNGT WERDEN.«

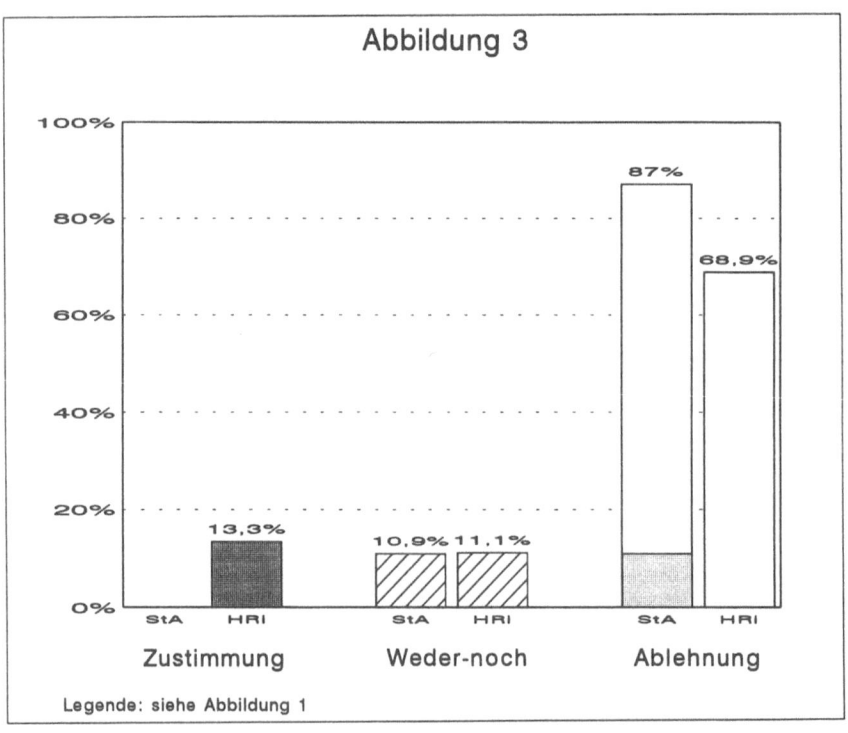

Nach den bisher aufgezeigten Ergebnissen hätte lediglich eine nennenswerte
Anzahl zustimmender Antworten auf diese Aussage überraschen können. Bietet
das Schaubild dafür zwar keinen Anlaß, so verblüfft doch der äußerst markante
Nullwert hinsichtlich zustimmender Antworten der Staatsanwälte. Und auch die
sehr geringe Zustimmung der Haftrichter vermag erneut berechtigte Befürchtungen
der Bevölkerung, hierzulande werde zu milde bestraft, nicht zu stützen. Dies gilt
um so mehr vor dem Hintergrund, als hierzulande eine Zunahme langer Freiheitsstrafen zu registrieren ist[36] und Deutschland hinsichtlich der durchschnittlichen
Inhaftierungszeit ohnehin eher im vorderen Feld der Mitgliedsstaaten des Europarates liegt[37].

---

36 Siehe G. Kaiser, Kriminologie, 9. Aufl. 1992, S. 627.
37 Council of Europe, Penological Information Bulletin, Nr. 17, Dezember 1992, S. 22, 25 (das
    Jahr 1990 erfassend).

b) Fragen zur U-Haftpraxis

In der letzten Zeit haben die Forderungen nach einem vermehrten Einsatz von Untersuchungshaft deutlich zugenommen, wobei die Gegebenheiten anläßlich ausländerfeindlicher, insbesondere rechtsradikaler Aktionen – auch in Nordrhein-Westfalen – einen aktuellen Anlaß dieser Forderungen bilden[38]. Unsere Befragungen fanden zu einem Zeitpunkt statt, wo diese Diskussion bereits geführt wurde.

aa) AUSSAGE 4: »IN NORDRHEIN-WESTFALEN KOMMEN ZU VIELE MENSCHEN
IN U-HAFT«

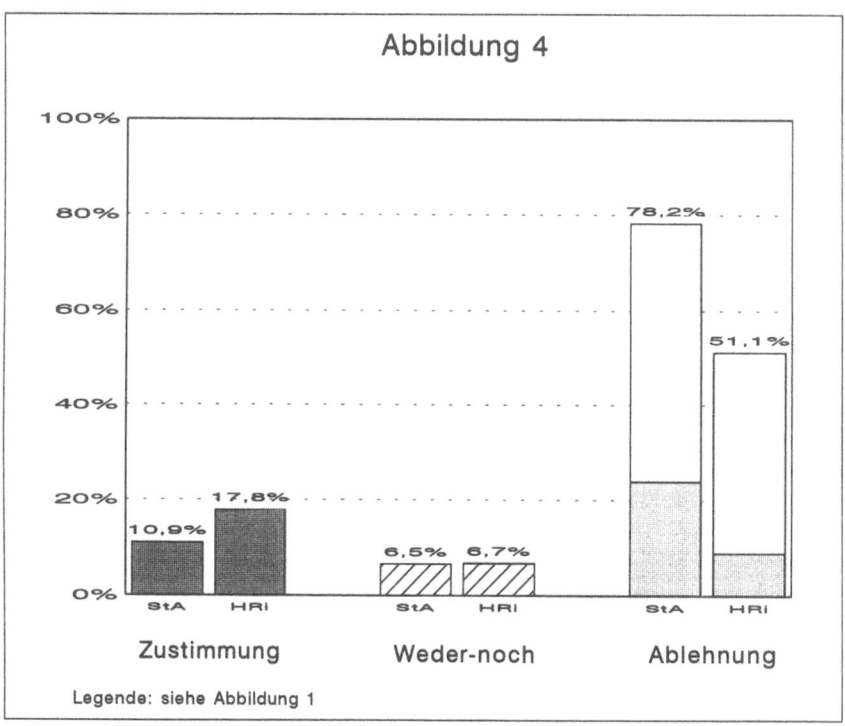

Mit dieser Aussage sollte die jeweilige Einstellung der Befragten zur Inhaftierungsrate in diesem Bundesland erfaßt werden. Das Ergebnis fällt recht eindeutig aus. Dem Umstand zum Trotz, daß Deutschland bei den auf 100.000 Einwohner berechneten U-Haft-Zahlen der Mitgliedsstaaten des Europarates lediglich einen Mittelplatz einnimmt[39], stimmt dieser Aussage nur ein untergeordneter Prozentsatz

---

38   Vgl. etwa die Ausführungen zur Begründung des Entwurfs eines Verbrechensbekämpfungsgesetzes, wie Fn. 9, S. 18 f.
39   Council of Europe, wie Fn. 37, S. 19 (berechnet zum 1. 9. 1991).

der Interviewten zu. Auffallend allerdings, daß fast ein Viertel der Haftrichter mit »weiß nicht« antwortete oder gar keine Antwort auf diese Frage gab. Anscheinend bleibt der Blick einer nennenswerten Gruppe auf den näheren Einzugsbereich des eigenen Gerichtssprengels gerichtet. Gleichwohl läßt sich auch von diesem Ansatzpunkt her ein aufgrund nachvollziehbaren Unwillens der Bevölkerung gebotener Handlungsbedarf kaum herleiten.

Ging es bei der Aussage 4 um eine Erfassung der Inhaftierungsrate, so sollte mit der nachfolgenden Aussage die Einstellung der Befragten zur Inhaftierungsdauer gemessen werden.

bb) AUSSAGE 5: »IN NORDRHEIN-WESTFALEN SIND DIE BESCHULDIGTEN HÄUFIG BIS ZUM ERLASS DES ERSTINSTANZLICHEN URTEILS ZU LANGE IN U-HAFT.«

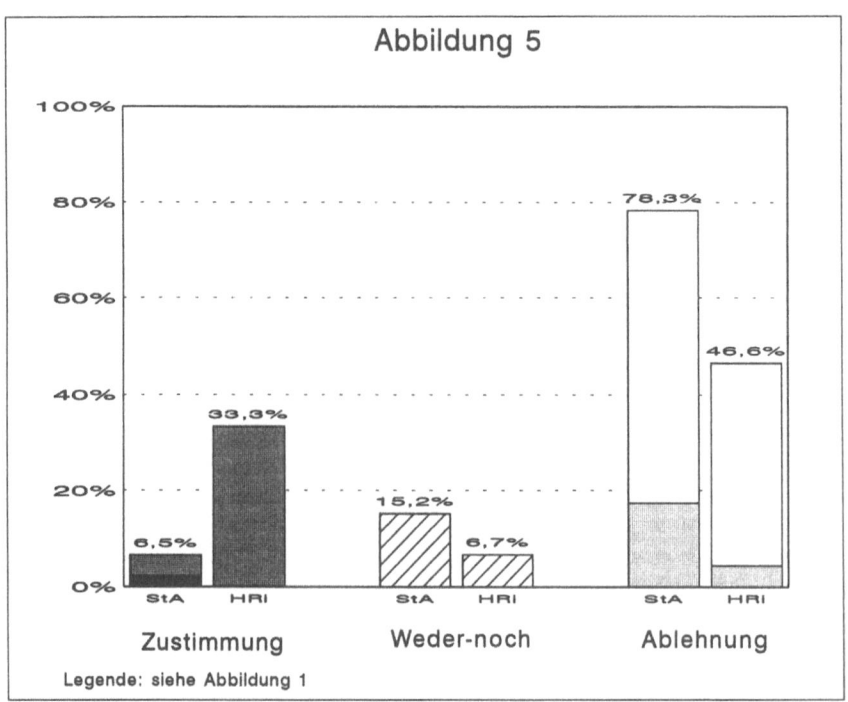

Die Haftrichter, von denen wiederum eine nennenswerte Gruppe (11,1%) Nichtwissen äußerte, stimmen dieser Aussage immerhin zu einem guten Drittel zu. Darüber sollte allerdings nicht verkannt werden, daß fast die Hälfte von ihnen mit den Staatsanwälten, für die es bezüglich der Dauer der Untersuchungshaft bis zum Erlaß des Ersturteils offenbar nichts zu diskutieren gibt, einer Meinung ist.

Nach Behandlung der Einzelaspekte Inhaftierungsrate und Inhaftierungsdauer (bis zum Ersturteil) soll im Anschluß genereller gehalten die Einstellung von

Staatsanwälten und Haftrichtern zur Reduktion von Untersuchungshaft ermittelt werden.

cc) AUSSAGE 6: »DIE GRENZEN ZUR REDUZIERUNG VON U-HAFT SIND ERREICHT.«

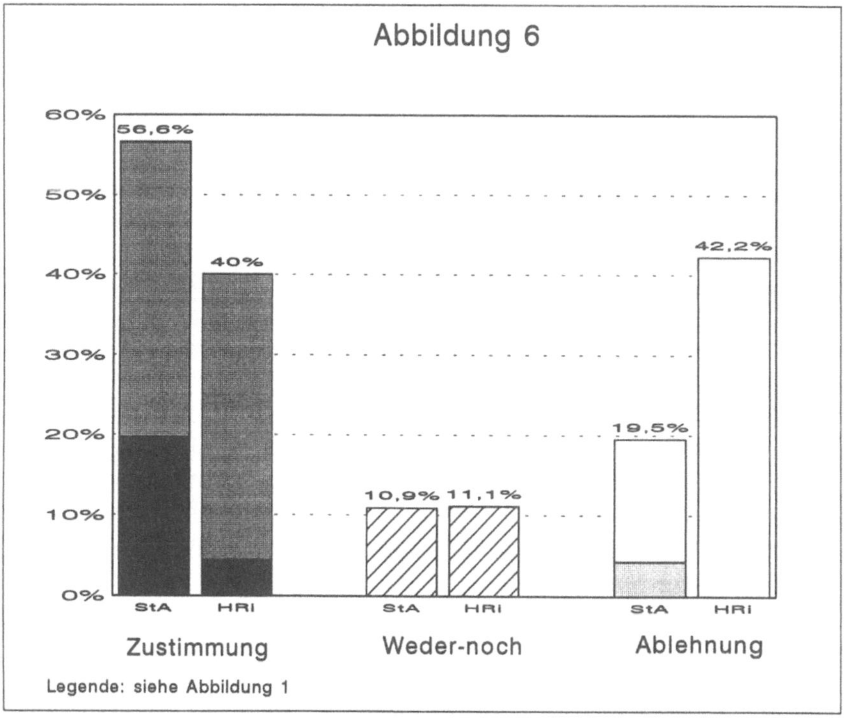

Abbildung 6

Gerade vor dem Hintergrund der bereits erwähnten Diskussion über künftig erweiterte Möglichkeiten der U-Haft-Anordnung[40] ist es bemerkenswert, daß der Anteil der zustimmenden Haftrichter nicht deutlich überwiegt, zustimmende und ablehnende Gruppe vielmehr nahezu gleich groß sind. Anscheinend gelingt zahlreichen Richtern die quantitative Einordnung aktueller und bedrückender Einzelaspekte in die Fülle ihrer Alltagsfälle. Die Staatsanwälte legen zwar erneut ein in der Richtung eindeutiges Ergebnis vor, erschüttern bei dieser Frage jedoch erstmals das Bild einer weitgehend homogenen Gruppe. Dies gilt umsomehr, als 13% von ihnen angeben, auf diese Frage keine Antwort zu wissen. Bei Gegenüberstellung der ermittelten Einstellungen zu den Aussagen 4, 5 und 6 ergibt sich, daß Haftrichter Möglichkeiten zur Reduktion von U-Haft (42,2%/Wert bei StA: 19,5%) wohl eher

---

40   Siehe insbesondere den Entwurf eines Verbrechensbekämpfungsgesetzes, wie Fn. 9, Artikel 4, S. 10.

nach erfolgter Inhaftierung bis zum Erlaß des Ersturteils sehen (33,3%/bei StA: 6,5%), denn in einer bereits anfänglichen Verhinderung von U-Haft (17,8%/bei StA: 10,9%). Die insgesamt betrachtet deutlich rigideren Staatsanwälte können jedoch, zumindest auf dem Weg über die nächste Instanz, Richter, die gegenüber der Anordnung und/oder Fortdauer von U-Haft Zurückhaltung an den Tag legen, jederzeit mit recht guter Aussicht auf Erfolg auf die Ebene der staatsanwaltschaftlichen Mehrheitseinstellung bringen. Für weitergehende U-Haft-Reduktionen scheint es mithin aus dieser Betrachtung heraus wenig Erfolgsaussichten zu geben.

c) Apokryphe Haftgründe

Mit einem dritten Aussagenkomplex wollten wir den Einstellungen der Befragungsteilnehmer zu apokryphen Haftgründen nahekommen. In Anbetracht dieser sensiblen Materie mußten wir bei der Formulierung der den Aussagen vorangestellten Frage alles vermeiden, aus dem sich die Unterstellung möglicherweise rechtlich bedenklicher Verhaltensweisen hätte herauslesen lassen. Die gewählte Fassung »Bei der Entscheidung über Anordnung und Fortdauer der U-Haft sollten neben den gesetzlichen Haftgründen auch die folgenden Gesichtspunkte berücksichtigt werden können« ermittelt damit nicht, welche Überlegungen die Befragten heute realiter beeinflussen, sondern was künftig zulässigerweise sollte berücksichtigt werden dürfen, mithin Wunschvorstellungen. Direkte Auskünfte über tatsächliche Einflüsse kann unsere Befragung folglich nicht geben, wohl aber grundsätzliche Einstellungen zu bestimmten Aussagen deutlich machen und so indizielle Belege liefern. Der Zweck unserer Frage wird den Interviewten kaum verborgen geblieben sein. In Anbetracht des ob ihrer Gesetzeswidrigkeit üblen Images der apokryphen Haftgründe dürfte tendenziell eher eine ablehnende Antwort gegeben worden sein. Da Versuche, fundierte Aussagen zur Verbreitung apokrypher Haftgründe in der Schar der justiziellen Entscheidungsträger zu entwickeln, aus den aufgeführten Gründen immer ein schwieriges Unterfangen darstellen, haben wir diesen Teilbereich der Befragung zu kriminalpolitschen Einstellungen von Staatsanwälten und Haftrichtern wörtlich dem Erhebungsinstrumentarium zu einer in den 80er Jahren durchgeführten schriftlichen Befragung von Staatsanwälten und Richtern (bundesweite Stichprobe) zur Haftpraxis entnommen[41]. Auf diese Weise konnten Vergleichszahlen ermittelt werden, wobei nicht verkannt wird, daß unsere Befragungsgruppe sich nicht nur durch die örtliche Beschränkung auf Nordrhein-

---

41 M. Gebauer, Die Rechtswirklichkeit der Untersuchungshaft in der Bundesrepublik Deutschland, 1987, dort insbes. S. 357-368, sowie die im Anhang 3 aufgeführten Fragen 18-27 bezüglich der Haftrichter und die gleichlautenden Fragen 34-43 hinsichtlich der Staatsanwälte.

Westfalen unterschied, sondern auch durch das abweichende Auswahlverfahren[42], die anderen Antwortkategorien[43], und die Durchführungsart der Erhebung. So hatten wir infolge der Mündlichkeit der Befragung keine Rücklaufprobleme[44]. Da die Befragungseinheiten nicht identisch waren, kann mithin zwar nachfolgend keine Entwicklung in der Einstellung justizieller Entscheidungsträger zu apokryphen Haftgründen vermittelt werden, wohl aber der Bestand der Einstellungen der 80er Jahre dem 1993/1994 in Nordrhein-Westfalen ermittelten gegenübergestellt werden.

Nachfolgend soll die Einstellung der Befragten auf vier (von 10) Aussagen wiedergegeben werden, denen folgende Vorgaben zugrundelagen:

»BEI DER ENTSCHEIDUNG ÜBER ANORDNUNG ODER FORTDAUER DER U-HAFT SOLLTEN NEBEN DEN GESETZLICHEN HAFTGRÜNDEN AUCH DIE FOLGENDEN GESICHTSPUNKTE BERÜCKSICHTIGT WERDEN KÖNNEN: –. . .«

---

42 Siehe dazu einerseits oben S. 235/236 und die Ausführungen bei M. Gebauer, wie Fn. 41, S. 107/108 andererseits.

43 M. Gebauer, wie Fn. 41, hatte eine 7-stufige Intervallskala gewählt, vgl. S. 106.

44 Zur Rücklaufquote der in den 80er Jahren durchgeführten Untersuchung, die bei den Richtern je nach LG-Bezirk zwischen 8% und 100%, bei den Staatsanwälten zwischen 25% und 81,1% schwankte und im Durchschnitt bei 21,9% (Richter) sowie 60,1% (Staatsanwälte) lag, vgl. M. Gebauer, wie Fn. 41, S. 109.

aa) VORGABE 1: »... – IN SPEKTAKULÄREN FÄLLEN DIE ERREGUNG DER
ÖFFENTLICHKEIT«

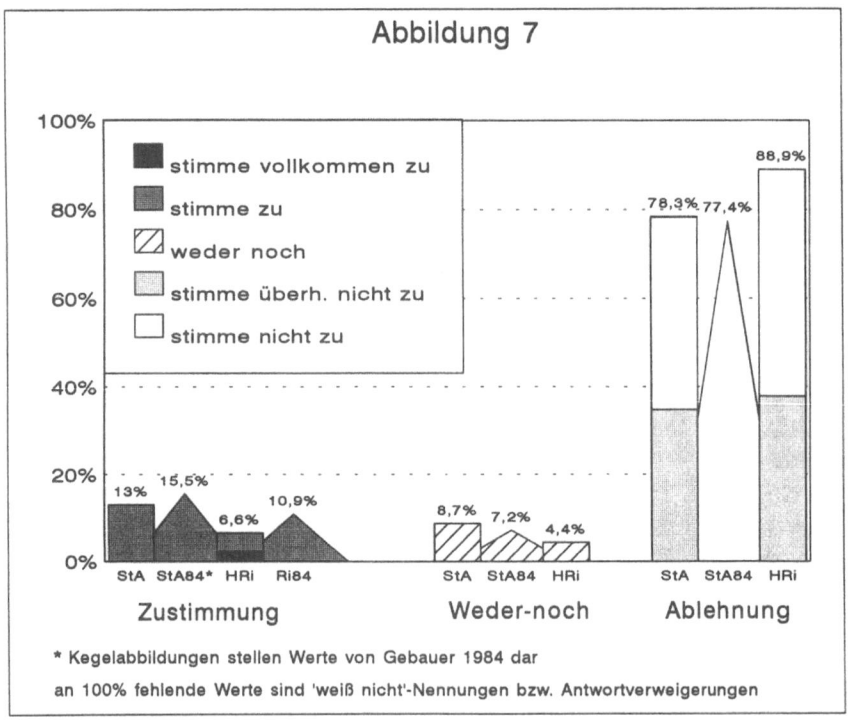

Abbildung 7

Dieses in beiden Berufsgruppen recht eindeutig ausfallende Ergebnis macht
zumindest deutlich, daß sich die meisten der justiziellen Entscheidungsträger auch
weiterhin nicht von der höchst empfindlichen und deshalb leicht manipulierbaren
Stimme des Volkes, sei es deren laut tönender Teil oder aber die schweigende
Mehrheit, abhängig machen wollen. Das verdeutlichen die mit den unseren weitgehend übereinstimmenden Zahlen, die Gebauer bereits in den 80er Jahren ermittelte[45] (siehe die mit StA84 und Ri84 gekennzeichneten Kegel in Schaubild 7). Dem
von Gebauer veröffentlichten Text sind leider nicht die Ablehnung und Unent-
schiedenheit wiedergebenden Antworten der Richter zu entnehmen, so daß unser
Vergleich insoweit unvollständig bleiben muß.

Mit der Ablehnung eines solchen mitwirkenden Haftgrundes ist allerdings keine
Aussage darüber getroffen, ob die Einstellungen der Entscheidungsträger weit von
den Vorstellungen der Bevölkerung entfernt sind. Die anhand der bisher vorge-

---

45   M. Gebauer, wie Fn. 41, S. 360, 364.

stellten Abbildungen vermittelten Aussagen legen eher das Gegenteil nahe. Weitere Auskünfte vermögen unter Umständen die Antworten auf die beiden nachfolgenden Vorgaben zu liefern.

bb) VORGABE 2: ». . . – DIE NOTWENDIGKEIT, DEM BESCHULDIGTEN DIE
ERNSTHAFTIGKEIT DER STRAFVERFOLGUNG VOR AUGEN ZU FÜHREN,
IHM QUASI EINEN DENKZETTEL ZU VERPASSEN«

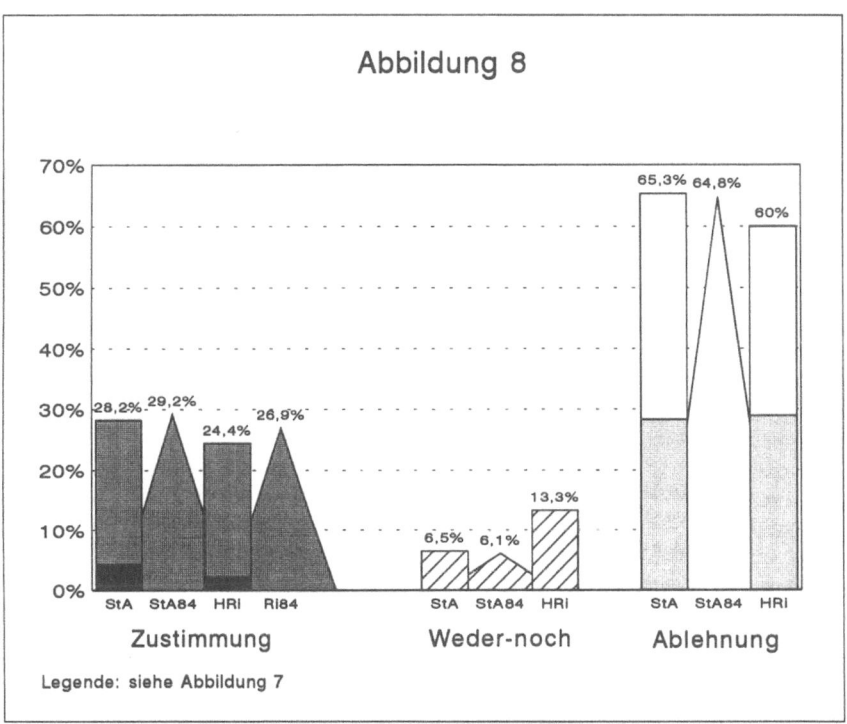

Diese Vorgabe wurde auf unserer Liste als vierte angesprochen, so daß die Befragungspersonen bis dahin sicher die Intention unserer Fragestellung bemerkt haben dürften. Wenn dennoch jeweils rund ein Viertel der Staatsanwälte und Haftrichter eine zustimmende Einstellung preisgibt, so wird darin ein – in Ansehung der von Gebauer ermittelten Zahlen wohl sehr konstantes – Bedürfnis deutlich, das jedenfalls den Intentionen der Bevölkerung (und sonstigen Öffentlichkeit) kaum zuwiderläuft. Noch deutlicher wird dies bei der nachfolgenden Vorgabe.

cc) VORGABE 3: ».. . – DER ZWECK, ANDEREN POTENTIELLEN TÄTERN DIE
REAKTIONSBEREITSCHAFT DER RECHTSORDNUNG VORZUFÜHREN
(INSBES. PERSONEN AUS DER GRUPPE DES BESCHULDIGTEN,
Z.B. RANDALIERENDEN FUßBALLFANS U.Ä.)«

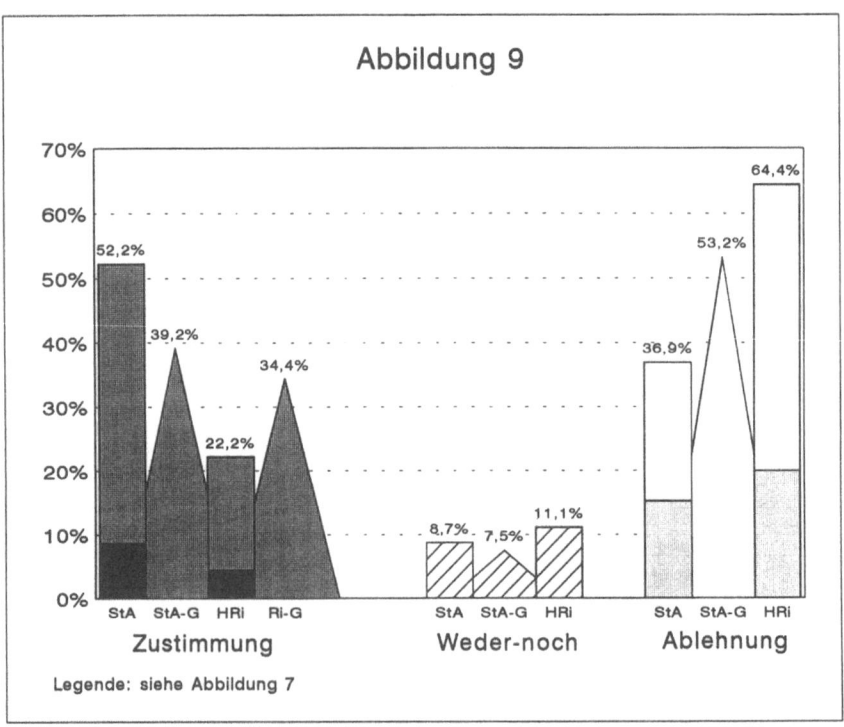

Abbildung 9

Legende: siehe Abbildung 7

Bildet sich bei den im Winter 1993/1994 befragten Haftrichtern hier ein nahezu
gleiches Bild wie bei der obigen Vorgabe ab, so steigt die Zustimmung bei den
Staatsanwälten auf über die Hälfte der Befragten, differiert damit – anders als bisher – deutlich gegenüber den in den 80er Jahren ermittelten Zahlen. Hier können
die bei Durchführung der Befragung der Staatsanwälte im Sommer/Herbst 1993
noch sehr aktuellen Vorgänge anläßlich rechtsradikaler und ausländerfeindlicher
Ausschreitungen auch in Nordrhein-Westfalen (Stichwort: Solingen, Mai 1993)
unter Umständen eine Rolle bei der Entscheidung gespielt haben. Andererseits
führte die gelieferte Vorgabe, zumal in ihrem Klammerzusatz, den Befragten doch
eindeutig die viel umfassendere Breite ihres Anwendungsspektrums vor Augen.
Jedenfalls spricht einiges dafür, daß das mit dieser Frage erfaßte Bedürfnis, der
Abschreckung größere Bedeutung zukommen zu lassen, bei den Staatsanwälten in
den letzten Jahren generell gestiegen ist. Ist dem aber so, besteht noch weniger

Anlaß, den Rufen nach einer stärkeren Berücksichtigung rigiderer kriminal- und strafvollzugspolitischer Vorstellungen der Bevölkerung nachzukommen. Justizielle Entscheidungsträger haben diese vielmehr vermutlich bereits jetzt in nicht unerheblichem Umfang verinnerlicht[46].

dd) VORGABE 4: ». . . – DIE VERMEIDUNG VON VERFAHRENSVERZÖGERUNGEN, Z.B.
WEGEN ZUSTELLUNGSSCHWIERIGKEITEN«

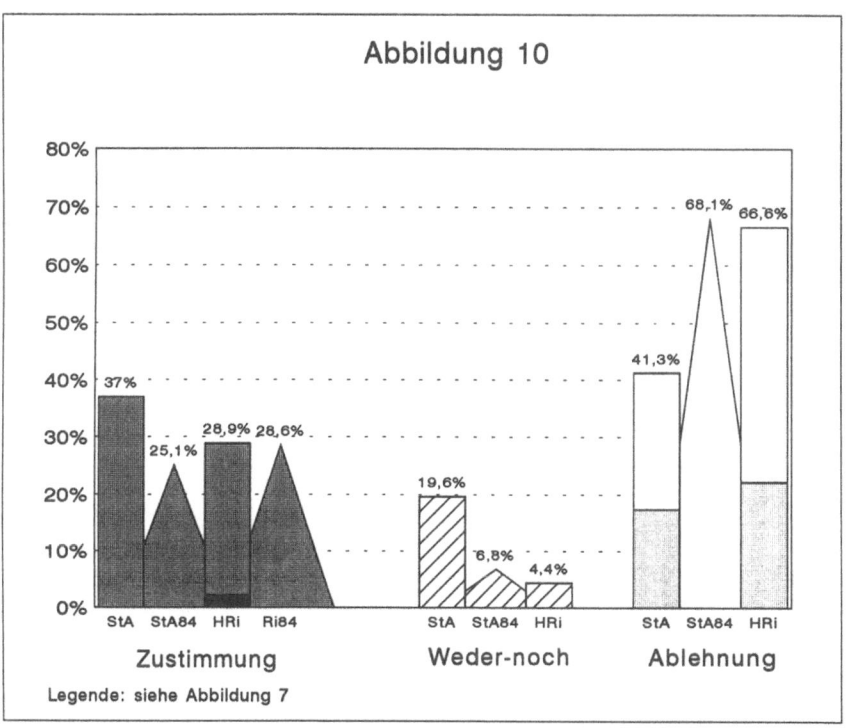

Abbildung 10

Legende: siehe Abbildung 7

Diese letzte Vorgabe wurde in die hier präsentierte Auswahl kriminalpolitischer Einstellungen justizieller Entscheidungsträger aufgenommen, weil der bereits mehrfach erwähnte und vieldiskutierte Entwurf eines Verbrechensbekämpfungsgesetzes einen neuen Festnahme- und Haftgrund anbietet. Zur vorläufigen Festnahme eines auf frischer Tat Betroffenen oder Verfolgten sollen Staatsanwaltschaft und Beamte des Polizeidienstes auch dann befugt sein, wenn 1. eine unverzügliche Entscheidung im beschleunigten Verfahren wahrscheinlich ist und 2. aufgrund bestimmter Tatsachen zu befürchten ist, daß der Festgenommene der Hauptver-

---

46 S. bereits *K. Sessar*, wie Fn. 34.

handlung fernbleiben wird. Ein Haftbefehl, der auf höchstens eine Woche zu befristen ist, darf gegen den der Tat dringend Verdächtigen dann ergehen, wenn die Durchführung der Hauptverhandlung binnen einer Woche nach Festnahme zu erwarten ist[47].

Unsere den Staatsanwälten und Haftrichtern zur Beurteilung vorgelegte Vorgabe konnte die in dem Gesetzentwurf enthaltenen Maßnahmen nicht direkt ansprechen, da wir – wie bereits erwähnt – im Bereich der Auslotung apokrypher Haftgründe früher entwickeltes Erhebungsinstrumentarium verwandt haben, um Vergleichswerte zu erlangen. Dennoch trifft die Vorgabe 4 mit dem Begriff der »Vermeidung von Verfahrensverzögerungen« zumindest der Richtung nach die mit dem neuen Festnahme- und Haftgrund ins Auge gefaßte Intention. Unsere Ergebnisse weisen – in Ansehung der Daten aus den 80er Jahren – eine eher kontinuierliche Zurückhaltung der Interviewten aus. Lediglich bei den Staatsanwälten scheint das Interesse an der Schaffung von über das bisherige Angebot hinausgehenden gesetzlichen Maßnahmen zur Vermeidung von Verfahrensverzögerungen gewachsen zu sein.

III. Folgerungen aus der Befragung und Forderungen an Vollzug und Politik

1. Statt resignativer Machtübergabe an wenig Informierte – aktive Aufklärung der Bevölkerung

Versucht man die in den einzelnen Abbildungen dokumentierten Angaben unserer Befragungsteilnehmer zu einem Gesamtergebnis zusammenzufassen, so läßt sich bei aller Zurückhaltung sagen: Die kriminalpolitischen Einstellungen der Staatsanwälte und Haftrichter Nordrhein-Westfalens geben keinen Beleg ab für die Berechtigung von in kritischen Äußerungen oft unterschwellig mitgelieferten Vorhalten, hierzulande schwimme die Justiz auf der »weichen Welle«. Denn die mitgeteilten Einstellungen werden vermutlich in den täglichen Entscheidungen unserer Befragten ihren Niederschlag finden. Härtere Daten, als die Messung von Einstellungen zu liefern vermag, stützen denn auch dieses Gesamtergebnis, wie die bereits oben angesprochene Zunahme längerer Freiheitsstrafen, die in Relation zu anderen Staaten des Europarates höhere U-Haft-Zahl und die durchschnittlich längere Inhaftierungszeit hierzulande[48]. In Ansehung der Absicherung dieses von zwei Säulen getragenen Ergebnisses besteht derzeit wohl keine Veranlassung dazu, bei restriktiveren gesetzlichen Maßnahmen und Programm(vorstellung)en Zuflucht zu

---

47 Vgl. den insoweit nicht in das Gesetz aufgenommenen Entwurf eines Verbrechensbekämpfungsgesetzes, wie Fn. 9, Art. 4, Nr. 5.
48 Siehe Fn. 36, 37, 39.

suchen. Vielmehr scheint mir eine angesichts dieser Gegebenheiten von Experten – jedenfalls für den Bereich des Strafvollzugs – vorgetragene Argumentation verhängnisvoll, die die Vollzugspolitik in erheblichem Umfang an deren Akzeptanz durch die Bevölkerung orientieren will, was zwangsläufig Restriktionen zur Folge haben wird, die zum Teil auch bereits (den Vorstellungen der Laien vorauseilend) von den Fachleuten benannt werden[49]. Man wird es der in Fragen des Strafvollzugs und der Kriminalität nur sehr grob und einseitig informierten Bevölkerung kaum verübeln können, wenn sie ihr Sicherheitsinteresse, das angesichts der oben geschilderten ständigen Schreckensnachrichten natürlich nie gewahrt sein wird, bei der Vollzugsplanung über alles stellt. Schwingt die (Akzeptanz der) Bevölkerung maßgeblich das Zepter der Vollzugspolitik, so dürfen wir das bis heute ohnehin nur unvollständig realisierte Gedankengut des Strafvollzugsgesetzes wohl endgültig bei den abgelegten Akten einordnen. Hiermit soll keinesfalls einer Ignorierung der Bevölkerung das Wort geredet werden. Angesichts der in gebräuchlichen Schlagworten wie »Hotelvollzug« zum Ausdruck kommenden Unwissenheit größter Bevölkerungsgruppen allerdings scheint eher Aufklärung über den Strafvollzug und seine höchst unterschiedlichen Insassen geboten. Auch auf das Erfordernis des (Mit-)Tragens letzter Risiken, das die Bevölkerung in vielen anderen Bereichen, etwa dem Straßenverkehr oder dem Berufsleben, großenteils wie selbstverständlich trägt, ist hinzuweisen. Hier sollte jedes überspielende Vertuschen vermieden werden, andererseits aber mit ebensoviel Nachdruck die gegenüber der vermittelten Meldungen deutlich abweichende Größenordnung der tatsächlichen Gefahr verdeutlicht werden. Der heute weitgehend auf Unauffälligkeit bedachte Vollzug[50], der sich – nicht zuletzt gefördert durch das Verhalten von Vorgesetzten, Medien und Politikern – rasch in eine bloße Verteidigungshaltung gedrängt fühlt, sollte wieder aus seinem Schneckenhaus herauskommen und u.a. aktiv Mißstände aufzeigen, die eine erfolgreiche(re) Arbeit torpedieren. Für dieses Bündel an notwendiger Aufklärung sollten sich gerade die Experten inner- und außerhalb des Strafvollzugs zuständig fühlen, selbst wenn sie dabei, was nicht selten der Fall sein wird, den mitfühlenden und anstrengenden Widerpart einer oft unnötigerweise verängstigten Bevölkerung zu übernehmen haben.

---

49   Vgl. H.-D. Schwind, wie Fn. 20, S. 261 f. sowie in diesem Band, S. 216 ff.
50   Treffend benannte M. Busch das oberste Vollzugskriterium: »Es darf auf keinen Fall etwas passieren«, vgl. seinen Beitrag Sozialpädagogik und Sicherheit im Strafvollzug, KrimPäd Praxis, Heft 28, 1988, S. 23 (29 f.).

2. Statt tagesaktueller Gesetze – fundierte Konzepte

Einer der angesprochenen Mißstände, ein äußerst gewichtiger, soll abschließend kurz angesprochen werden: die Überfüllung der Gefängnisse[51], wie sie augenblicklich wieder zu verzeichnen ist[52]. Das Verbrechensbekämpfungsgesetz, das erhebliche Strafverschärfungen im Bereich der Körperverletzungen beabsichtigt, darüberhinaus den Haftgrund der Wiederholungsgefahr erweitern sowie einen neuen Haftgrund zur Sicherung der Hauptverhandlung einführen will[53], wirkt auf diese Weise zwangsläufig massiv auf die Belegungssituation des Strafvollzugs ein. Denn wo mehr U-Haft ermöglicht werden soll, wird es wohl auch mehr U-Haft geben und wo längere Strafen sollen verhängt werden können, wird man sie aussprechen. Welche Folgen die Einführung derartiger Regelungen für den bereits jetzt überfüllten Strafvollzug haben würde, dazu schweigt der Gesetzentwurf. Nicht einmal bei der Berechnung der anfallenden Kosten findet sich eine Erwähnung dieses drängenden Problems, die über den Vermerk hinausgeht, es werde mehr Aufwand bei den Straf*verfolgungs*behörden entstehen[54]. Ob das Gesetz, das beabsichtigt, »das geltende Recht konsequent und effektiv durchzusetzen und Defizite im Gesetzesvollzug zu beseitigen, um den Bürgern Schutz vor den verschiedenen Erscheinungsformen der Kriminalität zu gewähren und das Vertrauen in den Rechtsstaat zu erhalten«[55], wirklich seine intendierte Aufgabe erfüllen könnte, sei zumindest in Zweifel gezogen. Denn das den Politikern so sehr am Herzen liegende Vertrauen der Bevölkerung würde sich wohl rasch verflüchtigen, wenn im Gegenzug zu den inhaftierungsfördernden Maßnahmen allein durch eine vor der Zeit erfolgende Entlassung von Gefangenen die Überfüllung der Strafanstalten zu vermeiden wäre. Wenn auch die Palette der gesetzlichen Möglichkeiten für vorzeitige Entlassungen inzwischen beachtlich ist[56], würde man den für die Entscheidung zuständigen Vollstreckungsrichtern jedoch nicht den Ausspruch vorzeitiger Entlassungen vorschreiben können. Da sie insgesamt betrachtet bisher aber nur recht zurückhaltend von diesem Institut Gebrauch machen[57], hätte man erneut auf dem

---

51 Siehe dazu umfassend R. Oberheim, Gefängnisüberfüllung, 1985.
52 Vgl. ZfStrVo 1994, 168, 172, 298/299, 358 und Kölner-Stadt-Anzeiger vom 27. 7. 1994, S. 3 (Nordrhein-Westfalen betreffend); zur Lage bei den U-Häftlingen vgl. bereits F. Dünkel, Untersuchungshaft. Alarmierender Anstieg, NK 1993, 9/10.
53 Der Entwurf ist zwischenzeitlich allerdings nicht vollständig Gesetz geworden, insbesondere wurde der neue Haftgrund zur Sicherung der Hauptverhandlung vorerst nicht eingeführt, vgl. Fn. 9.
54 Siehe Entwurf eines Verbrechensbekämpfungsgesetzes, wie Fn. 9, S. 4 und 21.
55 Siehe Entwurf eines Verbrechensbekämpfungsgesetzes, wie Fn. 9, S. 18.
56 Vgl. dazu M. Walter/H. Geiter/W. Fischer, Halbstrafenaussetzung – ein ungenutztes Institut zur Verringerung des Freiheitsentzugs, NStZ 1989, 405 f. (410-416) m.w.N.
57 H. Geiter, Kommentierende Bemerkungen zum Kapitel »Die vorzeitige Entlassung aus der Haft: Strafrestaussetzung zur Bewährung«, in: M. Walter/K.P. Rotthaus/H. Geiter (Hrsg.), wie Fn. 11, S. 128 f. (130 f.) m.w.N.

Justizverwaltungsweg durch (pauschalierte) Begnadigungen oder ähnliche Maßnahmen dafür zu sorgen, daß die Gefängnisse gerade noch in einem die Menschenwürde achtenden Zustand blieben[58]. Das Problem der Überfüllung jedenfalls ist erneut aktuell, gleichgültig ob es nun durch die zwischenzeitliche Verabschiedung des Verbrechensbekämpfungsgesetzes noch drängender wurde.

3. Statt Überfüllung von Gefängnissen – Absenkung der Gefangenenzahlen

Im Jahre 1968 schrieb Karl Peter Rotthaus im Anschluß an die seinerzeit als mutig empfundene, an sich eine Selbstverständlichkeit aussprechende Entscheidung des OLG Hamm[59], die Schluß machen wollte mit der menschenunwürdigen Überbelegung von Zellen: »Vor allem aber scheint mir der Gedanke, daß der Strafvollzug die Menschenwürde des Gefangenen wahren muß, ein fruchtbarer Ansatzpunkt für die kritische Überprüfung seines heutigen Erscheinungsbildes und für die Strafvollzugsreform zu sein«[60]. Fast 20 Jahre später formulierte er im Angesicht des Umstands, daß dem Strafvollzug auf lange Sicht nur begrenzte Haushaltsmittel zur Verfügung gestellt würden: »Nur wenn es gelingt, die Gefangenenzahlen zu senken, wird es möglich sein, die Reform des Strafvollzugs zum Abschluß zu bringen«[61]. Ein Programmsatz, der trotz seiner kostensparenden Komponente Politik, Medien und Bevölkerung in der heutigen Zeit sicher nicht leicht nahezubringen ist. Der Vollzug und ihm nahestehende Experten sollten jedenfalls mit Nachdruck daran arbeiten.

---

58 M. Walter/H. Geiter/W. Fischer, wie Fn. 56, S. 415;
59 OLG Hamm, Beschluß vom 23. 6. 1967, NJW 1967, 2024 mit zustimmender Anmerkung von Eberhard Schmidt.
60 K.P. Rotthaus, Menschenwürde und Strafvollzug, MDR 1968, 102 (103).
61 K.P. Rotthaus, Die Bedeutung des Strafvollzugsgesetzes für die Reform des Strafvollzugs, NStZ 1987, 1 f. (5).

Verzeichnis der Schriften von Karl Peter Rotthaus

1960 – 1969

— Zur Bearbeitung der Gefangenenbeschwerden, ZfStrVo 1961, 201 f.

— Strafrecht und Willensfreiheit, Neue Deutsche Hefte, 1963, Heft März/April, S. 23 f. (gemeinsam mit Erich Rotthaus)

— Zur Frage der Vorführung der Freiheitslosen bei Gericht, JVBl 1963, S. 4 f.

— Das neue Unfallrecht der Gefangenen, JVBl 1963, S. 165 f. – ZfStrVo 1963, S. 348 f.

— Die Rechtstellung der niederländischen Strafgefangenen, ZfStrVo 1964, S. 139 f.

— Welche Rechtsätze können die Vorführung eines Gefangenen als Prozeßpartei vor Gericht erforderlich machen? MDR 1964, S. 205 f.

— Justizforderungen und Resozialisierung der Strafentlassenen, MschrKrim 1965, S. 138 f.

— Vollzugsbeamte und Betreuungskräfte im englischen Strafvollzug, Vollzugsdiest 1966, Heft 3

— Erfahrungen mit dem Rechtsweg in Strafvollzugssachen, NJW 1966, S. 1351 f.

— Die Auswahl und Ausbildung der Aufsichtsbeamten in England, ZfStrVo 1966,S. 180 f.

— Zum Verhältnis von Bewährungshilfe und Strafvollzug, BewHi 1966, S. 251 f.

— Sinnvoller Beginn des Strafvollzuges, in: Straffälligenhilfe im Dienste eines geordneten Gemeinschaftslebens, Bad Godesberg 1966, S. 64 f.

— Die Aufgaben einer besonderen Vollzugsanstalt für schwierige und abnorme Gefangene, MschrKrim 1967, S. 344 f.

— Der Schriftverkehr der Gefangenen mit Gerichten und Behörden, JVBl. 1967, S. 195 f.

— Menschenwürde und Strafvollzug, MDR 1968, S. 102 f.

— Die Ausbildung der Beamten des Aufsichtsdienstes, JVBl. 1968, S. 222 f.

— Erfahrungen mit dem Strafvollzug bei ausländischen Verurteilten, ZfStrVo 1968, S. 353 f.

— Das gruppendynamische Seminar – eine neuartige Fortbildungsveranstaltung, JVBl. 1969, S. 202 f.

1970 – 1979

— Zur Frage des Schußwaffengebrauchs gegenüber Strafgefangenen, MDR 1970, S. 4 f.

— Die Ausbildung der Vollzugsbediensteten für den Umgang mit schwierigen Gefangenen, MschrKrim 1970, S. 123 f.

— Ist eine besondere gesetzliche Grundlage für die Vorführung der Gefangenen bei Gericht erforderlich?, JVBl. 1970, S. 100 f.

— Neue Methoden einer beschränkten Freiheitsentziehung, BewHi 1970, S. 304 f.

— Grenzen normativer Regelungen im Strafvollzug – 10 Jahre Dienst- und Vollzugsordnung, JVBl. 1971, S. 241-247.

— Der alternde Gefangene, MschKrim. 1971, S. 338-344.

— Der Vollzug der Freiheitsstrafe bei Verkehrstätern, Blutalkohol 1972, S. 191-197.

— Gegen einen Rückzug der Forschung aus dem Strafvollzug, MschKrim 1973, S. 67 f.

— Einstellungsveränderung als Ziel der Ausbildung der Beamten des Aufsichtsdienstes, MschKrim. 1973, S. 182-185.

— Unzulänglichkeiten der heutigen Regelung der Untersuchungshaft, NJW 1973, S. 2269-2273.

— Erfolg und Mißerfolg des Erwachsenenvollzuges, ZfStrVo 1975, S. 110-114.

— Was ist die Gesellschaft dem Rechtsbrecher schuldig?, ZfStrVo 1975, S. 24-26.

— Bericht über die Arbeitsgruppe »Einstellungs- und Verhaltensmodifikation durch Fortbildung für Mitarbeiter der Strafrechtspflege« (gemeinsam mit: Adelheid Kühne), KrimJ 1975, S. 148-153.

— Strafvollzugskunde als wissenschaftliche Disziplin und Strafvollzugswirklichkeit, ZfStrVo 1976, S. 1-8.

— Sozialtherapeutische Anstalten aus der Sicht der Juristen in: Schwind/ Blau (Hrsg.), Strafvollzug in der Praxis, Berlin/ New York 1976, S. 70-78, 2. Auflage 1988, S. 87-95.

— Teamarbeit in der Sozialtherapie, in: Bundeszusammenschluß für Straffälligenhilfe (Hrsg.), Sozialtherapeutische Anstalten-Konzepte und Erfahrungen, Bonn 1977, S. 35-42.

— Zum Rechtsschutz des Strafgefangenen, MschKrim 1977, S. 186-189.

— Therapeutische Behandlung im Strafvollzug – eine Utopie? in: Petri/Schwind (Hrsg.), Kriminalität heute, Ursachen und Behandlung, Bochum 1977, S. 116-128.

— Sozialtherapie in der Dr. v.d. Hoeven-Kliniek in Utrecht, MschKrim 1975, S. 83-94.

— Die neue Dr. v.d. Hoeven-Kliniek in Utrecht, MschKrim 1978, S. 126-134.

— Strafvollzug und Rückfälligkeit, ZfStrVo 1978. S. 1-6.

— Die Mitarbeiter des Behandlungsvollzuges, Bundeszusammenschluß für Straffälligenhilfe (Schriftenreihe Heft 21), Bonn 1978, (gemeinsam mit Jung, Mey, Müller-Dietz).

1980 – 1989

— Partner im sozialen Umfeld des Vollzuges – Möglichkeiten und Grenzen der Zusammenarbeit, in: Helmut Kury (Hrsg.), Strafvollzug und Öffentlichkeit, Freiburg 1980, S. 155-178.

— Zusammenarbeit zwischen Oberbehörde und Sozialtherapeutischer Anstalt, ZfStrVo, SH Sozialtherapie und Behandlungsforschung 1980, S. 13-18.

— Die Dr. S. van Mesdag Kliniek in Groningen, ZfStrVo, SH Sozialtherapie und Behandlungsforschung 1980, S. 97-99. (gemeinsam mit Martin Leipert).

— Das dänische Staatsgefängnis in Ringe – ein Gegenmodell zur Sozialtherapeutischen Anstalt?, ZfStrVo, SH Sozialtherapie und Behandlungsforschung 1980, S. 99-102.

— Schwierige und gefährliche Gefangene im englischen Strafvollzug, ZfStrVo, SH Sozialtherapie und Behandlungsforschung 1980, S. 102-108.

— Training und Supervision of Correctional Officers in a Sociotherapeutic Prison in West Germany, in: David A. Ward, Kenneth F. Schoen (Hrsg.), Confinement in Maximum Custody, Lexington, Massachusetts 1981, S. 147-158.

— Sozialtherapie in der JVA Gelsenkirchen, ZfStrVo 1981, S. 323-333.

— Erfahrungen in der praktischen Sozialtherapie – Stellungnahme eines Juristen in: Kriminologische Gegenwartsfragen, Bd. 15, Stuttgart 1981, S. 79-99.

— Die Kommentare zum Strafvollzugsgesetz, NstZ 1981, S. 96-98 und NStZ 1984, S. 109-111.

— Zusammenarbeit zwischen Justizvollzugsanstalt und Strafvollstreckungskammer, in Schwind/Böhm (Hrsg.), Festschrift für Günter Blau, 1985, Berlin/New York 1985, S. 327-339.

— Die gesetzliche Regelung des Maßregelvollzugs im Lande Nordrhein-Westfalen, NStZ 1985, S. 441-444.

— Aufgaben und Arbeitsweise der Justizvollzugsämter im Lande Nordrhein-Westfalen, in: Hirsch, Kaiser, Marquardt (Hrsg.), Gedächtnisschrift für Hilde Kaufmann, Berlin 1986, S. 623-635.

— Imprisonment of Iuvenile Offenders in the Federal Republic of Germany in: Kerner, Galaway, Janssen (Hrsg.), Jugendgerichtsbarkeit in Europa und Nordamerika, Schriftenreihe der Deutschen Vereinigung für Jugendgerichte und Jugendgerichtshilfen, NF Heft 16, München 1986, S. 55-61.

— Sozialtherapie: Wie soll er weitergehen?, ZfStrVo 1986, S. 79 f.

— Die Bedeutung des Strafvollzugsgesetzes für die Reform des Strafvollzugs, NStZ 1987, S. 1-5.

— Die Reform der inhaltlich-vollzuglichen Gestaltung der Untersuchungshaft in: Eyrich, Oderski, Säcker (Hrsg.), Festschrift für Kurt Rebmann, München 1989, S. 401-418.

— Organisation und Arbeitsweise der Mittelbehörde im Strafvollzug in England und Wales, ZfStrVo 1989, S. 355-361.

— Vocational Training and Integration of Ex-prisoners Into Working Life, in: Coram Foundation/Apex Trust (Hrsg.), Employment Opportunities in Europe – Fair Shares for Ex-offenders, London 1989, S. 12-16.

— Rozwoj mysli penitencjarnej w Republice Federalnej Niemiec po drugiej wojnie swieatowej, (Die Entwicklung des Strafvollzugs in der Bundesrepublik Deutschland in ihren Bezügen zum Strafvollzug in den USA und den europäischen Nachbarstaaten), Przeglad Penitencjarny i Kryminologiczny, Warschau 1989, S. 3-20.

seit 1990

— Die Rechtsberatung der Gefangenen im Justizvollzug, NStZ 1990, S. 164-170.

— Die Gefängnisunruhen in England April 1990, ZfStrVo 1991, S. 195-202.

— Mitarbeit an Schwind/Böhm (Hrsg.), Kommentar zum Strafvollzugsgesetz, §§ 8-9, 123-138, 154-156, 159-165, 1. Auflage, Berlin 1983, 2. Auflage, Berlin 1990.

— Die Grundfragen des heutigen Strafvollzugs aus der Sicht der Praxis, ZfStrVo 1992 , S. 41-45.

— So nahe und doch getrennt: Forensische Psychiatrie und Sozialtherapie im Strafvollzug, in: W.M. van den Bergh (Hrsg.), Im Zentrum: Massregelvollzug — Entwicklungen in der forensischen Therapie, Festschrift für Vera Schumann, Landschaftsverband Westfalen Lippe, Münster 1992, S. 153-158.

— Strafe Tor zur Versöhnung? Die Denkschrift der EKD in: Täter-Opfer-Ausgleich und Wiedergutmachung – Neue Herausforderungen für die Justiz, Loccumer Protokolle 60/91, Rehburg-Loccum 1992, S. 140-154.

— Nochmals: BVerfG zur Aussetzung der lebenslangen Freiheitsstrafe, NStZ 1993, S. 218-221.

— Rechtsschutz und Mediation im Strafvollzug, KrimJ 1993, S. 56-61.

— Zur Frage der Personalausstattung von Justizvollzugsanstalten, ZfStrVo 1993, S. 323-326.

Autorenverzeichnis

Prof. Dr. Alexander Böhm, Universität Mainz

Dr. Gabriele Dolde, Kriminologischer Dienst bei der Justizvollzugsschule Baden-Württemberg, Stuttgart

Prof. Dr. Frieder Dünkel, Universität Greifswald

Prof. Dr. Rudolf Egg, Universität Erlangen-Nürnberg, stellvertr. Direktor der Kriminologischen Zentralstelle e.V., Wiesbaden

Prof. Dr. Johannes Feest, Universität Bremen

Wiss.Ass. Helmut Geiter, Universität Köln

Dr. Klaus Koepsel, Präsident des Justizvollzugsamts Rheinland, Köln

Dr. Hans-Georg Mey, Leitender Regierungsdirektor a.D., Hamm

Prof. Dr. Dr. h.c. Heinz Müller-Dietz, Universität des Saarlandes, Saarbrücken

Dr. Rüdiger Ortmann, Max-Planck-Institut, Freiburg

Dozentin Dr. Angelika Pitsela, Universität Thessaloniki, Griechenland

Dr. Gerhard Rehn, Justizbehörde Hamburg

Prof. Dr. Hans-Dieter-Schwind, Universität Bochum

Prof. Dr. Georg Wagner, Universität München

Prof. Dr. Michael Walter, Universität Köln

Prof. Dr. Thomas Weigend, Universität Köln

Prof. Dr. Dirk van Zyl Smit, Universität Kapstadt